José Martí

Escenas
americanas

Barcelona **2024**
Linkgua-ediciones.com

Créditos

Título original: Escenas americanas.

© 2024, Red ediciones S.L.

e-mail: info@linkgua.com

Diseño de cubierta: Michel Mallard.

ISBN tapa dura: 978-84-9953-655-2.
ISBN rústica: 978-84-933439-4-1.
ISBN ebook: 978-84-9897-874-2.

Sumario

Créditos _____ 4

Brevísima presentación _____ 13
    La vida _____ 13
    La épica popular _____ 13
    Las argucias de la política _____ 15
    El capital _____ 15

Carta a Bartolomé Mitre y Vedia _____ 17

1881 _____ 20

1. Carta de Nueva York _____ 20

2. Noticias de los Estados Unidos. Nueva York, 3, de septiembre de 1881 _____ 26

3. Noticias de los Estados Unidos. Movimiento general: estado de Garfield.
Su viaje extraordinario: esperanzas y temores. Médicos: vía de plegarias.
Bosques incendiados. La luz eléctrica. Mujeres norteamericanas: la muerte de
una hermosa. Muerte de Delmónico. Un tiro en la cabeza de Guiteau. Lecturas
y lecturistas: verano, otoño e invierno. Teatro en Nueva York. Muerte del
general Burnside _____ 29

4. Carta de Nueva York. Hechos, juicios, tributos y noticias varias a propósito
de Garfield. Comparaciones, recuerdos, singularidades, accidentes memorables 42

5. Carta de Nueva York. Gran batalla política. Convención republicana y
Convención democrática. El «boss». Purificación de la democracia. El brillante
Blenia y el prudente Arthur. Campaña en el Senado _____ 49

6. Carta de Nueva York. Medalla de oro. La autobiografía de Guiteau ante el
tribunal. Premio al valor. Fuego terrible. La exposición de Atlanta. Escenas de

gala. El centenario de Yorktown _____ 56

7. Carta de Nueva York. Historia. Las doce de la noche. La última batalla.
Jorge III y Washington. El centenario de Yorktown. La batalla de la paz.
Arthur y Blenia. La bandera británica. Triste soledad. Los cautos y los cultos ___ 65

8. Carta de Nueva York. El «boss» y los «halls». Las reformas de Garfield.
La sed amenaza a Nueva York. El Croton sin agua. Entre Scila y Caribdis.
La caricatura. Stalwartismo. Las elecciones. Rossi y la Patti. La casa de
Washington y la casa de Bolívar _____ 74

9. Carta de Nueva York. Pueblos perezosos. Elecciones honradas. Un
millonario es vencido por un trabajador. Una campaña electoral. Recursos,
hábitos, preparaciones, gastos extraordinarios, día de elecciones. Adelina
Patti. Shakespeare: Otelo y Hamlet. Booth y Rossi. El Día de Gracias. ¿A qué
matarlo? _____ 80

10. Coney Island_____ 96

11. Carta de Nueva York. Proceso de Guiteau. Varios sucesos. Animada
escena: singular drama. La turba; la sala, la sesión; la salida. El hombre.
Escenas de extravagancia e irreverencia «¡manos afuera!». Discurso de
Guiteau. Elección de los jurados, procesión curiosa_____ 102

12. Carta de Nueva York. Proceso de Guiteau. Discurso del acusador. Juego
de esgrima. El buen defensor. Testigos, interrupciones, extrañeza, risas. Un
hombre a caballo dispara un balazo a Guiteau. La cárcel de fiesta. ¡Admirable
defensa! Testigos favorables. El proceso hasta el día. La humana hiena _____ 114

13. Carta de Nueva York. El proceso de Guiteau. Ser hoffmaniano. Sus
hermanos declaran por él. Él cuenta su historia _____ 131

14. Carta de Nueva York. El proceso de Guiteau. Lucha de gato montés. Duelo
solemne. Reacción hostil. Espectáculos inauditos. Enorme depravación moral 143

15. Carta de Nueva York. Las pascuas. Pascuas y Christmas. La caja de presentes. El calcetín maravilloso. El buen Santa Claus. La Chanucka. Los hijos de los peregrinos. El caballero Frelinghuysen. Todo, todo, todo. Flores pascuales _____ 160

1882 _____ 168

16. Carta de Nueva York. Año nuevo. Jubileo de cortesía. Knickerbockers y yanquis. Casas de ricos y casas de pobres. Vestidos suntuosos. El año nuevo del presidente, el del orador y el del asesino _____ 168

17. Carta de Nueva York. El proceso de Guiteau. El estetismo. Pálido Postlethwaite. El poeta Oscar Wilde. Los inmigrantes. Un grande anciano muerto _____ 173

18. Carta de Nueva York. El proceso de Guiteau. Abogados, público y reo. Los acusadores y defensores. El grave Porter. El astuto Davidge. El defensor nuevo. Defensa legal y defensa ardiente. Se va cerrando el libro de la vida. Librerías nuevas. Boston. Daniel Webster _____ 180

19. Carta de Nueva York. Nieves, gozos y tristezas. Patines y trineos. Las casas de dormir y las tabernas. Grandes bailes del año. Incendio terrible. Míseras obreras. Congreso del sufragio para la mujer. Nuestros pueblos y aquel pueblo. Nueva York condena la persecución de los judíos. El anciano Evarts _____ 190

20 Carta de Nueva York. Una pelea de premio. Los hombres peleadores. El mozo de Boston y el gigante de Troya. Exhibición, preparación, paseo triunfal, condiciones de pelea, y pelea de los pugilistas. La ciudad, el viaje y el circo. Golpeadores famosos. Interés de la nación. Pedro Cooper, amigo de los hombres. Los valientes. Vieja y nueva usanza. El Ramayana en Nueva Orleans _____ 198

21. Carta de Nueva York. Los bárbaros caminadores. Carreras de hombres.

Atletas griegos y atletas modernos. Rowell y Atlanta. El aniversario de Washington. Los banquetes, las banderas, los discípulos de Pedro Cooper. Blaine pronuncia ante el Congreso el elogio de Garfield. El hombre externo y el hombre invisible. Poeta en acciones _____ 207

22. Carta de Nueva York. El Mississippi desbordado. Guerra social. Numerosísimas nuevas. Un monumento roto. «¡No han de alzarse monumentos a traidores!» La historia del mayor André y del traidor Arnold. Colonos aduladores. Corre sangre en Omaha. Graves huelgas. San Francisco contra los chinos. Los Estados Unidos cierran sus puertas a los chinos. Washington, Chicago, Boston. El caballo de Sheridan _____ 215

23. Carta de Nueva York. Abogados mujeres. La mujer en los asilos, en los hospitales, en las cárceles, en las escuelas. La mujer en las universidades. En Inglaterra y en los Estados Unidos. Derecho de desembarque que han de pagar los inmigrantes. Fauce enorme _____ 222

Longfellow. Longfellow ha muerto. Su muerte, sus versos, su vida. Urnas sonoras _____ 226

24. Carta de Nueva York. «Ostera» y las Pascuas. Antaño y hogaño. Los huevos de Pascuas. Costumbres de Nueva York. El pájaro de Holanda. Jesse James, gran bandido. Sus proezas, su fama y su muerte. Los cazadores de búfalos. Los indios de Norteamérica. Crows rebeldes y prósperos cheyenes. «A ver crecer el maíz.» El presidente opone su veto al acuerdo de la casa de representantes que cierra los Estados Unidos a chinos _____ 229

Emerson. Muerte de Emerson. El gran filosófo americano ha muerto. Emerson filósofo y poeta. Su vida pura. Su aspecto. Su mente, su ternura y su cólera. Su casa en Concord. Éxtasis. Suma de méritos. Su método. Su filosofía. Su libro extraordinario: Naturaleza. ¿Qué es la vida? ¿Qué son las ciencias? ¿Qué enseña la naturaleza? Filosofía de lo sobrehumano y lo humano. La virtud, objeto final del universo: su modo de escribir. Sus maravillosos versos _____ 235

25. Carta de Nueva York. Política. Catástrofe. Guiteau. Un libro. Muertos en el Polo. El secretario de Estado. El ministro poeta. Conkling. Bancroft y su extraordinario libro. Cómo se hizo la Constitución de los Estados Unidos. Escena memorable. Sesión tumultuosa. Los Estados Unidos cierran sus puertas a los chinos. Guiteau, en la celda de la muerte. Grandioso festival: música de Berlioz, de Haendel, de Wagner _____ 249

26. Carta de los Estados Unidos. Muerte de Guiteau. Lances singulares. Los periódicos, el público, el reverendo, los hermanos. El reo. La oración y el canto del patíbulo. Capitalistas y obreros. Grandes huelgas. Últimos debates del Congreso. Descomposición del Partido republicano. Campamentos religiosos. Escuela de filósofos cristianos. Congreso de educadores _____ 260

1883 _____ 270

Oscar Wilde _____ 270

27. Cartas de Martí. Galas del año nuevo. Gente de pro y gente llana. Ancianos de otro tiempo. Luto en la Casa Blanca. El ministro Allen. Gobernadores austeros y pomposos. Boston; sus hijos ilustres, su gobernador nuevo y sus ceremonias. Benjamín Butler. Hermoso episodio de la historia del sufragio. Preliminares necesarios para entender sucesos venideros. Significación del advenimiento de los demócratas. Deslinde de los campos políticos. La batalla pasada y la venidera. Suma de historia política. Mesa del universo. Trineos blancos _____ 279

28. Cartas de Martí. Las inundaciones del Ohio. Indiferencia neoyorquina. Cuadro del desastre. Cuadro de los socorros. La batalla de los aranceles. La corrupción política. Abusos del Partido republicano. Tentativas y promesas de reforma. Los magnates del hierro y los magnates del azúcar. Situación de los demócratas. Idéntica inmoralidad de todos los partidos. Primeros anuncios de formación de un nuevo partido. Una caricatura _____ 297

29. Cartas de Martí. El tratado de comercio entre México y Estados Unidos.

Don Matías Romero. El general Grant. Parte oculta del tratado. Las reclamaciones de Estados Unidos en México. Los aranceles de aduana y el proteccionismo. Evarts y Pedro Cooper. La gran biblioteca para artesanos. Asamblea proteccionista presidida por Cooper. William Dodge, su vida y su propaganda por el reposo dominical. Los «self-made men». Muerte de Morgan. John Swinton y su raza, su vida y su oratoria. El presidente del Banco de New Jersey. El calidoscopio de la vida norteamericana. La República Argentina. Don Carlos Carranza _____ 304

30. La cuestión arancelaria. La importantísima cuestión sobre aranceles está aún pendiente _____ 313

31. En comercio, proteger es destruir. Un caso concreto esclarece más una cuestión dudosa que complicados razonamientos _____ 316

32. Carta de Martí. Suma de sucesos. Los trabajadores: sus fuerzas, sus objetos, sus caudillos, europeos y americanos. Honores a Karl Marx, que ha muerto. Baile de trabajadores. De lo que se habla en el mentidero neoyorquino. El romántico Butler. Esgrima de cuaresma; homilías y contrahomilías; fray Luis de León y Jorge Sand. Condición y puesto legítimo de la mujer en el mundo moderno; las universidades y las mujeres. Un baile famosísimo. Tentativa, no aplaudida, de creación de una aristocracia. Convencionales en la tiniebla _____ 318

33. Carta de Martí. Primavera. El centenario de Washington Irving. La obra de Irving. Cosas de hace cien años. Un centenario histórico. Newburgh en regocijo. Washington. La agitación irlandesa. Los irlandeses en los Estados Unidos. Parlamento irlandés. En Filadelfia. Sensatos e insensatos. La guerra de explosión. Suma de historia actual. Pánico en Londres. Indignación en Nueva York. Caso internacional. Nueva Liga irlandesa. La madre de Parnell ___ 329

34. Cartas de Martí. La nueva Liga irlandesa. Primavera. Partida de actores. Los chinos y el opio. El morfinismo de las elegantes. Los policías voluntarios y los periodistas. Irlandeses contra chinos. La vida yanqui. Sucesos del mes.

Rápida enumeración. La nueva Ley de empleos. El puente de Brooklyn _____ 337

35. El puente de Brooklyn _____ 345

36. Cartas de Martí. Gozos de colegiales. Harvard. Ben Butler. Guerra contra
indios. Simulacros de la milicia. Campamentos de verano. Un periódico del
día. Edison _____ 355

37. Cartas de Martí. La vida neoyorquina. Pompas de estío. Galas del mes de
junio. Voluntarios neoyorquinos. Los colegios y fiestas. Enseñanza clásica
y enseñanza científica. Luz eléctrica. El cónsul argentino y la luz. Edison.
Recuerdo de Catamarca en el Sun _____ 360

38. Libertad, ala de la industria _____ 364

39. Cartas de Martí. Crucifixiones. Demencia religiosa. Tiempos medios
y nuevos. Cómo se caza ahora la zorra. Caballeros de bolsa. La bolsa. El
verano sagrado. Sus fiestas, sus inspiraciones. Coney Island: la isla de gozos,
corridas, músicas, ferias, baños. Se mueren los niños. Caza de búfalos en
la ciudad. Selva y locomotora. Congreso a la sombra de los árboles. La
convención de la fe. La convención de los librepensadores: su credo, sus
sacerdotes, sus oradores, sus métodos, sus demandas _____ 366

40. Escena neoyorquina _____ 378

41. ¿Cuál es el objeto de la torre? _____ 379

42. Las asociaciones de obreros _____ 382

43. Cartas de Martí. Grandes fiestas y grandes problemas. De Washington,
hace cien años, a Carlisle, presidente de la Cámara democrática. Broadway
en fiesta: el último centenario de la guerra. La estatua nueva de Washington.
Ben Butler, vencido. Almas populares. Querellas de otros tiempos y de éstos.
Politicastros ruines. Honrada elección del presidente de la Cámara. Los tres

campeones: Cox, Randall y Carlisle. Lo que significa cada uno. Librecambismo, proteccionismo y sistema preparatorio. El gravísimo problema económico. Sus causas, su alcance, su remedio, sus consecuencias, su aspecto. El padre Jacinto en Nueva York. Un cardenal y un poeta inglés. La Patti_____ 385

Libros a la carta_____ 397

Brevísima presentación

La vida

José Martí (La Habana, 1853-Dos Ríos, 1898), Cuba.

Era hijo de Mariano Martí Navarro, valenciano, y Leonor Pérez Cabrera, de Santa Cruz de Tenerife.

Martí empezó su formación en El Colegio de San Anacleto, y luego estudió en la Escuela Municipal de Varones. En 1868 empezó a colaborar en un periódico independentista, lo que provocó su ingreso en prisión y más tarde su destierro a España. Vivió en Madrid y en 1871 publicó El presidio político en Cuba, su primer libro en prosa.

En 1873 se fue a Zaragoza y se licenció en derecho, y en filosofía y letras. Al año siguiente viajó a París, donde conoció a personajes como Víctor Hugo y Augusto Bacquerie.

Tras su estancia en Europa vivió dos años en México. Por esa época se casó con Carmen Zayas Bazán, aunque estaba enamorado de María García Granados, fuente de inspiración en sus poemas.

En 1878 regresó a La Habana y tuvo un hijo con Carmen. Un año después fue deportado otra vez a España (1879). Hacia 1880 vivió en Nueva York y organizó la Guerra de Independencia de su país. Fue cónsul de Argentina, Uruguay y Paraguay en esa ciudad norteamericana; dio discursos, escribió artículos y versos, conspiró, fundó el Partido Revolucionario Cubano y redactó sus Bases. En 1895, al iniciarse la Guerra de Independencia, se fue a Cuba y murió en combate.

La épica popular

Van y vienen vapores, pitan, humean, salen y entran trenes; vacían sobre la playa su seno de serpiente, henchido de familias; alquilan las mujeres sus trajes de franela azul, y sus sombreros de paja burda que se atan bajo la barba; los hombres, en traje mucho más sencillo, llevándolas de la mano, entran al mar; los niños, en tanto con los pies descalzos, esperan en la margen a que la ola mugiente se los moje, y escapan cuando llega, disimulando con carcajadas su terror, y vuelven en bandadas, como para desafiar mejor al enemigo, a un juego de que los inocentes, postrados una hora antes por el recio calor, no se fatigan jamás; o salen y entran, como mariposas marinas, en la fresca rompiente, y como cada uno va provisto de un cubito y una pala, se entretienen en llenarse mutuamente sus cubitos con la arena quemante de la playa; o luego que se han bañado —imitando en esto la conducta de más graves personas de ambos sexos, que se cuidan poco de las censuras y los asombros de los que piensan como por estas tierras pensamos—, se echan en la arena, y se dejan cubrir, y golpear, y amasar, y envolver con la arena encendida, porque esto es tenido por ejercicio saludable y porque ofrece singulares facilidades para esa intimidad superficial, vulgar y vocinglera a que parecen aquellas prósperas gentes tan aficionadas.

Martí observa este desfile vital y avallasador con una desazón íntima y el sentimiento de no poder encontrarle sentido alguno. Ante el espectáculo de las multitudes en Coney Island, siente su condición de exiliado. Sin embargo, se ve obligado a preguntarse cuáles son los principios, incomprensibles para él, de la sociedad norteamericana y se refiere a un «mundo espiritual superior», que tal vez nunca sea pisoteado por las multitudes de la sociedad industrial:

Otros pueblos —y nosotros entre ellos— vivimos devorados por un sublime demonio interior, que nos empuja a la persecución infatigable de un ideal de amor o gloria; y cuando asimos, con el placer con que se ase un águila, el grado del ideal que perseguíamos, nuevo afán nos inquieta, nueva ambición nos espolea, nueva aspiración nos lanza a nuevo vehemente anhelo, y sale del águila presa una rebelde mariposa libre, como desafiándonos a seguirla y encadenándonos a su revuelto vuelo.

No así aquellos espíritus tranquilos, turbados solo por el ansia de la posesión de una fortuna. Se tienden los ojos por aquellas playas reverberantes; se entra y sale por aquellos corredores, vastos como pampas; se asciende a los picos de aquellas colosales casas, altas como montes; sentados en silla cómoda, al borde de la mar, llenan los paseantes sus pulmones de aquel aire potente y benigno; mas es fama que una melancólica tristeza se apodera de los hombres de nuestros pueblos hispanoamericanos que allá viven, que se buscan en vano y no se hallan; que por mucho que las primeras impresiones hayan halagado sus sentidos, enamorado sus ojos, deslumbrado y ofuscado su razón, la angustia de la soledad les posee al fin, la nostalgia de un mundo espiritual superior los invade y aflige; se sienten como corderos sin madre y sin pastor, extraviados de su manada; y, salgan o no a los ojos, rompe el espíritu espantado en raudal amarguísimo de lágrimas, porque aquella gran tierra está vacía de espíritu.

Las argucias de la política

Martí, que es un político nato, describe las prácticas de los partidos tradicionales de Estados Unidos y lo hace con extrema precisión, sin juicios de valor; analizando las tácticas dirigidas a ocupar el espacio del otro y deshacer su programa político.

Vocero y estandarte de los «mejores» es el presidente Arthur, y su mensaje de año nuevo fue, sin embargo, suma de toda la virtuosa sabiduría de los reformadores de «media raza». Los republicanos hurtan a los demócratas todo su programa; de modo que haya el año próximo razón de reelegirlos, por haber escuchado a tiempo el mandato popular, e innecesidad de elegir a los demócratas por cuanto los republicanos realizaron en leyes, todas sus demandas de mejoras.

El país, alarmado de la concentración del servicio público y aterrado de ver que el poder se le escapaba de las manos —porque el que no trabaja abjura— y el que no cuida su bien, no lo merece —se muestra decidido a poner su servicio en manos nuevas—: y como las manos de los demócratas están tendidas, parece querer dejar caer el servicio público en manos de los demócratas. Éstos, para lograr vida, han menester de servir fidelísimamente al pueblo que se vuelve a ellos. Solo por prometer reformas, están en vísperas de triunfar. Pero como ya el país teme de prometedores, solo por cumplirlas triunfarán. Y de este modo quedan. La nación, que entiende que los demócratas necesitan cumplir sus promesas para mantener el poder, se mueve hacia ellos, interesados en ser virtuosos. Tal va ya estando la virtud, que es necesario ponerla del lado del interés para que venza.

El capital

Entre tantas visiones de América, de su opulencia y materialismo aparece otro vislumbre moderno: el capital está asociado con la movilidad de las clases sociales y remueve una y otra vez, con extrema perversidad, los órdenes establecidos.

Seducen estas vidas milagrosas. Mueren en palacios reales hombres que nacen en cabañas, o bajo aleros de tejados. Una loba crió a Remo. ¡Mejor nodriza es la dificultad, que cría a estos hombres! En ellos no es la vida reflejo de libros, que hace pálido el rostro, inflama el cerebro y falsea la existencia: ni tradición de familia, que echa al hombre a vivir cargado de cadenas: ni copia de obra ajena, que trueca al vivo en queso redondo vaciado en molde de quesos.

Escenas americanas es un libro con un visión futurista en el que Martí retrata en pleno siglo XIX las obsesiones del capitalismo contemporáneo.

Carta a Bartolomé Mitre y Vedia

Nueva York, 19 de diciembre de 1882

Señor y amigo:

Contesto ahora, en medio de verdaderas premuras su carta, solo en lo cuerda igual a lo generosa, de 26 de septiembre último. Me pareció un rayo de mi propio Sol, y palabra del alma; ni me parece ahora que escribo a amistad nueva, sino a amigo antiguo, de corazón caliente y mente alta. No hay bien como el de estimar, y acaso sea éste hoy mi único placer. Queda, pues, dicho que leí con verdadero gozo sus observaciones acerca de la naturaleza de las cartas en que su buena voluntad permite que me empeñe, y que el gozo fue tanto porque vi mis pensamientos en los suyos, cuanto porque penetró usted en los míos. No hay cosa que yo abomine tanto como la pasión. Cierto que no me parece que sea buena raíz de pueblo, este amor exclusivo, vehemente y desasosegado de la fortuna material que malogra aquí, o —pule solo de un lado, las gentes—, y les da a la par aire de colosos y de niños. Cierto que en un cúmulo de pensadores avariciosos hierven ansias que no son para agradar, ni tranquilizar, a las tierras más jóvenes, y más generosamente inquietas de nuestra América. Cierto que me parecería cosa dolorosísima ver morir una tórtola a manos de un ogro. Pero ni la naturaleza humana es de ley tan ruin que la oscurezcan y encobren malas ligas meramente accidentales; ni lo que piense un cenáculo de ultraaguilistas es el pensar de todo un pueblo heterogéneo, trabajador, conservador, —entretenido en sí, y por sus mismas fuerzas varias, equilibrado; ni cabe de unas cuantas plumadas pretenciosas dar juicio cabal de una nación en que se han dado cita, al reclamo de la libertad, como todos los hombres, todos los problemas. Ni ante espectáculos magníficos, y contrapeso saludable de influencias libres, y resurrecciones del derecho humano—, aquí mismo a veces aletargado, cumple a un veedor fiel cerrar los ojos, ni a un decidor leal decir menos de las maravillas que está viendo. Hoy, sobre todo, en que en ciertas comarcas de nuestra América, en que arraigó España más hondamente que en otras, se capitanea, bajo bandera literaria y amor poético de la tradición, una mala empresa de vuelta a los estancados tiempos viejos, urge sacar a luz con todas sus magnificencias, y poner en relieve con todas sus fuerzas, esta espléndida lidia de los hombres.

Siendo esa mi manera de pensar, bien hizo usted, pues, en mermar de mi primera carta, por cuya publicación y afectuoso anuncio le quedo agradecido, lo que pudiera darle, por ser primera e ir descosida de otras, aire de prevenida y acometedora. Es mal mío no poder concebir nada en retazos, y querer cargar de esencia los pequeños moldes, y hacer los artículos de diario como si fueran libros, por lo cual no escribo con sosiego, ni con mi verdadero modo de escribir, sino cuando siento que escribo para gentes que han de amarme, y cuando puedo, en pequeñas obras sucesivas, ir contorneando insensiblemente en lo exterior la obra previa hecha ya en mí. Y esto creo que se lo dije en carta, al enviarle mi correspondencia, a nuestro amigo benevolentísimo el señor Carranza, y le rogué que pidiera a usted perdón por ello. Ahora ya sé que ando entre gentes de alma noble, y que me siento a buen festín, y no tengo sino dejar salir el alma, en la que tengo fe. Y fío en que la he de hacer sentir, por cariñosa y por humilde. No me parecen definitivas sino las conquistas de la mansedumbre.

Me dice usted que me deja en libertad para censurar lo que, al escribir sobre las cosas de esta tierra, halle la pluma digno de censuras. Y esta es para mí la faena más penosa. Para mí la crítica no ha sido nunca más que el mero ejercicio del criterio. Cuando escribía juicios de dramas, callar sobre los malos era mi única manera de decir que lo eran. Puesto que el aplauso es la forma de la aprobación, me parece que el silencio es forma de desaprobación sobrada. No tema usted la abundancia de mis censuras que se desvanecen delante de mi pluma, como los diablos delante de la cruz. Yo sé que es flaqueza mía; pero no puedo remediarlo. Suelo ser caluroso en la alabanza, y no hay cosa que me guste como tener que alabar, pero en las censuras, de puro sobrio, peco por nulo. Cuando haya cosas censurables, ellas se censurarán por sí mismas; que yo no haré en mis cartas —pues va dicho sin decirlo que acepto el honor de escribirlas para *La Nación*—, sino presentar las cosas como sean, que es sistema cuerdo de quien por no ser de la tierra, tiene miedo de pensar desacertadamente, o amar demasiado, o demasiado poco. Mi método para las cartas de Nueva York que durante un año he venido escribiendo, hasta tres meses hace que cesé en ellas, ha sido poner los ojos limpios de prejuicios en todos los campos, y el oído a los diversos vientos, y luego de bien henchido el juicio de pareceres distintos e impresiones, dejarlos hervir, y dar de sí la esencia, cuidando no adelantar juicio enemigo sin que haya sido antes pronunciado por boca de la tierra, porque no parezca mi boca temeraria; y de no adelantar suposición que los diarios, debates del Congreso y conversaciones corrientes, no hayan de antemano adelantado. De mí, no pongo más que mi amor a la expansión y mi horror al encarcelamiento del espíritu humano. Sobre este eje, todo aquello gira. ¿No le place esta manera de zurcir mis cartas? Ya las verá sinceras —con lo que usted, que lo es tanto— no me las tendrá a mal.

Dicho ya, tan a la ligera que va a parecerle acaso violento y confuso, mi modo general de ver; y puesta por delante mi alegría de hallar a tanta distancia un corazón vecino, le pediré perdón por no haber aprovechado el correo anterior para responder su carta, y por no comenzar con mi correspondencia hoy la serie definitiva de las mías para el periódico. Pero después de dos años de no ver a mi mujer e hijo, me han venido en estos mismos días, en medio de este crudísimo diciembre, a alegrar mi casita recién hecha, que es toda de usted. Y primero las ansias de aguardarlos, y los miedos de que no viniesen, y luego las faenas del establecimiento, y las enfermedades de aclimatación, me han quitado el sosiego de espíritu y claridad de mente necesarios para escribir con honradez y serenidad cosas que han de leer gentes sensatas. No lo achaque, por Dios, a informalidades de gentes letradas, que en esto no fui nunca, ni quiero yo ser, gente de letras. Sino a calor del espíritu, que me deja sin fuerzas para obras menores cuando me lo solicita y concentra toda obra mayor. Ahora mismo le escribo, sin papel apenas en que dejar caer estos renglones, y muy entrada ya la noche fría, fatigado de un día muy laborioso, de todo lo cual le pido excusa. Pero ya con buena parte de los míos a mi lado, y calmado el afán de verlos venir, me doy sin tardanza a mi nueva sabrosa tarea. Y cada mes, como ustedes bondadosamente me lo piden, comenzando por el próximo enero, y por el vapor directo, o el primero que en el mes salga, le enviaré en mi carta noticia, que procuraré hacer varia, honda y animada, de cuán importante por su carácter general, o especialmente interesante para su país, suceda en éste. Lo pintoresco aligerará lo grave; y lo literario alegrará lo político. Cuando hablo de literatura, no hablo de alardear de imaginación, ni de literatura mía, sino de dar cuenta fiel de los productos de la ajena. Aunque ya han muerto Emerson y Longfellow, y Whittier y Holmes están para morir. De prosistas, hay muchedumbre, pero ninguno hereda a Motley. Hay un joven novelista que se afrancesa, Henry James. Pero queda un grandísimo poeta rebelde y pujante, Walt Whitman, y apunta un crítico bueno, Clarence Stedman. Esta noticia se me ha salido de la pluma, como a un buen gustador se va derechamente, y como por instinto, una golosina.

Réstame solo, por ser contra mi voluntad, tiempo de poner punto a esta carta, darme los parabienes de haber hallado en mi camino a un caballero bueno de las letras, que de fijo lo es bueno en todas las cosas de la vida. Escribiré para *La Nación* fuera de todos los respetos y discreciones necesarias en quien sale al público —como si escribiera a mi propia familia—. No hay tormento mayor que escribir contra el alma, o sin ella. Por lo generosa —y bien sé cuán valiosa es la hospitalidad que en *La Nación* venerable me brinda—, tengo las manos llenas de gracias. La estimo vivamente, y haré por pagarla. Ojalá sienta usted en esta carta el cariño y efusión con que se la escribe su amigo y servidor afectuoso.

José Martí

1881

1. Carta de Nueva York
Mejoría de Garfield. Ansiedad pública. Periódicos y médicos. El presidente y el vicepresidente. Los dos rivales. Nuevo atentado de Guiteau. Complicidades misteriosas. El general Hancock. La candidatura de Tilden. Hartmann, su extradición, su carácter

Nueva York, 20 de agosto de 1881
Señor director de *La Opinión Nacional*:
Tal es el acontecimiento que absorbe aquí toda la atención, y tales pudieran ser las consecuencias que de él se derivasen, que ni la presencia del famoso nihilista Leo Hartmann en Nueva York, ni la energía con que el Partido democrático se prepara para las próximas elecciones, ni el movimiento anticipado del comercio de otoño que ha comenzado ya desde el verano, ni las peculiaridades curiosas de este pueblo en la terrible estación que atravesamos, son bastante a distraer los ánimos del capital asunto que les interesa, preocupa y alarma a todos: la vida del presidente, de ese hombre fuerte y cristiano, tan diestro para combatir a los envilecedores del sistema republicano, como valeroso para sufrir

la cruenta tortura a que le expone su terrible herida. El tiempo que ha pasado desde que la recibió no ha hecho más que aumentar la simpatía que el noble enfermo inspira, «el enfermo de la nación» como lo llama el *Herald*. Es el saludo de todos, de ricos y de pobres, de potentados y de mendigos, de apasionados y desentendidos: ¿Cómo está el presidente? Pero son muy ambiguos los datos, que hora tras hora publica el cuerpo médico encargado de su cura, y sería en verdad tan grave toda aserción equivocada acerca del estado del enfermo, que se conciben sin esfuerzo la vaguedad y prudencia que envuelven estos ansiados boletines. Tres días hace, creyóse que moría; la ansiedad pública creció tan súbita y marcadamente, que bien se ve qué estrago haría en este pueblo la muerte de su hidalgo jefe. Pero recobró las fuerzas que parecían abandonarle por completo, desaparecieron los síntomas de infección purulenta de que se le creía amagado; cejó la tenaz fiebre que lo viene consumiendo, y hoy salió ya de labios del médico de cabecera esta frase consoladora: «¡Oh, va espléndidamente!». Ciertamente, es de esperar que, puesto que retiene mayor suma de alimento, desciende su fiebre, y desaparecen los síntomas de infección, salga al fin vencedor el resignado enfermo de los graves trances que siguen a su herida. Mas la bala aún no ha sido extraída, y continúa amenazando a todas luces, desde su aposento misterioso, algún órgano importante. Ni se extrañen estos detalles, ni parezcan minuciosos. Sábese aquí a cada minuto la menor alteración del pulso del presidente, que se repite de boca en boca, en el correr de las calles de acera a acera, en medio de los más arduos negocios, como una palabra de pésame, o de felicitación. Se sabe la menor frase que el herido murmura, el cambio más sencillo de su fisonomía, el lado de que está acostado, la clase de alimento que toma, por quién pregunta, a quién sonríe, quién está cerca de él. Cuatro o cinco columnas dedica diariamente el *Herald* a estos detalles, a recontar pláticas de la casa, a censurarlas, a acusar de error a los guardianes, a registrar los más agrios comentarios de los médicos; a informar en ediciones sueltas al país, del menor cambio que ofrezca la salud del presidente. ¡Cuánto plan! ¡Cuánta envidia de los doctores! ¡Cuánta extravagancia! Médico ha habido que afirma que Garfield ha tenido dos asesinos: el malvado que disparó contra él, y el médico que dirige la cura. Disgusta esta falta de respeto al gran dolor público y a sí propios. En tanto, una sonrisa de bondad ilumina perennemente el rostro demacrado del enfermo; su mano generosa estrecha con gratitud las de los que lo asisten; como que se quiere hacer perdonar el que hayan de ocuparse tanto de él; y cuando tiene fuerzas para hablar, dice palabras de amor o reconocimiento. ¿Quién enfrenaría la cólera de esta nación, quién ampararía de su ira y de la ceguedad de su dolor al vulgar asesino, si este hombre magnánimo muriese?

El asesino, en tanto, con los pies desnudos, nervioso y azorado, esperando confusamente en una salvación de que a poco desconfía, rumiando ideas siniestras, que se copian en el fulgor vago y visible de sus ojos, gira como una hiena en torno a las paredes de su calabozo, atrae la atención de sus celadores con movimientos inusitados, y cuando uno de éstos entra al fin en la celda a investigar la causa de aquella especial agitación, salta al cuello del empleado, esgrime contra él un trozo de acero, que se usa aquí dentro de la suela de los zapatos, afilado y cortante, echa al celador en tierra, procura arrebatarle su pistola, rueda con él por sobre el suelo contra los muros, contra la tarima, en un desesperado duelo a muerte, hasta que otros celadores que acuden al disparo casual de la pistola, caída en tierra en la lucha, salvan a su compañero amenazado de aquel ataque bárbaro y extraño. ¿Qué miedo de no salvarse puso espanto en el espíritu de este hombre? ¿Qué plan súbito de fuga concibió? ¿Imaginó acaso, cometiendo en un hombre ignorado un nuevo crimen, llegar a ser tenido por maníaco de homicidio? Solo responde con una frase vacía a las preguntas que se le hacen. «No he querido lastimar a nadie.» Sus guardianes le temen por la rapidez de su penetración, de que da constantes muestras. Ocúpase de su comodidad personal, y de pequeños deseos de comida y de bebida, con tranquilidad y minuciosidad repugnantes. He ahí una gran ambición injustificada, que ha llevado al crimen.

Mas ¿quién sabe cuántos empujan la mano que al fin cae sobre la víctima? ¿quién sabe qué misteriosos y grandes cómplices tendrá este hombre, de cuya complicidad ni él mismo sospecha? ¿Qué lazo singular ha venido a unir, a un mismo tiempo, el resultado de los insanos y desmesurados apetitos del asesino, y el interés de un partido político, que con la vida y actos de Garfield no tenía ya esperanza alguna de existencia? ¿Qué sutil veneno no se habrá tal vez vertido por hábiles manos en el espíritu de este criminal, conocido y servidor de todos aquellos en quienes caería irremediablemente la herencia del poder, si muere Garfield? A tales abismos desciende el interés humano, y había postrado en tierra la inusitada y brillante energía del nuevo presidente tantos intereses; había arremetido, con tan noble vehemencia, contra los que, en su provecho y el de su gloria, estaban en camino de deshonrar a su partido y a su patria; había levantado tan alta valla a ambiciones desmedidas, ilimitadas, criminales; había hecho saltar, como acero mal templado, planes e intrigas tan trascendentales y sombríos, que si el ánimo generoso se aflige de dar cabida a una sospecha injusta, las lecciones históricas, los intereses en lucha, y el carácter y momento del suceso la hacen surgir y la autorizan. En la sombra, y en posición desgarbada, a que lo reduce su reconocida y vehemente enemistad contra Garfield, espera el vicepresidente Arthur, y con él el soberbio, elocuente y hábil jefe del Partido republicano de Nueva York, Roscoe Conkling, la solución de este atentado, que ha de darles el poder que ansiaban, o alejarlos de él para siempre. De frente están aún los dos enemigos fieros que encabezan los dos grandes bandos republicanos —Blaine, el jefe del gabinete de Garfield, y su auxiliar impaciente y brioso—; y Conkling, el mantenedor infatigable de los proyectos grantistas, vastos e impenetrables, pero de seguro tan culpables como ignorados y tenebrosos. Blaine, en quien brilla luz de genio, quiere nación libre, tesoro puro, derecho asegurado; quiere la grandeza americana por las libertades que han hecho la fortuna de este pueblo, y la gloria de sus fundadores. Conkling, abogado altanero de un gobierno aristocrático y fuerte, no ofrece más programa definido que la reelección de Grant, ni manifiesta su actividad pasmosa, y sus especiales dotes políticas, sino en la desesperada defensa de su preponderancia en el Estado, y la del partido de su Estado en el partido que gobierna a la nación: todo esto, proyectos sombríos de Grant, ambiciones y altiveces de Conkling, colosales fortunas adscritas a ellas, vanidades y riquezas poderosas, habían venido, a tierra a los primeros embates de la limpia lanza que movían Garfield y Blaine. Y todo esto vuelve a flote, y Blaine, de este grupo tan odiado, muerde el polvo, si el presidente muere. Este es el gran combate.

Una cuestión grave, que han hecho tratar a la prensa, porque a ellos les impide el decoro tratarla, preocupa ahora a los conklinistas. Verdad es que por la especial situación de la política; por la enemistad pública del presidente y el vicepresidente; por el trastorno radical que causaría en el país, y por las sospechas de ambición irreverente que caerían sobre Arthur, éste no podría intentar el ejercicio del derecho que la constitución parece concederle, sin que se asemejase este acto a un atentado. Su sola tentativa cubriría de merecido descrédito al general Arthur, para quien se convierten en silenciosas censuras y desaprobaciones tácitas las simpatías que inspira el presidente. La cuestión, aunque grave, es simple. La constitución establece que cuando entre otros casos, el presidente esté en inhabilidad de ejercer las funciones de su cargo, debe entrar a reemplazarlo el vicepresidente. No hay ampliación: no hay atenuación: no hay interpretación posible: la frase es neta y seca. Y el presidente está en verdad en inhabilidad para ejercer las funciones de su cargo. Mas honor, y prudencia, y bien parecer prohíben al general Arthur solicitar la realización de un derecho que la constitución le concede, ni ocupar en vida de su enemigo el puesto que deja vacante un adversario, de cuya desgracia le viene a él tanto provecho. Pone la honra vallas que ningún código salva. He aquí la ley suprema, legislador de legisladores, y juez de jueces: la conciencia humana.

En tanto que así se batalla en el campo republicano, desbandado y lleno de iras, los demócratas se agrupan y reorganizan, y se escuchan de nuevo dos nombres a quienes la fama no escatima elogio; el del general Hancock, vencido por traiciones de los suyos, y por intereses de orden vil, en las últimas elecciones, y el del estadista Tilden, el anciano paciente, vencido en las elecciones anteriores por la astucia y deslealtad del Partido republicano, que dio la presidencia a Hayes. De Hancock se habla para celebrar un caballeresco rasgo suyo: en respeto a su vencedor, el general demócrata no ha asistido a ninguna de las diversiones públicas y privadas que el verano ofrece, y en tanto que el presidente que lo venció se debilita en el que puede ser su último lecho sobre la tierra, él no abandona el recinto austero de su casa de gobernador. De Tilden se habla para presentar su candidatura a la presidencia en las elecciones próximas, y volverlo por un nuevo voto, indudable e invencible, a la dignidad que le fue arrebatada. El sabio político cree oportuno el momento de la nueva campaña, mantiene que el Partido demócrata fue vencido en las elecciones de 1880 por haber dudado de la eficacia de su nombre, y sustituido con el de Hancock, y se muestra seguro del éxito de ellas. Reina animación desusada en las filas de los discípulos de Jefferson: parece, en suma, como que cansados de tanta política mezquina, corre un aire puro por las asambleas políticas de este país, señor en apariencia de todos los pueblos de la tierra, y en realidad esclavo de todas las pasiones de orden bajo que perturban y pervierten a los demás pueblos. Y es ésta la nación única que tiene el deber absoluto de ser grande. En buena hora que los pueblos que heredamos tormentas, vivamos en ellas. Este pueblo heredó calma y grandeza: en ellas ha de vivir.

Un hombre pequeño y delgado, de bigote y perilla castaños, de grandes ojos azules, astuto y móvil, precavido y parlero, inquieta hoy a Nueva York. Ese es Leo Hartmann, el nihilista acusado de tentativa de asesinato contra el zar, tentativa inútil, que causó la muerte de numerosos seres infelices. Jovialidad, serenidad, actividad y desembarazo distinguen al nihilista. Su caso apasiona a los americanos, como apasionó a franceses y a ingleses. No bien llegó, surgió la cuestión que en Inglaterra y Francia había surgido: la de su entrega a Rusia, en el caso de que Rusia, amiga de los Estados, Unidos, solicitara aquí como solicitó allá, su extradición. Los abogados le dieron respuesta favorable, mas como el vicesecretario de Estado indicó confidencialmente que sería entregado, Hartmann se refugió en el Canadá. La opinión, en tanto, se esclareció en la prensa: Wendell Phillips, el gran orador humanitario, rechazó con indignación, como Víctor Hugo en Francia, la idea de la entrega. La prensa americana ha decidido que sería una ignominia para la nación la entrega de un refugiado que si es un criminal, es un criminal político. Cítanse a esto grandes autoridades de derecho; y Hartmann tranquilo y alegre vuelve del Canadá, prepara la publicación de su libro sobre Rusia, habla en ruso a los reporteros que le hablan en inglés; se señalan sus respuestas por su habilidad en esquivar las preguntas importunas, mas en vano se buscarían en las minuciosas denuncias de espías rusos, y cartas referentes a su caso que dirige a los periódicos, un concepto grandioso, un pensamiento desusado, una consagración apostólica, una fe sobrehumana, una idea alada. Es una naturaleza de combate, inquieta y persistente: es un roedor y un derribador. Su fe política no exculpa su crimen frío e innoble: vale más continuar en indeterminada esclavitud, que deber la libertad a un crimen. Curiosidad inspira: no afecto público. Es un caso, una novedad, un escándalo, una atracción. Pero, cualesquiera que sean las simpatías que la causa del pueblo infortunado de Rusia inspire a los corazones generosos, hay un vacío, un irreparable vacío entre este hombre y los hombres.

Uniendo mi plegaria cariñosa a la ferviente oración que por la vida de su abnegado enfermo alza al cielo este pueblo, conmovido, suspendo aquí esta carta por no enojar a usted con ella, y saludo a usted afectuosamente.

M. de Z.

Últimas noticias (a la salida del Claudius).

Agosto 20

El presidente continúa mejor. Retiene más alimento. No progresa la inflamación de la parótida, que se creyó síntoma de piohemia. El patriarca de Armenia le ha dirigido desde Constantinopla una tierna felicitación. La reina Victoria telegrafía frecuentemente a la esposa de Garfield.

M. de Z.

La Opinión Nacional. Caracas, 5 de septiembre de 1881

2. Noticias de los Estados Unidos. Nueva York, 3, de septiembre de 1881

Señor director de *La Opinión Nacional*:

Aún vive el esforzado presidente de la América del Norte, el cristiano enfermo, el reformador atrevido, el venerado jefe de la sección honrada del Partido republicano. Ni un instante han cesado el interés público, las plegarias religiosas, las alabanzas unánimes a la fortaleza heroica del enfermo, los testimonios de adhesión de cortes y repúblicas, y las múltiples y cariñosas formas con que este pueblo expresa su ansiedad. Ni un instante han cesado la publicación de boletines extraordinarios, las muchedumbres agitadas frente a las estaciones de telégrafos, el gentío que se reúne de noche en los hoteles en busca de noticias, y el gemido de alarma y la sonrisa de alegría con que este pueblo, indiferente para otras cosas muy nobles, despierta al fin, para premiar con un afecto vehemente y candoroso el martirio de uno de sus mejores servidores.

Las fluctuaciones entre la esperanza y el desaliento mantienen viva la curiosidad que hubiera podido de otra manera fatigarse. En medio de las funciones de teatros, se leen en alta voz, todas las noches telegramas dirigidos a un empresario vestido de correo del zar de Rusia, o teñido de negro y vestido de harapos como los antiguos esclavos del Sur, por algún coronel amigo o senador bien informado que da cuenta de la situación del presidente. Excelentes retratos de Garfield, a mínimos precios, andan en todas las manos. Noches pasadas en una fiesta de fuegos artificiales, imponente y grandiosa como una fiesta de circo romano, en Coney Island, a una figura representando un elefante vivo, con trompa, piernas y cola en movimiento, lo cual arrancaba exclamaciones de supremo goce al gentío inmenso, sucedió un hermosísimo cuadro coronado por los genios de la fama, en que brillaban de un lado, en colosales líneas de luz, el retrato del caudillo moribundo y del otro el de la noble reina de Inglaterra que hora tras hora envía mensajes ferventísimos a la santa señora que sonríe y vela a la cabecera del enfermo.

¡Ah! no es esa mujer, abnegada y amante, como esas abominables figurillas que a modo de maniquíes escapados de los aparadores de las tiendas, deslumbran por estas calles ricas a extranjeros incautos y a jóvenes voraces; no es esta mujer como esas criaturas frívolas y huecas, vivas solo para la desenfrenada satisfacción de los sentidos, que afligen y espantan el espíritu sereno con su vulgar y culpable concepto de los objetos más nobles de la vida: es una compañera excelentísima apegada a su sufriente compañero, como las raíces a la tierra, y que sobre su lecho de muerte, lo enlaza y lo calienta, como esas yedras, amorosas y emparrados verdes que oscurecen la entrada de los cementerios de Greenwood.

La sola virtud de la noble señora ha dado origen a uno que pudiera llamarse renacimiento de pensamientos puros, y en realidad, a una gala justa de orgullo nacional: bastan para honra de un pueblo prendas tales. No hay periódico que no celebre, con palabras trémulas y agradecidas, la ingenua e inagotable solicitud, la suave y apasionada delicadeza, la enérgica y fortalecedora resignación de esta ejemplar esposa. No es mucho decir que como Washington y Lafayette y Lincoln, el casto matrimonio de Ohio tendrá, de hoy más, sus retratos colgados en las paredes de todos los hogares, y su memoria conservada en todos los corazones norteamericanos.

Mas no solo vive aún el presidente: he aquí el último telegrama que media hora antes de zarpar el vapor Caracas leo en el *Herald*:

«A Lowell, ministro en Londres.

El presidente ha tenido un día muy satisfactorio y en el juicio de sus médicos todos sus síntomas eran favorables anoche. Considerando el día en conjunto ha tenido menos fiebre y mejor apetito que en muchos días pasados. Blaine, secretario.»

El pulso en el herido que llegó a alcanzar 140 grados, mantiénese hoy entre 90 y 100: toma con moderación y deleite los alimentos que le ofrece su tierna compañera, que fue tan enérgica en los días fatales y lúgubres de la última semana y animó de tal modo al enfermo y riñó tan cariñosamente a los desconsolados médicos y, sacó de su amor tales esfuerzos de vida, que parece como que desde aquel día, rasgó con su mano y guarda en ella los crespones de muerte que enlutaban la alcoba de su esposo. En tan buena condición le juzgan los médicos ahora, que ya se trata de transportarle a Québec, ciudad celebrada por la pureza de su aire y de sus aguas y la extraña fortaleza que allí ofrecen a las naturalezas desmayadas los sanos y frondosos alrededores. Allá van, a las alturas del viejo Itacona, a recobrar su fuerza perdida los inválidos del Sur, y allá iban en los tiempos agitados de la guerra civil los heridos graves y los enfermos macilentos del ejército federal. Allá se proyecta llevar al presidente en este instante, y ya los médicos inspeccionan cuidadosamente el vapor Tallapoosa, que con la máquina encendida y las velas dispuestas aguarda a su venerando pasajero.

No exagero si digo que con el deseo de enviar a usted las últimas noticias, estoy escribiendo esta correspondencia en la escalera del vapor. ¿Qué hará ahora el gobierno en tanto que el presidente se recobra? Llamará sin duda al vicepresidente Arthur que alejado de Washington porque la nación que le ha visto hostil a Garfield, no podría suponer sinceros sus cuidados, espera en Nueva York a que el presidente o sus ministros le señalen el instante en que ha de comenzar a autorizar con su firma las decisiones del Poder ejecutivo. Mas esta sustitución temporal y meramente de fórmula no alterará la briosa política original y salvadora que ocasionó la tentativa de asesinato del presidente. Los hombres honrados serán mantenidos en sus puestos y los dilapidadores expulsados de ellos. La política volverá a ser el arte de conservar en paz y grandeza a la patria, mas no el vil arte de elaborar una fortuna a sus expensas.

De la presencia de un nihilista ruso, distinción que es preciso hacer porque en todas partes va habiendo nihilistas, hablé a usted en mi carta anterior, y lo cierto es que en este fatigante y denso verano en que la vida parece como que huye espantada a refugiarse en las orillas de la mar y en los rincones de los bosques, todo parece como aletargado y en suspenso, y fuera del interés que inspira el restablecimiento del presidente, su fortaleza de ánimo y el vigor mental y moral de su esposa, apenas hay noticia que interese, de no ser las querellas de los partidos interiores, las palabras ásperas y condenatorias que en algún periódico se leen sobre Grant, el lujo de fuerza pecuniaria que este país despliega en sus relaciones industriales con México, y esta noticia de que, para ahorrarse sin duda complicaciones y para levantar obstáculos a los proyectos revolucionarios del atrevido estudiante ruso, el gobierno del zar ha comunicado al caballeresco y afamado secretario Blaine, que el Leo Hartmann que se conoce en los Estados Unidos no es, «aunque Hartmann está haciendo un viaje por América», el Hartmann verdadero.

Con decir a usted que no creo por mi parte verdadera sino astuta, la afirmación del gobierno del zar, y que es cosa que debiera pensarse en esta hora de exceso de capitales y boga de países americanos el establecimiento de una red de negocios, más fácil que en cualquier otra de las repúblicas del Sur, entre los Estados Unidos, exuberantes de riquezas y ganosos de mercados, y Venezuela, mercado fácil y grandioso y necesitado del caudal extranjero, cierra aquí hoy felicitando a usted por la popularidad de que su periódico goza en las redacciones de buenos periódicos neoyorquinos, su amigo tan sincero como afectísimo.

M. de Z.

La Opinión Nacional. Caracas, 17 de septiembre de 1881

3. Noticias de los Estados Unidos. Movimiento general: estado de Garfield. Su viaje extraordinario: esperanzas y temores. Médicos: vía de plegarias. Bosques incendiados. La luz eléctrica. Mujeres norteamericanas: la muerte de una hermosa. Muerte de Delmónico. Un tiro en la cabeza de Guiteau. Lecturas y lecturistas: verano, otoño e invierno. Teatro en Nueva York. Muerte del general Burnside

Nueva York, 16 de septiembre de 1881

Señor director de *La Opinión Nacional*:

Quince días han pasado desde que envié a usted mi última carta. Los sucesos se amontonan, buscando puesto, en torno de mi pluma; mas aunque los apaches vengativos han dado muerte en la frontera meridional a buena suma de soldados norteamericanos, y amenazan de incendio sus casas, de violencia a sus familias, y de muerte a sus compañeros; aunque con implacable rudeza, en cumplimiento de un tratado leonino, acaba de compeler este gobierno a una mísera tribu de indios a que abandone para siempre sus risueños poblados, frondosos bosques y valles alegres, de que se despidieron con grandes voces y gemidos, con que pueblan la selva, en busca de nuevos hogares de donde mañana, como de estos ricos de ahora los expulsarán «los hombres blancos»; aunque en sendas y numerosas columnas de periódicos, se cuenten aquí transmitidas por el cable como noticia de suma valía, las proezas del potro americano Iroquois, de las caballerizas del rico opulento Lorillard, que acaba de vencer en las carreras de Doncaster, con gran amargura e ira de los ingleses, al caballo St. Leger, a cuya victoria llaman los periódicos más graves, «gran victoria de América», aunque ya se aglomeren y den qué decir los preparativos para el centenario de Yorktown que renueva en la memoria de esta nación cuanto de osado, fiero y épico hubo en ella, ni un instante amengua, ni en el concepto público cede en nada, el interés que la recia lucha del presidente con la muerte inspira.

Ya no languidece Garfield como antes en aquella calurosa casa en cuyos muros no ondeaba perfumado como ondea ahora en su casa de Long Branch el aire sano, sino que se condensaba y se movía en ondas espesas el aire impuro, cargado de los gérmenes palúdeos que emanan del ancho río de Washington. Ahora reposa en su cama unas veces, en una silla de brazos otra, viendo desde ambas cómo el mar bravío azota con su espuma blanca la limpia arena de la margen; ahora hace gala, en sus pláticas de familia, de sus conocimientos náuticos, y les explica qué viento mueve a los buques, y qué buques son, y qué rumbo llevan; ahora como en días pasados, ve ir y venir al centinela que guarda su ventana, y al mirarlo de frente, alza la mano y le saluda con bondad, a lo que el soldado levanta el fusil, hace un saludo militar y rompe en llanto. Mas nada garantiza aún la salvación de este tenaz enfermo, cuya herida viene ya cerrándose, en apariencias de fuerza y limpieza, cuya mente, poderosa solo vacila en las horas de la mañana en que, como el día, aparece velada por las nubes; y cuya recia máquina se alimenta de escasos trozos de aves, y de cucharadas de whisky, encaminadas sin duda a contener el visible envenenamiento de la sangre. Y ora se cree, ora se desconfía, ora las gentes se alejan con rostro satisfecho de los lugares donde se fijan los telegramas que dan cuenta del enfermo;

ora se separan silenciosas, y como si les cubriera el rostro crespón fúnebre. La fe no se asegura: la alarma no cesa. Fiase, sin embargo, en la virtud fortificante del agua de mar que respira; en la energía que viene al herido del placer que la linda casa nueva, la casa de Franklyn y la cercanía del mar, la limpieza de la atmósfera, el vasto espacio y la clara luz le producen; fiase, más que en todo, no ya en el vigor de su fortaleza espiritual que no ha bastado a conmover la muerte, sino en el poder de la naturaleza creadora, que en aquella orilla de mar, saturada de sales saludables, puede llevar a sus venas invadidas por el pus matador, nuevos elementos, y gérmenes predominantes que aseguren su existencia amenazada: del viaje a Long Branch se espera todo.

Y ¡qué conmovedor fue aquel viaje! ¡Rara muestra, de afecto público! ¡Singular expectación! Todo este pueblo temblaba como un corazón de mujer. El país como un corderillo asustado, bajaba la voz como para no turbar con el ruido de su respiración, la calma de su enfermo. Cuando se supo al fin que la locomotora poderosa —una gran locomotora de fiesta, a la cual su conductor acariciaba como orgulloso de su hazaña y satisfecho de su compañero de trabajo—, se detuvo al llegar al tramo de ferrocarril improvisado durante la noche anterior; cuando empujado por hombros de amigos y sirvientes, el carro del herido se detuvo con su carga a la puerta de la amplia y pintoresca casa que le aguardaba, sintióse como si un suspiro de alivio se hubiera escapado a la vez de todos los pechos, y como si un grave peso hubiera caído súbitamente de todo los hombros. Este ha sido un viaje majestuoso, lleno de detalles conmovedores y admirables.

Era la nación como una gran casa, y en ella había el mismo recogimiento y el silencio mismo que se observan en la morada de un enfermo amado. No bien habían pasado las doce de la noche, del día precedente al del viaje, numerosos grupos invadían cuchicheando las avenidas que conducen a la Casa Blanca. Las más tiernas palabras se oían en la sombra. Del Potomac impuro ascendían gérmenes mefíticos. Fantásticas luces brillaban brevemente en una y otra ventana de la casa. Ya a las cuatro, el panadero llega en su rápido vagoncillo, con su brazada de pan fresco; entra y sale el mayordomo; aparece en la puerta, cargado el hombro de toallas, el fiel criado de color que sirve al presidente. Se pisa con cuidado: se habla con confianza; se oyen exclamaciones dolorosas. Y cuando al cabo, tendido en unas andas, con un paño húmedo sobre la frente, expuesto al aire espeso de aquella mañana tórrida, limpia y ansiosa la mirada, larga la barba y los cabellos, apareció en la ancha puerta del hogar nacional el bravo enfermo, la multitud sobrecogida de amor y de angustia apagó sus murmullos, y todas las cabezas por espontáneo impulso, quedaron en un mismo momento descubiertas. Lleno el rostro de lágrimas entró en su coche la abnegada esposa, y al ver salir en andas a su padre, la buena Mollie, la hija a quien prefiere; escondió su rostro en el seno de una amiga para que no se oyeran sus sollozos. A la par que el carro que llevaba por las blandas calles de Washington al presidente, se aproximaba a la estación, abríanse las ventanas y poblábanse las portadas de las casas, y afluían en grupos silenciosos los habitantes desde la ciudad a los lugares de tránsito. Al fin, el enérgico enfermo a quien la salida de aquella mansión que abomina y el espectáculo de la encariñada muchedumbre que le seguía, habían dado ya como aire de salud y animación, fue colocado en un alto lecho en mitad de un carro que ha llevado a ilustres viajeros, a potentados y a príncipes, a triunfadores y a futuros reyes. Una elegante máquina precede a la que mueve el tren presidencial. Precauciones minuciosísimas han sido tomadas. La locomotora vibrante y rugiente, rueda ahora sin ruido, y como con conciencia de su carga. Y se anda, se corre, se vuela. «Más aprisa, más aprisa», decía el presidente que por las cortinillas corridas disfrutaba con visible deleite del paisaje. A las veces se anduvo a milla por minuto.

El gigante de hierro se cansa, se le acaricia, se le olea, se apaga el humo de sus resortes encendidos por el veloz roce. Cuando, precedidos siempre de la alígera máquina exploradora, llega el tren a Filadelfia, como pétalos apiñados en una rosa, llena el camino, la estación, la avenida, la muchedumbre ávida. Se asoma a la plataforma la hija del herido, y la vitorean. Leen los médicos para calmar el ansia pública, un boletín en que afirman que el enfermo va en salvo y alegre, y resuenan hurras, ondean pañuelos, danza la gente de alegría, y echan al aire sus sombreros. Recomienza la marcha: el tren no se detiene en las estaciones, que rebosan en hombres y mujeres: «¡Oh! nunca pensé que me pareciese tan bella esta tierra árida». «¡Bravo paseo, Lucrecia!» «Bueno es el aire salado!» dice poseído de un júbilo que atiza su fiebre, el animoso paciente. Le echan las cortinillas del vagón, para que la multitud ansiosa no le impresione; y él se yergue, y recoge por primera vez el premio de su herida: sabe que es amado: «quiere ver la gente».

Ya se acercan al pueblo elegido, a Long Branch aristocrático, que el mar besa con ondas azules, y el fausto neoyorquino con ondas de oro. Trabas y hábitos se han dejado a un lado. El pueblo ha sido durante la noche una familia. Las casas han estado iluminadas; los hoteles como en fiesta; las gentes, en las calles. Desde el alba hiciéronse tan apiñados los grupos en torno a la residencia escogida, que no estaban al medio día más apretadas las arenas en la playa que las criaturas humanas en todas las avenidas de la casa. Parecía como que la locomotora salida de sus rieles, se abría paso entre la masa humana. El cielo brilla: el mar parece cortejar con más blandas espumas, la orilla arenosa. Y cuando el enfermo llevado de nuevo por médicos y amigos, deja el carro en que anduvo arrastrado por la arrogante locomotora, desde hoy famosa, y desaparece por la puerta de la nueva morada, abierta a la luz viva del Sol del puerto y al aire generoso de la mar, en una bendición unánime rompen al fin los labios, por el respeto y el solemne instante y el amoroso miedo comprimidos: y allá y aquí es un «¡Dios le bendiga!» —un «¡Dios nos salve a nuestro amigo!»— y acá «¡Que Dios lo auxilie!» y allí «¡Cómo no he de orar para que sane!». Y empieza en aquel punto para Long Branch un renuevo de su espléndida vida de verano: los bañistas pasean con el orgullo de recientes titulados: parece a cada uno que de su celo depende la salud de la nación; y vivir en el saludable puertecillo que ha de salvar al presidente les parece no igualado regalo y singularísimo favor de la providencia. De la casa se ha hecho como fortaleza; solo el aire y corto número de familiares y de médicos tienen allí libre entrada. De campamento daban idea, al día siguiente de la llegada, los alrededores. Aquí un jinete, presto a montar: allí el empleado de correos, que deja en los peldaños de la escalera sendas valijas henchidas de cartas; allá el telégrafo, cuyo martilleo elocuente y vivaz no cesa un punto. El doctor Bliss, tan famoso en los Estados Unidos como el doctor Hammond, su rival, y los cirujanos Agnew y Hamilton, comparten con estos dos últimos y con el doctor Boynton, la asistencial del enfermo. No pueden en verdad los médicos desviar las corrientes de la naturaleza, ni extinguir en los órganos interiores del herido las raíces diversas de su mal; mas ven en su cuerpo como a través de claros cristales y atacan con brío y fortuna todo nuevo accidente. La ciencia es como Tántalo, que ve el agua de que no ha de beber jamás. La bala no ha sido extraída, y se opina ahora que ha encajado en el hueso, por lo que ya no se la teme. Mas a cada punto aparecen síntomas de la terrible invasión del pus en la sangre, y unos sostienen que el presidente padece piohemia, que es la forma rápida de la infección, y otros septicemia, que es la forma benigna, revelada acá en la inflamación de la parótida que fue sajada y enjugada, allá en un absceso en un pulmón, peligro formidable, que por fortuna fue atajado a tiempo. Ya el presidente llama a sus ministros; a James, el director de correos; a Windom, el hábil financiero; a Blaine, este brillante hombre, capaz de una política sana, intrépida y gloriosa, y amigo de la América del Sur. De Blaine, que juega con el inglés áspero como el Tintamarre, el periódico de los equívocos, juega con el francés flexible, se repite una frase feliz: bullet es bala, in es dentro y out es fuera: en los días de mayor gravedad, en que se creía improrrogable la extracción de la bala, los médicos expedían gran número de boletines, en inglés bulletin. Y, dijo Blaine: «No es bulletin lo que necesitamos, sino bullet-out».

Un día solemne siguió al de la traslación a Long Branch, día de ansia y plegaria, en que el Estado de Nueva York cerró todas las tiendas y abrió todos los templos, un día de súplica a Dios, en que resonaban las calles con los acentos de estos hermosos himnos norteamericanos, entonados a una en las iglesias por una concurrencia compacta y conmovida. Era jueves, y día de gran calor. Señalado por el gobernador del Estado este día de oración, brillaba el Sol sobre la parte mercantil de la ciudad como sobre un inmenso circo vacío; y fueron aquellas horas solemnes, en que las manos se apartaron de los timones de los buques y de las ruedas de las máquinas para alzar al Señor clemente el Libro de los Cánticos, las horas mejores para estimar las colosales vértebras de esta ciudad monstruosa. La engrandecía el silencio: la súbita soledad la agigantaba. Guardaron los cómicos sus caretas, y los trágicos sus puñales, y los especuladores dejaron en paz la red de alambre que hace trenzado techo a las calles vecinas a la bolsa. Los sacerdotes que aquí llaman divinos, aprovechaban de esta situación efusiva y amorosa de las almas, traídas a lástimas y afectos tiernos por los méritos, infortunios y magnánima fortaleza del jefe del país, para afincar en la necesidad de la plegaria, y provocar un renacimiento religioso, que aquí llaman con palabra típica, revival: mas la filosofía natural de Emerson, y la poesía panteística de Bryant, y el desenvolvimiento de la razón humana y la pequeñez y falibilidad de los intérpretes múltiples de las innúmeras sectas, han dado mortal golpe en este país a la fe en las ceremonias del culto.

El espíritu de estas gentes no quiere techumbres que ahoguen su cántico, ni piedra en que se petrifique, ni más mirra ni incienso que la invisible de las almas y las fragantes de los árboles. Mientras las formas perecen y los que de ellas viven, la esencia moral que les dio apariencia de vida, como que se nutre del alma humana imperecedera, perdura y perfuma: así asisten las gentes no a los templos desiertos en que se discuten apreciaciones nimias o textos aislados o ritos convencionales de las sectas que luchan, sino a aquellas iglesias donde, con generoso criterio, se eleva con la palabra de la libertad; que fue la que Dios dio al hombre para hablarle, monumento de fe cristiana al Hacedor misterioso del cielo y de la tierra: así se agruparon los neoyorquinos el último domingo a la reapertura de una hermosísima iglesia, en que se venera, comenta e imita a un hombre elocuente, cuya voz fue ala y cuyo espíritu fue fuego; que quebrantó y purificó en sí y en los demás todo germen de amor excesivo de sí, desconfianza, intransigencia, ferocidad y vileza: el doctor Chapin.

Mas no es solo por el presidente por quien se ora hoy en los templos: es por las víctimas de un incendio asolador que ha devorado en un espacio de treinta leguas en el Estado de Michigan las hojas secas, las ramas rotas, los árboles, las cabañas y los pueblos. La ola abrasadora lo unió todo en su cauce: cadáveres y cenizas llenan hoy allí toda la tierra. Un mismo labrador conducía ayer en un carro a padres, mujer e hijos muertos. Durante el incendio, sofocados por el humo, perseguidos por las llamas, enfurecidos por la sed, huían los infelices como conciencias réprobas, por aquellas llanuras incendiadas en que el cielo se unía a la tierra en una misma llama, y se respiraba y palpaba aire encendido: allí perdió el labrador sus caballos y carros, y sus siembras lujosas y su hogar amado: allí la siega ha sido no de trigo y maíz, sino de padres e hijos. La seca se prolongaba implacable, del suelo ascendía vapor fogoso; los árboles se doblaban como sedientos y amortecidos; los bosques, abrumados por el aire cálido y el Sol secador, parecían anunciar un incendio espontáneo: un tabaco encendido, un fósforo arrojado sin apagar, las chispas de una locomotora, han causado la bárbara catástrofe. Sobre las ruinas de sus chozas, frente a los esqueletos de sus bestias, junto a la fosa humeante de sus pequeñuelos, se sientan hoy hambrientos los infortunados campesinos. Mas ya la Unión se mueve, y el amparo se anuncia: digno será el alivio de la pena; celébranse reuniones, nómbranse juntas, organízase una colecta nacional, y la oportuna limosna llegará a tiempo al menos para reencender la confianza en aquellas criaturas abatidas, renovar sus tareas, y comprar cruces a tanta tumba abierta.

A la par que la tierra de Michigan abría su seno para dar sepultura a pobres héroes y a bravos y a infelices ignorados, en Nueva York moría un anciano cuyo apellido goza ya universal fama, más que por especiales títulos suyos a la celebridad, porque de citarlo o recitarlo cobraban renombre de elegantes o ricos los hombres a la moda: Delmónico ha muerto. ¿Quién que haya venido a Nueva York no ha tenido citas, no ha saboreado café, no ha mordido una fina galleta, no ha gustado espumoso champaña, o Tokay puro, en uno de los restaurantes de Delmónico? Allí las comidas solemnes; de allí, los refrescos de bodas; en aquella casa, como en la venta ganó Quijote título de caballero antiguo, se gana desde hace treinta años título de caballero moderno. En estos tiempos prodigar es vencer; deslumbrar es mandar; y aquélla es la casa natural de los deslumbradores y los pródigos; en ricas servilletas las botellas húmedas; en fuentes elegantes manjares selectos; en leves cristales perfumados vinos; en platos argentados panecillos suaves: todo es servido y preparado allí con distinción suprema. El creador de esta obra ha muerto: un italiano modesto, tenaz y honrado, que comenzó en un rinconcillo de la ciudad baja vendiendo pasteles y anunciando refrescos, ha desaparecido respetado y amado, después de medio siglo, de faena, dejando a sus parientes 2 millones de pesos. Los ahorró con su perspicaz inteligencia, su humildad persistente, su infatigable vigilancia. Cincuenta años estuvo, y era millonario, y aún estaba detrás de su escritorio; inspeccionando las entradas; por entre las mesas, riñendo a los criados y resplandeciente en toda su figura la dignidad hermosa del trabajo. Mientras que su sobrino iba con el alba a los grandes mercados, él, en pie con el día, elegía los vinos que habían de sacarse de sus magnas bodegas, que eran cosa monárquica de abundante y de rica. Este hombre venía siendo símbolo de este progreso gigantesco: en cada pliegue nuevo de la inmensa ciudad, allá alzaba él bandera y llevaba su nuevo restaurante. Por el número de sus establecimientos se miden los grados de desenvolvimiento de Nueva York; y cada nueva casa de Delmónico era más favorecida, más suntuosa, más refinada, más coqueta que la anterior: $100.000 pagaba por alquiler de establecimientos; quince mil pagaba al mes de sueldos a 500 empleados. Dejaba de la mano el negro y recio tabaco que fumaba y ha acelerado su muerte, para firmar un cheque a beneficio de tanto oscuro pariente, y tanto pobre francés y suizo de quienes cuidó siempre con especial solicitud. Fábulas parecen las ganancias de Delmónico, y cosas de fábula parecían a los neoyorquinos, las maravillas y delicadezas culinarias que él les había enseñado a saborear: salsas, ornamentos y aderezos eran cosas desconocidas para los norteamericanos, que en sus periódicos se confiesan deudores a Delmónico del buen gusto y elegante modo que ha reemplazado, con los actuales hoteles, al burdo tamaño y tono áspero de los manjares, y su preparación y servicio, en otros tiempos. En casa de Delmónico fue donde se sirvió aquel banquete afamado de Morton-Pets, en que se pagó a $250 el cubierto; y los de a $100 el cubierto eran banquetes diarios: fue Delmónico quien preparó una artística mesa, no con esos incómodos florones, monumentos frutales, y deformes adornos con que generalmente se preparan, sino con un risueño lago en que nadaban cisnes nevados y avecillas lindas, por lo que aún se llama aquél el banquete de los cisnes. En Delmónico han comido Jenny Lind, la sueca maravillosa; Grant, que después de un banquete recibió a sus visitantes bajo un dosel; Dickens, a quien un vaso de brandy era preparación necesaria para una lectura pública, y dos botellas de champaña, bebida escasa para un lunch común. Luis Napoleón, antes de acicalarse con el manto de las abejas, comía allí; allí los grandes políticos, allí los grandes mercaderes, allí el chispeante James Brady, que entre escogidos invitados, celebraba en comida de solteros cada uno de sus triunfos de abogado; y el hijo del zar, y célebres actores, y nobles ingleses, y cuanto en las tres décadas últimas ha llegado a Nueva York de notable y poderoso. Una corona singular yacía a los pies del muerto, que decía en grandes letras de flores: «La Sociedad Culinaria Filantrópica», y muchos hombres ilustres que lo fueron más por este tributo varonil honrado, asistieron a los funerales del virtuoso y extraordinario cocinero, ya por esa singular afinidad que atrae a los hombres hacia los que satisfacen sus placeres, ya por espontánea admiración de las dotes notables de energía, pertinacia, inteligencia y modestia que adornaron a aquel rico humilde, que no abjuró jamás de su delantal de dril y su servilleta blanca. Es la época serena: la de la glorificación y triunfo del trabajo.

Y ¡cómo se acelera, afina y simplifica el trabajo en Nueva York! Es de noche: la Luna, en el claro cielo luce pálida, y como globillo opaco que huye avergonzado de la tierra. En la tierra, en la calle Broad, paralela a Broadway, un centenar de trabajadores levantan mármoles, abren canales, suspenden pisos, encajan puertas, ruedan máquinas, mueven pescantes a luz eléctrica. En el silencio de la noche, en el seno iluminado de la sombra, se yergue sobre la tierra y como que intenta penetrar el cielo un edificio blanco: ¡qué himno mejor ha cantado a Dios el hombre! Es la bolsa nueva, que se construye de noche y de día: a los trabajadores diurnos, suceden los nocturnos, marea inmensa, en la que no hay bajamar; monumento de pórfido, con corona de mármol y cintas de granito.

El hombre, fatigado de preguntar a lo desconocido la causa de su vida y el objeto de sus dolores, concentra en la tierra todo su poder de estudio, y saca de ella fuerzas con que alumbrarse en sus entrañas, destruir los gérmenes impuros e imitar al cielo. Ángel rebelde, reta, encarado con lo alto, a Dios oculto: ahora ha hallado esta nueva espada para el combate, la electricidad. Anuncia con ella la permanente luz beatífica de que debe el espíritu probado gozar en mundos mejores; y con ella intenta remover del suelo húmedo los elementos pútridos que encierra, y generar en medio del invierno el calor tórrido. Mantiene un hombre de ciencia del Pacífico, que, filtrando la luz eléctrica por las máquinas de sembrar, que desmenuzan y vuelcan el terreno, y haciéndola reflejar sobre lagunatos y pantanos, se hará morir en aguas y terrenos todo germen de fiebre miasmática. Y un grave caballero acaba de informar, con copias de personales experiencias, que el crecimiento de las plantas puede ser favorecido con el calor benigno de esta luz, y que a su blando influjo, irradiada de entre cristales, una agradable temperatura moderada permitirá la conservación en plenos climas fríos de las frutas volcánicas del trópico. Y ¡pensar que cuando todas estas maravillas, y las nuevas que las sucedan, sean sabidas, se sentará el hombre, triste, desconocedor de sí como en los primeros días, a preguntarse por sí mismo; y moverá con ira inútil el ángel rebelde, encarado al Señor, el manojo de espadas con que ha ganado la batalla de la tierra, y el haz de luces a cuyo resplandor no alcanza a ver el lugar de estación en que ha de trocar al fin sus pies en alas! Pero, en tanto, el trabajo nos consuela.

Ya se acerca para Nueva York la estación bella, la estación brillante, la estación trabajadora. Allá viene el invierno, con sus gorras de piel de foca, y sus abrigos opulentos, y sus calzas de goma; allá viene el invierno, derramando desde su trineo veloz sobre la tierra su capa de nieves pintorescas, sacudiendo sus vocingleras campanillas, rollizo, sonrosado, rico, alegre. Aún no empieza el otoño; aún no juegan los niños en las esquinas con los montones de hojas secas; aún no encienden el medio de las calles, poseídos de una extraña e indómita alegría, las vivas llamaradas que se truecan en copos densos de humo odorífero y lechoso, cargado con la savia de las ramas; aún el vapor del agua de los ríos, sofocante y oscuro, absorbe los rayos tenues del Sol, y luchando en vano por retener los rayos rojizos baña con un resplandor de incendio y sume en sombra de bruma la ciudad sofocada y rendida al aliento pestífero del verano; aún mueren los niños, con las manos crispadas, la piel sobre los huesos, y los ojos abiertos y febriles, sobre la falda de sus madres; aún se abrasan los bosques, y tala y quiebra y avanza el fuego terrible por sobre cerros, llanos, pueblos y cortijos, y ya los neoyorquinos previsores, abren sus teatros, anuncian sus modas, recuentan sus placeres, preparan sus lecturas. Multitudes ávidas repletan la Academia de Música, en que con indecorosos atractivos se pone en escena una versión de Miguel Strogoff, este drama que cuenta las hazañas de un correo ruso, a través de las estepas, de aldehuelas, de escaramuzas, de batallas, de paisajes suntuosos y de espectáculos de desordenada y deslumbradora fantasía. Un público compacto invade el elegante teatro de Booth, en que, con mayor fidelidad literaria y menos ilegítimos atavíos, se representa también a Miguel Strogoff, en el que la concurrencia tiene ocasión de risa con los lances y chistes de dos corresponsales de periódico, que en todo el drama se hallan y son como los Sganarellas de la pieza. Acude la gente a ver en Niblo pasmosas escenas, reunidas con el nombre de un buque, el World, que se ve mover, funcionar, vacilar, zozobrar, perderse, como si fuera entre mares, entre las tablas. No se halla lugar vacío en el teatro de los Minstrels de San Francisco, especie de Aristófanes tiznados de negro, que ora en elegante frac y nevada corbata, ora vestidos de harapos, como vestían antaño los esclavos del Sur, sacan a plaza con gracejo, a veces brutal, cuanto personaje y acontecimiento del día preocupa al público.

Pero en lo que se anuncia más el invierno es en la preparación para las lecturas. Hay aquí agentes de ellas, en cuyas listas, mediante 10 pesos, se inscriben los que quieren leer en público, ya por provecho, ya por gloria. Cargo es del agente buscar ocasión y auditorio a los lectores, que bien pudieran llamarse lecturistas, por cuanto a cosa tan nueva como ésta, y tan especial y genuina, debe llamarse con palabra nueva. Y lector es el que lee, y principalmente lee lo ajeno, en tanto que el lecturista no lee generalmente, sino habla, ni habla o lee más que lo suyo. Pues hay agente este año que lleva ya en sus listas 450 nombres, de los que 200, son nombres de señoritas y de damas, ansiosas de renombre las unas, las otras de lucro. Y ¡qué variedad inmensa de materias, las que tratan los lecturistas, y qué modo tan honesto de vivir proporcionan a las gentes de letras, y qué provecho tan abundante y tan agradable sacan los concurrentes a las lecturas! Bien que las pudieran hacer en Caracas los arrogantes poetas, estudiosos letrados, y críticos severos; e irían las gentes a oírlos, porque a poca costa adquirirían ciencia útil, por cuanto se retiene mejor lo que se ha oído brotar coloreado y palpitante de labios amigos, que lo que se lee en pálidos libros de tierras extranjeras. Los talentos se fortificarían con el estímulo, y se dignificarían con este empleo grato, propio y airoso. Un día leería jugo sobre Maracaibo, y otro Rojas sobre razas indias, y otro Escobar sobre poetas de plantilla de caña y lira de oro. De pronunciar sus lecturas les vendría un provecho; de venderlas impresas, y ya afamadas, otro; ser conocidos por ellas fuera del país les ofrecería causa mayor de gozo, y la patria la tendría de regocijo viendo que en estas fiestas sus hijos se acercaban y se amaban. ¡Singular mujer esta mujer americana! Ya como la señora Edson, con carácter, título y habilidad de doctor; asisten en su lecho de angustia al presidente; ya como la elocuente señorita Aliver, recuerdan con palabras fogosas a los hombres de Brooklyn la necesidad de la virtud y la certidumbre del mundo venidero; ya de pie sobre una plataforma explican, frente a un lienzo en que se han dibujado cuadros disolventes, las márgenes del Danubio; ya regalan, a los ojos de los jueces, como acontece todos los días en una ciudad cercana, ramilletes de flores a dos ricos libertinos, acusados de haber dado muerte, con ayuda de una cazadora de voluntades, a una hermosa mujer a quien uno de ellos cortejaba. En el tribunal se exhiben trozos del cuerpo de aquella criatura desventurada, que fue muy bella, y, pobre, y oyó a rico, y se llamó Jennie Cramer; se descubren pormenores incastos; se presenta una villana mujer, de esas que merman en la virtud propia y en la ajena; se detallan vidas licenciosas; y ¡un centenar de matronas y doncellas asisten ávidamente a estas sesiones, siguen con ansia los procedimientos del tribunal, y envían recados, billetes y flores a los dos menguados caballeretes, acusados de haber causado o precipitado al menos, la muerte de la hermosa! En todas las manos anda el relato del suceso:

de memoria sabe todo neoyorquino los detalles de la persecución y la defensa: la madre de la doncella muerta va al tribunal, y acusa faz a faz del crimen a los ricos jóvenes; el retrato de la mísera beldad adorna escaparates y repisas; los defensores interrogan fumando y en chaleco a los testigos del proceso; el acusador público fija durante largas horas la vista en los acusados, reclinado en su silla, y cruzados los pies sobre una mesa: venció a Hartmann, Jennie Cramer: es el caso de moda.

Es Hartmann ciertamente —aunque por ahorrarse una negativa probable si pedía su extradición a los Estados Unidos, ha dicho el gobierno ruso que no es—, el estudiante intrépido, el hombrecillo pequeño, el nihilista locuaz que su odio al zar, su fría tentativa de asesinato, y su actividad posterior han hecho famoso. Y es su rostro al decir de los que los han visto a ambos, singularmente semejante, al del hombre que como hiena enjaulada, pasea desazonado en torno de las paredes de su celda, y rumia pavorosos proyectos para esquivar la pena que le aguarda: el villano Guiteau. Y ¡qué peligro corre la vida del villano! A su mismo perseguidor oficial se acusa de formar parte de una asociación creada para darle muerte, si no la recibe de manos de la ley; juraméntanse otros en los bosques, protegidos por máscaras para forzar su prisión, y darle muerte; y hace unos cuantos días, acurrucado en un rincón, y oculta en sus rodillas la cabeza, pedía a grandes gritos que lo mudasen de su calabozo, en cuyos muros acababa del clavarse una bala, que erró el blanco: a la cabeza de Guiteau la había dirigido uno de los sargentos de la guardia, un hombre honrado y valiente, convencido de que hacía una buena obra, el sargento Mason, que fue al instante preso, y muestra satisfacción y calma. «Era un malvado, debía matarlo.» «Yo no me alisté para dar guardia a un asesino.» Así responde a los que inquieren de él las razones de su acto. Ocho años de prisión y exoneración le hubieran venido de castigo, a habérsele juzgado en tribunal civil; mas es ya procesado por desobediencia e infracción de disciplina, y se le juzgará en tribunal militar. Esto aviva el clamor de la prensa, que insiste en la urgente necesidad de las reformas de las leyes penales, que asimilan en penas dos hechos que obedecen a origen tan distinto como el que, por inconcebible perversión, atentó al presidente, y el que por honrada indignación, atenta a su asesino. A actos originales ha dado margen la tentativa de Mason: los unos, fieles creyentes en aquella severa república de Webster y Madison, quieren que se castigue con toda rudeza este atentado a la vida humana; los otros, obedeciendo a ese flujo incontestable de simpatías y antipatías instintivas que dominan la naturaleza humana, y extraviados por consecuencias exageradas del concepto del bien, no solo excusa, sino premio quieren para el matador frustrado del frustrado asesino: a tal punto se llega, que los empleados del correo de Nueva York, esta gran casa con cuyos empleados pudiera sostenerse una batalla, han pedido en un documento público que se gratifique con un ascenso militar al sargento Mason. Prevalece, sin duda, un espíritu de absolución; y, por sobre las agrias censuras de la razón, adivínase el aplauso tácito. Los que, como se la negaran a Caín, negarían su mano a Guiteau la tenderían sin repugnancia a Mason. Hoy mismo inicia un capitán de Washington los preliminares del proceso militar, intentado sin duda para librar al sargento de las prisiones comunes, y de la mayor pena que le hubiera cabido en tribunal civil. De tentativa de asesinato se le hubiera acusado en éste: solo de conducta perjudicial al orden y disciplina militares, y de haber disparado a un preso sin órdenes de un oficial superior, acaban de acusarle sus jefes ante Hancock, el caballeresco y bravo Hancock, el general vencido en la última campaña electoral. En Washington, la ciudad tranquila de las calles de asfalto, se juzgará al sargento; no en Nueva York, la ciudad inquieta de calles ruidosas. El sigilo favorecerá la lenidad.

Y en tanto que un general, notorio por su romántica bravura, ampara así, so pretexto de proceso, a un hombre equivocado, otro general, a cuya mano no fue pesada la espada de los héroes, es llevado a la fosa, en la ciudad de Bristol, en hombros de sus leales veteranos. El general Burnside que, como Lincoln, tuvo «para todos caridad, mala voluntad para nadie»; en la batalla pujante como un Par; en el hogar, bueno como un belga, ha muerto: antes que en la tierra, su cadáver ha descansado en los hombros de sus conciudadanos, tumba digna de los que sirven, como sirvió él, con su valor a la patria y a la humanidad con su honradez.

M. de Z.

4. Carta de Nueva York. Hechos, juicios, tributos y noticias varias a propósito de Garfield. Comparaciones, recuerdos, singularidades, accidentes memorables

Nueva York, 1 de octubre de 1881

Señor director de *La Opinión Nacional*:

Es en vano buscar hoy en los periódicos extranjeros cosa que no se refiera a la vida, muerte y funerales del presidente de los Estados Unidos. Los de Inglaterra están tan llenos de detalles como los de Nueva York, Washington y Cleveland. Se ha recogido toda frase, todo pequeño suceso, toda memoria olvidada que hiciera directa o indirecta relación a cualquiera de las agitadas épocas de la trabajosa y admirable vida del gran muerto. París, durante una semana no ha leído más que detalles de aquella existencia sana y ejemplar. Es uno de los triunfos de esta época, el modo de vivir y el modo de morir de este humilde hombre. Nosotros recogeremos, como quien tala en mies rica, todo lo que en estos periódicos, a medida que leamos, vayamos hallando de curioso o de notable. Y lo agruparemos en la misma confusión pintoresca con que viene a nuestras manos. Helo aquí:

De Garfield —dice el *Herald* del día posterior al de sus funerales— puede decirse lo que dijo Hume del sajón Alfred: «Él supo unir el más osado espíritu a la más fría moderación; la más obstinada perseverancia a la más fácil flexibilidad; la más severa justicia a la más grande lenidad; el mayor rigor en el mundo con la mayor afabilidad en el trato común; la más alta capacidad para la ciencia con los más brillantes talentos para la acción. Por igual eran admirables sus virtudes civiles y militares, pero aquéllas, por ser más raras entre príncipes, y más útiles, merecen mayor aplauso. La naturaleza, como deseosa de presentar cumplidamente tan buena obra suya, le había dotado de encantos corporales vigor de músculos, dignidad de aspecto y forma; y aquel continente franco, amable y seductor». Y no es solo el *Herald*: íntimos amigos suyos, y un periódico inglés lo comparan también a Alfredo el Grande.

Entre los poetas modernos ingleses, Tennyson, el bardo laureado, el feliz renovador de la vieja y gráfica lengua inglesa, el autor de afamadas elegías y de delicados y profundos retratos de mujer, era el poeta favorito de Garfield, que recitaba sus versos de memoria, y citó unas estrofas de él en su elegantísima oración fúnebre de Lincoln.

«Cuando pronunció su discurso de entrada en la presidencia —dice uno de sus compañeros en el Congreso— me pareció que con el esfuerzo nervioso de los últimos meses, su rostro estaba en cierto modo transfigurado, no por una

43

luz radiosa, sino por una mirada visionaria y soñadora, propia de uno que se hallase en ocasión mayor que en la de una mera instalación en un puesto político: ¡tal vez era la instalación en aquel reino más vasto en que ha desaparecido!»

Cuando estaba triste, rara vez abría sus labios, y parecía, como si se hubiese vuelto más femenil y dócil.

Su influencia, que era vasta en todos y singular en los hombres jóvenes, venía de su fácil y osado dominio de todas las formas, del conocimiento humano, su espléndido modo de aplicar y hablar lo que sabía; y su ardiente y afectuosa naturaleza, que le llevaba a echar familiarmente sus brazos sobre la espalda de los niños y las niñas, y a veces de hombres crecidos, y de llamar a los pequeñuelos por sus primeros nombres, como si fuese a la escuela con ellos. Se le veía gozar, con cierto ingenuo gozo infantil, cuando adquiría algún nuevo conocimiento.

«He hallado —decía Garfield— un notable tesoro en mi mujer. En su extraordinaria prudencia y su valor no igualado, ha hecho a mi lado una maravillosa mujer para hombre público. Ella fue mi discípula de latín, y ahora enseña latín a sus hijos. Nunca me ha dejado sentir las pesadumbres de la casa, y a ella debo haber podido adelantar con energía en mi anhelosa carrera de hombre de Congreso, y en todas las difíciles empresas que he intentado en mi vida. Nada la ofusca ni la asusta: entonces es cuando está más serena. Cuando la veo especialmente tranquila, y cumpliendo con sus oficios de casa como si gozase particularmente con ello, es cuando algún infortunio me amenaza, o alguna injusticia ha caído sobre mí.»

Garfield escribió en noviembre del año pasado, después de su elección: «Hay un tono de tristeza a través de este triunfo que apenas puedo explicar».

Uno de los hijos pequeños del presidente dijo hace pocos días: «La gloria no paga».

Cuando los médicos se acercaron a su cama, con prisa y espanto, poco después de haber recibido el balazo, Garfield les dijo: «¡Todo va bien: todo va bien!». Y volviéndose luego a Rockwell, el fidelísimo amigo, este modelo de militares respetadores de la ley civil, le dijo con una mirada poderosa y penetrante: «Rockwell, sé perfectamente lo que me pasa».

Solo una vez, durante toda su enfermedad, salió una frase amarga de sus labios. Le preguntó su esposa: «¿Qué es lo que te duele, Jaime?». Y él detuvo un momento su mirada en la de ella, y dijo: «¡Vivir es lo único que duele!».

Cuando llegaron a Long Branch, le dijo Rockwell: «Has hecho tan bien este viaje que bien pudieras emprender otro mayor». «¡Sí, dijo Garfield, bien puede terminar en el largo, el largo viaje a casa!»

«Es una noble cosa morir con la armadura encima, y estando en el trabajo a que la vocación nos ha llamado», dice un periódico de Nueva York.

Qué no dice en favor del carácter brioso y tenaz de Garfield, esta exclamación de su esposa, cuando le preguntaron si tenía fe en la curación de su marido: «¡Jaime quiere curarse! ¡Jaime ha conseguido siempre lo que ha querido conseguir!».

Durante la estancia del enfermo en Long Branch, una niña de diez años, desconocida de la familia del presidente, entró en la casa, logró con su insistencia ver a la señora de Garfield, y le dijo: «Quiero rezar por mister Garfield: Dios siempre responde a mis oraciones: quiero rezar por él». Otro niño, en la noche en que se colocaba el tramo de vía férrea provisional que llevó al enfermo desde la estación hasta la casa en que murió, en su afán de «hacer algo por el presidente», cargó con una pesada espiga de las que sirvieron para el tramo. Y otro niño preguntaba a su madre en Broadway al ver la inmensa calle colgada de negro: «¡Mamá! ¿se ha muerto todo el mundo?».

«El que empieza la vida sin fortuna, sin educación, sin el auxilio de amigos influyentes, y hace su camino victoriosamente «contra esos carceleros gemelos del bravo corazón el bajo nacimiento y la fortuna de hierro», prueba su propio sobresaliente mérito, y prueba también cuán sólida es la tierra americana que asienta que de las masas del pueblo se levantarán siempre hombres tan competentes para guiar al Estado, como los gobernantes que surgen del mecanismo monárquico en los países aristocráticos.»

Cuando estudiaba en Chester, pagaba a un carpintero $1.06 a la semana por posada y lavado de ropa, cuya suma ganaba ayudando a su hotelero en trabajos sueltos. Entre otros, éste: el carpintero estaba fabricando una casa de dos pisos cerca del seminario, y el primer trabajo de Garfield fue cepillar las tablas a dos centavos cada una: así ganó el primer sábado $1.02. En ese mismo tiempo empezó el estudio del griego.

En un discurso notable, en defensa de unos acusados, decía Garfield, al terminar: «¡Oh, jueces, en vuestro poder está erigir en esta ciudadela de las libertades, un monumento más duradero que el bronce; invisible en verdad a los ojos de la carne, pero visible a los del espíritu, como la imponente figura de la Justicia, alzándose sobre las tormentas de la batalla política, sobre las sombras del combate, sobre el choque de terremoto de la rebelión; visto desde lejos y saludado como protector por los oprimidos de todas las naciones; dispensando iguales beneficios, y amparando con el ancho escudo de la ley, a los más débiles, los más humildes, los más miserables, y —hasta que la ley los declare solemnemente indignos de protección— los más culpables de los ciudadanos!».

Era sumamente benévolo, y blando a la mayor súplica: debió casi todos sus embarazos a su repugnancia a decir: no. Tenía fuerte el cerebro, y estaba lleno de vida física. Era como de seis pies de alto, con levantado pecho, y ancha espalda, y con una libre y fácil apostura que eran fieles reveladores de su abierta y jovial naturaleza.

Un hombre robusto, amoroso, franco, modesto, de hermosos ojos, de amplio rostro, confiado siempre, siempre alerta, ha estado constantemente a la cabecera de Garfield: su amigo Rockwell, un simple oficial al servicio del jefe del estado mayor. Fueron amigos toda la vida: en el colegio primero y en todas partes luego. Cuando el presidente cayó herido su primera pregunta fue: «¿Dónde está Rockwell?». En todos esos días de ansia y de prueba, en la puerta de la habitación, al pie del lecho, o con la mano del herido entre las suyas, allí estaba Rockwell: se entendían sin hablarse o con medias palabras. Nada agradaba tanto a Garfield como recordar en largas pláticas sus horas de colegio y sus dificultades de hombre joven: en su enfermedad, gozaba aún más con esto. Hablaban un día Rockwell y él, a quien estaba prohibido hablar mucho, de unas reuniones de colegiales, señaladas por la buena voluntad, hábitos virtuosos y fe en lo porvenir de los reunidos: «¿Ternura?» preguntó Garfield, con sus claros, límpidos ojos en los de su amigo. «¡Sin medida!» contestó Rockwell: y sonrió dulcemente el enfermo.

¿Cuál es el verdadero apogeo de una vida humana, su punto de cenit y madurez? —se pregunta un escritor a propósito de Garfield—: «es la vida de un patriota, es seguramente el punto de su mayor utilidad a la nación».

El día 16 de abril de 1865, los periódicos de la mañana publicaron la noticia de la muerte de Lincoln. La ciudad fue un motín. Nueva York, como ebria de ira, se desbordaba y rugía. Parecía que el alba había surgido, en vez de sonreír envuelta en sus gasas rosadas, vestida de negros crespones. La multitud llenaba las calles del comercio, Wall Street. Del sombrío y poderoso edificio de la aduana, de entre las gruesas columnas, de entre los oscuros y grandes pedestales, salió un hombre. Su palabra, como río encendido, o serpiente de fuego, enardecía a los oyentes: los inundaba de pasión, se deslizaba como para abrazarlos y dominarlos a todos, por entre ellos. En su cara resplandecía una ira grandiosa: Lincoln era el mártir del día: aquel hombre fue el héroe: aquel hombre era Garfield.

Ninguno entre los que lo han llorado, fue tan elocuente como él fue llorando a Lincoln.

En una ventana de la compañía de seguros de Lorillard, se leían en grandes letras estas frases de Antonio en el Julio César de Shakespeare: «Los elementos se mezclaron en él de tal manera, que la naturaleza pudo detenerse, y decir al mundo todo: ¡Este fue un hombre!».

Cuatro han sido los vicepresidentes que han venido a la presidencia por muerte de los presidentes electos: John Tyler sucedió al activo y cortés Harrison; a Zacarías Taylor, el caudillo de la guerra contra México, sustituyóle Fillmore; al admirado Lincoln sucedió Andrew Jackson, acusado y desdeñado luego; a Garfield sucede Arthur.

En Garfield la impresión de los sucesos notables de su vida se producía en una especie de piadosa superstición. Creía en presentimientos y fechas, y gustaba en conversación de familia, o amigos de deducir consecuencias de este género de acontecimientos en que estaba él mezclado. Creía en el mundo invisible, pero luchaba a la vez con toda bravura, energía y claridad de mente en el mundo visible. Su romanticismo no se producía en desaliento ni en quejas. Reprimía el elemento poético de su naturaleza y fortalecía el elemento práctico. Su muerte fue la fortificación de sus vagas creencias en la virtud de ciertas fechas, murió en el aniversario de una batalla que él tenía como el hecho culminante de su vida: la batalla de Chi Kamanga, en que vencida ya el ala derecha del ejército federal, y a punto de ser la batalla total y desastrosamente perdida, Garfield atravesó, con gran serenidad y riesgo, la distancia hasta el extremo del ejército comprometido, y lo salvó con sus órdenes. Su presencia, seguridad y bravura en aquel día se recuerdan en la historia de la guerra como hechos poéticos. El general Rosecranz decía en su informe oficial: «Estoy especialmente agradecido al brigadier Garfield, por la clara y rápida manera con que descubría los puntos de acción y movimiento, y expresaba en excelentes órdenes las ideas del general director. Los soldados observaron su presencia con mucha satisfacción, y tenían visible placer en que él fuese testigo de su espléndido modo de combatir». Por esta batalla fue hecho mayor general.

El *Evening Standard* de Londres, dice de la muerte de Garfield: «Desde la muerte del príncipe consorte, y la terrible enfermedad del príncipe de Gales, el corazón de la nación inglesa nunca se ha conmovido tanto como hoy».

El *Post* de Londres dice: «El presidente Garfield intentaba la destrucción de un sistema que hace el patronato dependiente de consideraciones de partido, y que evidentemente crea una de las más graves dificultades a la obra generosa y amplia de la constitución de los Estados Unidos».

El *Tagblatt*, alemán, dice: «El nombre de Garfield brillará en la historia al lado de los de Washington y Lincoln».

Uno de los más elocuentes y sentidos tributos a Garfield, fue el vehemente y hermoso discurso con que Torres Cacatúa, que preside el Congreso internacional literario en Viena, anunció la noticia dolorosa, y suspendió en honor del difunto los trabajos del Congreso: «No es nuestra obra política —dijo— pero la muerte de caballero, de orador, de apóstol, de soldado semejante, imponen a todo honrado corazón humano esta muestra de tierna simpatía».

La muerte del presidente de los Estados Unidos sorprendió las fiestas de la corte de Alemania, en que se celebraban las bodas del príncipe de Suecia y la hija del gran duque de Badén. Nobles y llenas de enseñanza son estas frases de un periódico: «¿De nada vale, acaso, que por cerca de tres meses haya estado la nación faz a faz de ese sagrado ejemplo de noble sufrimiento? Cuando un hombre mira en el corazón de su vecino, y ve el oculto y no sospechado bien que yace allí, es mejor por un nuevo conocimiento y por una nueva y más profunda veneración. Aquí han sido revelados a un gran pueblo el valor espléndido, la paciencia, la gallardía de una noble alma. ¿No somos mejores por esto que hemos visto? Nos hemos sentado junto al lecho de este pobre héroe, que ha sufrido, sin afectación y sin temor, los tormentos de la duda, del temor y del martirio físico. Tan hermosa era la naturaleza que vimos en su mortal agonía que no es maravilla que rehusemos pensar en el hombre en relación con los negocios ordinarios de la vida. Entre los hombres de todos los lugares y de todos los partidos, se creó un cariño casi infantil por el enfermo, que en su adoración del santo canonizado por el sufrimiento se negaba a tomar acta de los errores posibles, grandezas o desfallecimientos del hombre de Estado». Cuando Garfield, luego de su herida, cobró conocimiento, su primera pregunta fue por su mujer. «¿Y Cree? —que así llamaba él a su esposa, Lucrecia, que convalecía en Ling Branca—: ¿cómo ha recibido la noticia?» «Como la mujer de un buen soldado.» «¡Querida mujercita! ¡Antes hubiera querido morir, que causarte con esto algún pesar!» Otro día, uno de los negros días de su enfermedad, empeñado en que su esposa saliera, le decía: «Ve, ve a tomar un paseo, antes que el Sol caliente mucho: si yo pudiera, te acompañaría, ¡pero tengo tantos negocios a que atender!». ¡Y en aquel momento, agonizaba! Cuando pudo tener una pluma, escribió con ella una carta a su madre. Cuando le hablaron los médicos del riesgo que en la operación iba a correr, dijo: «He afrontado la muerte antes de ahora, y no he tenido miedo: puedo volverla a afrontar: aún tengo fuerzas bastantes para vencerla». «Puede venir la muerte cuando quiera: yo estoy listo.»

Un americano pregunta al *Sun* de Nueva York: «Al señor editor del *Sun*. Señor. Este es un gran país, y, sin embargo, es un hecho que dentro de los últimos dieciséis años dos presidentes han muerto asesinados; otro presidente fue procesado, y a poco se le echa indignamente de su puesto; y otro presidente ocupó su puesto por abominable fraude. ¿No es éste un interesante estado de cosas? ¿Qué viene ahora?».

M. de Z.

La Opinión Nacional. Caracas, 19 de octubre de 1881

5. Carta de Nueva York. Gran batalla política. Convención republicana y Convención democrática. El «boss». Purificación de la democracia. El brillante Blenia y el prudente Arthur. Campaña en el Senado

Nueva York, 15 de octubre de 1881

Señor director de *La Opinión Nacional*:

Allá en Mentor reposa triste la que fue compañera del presidente muerto, y en torno de su anciana abuela se agrupan los benévolos nietos, en quienes el dolor que acaban de sufrir, y el carácter, nacional que han revestido sus pesares íntimos han acelerado el juicio; allá se queda la familia, llorosa, clamando por aquel que viaja «por un país del cual no ha vuelto jamás ningún viajero»: la nación, en tanto, luego de haber honrado a su muerto, recobra su animada vida, descuélganse los lutos de las ventanas, reúnense los políticos en convenciones rivales; ábrese en Atlanta un certamen agrícola; acércase la hora del proceso para el asesino Guiteau; los hoteles visten de fiesta sus corredores para recibir, bajo las banderas que sus antepasados honraron con su valor, a los descendientes de los bravos defensores de la independencia americana; los negocios sonríen; los museos se abren; los teatros ofrecen selectos repertorios; al borde de la tumba de un poeta que muere se cuentan sus libros, sus labores, su éxito; viene a América un retrato directo de Milton; el brillante arte, la traviesa política, la justiciera historia se han reunido a dar realce y color de vida a esta última quincena. Cada cual, al morir, enseña al cielo su obra acabada, su libro escrito, su arado luciente, la espiga que segó, el árbol que sembró. Son los derechos al descanso: ¡triste el que muere sin haber hecho obra!

No se puede mirar a la tierra sin consuelo. Parece, como si a un tiempo mismo, los hombres todos se hubieran hablado a sí propios. Los tiempos son para Sísifo, y no para Jeremías; para empujar rocas hasta la cima de la montaña; no para llorar sobre exánimes ruinas. Hay como un despertamiento universal; como si todas las frentes se hubieran cansado de los yugos; como si la fuerza, que ha sido durante tanto tiempo señora de la libertad, fuese ahora su esclava. Los pueblos han crecido, y se sienten ya fuertes; un anhelo de derecho, una capacidad para ejercerlo, una determinación unánime para lograrlo se notan en todos los lugares de la tierra: magnífica portada abren los hombres a la época que nace. El látigo se declara bueno para castigar las espaldas del flagelador. Hasta las convenciones parciales del Estado de Nueva York ha llegado esta necesidad de saludable independencia. Gemían en el Estado ambos partidos, el republicano y el democrático, bajo tercos y altivos soberanos. El ex senador Conkling, el orador académico y dominante, regía a su placer el Partido republicano: el Partido democrático era regido por un hombre de notable energía personal, de astucia poderosa, y de excepcional capacidad para la intriga, por John Kelly. En las filas de los republicanos, como en las de los demócratas, surgió una generosa y prudente rebelión: aquéllos, como partido que goza del poder, han devorado en sigilo sus rencores, y ocultándolos en lo posible a la curiosidad pública; los demócratas, que por su largo alejamiento del mando no tienen hoy semejantes razones de cordura, han desplegado a los vientos sus banderas, y han luchado a la faz de la nación. En uno y otro partido se habían creado corporaciones tenaces y absorbentes, encaminadas, antes que al triunfo de los ideales políticos, al logro y goce de los empleos públicos. Nueva York es un Estado dudoso, en el que a las veces triunfan los republicanos, y a las veces los demócratas. Estas corporaciones directoras, que solían venir a escandalosos tráficos para asegurarse mutuamente la victoria en las elecciones para determinados empleos, impedían que interviniesen en la dirección de los partidos hombres sanos y austeros, cuya pureza no hubiera permitido los usuales manejos, o cuya competencia se temía. Cada una de estas corporaciones obedece a un jefe; y del nombre de «boss» que se da a estos caudillos, hasta hoy omnipotentes e irresponsables, viene el nombre de «bossismo», que pudiera traducirse por el nuestro de cacicazgo, aunque las organizaciones que lo producen, y las esferas de su actividad le dan carácter y acepción propios. El boss no consulta, ordena; el boss se irrita, riñe, concede, niega, expulsa; el boss ofrece empleos, adquiere concesiones a cambio de ellos, dispone de los votos y los dirige: tiene en su mano el éxito de la campaña para la elección del presidente. Si la elección del presidente que nombra su partido choca con sus simpatías personales, o con sus intereses en el Estado, lucha contra su partido, porque él ve preferentemente, por su preponderancia en el Estado. Un boss es soberbio, como Conckling, y emplea sus personales atractivos y su influjo para hacer triunfar su política dominante, ruda y agresiva; otro boss es ambicioso, como Kelly, y dirige todos sus esfuerzos a ejercer una influencia incontrastable sobre las fuerzas electorales y la distribución de los empleos públicos en el Estado cuya política democrática dirige. Contra el uno y contra el otro se han alzado a la vez sus lastimados y vejados secuaces. A Conkling, jefe de los «Stalwarts» —que pudiera traducirse por «los mejores»—, lo han vencido los Half-Breeds, los «media-sangre», los republicanos que no aspiran a la revisión de la constitución, a la violación de los derechos populares, a la centralización absoluta del poder, a la creación de un gobierno de fuerza, a la reelección del general Grant, en suma; sino a gobernar, en el credo conservador, con el salvador sistema de rápidos turnos en el gobierno que garantiza la honestidad en las costumbres de la nación, y el respeto a la ley en los mandatarios encargados temporalmente de hacerla cumplir. A Kelly, jefe de «Tammany Hall», que así se llama, con el nombre de un fiero y sabio indio, la asociación en que residió un día todo el poder democrático del Estado, lo han vencido en tormentosa contienda los hombres más ilustres de su partido, inhábiles para reprimir en el seno de la asociación de Tammany, más que dirigida, poseída por Kelly, los abusos, los comercios, las traiciones que venían siendo la ruina de la democracia en el Estado. Contra el atrevido dominio de Kelly, se había alzado ya otra asociación rival; que se llamó Irving Hall, por cuanto aquí «hall» significa salón vasto, lugar de reunión: mas no eran los miembros de la corporación nueva los más venerables y poderosos miembros del partido, que no creyeron prudente por entonces revelar a los republicanos la división profunda que había en sus filas, o no se juzgaban aún bastante fuertes para vencer al hábil Kelly. Mas con la elección frustrada de Hancock vino a flote una acusación tremenda: Kelly fue acusado con grandes visos de razón, de haber permitido, por su provecho personal, y por la satisfacción de sus rencores, el triunfo de los republicanos en el Estado de Nueva York, de cuyo voto dependía toda la elección presidencial. Cuando una candidatura democrática no place a Kelly, o no se acepta llana y sumisamente la candidatura de Kelly, Kelly —el caudillo de los demócratas— vota contra la candidatura democrática. Como en las elecciones parciales del Estado en el año de 1879, fue cosa probada que dio a los republicanos en un lugar cierto número de votos para que los republicanos le dieran en otro lugar un número de votos que le era necesario; salióse de madre el río de la ira, la indignación callada tuvo lengua y forma, los ilustres de la democracia se reunieron en junta popular solemne para apelar al pueblo elector, de quien todo poder viene, contra la corporación traidora: el pueblo confirmó en elecciones privadas la sentencia; nombráronse cincuenta notables, que fueron luego ciento, para dirigir los trabajos de reorganización y purificación democrática; Irving Hall se fundió en la asociación nueva; Tammany Hall, que no concibe más poder que el absoluto que venía ejerciendo, se alzó en rebelión contra el partido de quien el poder le viene y sostuvo su derecho de primacía y unicidad en la gestión de los negocios democráticos. «Derribaré cuanto sin mí se haga —exclamaba Kelly—: derrotaré toda candidatura democrática que sin mí se saque a votación. Piérdase en buena hora toda capacidad de triunfo del Partido democrático, que depende de su triunfo en Nueva York: como sin mí no puede vencer el partido, vendrá a mí.» Estas graves querellas tuvieron ahora airosa y honrada solución. Celebra cada año cada uno de los partidos del Estado una convención, a la cual asisten delegados de todos los cuerpos de electores, y a la cual compete el señalamiento de los funcionarios anuales por cuya elección han de votar los miembros del partido: sin estruendo y con decoro fue vencido Conckling en la convención republicana, que celebró su junta en el hermoso teatro de la Academia de Música de Nueva York. Con ignominia y sin ocultación negó la convención democrática, reunida en Albany, la entrada en su seno a los delegados rebeldes, y traidores de Tammany Hall. Levantados y elocuentes documentos ha publicado a este propósito el Partido demócrata. Quieren el libre ejercicio del voto por todos los votantes, el examen de la conducta de los comisionados por el más humilde miembro del partido, la purificación de la democracia, desacreditada y envilecida por los intereses personales creados a su sombra. Quieren, y han señalado al pueblo para su elección en este año, empleados escogidos entre hombres respetables e independientes, ajenos a las ambiciones de bandería; y no contaminados en el trato pernicioso de los políticos hambrientos, y voraces e indignos empleómanos. Quieren, en suma, que una facción rebelde de la ciudad no domine y burle al partido entero del Estado; y que la democracia, íntegra y honrada, retenga a su lado el número de servidores fieles y poderosos, que avergonzados de la gestión de los negocios del partido, amenazaban ya con abandonar sus filas, se replegaban melancólicamente a sus hogares. Temerosos los buscadores y tenedores de empleos de que la convención reunida en Albany no osara negar la entrada en su recinto a la facción rebelde de John Kelly, rodeaban aún a éste numerosos partidarios, que con él han compartido los provechos de su largo dominio en Tammany Hall mas ahora, cortada ya la cabeza del caballo, tiénese por seguro que los que, por su interés y por miedo de exponerse a las iras monárquicas del boss, seguían a Kelly, abandonan a un jefe tiránico, cuyas habilidades no han podido salvarlo de la cólera y el anatema de una agrupación que no ha sabido honrar. Y así quedan ahora ambas agrupaciones: ya están abiertos los registros, publicadas las candidaturas rivales, vecinas las elecciones para altos empleados del Estado. Kelly, que no tiene ya fuerzas suficientes para vencer, cuenta aún con fuerzas bastantes para derrotar. Por vencidos se dan ya importantes demócratas, mas estiman útil y poco grave esta derrota parcial en el Estado, si merced a ella se captan las simpatías que iban perdiendo, aíslan el osado rebelde que con sus manejos atraía sobre el partido creciente descrédito, y llegan fuertes, compactos y respetados a la próxima campaña presidencial. Cierto que a villanías de propios, más que a poder de los extraños, debieron los demócratas su derrota en las elecciones en que el honrado Garfield venció al caballeresco Hancock. Y icuán pintoresca es una población en día de convención! Rebosan los hoteles; resuenan alegres bandas; despliéganse banderas: óyense de lejos los vítores y silbos de las juntas tumultuosas; grandes grupos bulliciosos llenan las aceras, discuten por las calles, detiénense ante las puertas. Vense caras robustas de hombres del campo; gallardos caballeros, políticos de ciudad; escúchanse fanfarronadas, amenazas, denuestos, risas, chistes; llénanse las arcas de los mostradores de bebidas. Y luego de electa la mesa de la convención, de pronunciado por el presidente el discurso de orden, que viene a ser un programa del partido; de leída la plataforma, en que las esperanzas, propósitos y creencias del partido se condensan en un número breve de resoluciones; luego de sustentados los candidatos a los diversos empleos por sus respectivos partidarios, y de electos en votación, y de anunciada la lista de candidatos definitivos, suenan aires marciales, humean en las estaciones de ferrocarril trenes extraordinarios, vacíanse los hoteles, y vuélvense los combatientes a toda prisa a sus lares desiertos, cargados los unos con los laureles del triunfo, y los otros con sus esperanzas muertas, a trabajar en junto por la victoria de los candidatos definitivamente señalados por la convención. Tal señalamiento es sagrado. El enemigo tiene que trabajar por el enemigo. Al interés de hombre, servido por la comunidad en la satisfacción de otros intereses. El desleal es lapidado como Kelly. Esta disciplina explica esas compactas masas, esos súbitos y felices acuerdos, ese sofocamiento rápido de rencores que parecían terribles e insaciables, esas admirables victorias del sufragio en los grandes combates de este pueblo. Para noviembre quedan emplazados los partidos.

Aún están en sus puestos los ministros del presidente Garfield. iCuánta especulación, cuánto proyecto, cuánta predicción a propósito de este acontecimiento, que no es tal vez más que un acto de respeto al muerto, y un medio hábil de hacer parecer, por menos inmediata, menos violenta la transición que proyecta acaso el presidente nuevo! De que sus simpatías le llevan a gobernar con un número escogido de sus amigos personales, tomados de la sección del Partido republicano que mantuvo al presidente actual, y originó su nombramiento no ha de caber duda. Mas no debemos olvidar tampoco que él y los suyos, estiman como más conveniente a los intereses generales del Partido republicano, y al juicio que de Arthur haga el país, la probabilidad de gobernar con ambas secciones del partido, que ha menester unión y cordura para vencer al adversario democrático, que se presenta para las venideras elecciones formidable. Ni puede dudarse, por otra parte, que es Blenia un hombre poderoso, por el respeto que inspira, los recursos que crea, las simpatías que en torno suyo mantiene, y la maestría con que se mueve entre los graves obstáculos que le alzan sus temerosos adversarios. Todo es a propósito de esto, preguntar y suponer: corre impresa la generosa y tierna carta en que Blenia aceptó la secretaría de Estado que le propuso Garfield: es un varonil documento, lleno de nobles miras, en que, al ofrecer mezclar con la de Garfield «su política fortuna», se ve a un hombre sensible, arrogante, honrado, bueno, casi grandioso. Tal hombre no puede ser desdeñado por Arthur: tal desdén fuera de graves resultados para la administración. De seguro que el presidente ha deseado retenerlo. De seguro que, movido a la par del ansia de conservarlo cerca de sí, por el crédito que a su gobierno daría este acto paternal, prudente y noble, y del anhelo de llamar a su lado a los leales amigos a cuya consecuencia debe su alto puesto, habrá trabajado Arthur tenazmente por reunir a los políticos rivales en torno de su silla. De seguro que si Blenia se retira del gabinete, porque solo con todo honor y libertad consentiría en quedarse en él, se retira solicitado, llamado, agasajado. La figura del ministro de Garfield crece con estos días accidentales y revueltos: se le ve con su rostro luminoso, húmedo aún del llanto que vierte por su amigo, y en sus ojos lucientes, en su franca mirada, en su alta frente, en sus hinchados labios, en su desordenado cabello, se ven anuncios del brío honesto con que, en los próximos combates de su partido, se alzará contra toda elección que el elemento rebelde, ambicioso y dominador del bando republicano acaricia y prepara. Hay brillo latino en los actos y sentimientos de este elocuente norteamericano.

Sin sucesor legal venía viviendo el presidente, y ya lo tiene. Eligió el Senado presidente *pro tempore*, y a él es a quien tocaría, en caso de nueva catástrofe, ocupar temporalmente la presidencia de la república. Fue por cierto lo del Senado una animada escaramuza. Por la renuncia famosa de Conkling y Platt, los senadores de Nueva York lastimados porque Garfield no les consultó determinados nombramientos de empleados para el Estado que representan, quedaron los demócratas en mayoría en el Senado, y quedó el Senado sin su presidente. No habiendo sucesor a la primera magistratura de la nación, elegirlo era el primer acto natural de la alta Cámara. Mas si se elegía antes de dar entrada a los dos senadores republicanos electos en lugar de Conkling y Platt, era el presidente un demócrata. Forzados a la elección, eligieron, antes de dar entrada a los nuevos senadores, al demócrata Bayard, diestro político, hombre puro y orador celebrado. Mas no bien recibidos ya los dos nuevos senadores, contaron otra vez los republicanos con la mayoría, eligieron presidente nuevo. Del mismo voto de Bayard dependió durante un momento su permanencia en el puesto, y su derrota. Urgido a darlo, dijo altivamente: «jamás he votado por mí mismo para obtener un puesto: no votaré ahora para retenerlo». Recayó la elección en David Davis, prominente anciano, que aunque más inclinado a las resoluciones republicanas que a las democráticas, ha logrado fama de hombre imparcial y cuerdo, a quien ambos pueden fiar, como a común amigo, sus constantes diferencias.

M. de Z.

La Opinión Nacional. Caracas, 26 de octubre de 1881

6. Carta de Nueva York. Medalla de oro. La autobiografía de Guiteau ante el tribunal. Premio al valor. Fuego terrible. La exposición de Atlanta. Escenas de gala. El centenario de Yorktown

Nueva York, 15 de octubre de 1881

Señor director de *La Opinión Nacional*:

Ya ha visto usted en lo que se ocupa el Senado, a tiempo que en las oficinas del Congreso corre ya, a propuesta del senador Voorhees, la moción de que el poder legislativo de los Estados Unidos acuñe como especial tributo, una medalla en memoria de la muerte trágica de Garfield. Era Garfield tan profundo hombre de letras como puro hombre político: hablaba y escribía un lenguaje accidentado, sólido, repleto, lleno de incisos enérgicos y oportunos, fundido — aún, en la conversación vulgar— en molde clásico. No cupo nunca pensamiento bajo en su lenguaje amplio y hermoso. La grandiosidad del lenguaje invita a la grandiosidad del pensamiento. Tales dotes lo llevaron a la presidencia de la Sociedad Literaria de Washington, y de la Sociedad ha nacido la generosa idea de conmemorar en metales ricos su admirable muerte.

Elizabeth Bryant Johnson, que lleva entre sus nombres el de un ilustre poeta, sugirió la cariñosa moción, que por ser de ella, que es dama conocida y estimada en el círculo social y político de Washington, y por honrar a tan gran hombre, ha sido aceptada con vehemente aprobación.

El nombre de un poeta evocamos, el nombre de Bryant; de otro poeta, menos famoso, pero amado y leído, se lamenta hoy la muerte: de Josiah Holland. Por centenares de miles se han vendido sus libros de versos: su Catalina es el más gustado. Poeta trabajador, debió su gloria a su mérito, y su éxito a su trabajo. Novelas, historias, libros de educación, toda una ruda labor de artesano a que está obligado el literato pobre, ocupó durante su enérgica vida sus activas manos. Amaba a sus cofrades y era amado de ellos. No era de esos bardos que acumulan en elaboradas rimas imaginarios dolores, y sentimientos cerebrales: era de aquellos bardos sinceros cuyos versos brotan hechos de una hora real de dolor, de fe o de amor. Un hermoso periódico publica mensualmente en Nueva York la casa de Scribner, una revista excelente, en que, bajo elegantísima cubierta de uso antiguo, únense a selectos y amenos estudios literarios, grabados exquisitos, retratos bellos, minuciosas y perfectas obras de arte: era Holland el director de esta revista de Scribner, hoy leída con fama en Inglaterra, y vendida mensualmente en grandes cantidades en las más lujosas librerías y en los más humildes casuchos de periódicos de los Estados Unidos. Murió Holland como mueren los que saben cumplir con su deber: murió al entrar en su casa de trabajo; murió de pie. El corazón fatigado de sentir, se negó a enviar a las venas la sangre. ¡Noble poeta!

¡Qué sanos libros, esos que escribe el alma! ¡Qué repugnante libro, ese que ha escrito en su prisión el menguado Guiteau! Pero atrae los ojos, como los atraen todos los fenómenos. El libro es una autobiografía, dictada a un empleado del *Herald* —este omnipotente periódico—, autobiografía tal que la oía a veces el escribiente con irreprimible disgusto y con justa ira. ¡Con qué regalo se detenía en los menores accidentes de su vulgar vida! ¡Qué importancia imagina que va atada a la más necia de sus confesiones! Es la vida de un ambicioso, que llega con el deseo a donde no llega con los medios intelectuales y morales de satisfacerlo. Le devoraba ansia de notoriedad y vida cómoda. Todo lo suyo es raquítico, impotente, soberbio, extravagante. No se somete a trabajos humildes. Aspira a grandes premios con mezquinos merecimientos. En todas partes es desestimado por inepto, por vanidoso y por díscolo: su lenguaje es rastrero; sus propósitos pueriles y enfermizos; leyéndolo se imagina un hombre de mirada viscosa, color pálido y cráneo deprimido. Este hombre es una imperfección moral, como hay imperfecciones físicas. Enseñarse, ofrecerse, alabarse, proponerse, eran sus oficios. Como periodista, quiere ponerse a la cabeza de un periódico como el de Horacio Greeley; cosa posible, cuando se es Horacio Greeley; como esposo, martiriza, expulsa y abandona a su esposa; como creyente, aspira a demostrar la venida del segundo Cristo en un libro indigesto y monótono La verdad o el compañero de la Biblia; como lector, habla a salas desiertas; como orador político, fue su única gloria asaltar una vez la plataforma en una junta de hombres de color; como abogado, es perseguido por probada estafa; como escritor de campaña electoral, publica y reparte como anuncio un discurso suyo, que envía a los cuatro vientos, y ellos se llevan: «Garfield contra Hancock»; como desvergonzado, atrévese a enviar a Garfield después de las elecciones, en que fue proclamado presidente este singular telegrama: «Los hemos barrido como yo esperaba. ¡Gracias a Dios! Vuestro respetuosamente Carlos Guiteau» y en otra entrevista, en la única que alcanzó de Garfield, osa darle el discurso en el que, con mengua de todo decoro, había unido a las palabras del título impreso, por una línea de tinta, estas palabras manuscritas «Consulado de París», que no era menor puesto el que de Garfield pretendía. ¡Mas ni ministro en Austria, ni cónsul en París, logró ser el osado vagabundo! ¡Con qué frialdad pedía a Blenia que removiese, en honor suyo, al cónsul actual! A este punto su vida, y de este asalto a la fortuna robustamente rechazado, la ira toma en este espíritu malvado la forma del asesinato. Y entonces describe con repulsiva complacencia cómo «viendo en los periódicos que la tenacidad del presidente iba a dividir el Partido republicano, dar el gobierno a los demócratas y encender una nueva guerra», concibió la idea de «remover a Garfield», para que el poder recayese en «su amigo Arthur». Se concibió héroe. Creyó que cambiaría el curso de la tierra, y dejaría con su valor estáticos y deslumbrados a los hombres. Preparó una segunda edición de su libro; *El compañero de la Biblia*, porque creyó que «por la notoriedad que alcanzaría él por el acto de remover al presidente», esta edición se vendería copiosamente. Empezó una tarea de zorra y de hiena. Espió durante días enteros todos los movimientos de su víctima. Compró el mayor revólver que hubo a mano; le probó a orillas del río; quedó satisfecho de su gran ruido y de su gran estrago; lo envolvió cuidadosamente en papel para que no se le humedeciera; durmió tranquilamente, despertó a las cuatro de la mañana, y «se sintió bien en alma y cuerpo». Y se encarniza en dar idea de su serenidad. Almorzó bien, y volvió a sentirse bien en cuerpo y alma. Revisó su revólver; aguardó a su víctima; le disparó el primer tiro; lo vio vivo y le disparó el segundo. Y cuando describe la manera con que un policía ciego de ira, se le echó encima y le estrujó el brazo, queda de sus mismas viles palabras la impresión misma que queda en los ojos, de ver a una hedionda sabandija aplastada por la pata de un mastín. ¡Concibió este hombre la única gloria que su ruin mente era capaz de concebir, y sacrificó a ella fríamente, por el beneficio de su fama y provecho, una criatura privilegiada y admirable!

Y dice en su autobiografía, de una manera descosida y violenta, que revela intención de ser tenido por víctima de extravío mental, que hace veinte años comenzó a creer y cree que será electo por un acto de Dios presidente de los Estados Unidos y ofrece para entonces al pueblo americano «una administración de primera clase»: no sufrirá política de sección ni nada que no sea recto: su objeto será «dar satisfacción a todo el pueblo americano y hacerlo feliz, próspero y temeroso de Dios». ¡Faltan en ese hombre los gérmenes normales y las corrientes naturales y cálidas de la vida! Parece un árbol seco en que han anidado los gusanos. Se concibe un gran criminal, con gran entereza, gran maldad, y constante propósito: mas no a ese raquítico culpable, que al delito de haber cometido su extraordinario crimen, une el de la debilidad de disfrazar su real carácter. Para él el asesinato del presidente fue un negocio, del que esperó nombre y dinero. Sospecha ya que ni el nombre logrado es el que anhela, ni el bienestar a que en consecuencia de su acto aspiraba, se le anuncia. ¡Y procura torcer las consecuencias de este mal negocio! La autobiografía termina con un cómico anuncio: «Busco una esposa, y no veo razón para no mostrar aquí este deseo mío. Solicito una elegante y acaudalada dama católica, de menos de treinta años, que pertenezca a una elevada familia. Esta señora puede dirigirse a mí con la más absoluta confianza». Bien hizo Holland, el poeta que acaba de morir, en escribir aquel ardiente verso: «¡Que una criatura tan miserable haya podido exterminar a una tan noble criatura!».

Un cuñado de Guiteau ha venido a defenderle. Parece un hombre justo, no aguijado del deseo de lograr impura reputación o hacerse de mayor crédito profesional, sino movido de ánimo compasivo, por su corazón humano, y por lealtades de familia. Desdén y misericordia muestra por Guiteau. El proceso le daba ocasión para largas demoras, y enojosos trámites: mas parece que no desea usarlos. Juzga a Guiteau demente; y acumula cartas antiguas, documentos de vieja fecha, documentos recientes, testimonios personales, cuanto haga a la prueba de demencia. Desea Guiteau pasar como un monomaníaco político y religioso. Su cuñado afecta, o siente, confianza en el veredicto de los jueces. Hablarle, verle, oírle, basta. Dice el abogado.

—¿Cuáles serán vuestros testigos?

—Guiteau el primero —responde—. Que los jueces lo interroguen, que lo vigilen, que lo escuchen, que lean las cartas que a su hermana y a mí nos viene desde hace tiempo escribiendo; el informe que ha redactado desde su prisión para la prensa; el manifiesto que antes de cometer el crimen escribió al pueblo americano, y me dictó ayer de memoria, y la adición al manifiesto en que establece que uno de los objetos del asesinato fue crearse renombre para ayudar a la venta de su libro que ha de salvar a las almas.

De la perspicacia de los jueces, y del extravío mental de Guiteau parece seguro el abogado que viene a Washington, humilde y sin dineros, a disputar su víctima al cadalso. Altas razones de honra nacional ven algunos abogados en esta defensa —y enseñar a las pasiones buenas enseñanzas—, digna de ser intentada, y de ayudar en ella al modesto abogado de Scoville.

Mas ya está el procesado ante la barra. La sala está llena de juristas y empleados. La multitud, de pie en el fondo del salón, lo ve en silencio. El desdén se mezcla a la lástima. El preso lleva un mal flus muy usado. Grueso y rollizo lo representaban los informes: débil, y de mísera apariencia se le ve ahora ante los jueces.

—¿Os confesáis culpable, u os creéis inocente?

El acusado se lleva la mano trémula al bolsillo, y como buscando un papel, dice:

—Traigo aquí un informe que deseo leer.

—No es el momento de leerlo. ¿Culpable o inocente? —repite el juez.

—Inocente —dice Guiteau—; y se escapa de sus labios un suspiro.

Se ajusta el día del proceso, que va a ser el 7 de noviembre: quiere el defensor demorarlo; anuncia que lo defenderá por demente, y que negará jurisdicción al tribunal actual. Rodeado de empleados de la corte, sale, tímido y nervioso, del salón por entre la multitud, que lo ve pasar sin una amenaza, sin un clamor, sin un gesto. Va poseído de visible zozobra. Lo asusta su propio drama. Le abandona la calma con que en la celda dicta su vida y redacta sus informes. Se buscan testigos; se urge al tribunal para que a su costa los haga venir a Washington, más por demorar el proceso, en espera de lo imprevisto favorable, que por enojar al tribunal con ello. Vuelve el criminal a su jaula de piedra. El aire de la sala de la corte, cuyas ventanas habían sido cerradas, era caliente y fétido.

Por destruir una vida es procesado este hombre en Washington: por salvar a trece náufragos, con grave riesgo, ha sido condecorada una mujer en New Port con la medalla del valor heroico. En noches tenebrosas, en frágil bote, Ida Lewis Wilson, ha arrebatado al mar enfurecido numerosas víctimas. De oro es la medalla con que la premia el gobierno; y de manos de un bravo comandante pasó a las de la intrépida nauta esta recompensa de su extraordinaria bravura. Afronta, monta, doma la ola furiosa: arranca de su seno a dos hombres medio muertos; los trae en sus espaldas a la playa: bien merece las frases de alta estima que adornan la magnífica medalla.

Por sobre las olas cabalgaba, señora de la tormenta, Ida Lewis: por sobre llamas iban montados los bomberos en el aire noches hace, en un incendio majestuoso y terrible. Una manzana entera vino a tierra: aún humean los restos: entre montones de piedra lucen blancos y grandes huesos; hedor de carne quemada penetra en la atmósfera. El fuego devoró el depósito de un gran tranvía, el tranvía de la Cuarta Avenida. Novecientocincuenta caballos estaban en las cuadras. 6,000 pacas de heno ardieron a un tiempo. De provisiones de establo había $50,000. De pérdida total, más de un millón. El cielo de Nueva York se tornó rojo. Los caballos, frenéticos, se resistían a seguir a sus salvadores; o morían entre estremecedores relinchos, o salían desalados, envueltos en llamas, por las anchas puertas. Ya ondeaba la masa roja sobre las casas de los pobres, que se alzan en uno de los costados del depósito; ya envolvía con sus terribles lenguas, y devoraba objetos valiosísimos, cuadros, manuscritos, maravillas de cerámica, libros raros, curiosidades, joyas dejadas a guardar por viajeros ricos, habitantes de hoteles o gente transeúnte en un acreditado almacén cercano; ya el intenso calor derretía los cristales, y la gigantesca ola roja lamía, golpeaba, iluminaba la fachada de hierro de un edificio monumental, construido para casa de mujeres pobres por el benéfico comerciante Stewart, y convertido por sus ambiciosos herederos en hotel colosal y lucrativo: no tuvo Asiria palacios más altos. Salvó el azar las frágiles casas de los pobres; tragóse el incendio todas las riquezas del lujoso almacén; salvó la dirección del viento al edificio de hierro de mayores peligros; al nivel de la tierra está el vasto depósito: ruedas de carros, arneses rotos, cráneos de animales, montones de escombros, líneas de vívido rojo entre pedruscos negros, columnas de pardo y denso humo elevándose lentamente de las ruinas, he ahí los restos del inmenso establo.

A la vez que en Nueva York venía a arruinar tan gran riqueza, un suceso de trascendencia considerable abre nuevos cauces a la fortuna del mediodía de la Unión Americana.

Bajo el techo de un soberbio edificio, construido en forma de cruz griega, de 750 pies de largo por cien de ancho, ostentando en su centro la máquina potente que movió las maravillas de la industria presentadas a la exposición de Filadelfia, se abrazan ahora, y se miran como amigos el Norte y el Sur.

La exposición internacional se abrió en Atlanta con conmovedoras ceremonias el día 5 de octubre. No se oyó por cierto en esa hermosa fiesta industrial, que viene a ser un banquete político, aquella voz amada y consoladora que había prometido hacerse oír: fríos están ya, bajo la tierra de Cleveland, los labios que hubieran dado paso en ocasión como ésta a evangélicas y arrebatadoras palabras de hermandad, esperanza y consuelo.

Esta es una fiesta de conciliación, tanto como una fiesta de agricultura. El Sur presenta al Norte su producto rico, de cuya cosecha recaba 300 millones de pesos anuales: el tabaco, el azúcar, el maíz, el arroz, sus jugosas frutas, sus minerales abundantes, sus flores delicadas, sus maderas de monte, todas sus naturales riquezas son desplegadas por el Sur rico en ellas a los ojos del Norte, rico en caudales. Y el Norte, en cambio, su suntuosa maquinaria que, manufacturando el algodón en los terrenos mismos en que se cultiva, traería al Sur, con el hecho solo de exportar en objetos lo que exporta en masa, valiosísimo aumento en el precio de su productivo capital.

Con gran pompa, con plegarias de obispo, con versos de Hayne, poeta ya afamado; con un levantado discurso del senador Voorhees se inauguró la exposición. Ella viene a iniciar al Norte a que lleve al Sur sus capitales desocupados. Ella viene a mover al Sur a que favorezca el cultivo de los frutos del trópico que hoy a alto precio compra el Norte, a tierras extranjeras, y a demostrarle la posibilidad y urgencia de que, con tan rica materia prima, y con tan vastos mercados en su frontera como los de México, y los del resto de la América Latina, más allá, se trueque de país agrícola perfecto en país manufacturero de artículos que hoy compra de los mismos a quienes vende la materia prima con que se elaboran.

Día solemne será para la exposición el día 25, en que los gobernadores congregados en Yorktown para la magna fiesta histórica, irán en masa a tomar y llevar a sus Estados impresión de las ventajas mutuas que de venir a más íntimo comercio mostrará sin duda esta afortunada exhibición.

De recordar las glorias de los muertos irán los gobernadores a honrar las prendas del trabajo de sus laboriosos hijos trabajar: gran manera de honrar a padres gloriosos. Los hijos deben hacer practicar, no ahogar en sangre, la simiente de gloria que de sus padres ilustres recibieron. De flores y de frutas habrá exhibición luego; y de bueyes y mulas; y de ovejas y cerdos; y de los perros, que guardan la hacienda; y de todos los útiles animales y menesteres de las casas de campo.

De desolación y espanto fue la escena en el incendio de la Cuarta Avenida; de gala y de colores la hubo en el rico hotel que ostenta la Quinta. De famosos generales, de suntuosos viajeros, de altos políticos, de damas poderosas, es el hotel de la Quinta Avenida natural morada. Allí pasando por puertas embanderadas con los pabellones de Francia y Norteamérica, fueron a descansar de su viaje los descendientes de los heroicos franceses que abatieron —frente a los viejos reductos de Yorktown— el poder y la fortuna de Inglaterra. Del intrépido alemán Steuben, del romántico Lafayette, del noble Rochambeau fue allí la gloria. Decidió el sitio de Yorktown la independencia de la América del Norte. El inglés Cornwallis rindió a Steuben su espada; Washington mismo disparó con sus manos el primer cañonazo en la batalla decisiva; en proezas y audacias rivalizaron los auxiliares de Francia, ataviados de brillantes vestidos, y los nativos criollos, envueltos en trajes azotados por la lluvia, quemados por el fuego de la batalla, destrozados por los arbustos del camino.

El gobierno americano, que secunda los activos esfuerzos de la asociación del centenario de Yorktown, invitó a los descendientes de los héroes franceses, y a los del bravo alemán, a venir a saludar en el campo de sus hazañas el lugar donde blandieron la espada y rindieron al enemigo sus ilustres mayores. Alegres y elegantes han venido los nietos de Lafayette, de Rochambeau, de Haussonville, de Noailles. Fornidos y severos han parecido a los neoyorquinos los atléticos sucesores del audaz Steuben. No bien llegaron los alemanes sobre el casco de cuyo robusto jefe se leía la insignia de los Hohenzollern «Suum cuique», y las palabras de lealtad, «Con Dios, por mi rey y por mi patria», coronadas del águila prusiana, siguieron, luego de ser cariñosamente recibidos por las autoridades de la ciudad, camino de Yorktown. Ver condes, y vizcondes y marqueses enajena de gozo a los buenos neoyorquinos, y grandemente han gozado con los nobles de Francia alojados en la Quinta Avenida. Sus uniformes han sido menudamente descritos; acotada toda observación; celebrada toda frase oportuna; contadas y alabadas las plumas de colores, las cruces, las armas, los bordados.

En procesión luciente fueron traídos del muelle al gran hotel. Policía montada abría y cerraba el séquito. A los acordes de la Marsellesa, que no ha mucho resonaron bajo los balcones de Sarah Bernhardt, sucedían los de ¡Salve Columbia! y La estrellada y listada bandera. El séptimo regimiento, servido aquí por ricos mercaderes y jóvenes elegantes, escoltaba a los vivaces y sonrientes nietos de los que, con calor de hijos, ofrecieron sus pechos generosos en defensa de un pueblo amigo a las balas inglesas. Apenas desembarazados de los deberes de orden, la inquieta comitiva se repartió por esta ciudad maravillosa. Fueron los unos a pasear las luengas avenidas en el ferrocarril elevado, que en un extremo remata en atrevidas curvas, y en otro se alza a elevación pasmosa sobre los riachuelos y praderas que rodean el solemne Puente Alto. Cuáles cruzaron en coche el ruidoso Broadway. Otros, con un pintor osado a la cabeza, se encaramaron en frágil andamio al más extenso puente colgante que va a Nueva York y a Brooklyn.

El que fue campo de batalla se adereza en tanto para recibir a los viajeros. Revistas, saludos, plegarias, discursos, músicas marciales, todo lo prepara Yorktown para sus cuatro días de fiesta. Se ha remozado y vestido de limpio, el miserable villorrio. En pie está la casa en que firmó su rendición Cornwallis: aún se señala el lugar que ocupó el humeante parapeto, a cuya cima se asomó entre redobles de tambor, el oficial inglés pidiendo parlamento; aún se enseña el lugar donde los incontrastables franceses, al mando del barón de Viomenil, asaltaron el reducto británico, coronado de llamas; aún se apunta el pedazo de tierra en que cayó herido de muerte el barón Scandell.

Allá iremos: mediremos el glorioso terreno; contaremos la espléndida historia; y del brazo andaremos, de aquí a quince días, por la playa animada, teatro ha un siglo de tan altas proezas, los benévolos lectores de estas humildes cartas, y su afectuoso amigo,

M. de Z.

La Opinión Nacional. Caracas, 27 de octubre de 1881

7. Carta de Nueva York. Historia. Las doce de la noche. La última batalla. Jorge III y Washington. El centenario de Yorktown. La batalla de la paz. Arthur y Blenia. La bandera británica. Triste soledad. Los cautos y los cultos

Nueva York, 29 de octubre de 1881

Señor director de *La Opinión Nacional*:

Gritos de triunfo y gritos de reforma han resonado en los Estados Unidos en esta quincena: con los unos se celebraba aquella magnífica época, que vio vivir a Washington; con los otros, se entra con incontrastable ímpetu por la vía de honradez y pureza que abrió Garfield. Impacientes los hombres de hoy por asegurarse el dominio de sí mismos, que el sistema de camarillas políticas comenzaba a arrebatarles, como deprisa y de mal grado, emprendieron su peregrinación al campo sacro donde sus tenaces y gloriosos abuelos plantaron sobre reductos humeantes el pabellón a cuya sombra crece el pueblo más pujante, feliz y maravilloso que han visto los hombres. ¡Luego de echar la vista por estas calles, por estos puertos, por estas ciudades, se piensa involuntariamente en mares y en montañas! ¡Qué simple y qué grande! ¡Qué sereno, y qué fuerte! ¡Y este pasmoso pueblo ha venido a la vida, de haberse desposado con fe buena, en la casa de la libertad, la América y el trabajo! Poseer, he aquí la garantía de las repúblicas. Un país pobre vivirá siempre atormentado y en revuelta. Crear intereses es crear defensores de la independencia personal y fiereza pública necesaria para defenderlos. La actividad humana es un monstruo que cuando no crea, devora. Es necesario darle empleo: aquí, ha creado.

Eran hace cien años estas ciudades, aldeas; estas bahías, arenales; y la tierra entera, dominio de un señor altivo y perezoso, que regía a sus hijos como a vasallos, y con el pomo de su látigo escribía sus leyes, y con el tacón de sus pesadas botas las sellaba. Los caballeros de las colonias, se alzaron contra los caballeros de Jorge III. Desuncieron los campesinos los caballos de sus carros, y los vistieron con los arreos de batallar. Con el acero de los arados, trocado en espada justiciera, rompieron las leyes selladas con el tacón de la bota del monarca. Se combatió, se padeció frío, se venció el hambre, y con largo y doloroso cortejo se cautivó al fin a la gloria. El 16 de octubre de 1781, los franceses y americanos aliados recibieron de manos del caudillo británico el pabellón inglés vencido. Cornwallis, cercado, deslumbrado, anonadado, aterrado, se rindió a Washington y a Lafayette en Yorktown. Siete mil ingleses se rindieron con su jefe: trescientos cincuenta habían perecido en el brillante sitio; con valor fiero asaltaron los sitiadores las obras de defensa de las tropas reales; con gallarda nobleza y ejemplar calma, se regocijaron de su triunfo. Allí descansaron de su jornada de seis años los soldados de Lexington, Concord y Bunker Hill. Allí doblaron la rodilla, para dar gracias a Dios, los que la habían alzado de una vez fatigados de tenerla humillada ante su tirano, en 1775. Allí se ha honrado ahora a los héroes, se ha conmemorado a los muertos, se ha contado la gloriosa historia, y se ha saludado cariñosamente a los vencidos.

Hace cien años, fue la señal de la redención la toma de Yorktown: Francia, que ha redimido a los hombres con su sangre, se había aliado a las colonias americanas rebeldes. En aquellos tiempos de odios, el rey francés obedecía así a la usual política, y debilitaba el poder de Inglaterra, su robusta enemiga. Mas no fue el rey quien decretó la alianza: fue el clamor de la nación generosa que, enamorada de la libertad, y no bastante fuerte aún para conseguirla, empleaba la energía ya recogida en empujar a la libertad a un pueblo más cercano a ella y más fuerte: fue el clamor de la nación, pagada por la casaca parda y las medias de lana del humilde Franklin, de aquel embajador austero, que entró en la casa del rey con los vestidos modestos de la libertad, y habló con sus palabras y venció con ellas. La flota francesa había vencido a la flota inglesa entre los cabos de Chesapeake, con rapidez tan grande y tal fortuna que un noble que venía a visitar al almirante inglés, fue recibido por el conde de Grasse, el marino de Francia, y en las mesas francesas se sirvieron los manjares que habían sido preparados para adornar la mesa de los marinos de Inglaterra. Washington, con cartas diestramente escritas, que aparentaba dejar sorprender a los enemigos, hacía creer a Clinton, el representante del monarca y director de la campaña, que cuando cruzaba el Hudson estaba aún lejos de él. Cuando despertó de su sueño, halagado por la seguridad de venideras glorias el inglés Cornwallis, Washington mismo, con su mano firme y su postura augusta, disparaba contra Yorktown la bala de cañón que abrió el famoso sitio. De noche construían los aliados las trincheras, de donde, al romper el día, habían de disparar las balas llevadoras del asombro, la derrota y la muerte. La luz de una fragata incendiada alumbra el combate. Lafayette generoso y Rochambeau valiente, mandan a los franceses, y Washington sereno, Washington amado, manda a los americanos. Con ellos pelea, el soldado bravo, el disciplinador enérgico, el alemán noble, el barón de Steuben. De Lauzan va a la cabeza de la caballería. Viomenil guía la infantería ligera. Entre los franceses van un Montmorency, un Lameth, un Noailles.

¿Qué eran los parapetos, los terraplenes, las empalizadas? ¿Qué las grietas del terreno, naturales defensas de Yorktown? ¿Qué los anchos pantanos, que parecían sepulcro inglorioso, inevitable tumba? ¿Qué las fortificadas baterías? ¡Cada mañana amanecían los sitiadores más cerca de los absortos sitiados! ¡Es que hay una hora en que la tiranía se ciega, y se deja vencer, aturdida por el brillo y la pujanza de la libertad! ¡Es que el soldado que lucha por la honra vale más, y lidia mejor, que el soldado que lucha por la paga! Rivalizaban en bravura los tenaces americanos y los ardientes franceses. Dos reductos se levantan a su paso: «¡Viva el rey!» dicen los soldados de Francia, y toman el uno: sobre cien de sus compañeros, muertos o heridos, pasan los triunfadores: en el otro reducto, el jefe inglés rinde su espada a Alejandro Hamilton, el jefe americano. En vano aguarda Lord Cornwallis refuerzos de la flota inglesa, que ha sido vencida; en vano intenta, contra la naturaleza que, amiga una vez de los hombres libres, le cierra con una tormenta el paso, la fuga de sus tropas. Ya no tiene fuerzas el Lord poderoso para sacar el acero de la vaina. Bate el tambor, pidiendo tregua. Se ajustan condiciones: el inglés las rechaza: el americano las impone: se firman en una casa histórica, la casa de Moore: las tropas quedan prisioneras de guerra: la propiedad pública pasa a manos de los vencedores: la propiedad privada, ya de los hombres de armas, de los habitantes del pueblo, queda en poder de sus dueños: los productos del saqueo y la rapiña han de ser devueltos a los que los reclamen, y Tarleton, un hombre odiado, tiene que echar pie a tierra de un caballo admirable que reclama su dueño. Témese que peligren, por su fama de crueles, algunos oficiales de Cornwallis, y Washington permite y favorece su salida del campo de batalla, so pretexto de que van en comisión de duelo, a dar parte a los gobernantes ingleses de la amarga derrota. Y el día brilla: en carros, a caballo, a pie, ha venido de los campos y poblaciones vecinas, muchedumbre imponente de curiosos. ¡Cuán solitario suele estar el campo de batalla el día antes del combate! ¡Cuán poblado el día después de la victoria! Es la hora de la entrega de las armas. A un lado del campamento, con Rochambeau al frente, forman, con sus lujosos uniformes, los franceses: al otro lado, mandados por Washington, forman, con sus uniformes empolvados, desiguales y raídos, los americanos; aquéllos, brillantes; éstos, ingenuos. Por entre ambas columnas adelanta, con paso solemne, armas al hombro, banderas plegadas y tambor batiente, el ejército vencido: no lo manda Cornwallis, que está avergonzado. Allá cerca, en un espacio vecino, dejan aquellos hombres tristes sus mosquetes. Nadie los injuria, no los maltrata nadie. Y la nación entera, como a alba magnífica, se regocija y amanece. Filadelfia era ciudad de fieles, y cuando el guardia nocturno anunció las doce de la noche, con aquel grito lento: «Las doce de la noche, y todo va bien» y añadió: «y Cornwallis ha sido tomado», no hubo ventana sin luz, ni balcón sin bandera, ni ser humano dormido en Filadelfia. El Congreso en masa fue a dar gracias al bondadoso legislador del universo. La grandeza serena había vencido a la tradición insolente: a Jorge III lo había vencido Washington.

Yorktown fue la batalla decisiva, el triunfo efectivo, la victoria incontestada. Tras ella, quedó de hecho el país libre. Esa es la batalla que en estos días los americanos han conmemorado. Han vuelto, llenos de vida, a aquel lugar famoso donde a ella nacieron. Han llamado, para apretar la liga de los pueblos buenos, a los descendientes de aquellos bravos soldados de Francia. Como el alemán Steuben batalló en Yorktown, llamaron también a sus descendientes alemanes. Como Inglaterra ama a sus hijos y no está celosa sino orgullosa de ellos, han saludado la bandera de Inglaterra en el lugar mismo en que fue vencida, nueva manera de vencerla. Recuerdo sin odio, fuerza sin vanidad, agradecimiento sin interés, esto ha sido esta fiesta. Y viene a tiempo a este país laborioso esta hora de remembranza de aquellas puras glorias, como vino a tiempo la noble agonía y dichosa muerte del honrado Garfield. Tiene el corazón sus caudales, y perecen en su palacio de oro, como el rey Midas, los pueblos que dejan morir estas puras riquezas. Sentir, es ser fuerte. Ni cabe comparación, en el concepto y gratitud humanos, entre Jesús y Creso. ¡No hay flores más lozanas ni fragantes que las que nacen sobre la tierra de los muertos! De amar las glorias pasadas, se sacan fuerzas para adquirir las glorias nuevas.

Oficial, más que nacional, aunque aprobado y loado por la nación, ha sido el centenario de Yorktown. No suspendió el pueblo sus labores; no hablaron los oradores a las masas; no lucieron banderas en puertas ni ventanas; no recorrieron músicas las calles; ni regocijo, ni emoción, ni curiosidad marcada pudo observarse en comarca alguna de los Estados Unidos. Más allá, en el campo glorioso, milicias, veteranos, altos huéspedes, dignatarios altos, estaban reunidos. Yorktown, morada del silencio, resonaba con ecos de orquesta, clamores de gozo y voces de vida. Al vapor silencioso que cruza lánguidamente las olvidadas aguas de su puerto, un día rico, sucedieron como bosques de buques, ya los americanos de la armada del Atlántico, ya fragatas francesas, ya hoteles flotantes, improvisados en las cámaras de los vapores; ya buques de vela, buquecillos de recreo, vapores de travesía, blancos y gigantescos, y barcas de pescadores. Era en tierra todo polvo y ruido; todo tiendas, hoteles improvisados, comedores al aire, puestos de refrescos, grupos de jugadores, bailes de la comarca, comedias de polichinelas, casillas de buhoneros, gritar de gentes, cantar los negros de las haciendas, ir y venir de alegres carruajes tirados por mulas y cargados de lindas virginianas, o de aquellos curiosos vehículos de campo, que llevan, sobre dos ruedas la abundante y parlera familia de un hombre de color, tirada por una mansa vaca, que obedece a la voz del guiador acurrucado en la delantera del tarrillo, como el más dócil jaco. De feria estaba el pueblo, y parecía feria. De las sesenta casas que un día tuvo, y que solían dar abrigo a opulentos armadores y a funcionarios pomposos, quedan en pie, envueltas en clásico musgo, la casa de Nelson, y —por manos irrespetuosas blanqueada, pálida y amueblada— la casa de Moore, aquella en que con ojos relucientes de gozo vieron cien años hace los jefes americanos moverse sobre el pliego de la capitulación las manos trémulas del jefe inglés que lo autorizaba con su firma. Algazara y bullicio era todo en Yorktown. Estos, que aquí se agrupan y vienen a oír las tradiciones que narra, apoyado en su báculo ruin, el habitante más anciano del puerto; aquéllos, que se apiñan y vocean, ven bailar sobre un entarimado a un hombre de color, calzado con ponderosas y luengas botas, cubierta la cabeza con un gorro rojo, y todo lleno de lazos azules, y marchitos encajes. En un lado los militares presentan armas a un gobernador; en otro, sacian su sed con benéfica cerveza alemana, o áspero whisky. Ya son corporaciones invitadas a la fiesta, a que la multitud abre paso; ya una columna cerrada de francmasones, que vienen en gran número a la fiesta. Y ya se arremolinan, se empujan, se atropellan para salir al encuentro de un cuerpo de artilleros que viene «cubierto del polvo de seis Estados», por el mismo camino que el ejército libertador anduvo un día, empolvado, alegre, sediento, desplegando al aire el pabellón luciente, y arrancando voces de triunfo a las marciales cometas: 465 millas han andado en treinta días. Esto era, al inaugurarse la semana de la conmemoración, el lugar de la famosa batalla. En un yate, por el puerto, paseaba el dueño del *Herald*, y agasajaba a bordo a Archibald Forbes, el más atrevido corresponsal de guerra con que cuentan los periódicos ingleses; y en tierra, en un rincón, un grupo ansioso, que viene de comprar a un vendedor de baratijas piedras mágicas y medicinas omnicurantes, entra a ver un ternero que nació con seis pies, o una vaca ya crecida que anda sobre cinco. Un lúgubre cortejo cruza en tanto el río. Fatigado de sentir, el corazón de un marino se había roto en su pecho. Era un noble oficial el capitán mister Crea. De su buque sacaron solemnemente su cadáver. Singular procesión surca las aguas. Va delante, en un bote de guiador, el capellán que reza; detrás, como guardia de honor, botes de los buques de guerra anclados en el puerto: entre ellos, el cadáver. Quedó éste en tierra. Y continuó el gozo.

El Sol del día 18 brilló sobre los buques lujosamente engalanados. En el Tallapoosa, el vapor que tuvo encendidas sus calderas para llevar al buen Garfield a las tierras sanas del Canadá en busca de vida, trajo a Yorktown al presidente de los Estados Unidos, miembros de su gabinete, y respetables personas. Cada buque disparó en su honor veintiún cañonazos. Batalla parecía aquel estruendo, y lo era realmente: la daba el agradecimiento y la ganaban los hombres: era aquélla la batalla de la paz. A poco, en lujoso buque, vinieron con el secretario Blenia, de blanco cabello, bondadosa faz y penetrantes ojos, los huéspedes franceses y alemanes. En larga procesión, encabezada por el jefe del país, dirigíase la compacta comitiva, acongojada por el caluroso día, y cercada a un lado y otro por la curiosa muchedumbre, al promontorio donde ha de alzarse el monumento que recuerde el esfuerzo de los redentores, la bravura de los aliados y la trascendental victoria. En ancha plataforma acomodáronse los huéspedes. Cerrados los ojos, baja la cabeza, cubierto a medias el rostro por la mano alzada —que es aquí la señal de reverencia—, oyeron los concurrentes la plegaria en que se ofreció al Alto Señor la ceremonia. De los francmasones era el día 18 la fiesta. Con ceremonias masónicas colocaron la primera piedra del monumento memorativo. En el sillón de roble en que, en sus trabajos de jefe de logia se sentó Washington, se sentó en Yorktown el Gran Maestro de los francmasones. Las bandas y el mandil que lo adornaban fueron honrados por la esposa del humano Lafayette, y a Washington presentadas en ofrenda, allá en la sala humilde de su hacienda solitaria de Mount Vernon. Y el mallete que en la ceremonia resonaba, está hecho de la madera del puente de la fragata Lawrence, el buque abanderado en la gloriosa flota que en 10 de septiembre de 1813, venció en el lago Erie a los tenaces ingleses. A los golpes de ese mismo mallete, se colocó en 1876 la piedra primera del monumento que recuerda el combate de Monmouth; y a sus golpes también fueron echadas en la tierra del Parque Central de Nueva York las bases del obelisco valioso cuyas letras extrañas y seculares intentan en vano descifrar los hombres. Del misterioso Egipto vino a Nueva York el obelisco raro. «A la admirable y sensible Francia, a nuestra amiga constante y fiel, queremos honrar en este monumento: y a ese gallardo Steuben, que honró a su patria y nos ayudó a fundar la nuestra», así dijo el gobernador del Estado histórico, en cuyo recinto está Yorktown. «Ved ese monumento —decía el senador Jonson—, en él están nuestra cima, nuestros triunfos, nuestra actual gloria. Por él sabremos cómo nacimos, y él dirá cómo somos. Él es nuestra existencia nacional. Trece figuras de mujer, los trece Estados viejos, sustentan la columna en que van inscritos los treinta y ocho potentes Estados que hoy forman la Unión. Y coronándolos a todos, como fruto de esta concordia espléndida, de aquella victoria brillante, y del trabajo con que la hemos confirmado, brilla la libertad, nuestra salvadora y nuestra hija.»

Fue el día 19 el día solemne. Ante los rudos prusianos, cubiertos de su casco de batallar; ante los gallardos enviados de Francia, especialmente honrados; ante la multitud de gente ilustre reunida en esta hora grave de la conmemoración, se irguió el presidente Arthur, honró a la vez a los Estados Unidos que vencieron, y a la madre Inglaterra que fue vencida. Ni honró a Inglaterra demasiado, ni la honró demasiado poco. Fue breve, brillante, seguro, oportuno, su discurso. Tenía un modo de decirlo y dio con el modo. A los franceses dio ardientes gracias. Con Alemania fue cortés. «De esta batalla nos vino un legado —dijo—: el amor de la libertad, protegida por la ley.» «Quiera Dios —exclamaba al concluir— que nada altere ni conmueva las relaciones que nos unen con el pueblo que fue nuestro adversario, y con los pueblos que nos cedieron en la hora de la prueba sus mejores hijos: quiera Dios que vivamos con nosotros mismos y con todos los pueblos de la tierra en eterna paz.» De elegante manera respondió al presidente el marqués de Rochambeau: con francés de marcado y vehemente afecto habló en nombre del gobierno de Francia el comisionado Max Outrey. La «Oda al centenario», del poeta del Sur, de Paul Hayne, briosa y bella, fue luego leída. Con donaire de academia y galanterías de hidalgo dijo su discurso celebrado el caballero Winthrop. «Digamos —exclamó— Dios salve a la reina», puesto que aún se oye el grito generoso con que la reina nos dijo en nuestra hora de agonía: «Dios salve al presidente». «Manteneos en la fe de nuestros padres» dijo a los Estados. «Sois la vanguardia de la raza humana: el mundo venidero es nuestro —dijo una vez madame de Sevigné a un distinguido americano—: ¡alcémonos a un completo sentido de esta responsabilidad inmensa, y mantengamos el progreso de la libertad en todas las tierras y en la nuestra!» Culto y hermoso fue el discurso de Winthrop.

Un anciano, entre murmullos lisonjeros, se alzó luego: el ministro Blenia. Y leyó con voz segura este documento simple y grandioso, de él nacido, y con su mano escrito.

«En reconocimiento de las relaciones amistosas tan larga y felizmente mantenidas entre la Gran Bretaña y los Estados Unidos, en la fe y confianza en la paz y buena voluntad de los dos pueblos en todos los siglos por venir; y especialmente como una señal de respeto profundo del pueblo americano por la ilustre soberana y noble señora que se sienta en el trono británico, ordénase por este documento que al terminar estas ceremonias conmemorativas del valor y triunfo de nuestros antepasados en su lucha patriótica por la independencia, la bandera británica sea saludada por las fuerzas del ejército y marina de los Estados Unidos en Yorktown. Háganlo cumplir el secretario de guerra y el secretario de marina. Arthur. Blenia.»

Con salvas estruendosas saludaron baterías y buques el día 20. Fue el día militar, el día naval. Quince mil concurrentes vieron pasar a ocho mil soldados. El hermoso Hancock, como llaman al general demócrata sus entusiastas soldados, llega en arrogante bruto ante la plataforma en que se alza el sillón presidencial; saluda al jefe del país, entrega las riendas de su caballo y asciende a la plataforma. Apuestas milicias, probados veteranos, pintorescos regimientos desfilan a los ecos de las bandas. Allá van los dos cañones tomados a Cornwallis en la heroica refriega. Allá van con sus blusas azules y sus sombreros blancos, los soldados de la Carolina del Norte. Con su banda vestida a la austríaca, van allí los ricos voluntarios del regimiento 139 de la ciudad de Brooklyn; la caballería del escuadrón del viejo Dominion, en caballos castaños, arranca altos vítores. Especialmente aclamados por sus vestidos pulcros y marcial continente, pasan las milicias de color del noble Estado de Virginia. Montes de polvo y ruidos de combate quedan tras las baterías de artillería, que cierran el séquito. Y en buque elegante pasa revista el presidente a los buques anclados en el puerto, que en su honor izan banderas, suenan músicas y descargan cañones. Y movidos deprisa de volver a sus quehaceres diarios; y pagadas ya, aunque no con el fantástico brillo y suntuoso arreo que fueron prometidos, y que se debían al caso glorioso, las deudas de agradecimiento, a los padres de la nación y a los pueblos que vinieron a ayudarlos, volviéronse con premura, dignatarios, militares y masones a sus oficinas y a sus lares; fustearon a sus mansas vacas, camino de la hacienda, los labriegos de color; quedó en su soledad triste la histórica Yorktown; y es fama que se ha oído decir a muy elevado personaje que allá conocieron los concurrentes —con el polvo y el asendereado andar y el imperfecto comer, y el dormir en los hoteles flotantes o en míseras casas–, todos los horrores y miserias de la batalla, sin ninguna de sus glorias. Y ha sido, en verdad, el centenario, para los que ven con ojos penetrantes y leales, como ceremonia impuesta, a los más indiferentes, y sentida solo por los cautos y los cultos. En periódicos –por más que no en todos–, y en un buen libro, ha hallado estima y loa la patriótica fiesta; y más allá del mar será tenida como acto digno de un pueblo grande, fuerte y bueno. Fiesta de los tiempos, y liga de los pueblos. Mas ¿dónde, dónde, ese patriótico anhelo; esos rapsódicos arranques; esa calurosa sensibilidad; esa filial ternura; ese calor de alma, brillo de mente y vida espiritual de nuestros pueblos? En júbilo debieron encenderse todos los corazones; y los muros todos vestirse de colores de fiestas; y regarse de rosas todos los umbrales; y en peregrinación ir el inmenso pueblo a doblar las rodillas sobre el campo sacro. ¡Líbrenos Dios del invierno de la memoria! ¡Líbrenos Dios del invierno del alma!

M. de Z.

La Opinión Nacional. Caracas, 14 de noviembre de 1881

8. Carta de Nueva York. El «boss» y los «halls». Las reformas de Garfield. La sed amenaza a Nueva York. El Croton sin agua. Entre Scila y Caribdis. La caricatura. Stalwartismo. Las elecciones. Rossi y la Patti. La casa de Washington y la casa de Bolívar

Nueva York, 29 de octubre de 1881

Señor director de *La Opinión Nacional*:

Mas en la política activa, andan calores de verano. Las palabras honradas no son habladas en vano; ni son vanas las vidas puras; ni es vana la muerte de un varón ilustre, que puso mano fuerte sobre los abusadores y corruptores, y ofreció el pecho a sus iras. Se quiere audazmente la realización de las reformas porque Garfield ha muerto. Así como hay espíritus evangélicos que gozan en dar en silencio, como las violetas humildes, su perfume a los hombres, así hay, refrenadas por la educación o por el miedo, satánicas manos dispuestas a matar. Guiteau, un perpetuo vencido, tenía odio a todos los victoriosos. En sus rencores ardientes cayó la palabra de cólera de los que, con más fortuna y poder que él, se habían adueñado de los empleos y votos públicos, y granjeaban en ellos opulenta vida, y se revolvieron iracundos contra el hombre sano que quería volver a la nación, en manos ya de unos cuantos despreciados mercaderes, el uso de sí misma. De motivo político disfrazaron los corruptores el motivo de su cólera frenética, y su apetito de los bienes nacionales; y movieron la mano inquieta del ambicioso vulgar y torpe, y le dieron ocasión para que asignase motivo político a su crimen. Siéntense en la nación, más que se dicen, estas graves cosas. Ansia de reforma y anhelo de dignificación, poseen a los ciudadanos. ¿Recuerdan los lectores de *La Opinión Nacional* la carta anterior de M. de Z.? Allí estaba descrito el boss odioso; el cabecilla de partido; el que prepara las elecciones, las tuerce, las aprovecha, las da a sus amigos, las niega a sus enemigos, las vende a sus adversarios; el que domina los cuerpos electorales; el que exige a los empleados dinero para llevar a cabo las elecciones que han de conservarlos en sus empleos; el que con la presión de un dedo en el resorte que mueve la máquina política, echa a andar a su voluntad, o detiene, o rompe las ruedas; el que impone al partido los candidatos, que son siempre tenaces tenedores de ricos oficios, de los cuales les vienen influencia y modos pecuniarios para asegurarse en elecciones nuevas la continuación del goce de los frutos públicos. ¿A qué votar, se iban diciendo ya los ciudadanos, si nuestro voto libre y aislado nada ha de poder contra el voto organizado del partido? Y los hombres buenos disgustados de aquellas granjerías, desertaban de las urnas; y en los salones de cerveza, y en las aceras de las casas de registro, se compraban con monedas o cambiaban por licor los votos de los extranjeros naturalizados; y no ascendía a los públicos oficios el caballero honrado, lleno de fama y méritos, y amado de su comunidad, sino el logrero favorecido, sacado del séquito del capataz, a quien en cambio del dominio que sobre su oficio y él tendría el boss, dábale el boss su insano apoyo y echaba a rodar todas las ruedas de su máquina. De llamarse aquí halls los lugares en que las gentes se reúnen, y de reunirse en ellos constantemente los políticos de oficio, ha venido el odio a los halls. Y es unánime el grito de rebelión que, con motivo de las elecciones de noviembre, lanzan al aire los buenos ciudadanos. En Brooklyn, en Nueva York, en Filadelfia, quiebran la máquina. Buscan reforma. Exígenla. Niegan a las corporaciones corruptas el derecho de imponer candidatos a los partidos. Reúnense en clamorosos meetings, llenos de la savia de la juventud, la cordura de la ancianidad, y la fuerza del decoro los miembros independientes de cada partido. Conciértanse, para votar por los hombres honrados, republicanos y demócratas. En uno y en otro campo cunde la revuelta. Ni caciques, ni asambleas directoras; ¡ni halls, ni bosses! Quieren que el ciudadano electo sea el mejor ciudadano; y quieren que cada votante tenga voz libre y voto libre en la designación y elección de los candidatos, por quienes vota. Brooklyn tenía un dueño demócrata, que se llamaba Mc Laughlin; lo echa abajo. Nueva York se sacude de su dueño, el tenaz y astuto Kelly. En Filadelfia, el Partido republicano resiste la candidatura que la asamblea de políticos que viven de los oficios públicos le imponen, y vota por Wolfe, un candidato rebelde, que se presenta espontáneamente a ser votado. Quieren reformar los partidos, que garanticen el ejercicio del sufragio y hagan imposible el retorno al corrompido organismo actual. No da aún con el modo constante que ha de amparar el libre voto, mas esta vez, salvarán el suyo, con el vigor de su noble rebeldía. Peligran la independencia y la dignidad de la nación. No al triunfo de los partidos, sino al beneficio de los municipios, han de atender los munícipes.

La Academia de Música, el más hermoso teatro de Brooklyn, la ciudad anexa a Nueva York, resuena con vítores y coros de hurras a los desinteresados candidatos de ambas secciones de partido, el popular general Tracy y el meritorio anciano Ropes, que van a ofrecer juntos su influencia y sus cohortes de combate, a un hombre joven y puro, a quien el pueblo y ellos aman, al generoso y rico Seth Low. Habla en la admirable reunión el anciano Ropes, para deponer toda probabilidad de triunfo de su candidatura, determinada una semana antes, como bandera de combate de los hombres puros. Habla entre salvas nutridas de macizos aplausos, el general Tracy, para ofrecer al hombre joven la candidatura que a su vez le ofreció la asamblea de políticos republicanos de la ciudad. Para decir que auxiliará a los republicanos, habla un demócrata. Para flagelar a los explotadores y ensalzar al nombrado, habla un hombre que gozó un tiempo en este país honores cuasi divinos, y que, acusado de adulterio en un proceso escandaloso, no ha perdido aún, sin embargo, todo aquel no igualado prestigio e influencia mágica que un tiempo tuvo: el sacerdote de rostro encendido, mirada llameante, y labios y largos cabellos blancos, el brioso e infatigable abolicionista de otros días, el párroco de la iglesia de Plymouth, el que lleva de la mano con altos honores a la plataforma de su iglesia al hereje célebre, el antideísta Ingersoll; el orador famoso, Henry Ward Beecher. Su palabra es azote, canto, arrebato indignado; bufonada, chiste. Ve las cosas con ojo americano. Se sacude hacia atrás, en un movimiento oratorio, los faldones de la levita. Mezcla con gran fortuna los tonos nobles y los tonos bajos —¿por qué no decir innobles?— del discurso. Que rían de lo que dice, le regocija. Conoce el espíritu de su pueblo, y se adelanta a dar forma hablada, siempre oportuna y feliz, a lo que bulle en la mente popular. Con él los americanos se espasman, se enardecen, se deleitan. Él tiene, como ello vivacidad, penetración, burla de lo romántico, grandeza y candor. Su voz, ya fatigada, es aún melodiosa. Odia las notas altas, y emite naturalmente sus sonidos correctos, penetrantes, blandamente timbrados. No lleva ante la mesilla del orador un discurso elaborado, grandilocuente, bien armado. Revolotea, se para, anda a retazos, pica, muerde, pisotea, ridiculiza, brilla. Se le sigue con placer, con asombro, con provecho. Oírlo es dar con la clave en este país extraño, que tiene de infantil y de maravilloso, y en igual grado lo repulsivo y lo atrayente. La palabra francesa de Chauncey Depew, la palabra universitaria de George Curté, la palabra llana del abogado Choate, la imperial palabra del elegante Conkling revelan ya la influencia de las altas clases y literatura alta de los pueblos viejos en este nuevo país. La palabra descarnada, vigorosa, familiar, desenvuelta, pintoresca; la palabra brusca sincera, cándida, llana, la palabra yanqui: ésa es la de Henry Ward Beecher. Discurso sin convención; plática sin embarazos; conversación vivaz, sencilla, útil y humana. Quedó nombrado candidato para mayor de Brooklyn el hombre joven y bueno, que odia los saraos y ama a los pobres, el noble Seth Low. Que es joven, dicen sus rivales mohínos. «¡Pues porque lo es! —exclama Beecher— ¿nacen acaso los hombres viejos? Tan joven como él quisiera yo ser, y cuando tenía yo su edad, había creado dos parroquias y vine a Brooklyn a fundar la parroquia tercera; mas ¡ay! que el general Tracy decía, pintando su vejez y en consecuencia que él había cortado las maderas en que se había hecho la plataforma republicana, ¡y yo planté las semillas de los robles de que se cortaron las maderas de la plataforma!» A lo que siguieron colosales coros de estruendosas risas.

Halagando a los hijos de Brooklyn, decía Beecher, por cuanto existe de sus moradores separados: «Nueva York es vuestra casa de trabajo; y rivalidad de vecinos entre las dos ciudades, por el río y por los hábitos vuestro hogar, es Brooklyn». Con igual clamor y con inusitado empuje, continúa su campaña de reforma la democracia neoyorquina. Gigantesca reunión atronaba anteanoche los aires en el Instituto de Cooper. Los grandes del partido, que son los buenos del partido, hablaban al frenético pueblo. Libre elección, libre designación, y empleados honrados quieren los neoyorquinos. Los hombres puros, que ven libres las urnas de los gavilanes que habían sucedido a las águilas, vuelven a las urnas. En verdad, no presentaba esta tierra a los observadores de su máquina política menos deplorable espectáculo que el de los más viejos y corruptos países. Todas las malas pasiones y todos los ruines apetitos, tenían aquí el usual dominio, y el usual empleo. Falsedad era el voto, e iba camino de su descrédito el superior. Venía a ruinas el templo de Jefferson. Mas los caballeros de la libertad se arman, llaman con las espadas de los padres de la patria a las puertas de la casa de la libertad, y echan del templo con voces de anatema a los procaces logreros. A tiempo viene la reforma: pudríanse los cimientos de esta gran república.

De sed de decoro sufrían los buenos republicanos; de sed de agua están a punto de sufrir los neoyorquinos. ¡Qué catástrofe, si aconteciera! El acueducto de Croton no recibe de sus corrientes proveedoras el agua necesaria; los grandes receptáculos apenas bastarán a las necesidades de cortos días; la lluvia reacia se ha negado a los campos; la tierra ardorosa enjuga las lluvias escasas que la riegan; no corren los arroyos, ni bajan los hilos de agua de los montes, ni crecen, como suelen, los majestuosos ríos. Ya ha avisado del peligro de la seca el jefe del acueducto; ya ha rogado el mayor de la ciudad que economicen los vecinos el agua que amenaza faltarles. 95.000.000 de galones de agua consume cada día Nueva York; y solo 4.000.000 diarios podrá dar Croton si sigue la seca. Y no llueve, los ríos no se hinchan; los caudales del acueducto se vacían: el riesgo es inminente, es grande, está cercano. Las familias imprevisoras, habituadas a prodigar la rica agua de Croton, no harán en ella la necesaria economía. De fijo que el próximo domingo todo serán plegarias por la lluvia. Y ya se piensa traer el agua a la inmensa Nueva York del Lago Erie.

¿Y en Washington? ¿qué hace, qué piensa, qué decide el vigilado presidente? Sus amigos personales están desacreditados; el espíritu de Garfield llena el país. Por honra y pureza hay general clamor. Podría el presidente llamar a sí a amigos íntimos, y él cuenta entre sus hábitos el de serles fiel, mas acontece que cuentan, como los más prominentes entre ellos, hombres de cuya participación constante y absorbente en los negocios públicos desconfía ya la nación. Una caricatura recientemente publicada, pinta esta difícil situación. Es el pasaje de la Odisea: Ulises cruza en su azotada barca, entre Scyla y Caribdis. No atado, como pasó Ulises, sino con la recia mano sobre el timón rebelde va, con su traje griego, el presidente Arthur. De tierra lo llaman las sirenas; Conkling, con largos cabellos, toca la pandereta. Pratt, el compañero de Conkling en el Senado lo llama con el dedo; en gran lira, suelta sobre la robusta espalda la negra melena, tañe melodías seductoras el cacique Logan, partidario tenaz de una secta oficial, de una casta de tenedores de empleo, y de un gobierno fuerte; mueve, con manos frenéticas, el general Grant una guirnalda de rosas. El presidente, con vigorosa voluntad, tuerce la barca hacia el encantado promontorio: mas la barca, empujada de lleno por los vientos contrarios, corre mar adelante, y arrastra al barquero. Rodeado de escollos está el promontorio. Sobre el uno que dice: «Servil fidelidad a los amigos» hay un mástil roto: léese en una roca: «Patronato para fines personales». «Patronato, protección para el logro de empleos.» En otra roca está escrito: «Servicio civil corrompido». A los pies de las sirenas se lee «Stalwartismo». Stalwartismo, gobierno de la casta alta, de la casta política. Y al volver del promontorio, están, en una grieta de la roca, una calavera y un hueso roído que dice: «muerte política».

¡Mas los vientos de la nación llevan la barca del presidente, entre las agitadas aguas políticas, mar adelante! Y ése es de cierto el gobierno en Washington. La sección honrada del Partido republicano no levanta obstáculos al presidente nuevo; mas no fía en él. Hombres ilustres y probados se niegan como el buen caballero Morgan, a servir en la secretaría de hacienda que, para ocupar su puesto de senador a que ha sido electo, renuncia el probo y hábil Windon, el secretario de hacienda de Garfield. El juez Fodger, ya confirmado por el Senado, como aquí es uso, ha sido señalado para desempeñar la secretaría. Atemorizados del ruido de las olas, no asoman sus buques francamente los íntimos amigos de Arthur, vencidos de hecho por el vigor con que la nación entra por los caminos que abrió Garfield, que descargó sobre sus frentes, depósito perpetuo de maquinaciones personales, un golpe robusto. Y así entra noviembre.

Buenas cosas a fe se nos preparan. Elecciones reñidas de los personalistas que resisten la pérdida de su largo dominio, y los buenos ciudadanos que toman al abordaje el bajel que estaban echando a pique los piratas: elecciones magnas, en que votará libre y alegremente el honrado pueblo. E iremos a las urnas, y asistiremos a sus casas de reunión, y los veremos votar, y registraremos la crónica del triunfo, y los clamores de la derrota. Rossi, el magnífico actor, representará a Shakespeare. Adelina Patti, de voz celeste y ojos andaluces, cantará sus dulcísimas romanzas. Booth, el trágico americano, personificará a Richelieu, a Otelo, a Hamlet, a Ricardo III. Y lo veremos todos; irá, camino de la noble Caracas, lleno de curiosas noticias el venturoso correo. Bienaventurados sean los buques que salen de la casa de Washington y van a la casa de Bolívar: ¡tristes los que no los acompañan!

La Opinión Nacional. Caracas, 15 de noviembre de 1981

9. Carta de Nueva York. Pueblos perezosos. Elecciones honradas. Un millonario es vencido por un trabajador. Una campaña electoral. Recursos, hábitos, preparaciones, gastos extraordinarios, día de elecciones. Adelina Patti. Shakespeare: Otelo y Hamlet. Booth y Rossi. El Día de Gracias. ¿A qué matarlo?

Nueva York, 12 de noviembre de 1881

Señor director de *La Opinión Nacional*:

Días de drama, de ansia de victoria y derrota, de brillo y sorpresa, han sido en Nueva York estos últimos días. Vivir en nuestros tiempos produce vértigo. Ni el placer de recordar, ni el fortalecimiento de reposar son dados a los que, en la regata maravillosa, han menester de ir mirando perpetuamente hacia adelante. Sofocados, cubiertos de polvo, salpicados de sangre, deslustradas o quebradas las armas, llegamos a la estación de tránsito, caemos exánimes, dejamos —ya retempladas en el calor de la pelea— a nuestros caros hijos las golpeadas armaduras, y rueda al fin, en los umbrales de la casa de la muerte, el yelmo roto al suelo. Al que se detiene en el camino, pueblo u hombre, échanlo a tierra, pisotéanlo, injúrianlo, despedázanlo, o —para que limpie el camino— húrtanlo los apresurados, embriagados, enloquecidos combatientes. Y en vano ya, si queda vivo, arrepentido de su flaqueza, levántase el caído, repara su abollada coraza, intenta mover el oxidado acero. Los grandes batalladores, empeñados en la búsqueda de lo que ha de ser, han traspuesto el magnífico horizonte. Y el perezoso ha sido olvidado. Van ya lejos; ¡muy lejos!

Ni de las riendas de su caballo debe desasirse el buen jinete; ni de sus derechos el hombre libre. Es cierto que es más cómodo ser dirigido que dirigirse; pero es también más peligroso. Y es muy brillante, muy animado, muy vigorizador, muy ennoblecedor el ejercicio de sí propio. Estas cosas venían olvidando las gentes de este pueblo, y como que era comprar y vender los votos, ley suprema, implacable señor y cuna de todo poder, hallaban los elegantes caballeros y altos potentados, menos trabajoso que coligarse para votar honradamente, coligarse para comprarlos y venderlos. Elecciones las hay aquí todos los años, mas estas de ahora han sido como el despertar arrogante y colérico de hombre robusto que sabe que se ha abusado de él en sueño.

Tienen en Nueva York, como en toda la Unión, tipo especial las elecciones, y en las más, que son las de presidente de la república, salen a la batalla los más reacios, señoriles o perezosos elementos, y se combate con angustia, con fiereza, con rabia, con toda la fuerza de la voluntad y todos los músculos del brazo; y en las otras, que son llamadas «de año aparte» —aparte del gran año de la elección presidencial— ciertos esfuerzos dejan de hacerse, ciertos resortes, más necesarios para la lucha magna, son dejados, temerosos de irritarlos, en descanso; los partidos locales, compactos ante el rival compacto en la gran lucha cuatrienal, se subdividen y desatan; las simpatías personales ponen en peligro la fidelidad y disciplina de los sectarios del partido; como se vota por hombres conocidos de cerca, y de la casa, y cuya influencia se ha de sentir mía en la casa, se les duda, se les pregunta, se les analiza, se les despedaza, o se les ama más. Las pasiones toman formas cómicas, un instante después de haber tenido amenazantes formas. «¡Quisiera que se quemase esta noche la buena ciudad de Brooklyn, y el buen Low con ella!» —decía al bajarse de un carro el día de las elecciones un partidario rival de Low, vencido—. Ya a la madrugada, un pobrecillo muchacho mensajero, un gran trabajador de pocos años, volvía con su lindo uniforme, sus ojos cargados de sueño, y sus manos llenas de telegramas por repartir aún a las dos de la mañana, a su casita pobre a la que lleva cada día un peso, y de la cual sale cada día, para tornar a su faena, no bien el Sol —que ve tantas maravillas calladas—, como hostia de oro, generadora de vida, se alza en el cielo. Y como hablándosele de la elección se le dijese: «pero la gente pobre quiere a Seth Low, el mayor electo». «Oh, no señor: ahora tendremos que pagar más renta: él es un rico y no cuidará de los pobres.» «Pues Henry Ward Beecher dice que pocos aman a los pobres como Low.» «Yo sé, decía con aire grave el mensajero, tanto sobre Henry Ward Beecher, como pueda saber nadie en esta localidad. Su mujer mandó una vez a un mensajero a buscar un centavo de leche, le dio una moneda de dos centavos y le pidió el cambio.» Y la puerilidad y suficiencia de aquel niño reflejan en gran modo la lucha electoral. Talmeg, un orador elocuente, aunque epiléptico, censuraba con razón en plática religiosa reciente, las ruindades, las deslealtades, los voluntarios olvidos de la verdad, de que se hace arma, con deliberado propósito, en las elecciones. Se conspira, se anatematiza, se ridiculiza, se desfigura al rival candidato. Mas esta vez tenían las elecciones, no ese encono local, ni esa menor significación que las usuales elecciones de año aparte tienen; sino aquella grandeza de la rebeldía, y aquella virtud singular de las vindicaciones, y aquel hermoso empuje con que los hombres engañados se alzan al fin contra los que comercian con su decoro y beneficio. El buen espíritu de Jefferson, que amó la libertad de una manera ardiente y majestuosa, infundió brío al pueblo adormecido. De dejar las urnas en manos de vagabundos ebrios y politicastros, o de votar humildemente por los candidatos señalados por los omnímodos caciques que en cada partido de ciudad reinan, se ha venido de súbito a repeler presiones bochornosas y corregir olvidos fatales, que resultaban en la elección de hombres menguados, criaturas y siervos del cacique; a cerrar la entrada a puestos públicos, a los hombres por el cacique recomendados; y a elegir, con voto enérgico y mayoría grande, hombres probados, sanos, útiles, capaces — como un noble diputado mexicano—, de ceder su alto puesto a sus rivales, por estimar que el calor de sus amigos, o el interés de su partido, habían llevado a la elección manejos que descontentan a un hombre virtuoso. La infiel memoria no quiere ahora recordar el nombre de este buen diputado de México. ¡Debiera la memoria olvidar las vilezas que sabe, y recordar solo las nobles acciones!

Elecciones de Estado y municipio han sido estas de ahora, y su importancia ésa: la de despertar el pueblo a la conciencia y uso de sí y arrancarlo de las manos de traficantes osados o dueños soberbios que venían disponiendo, como de hacienda propia, de los votos públicos. Para muchos puestos se elegía: para senadores del Estado, para diputados al Congreso de la nación, para altos oficiales del Estado: fiscal, ingeniero, tesorero público; y en Brooklyn, ciudad democrática, se elegía mayor de la ciudad. Y en otros Estados hubo también elecciones varias, mas no tan reñidas ni tan trascendentales, ni tan imponentes como las de la ruidosa Nueva York y la doméstica Brooklyn. En Nueva York, una recia, apretada, interesantísima contienda atraería a sí los ojos: un millonario luchaba contra un trabajador. En Brooklyn, aparte de todo personal accesorio, que diera amenidad y brillo a la lidia, peleábase cerradamente por la libertad electoral. En Nueva York, un hombre alto, imponente, delgado, elegante, Astor, disputaba la elección de representante en el Congreso de la Unión a un hombre robusto, espaldudo, jovial, llano; humildísimo, Roswell Flower. En Brooklyn, el mayor de la ciudad, que en su término de gobierno ha probado inteligencia y honradez, pero que era cera blanda en las manos del boss formidable, del cacique dominador de las organizaciones políticas de la ciudad, se presentaba a ser reelecto, contra un hombre joven, caritativo, justo, impetuoso, acaudalado, el buen Seth Low.

Es necesario, es necesario seguir la contienda de Flower y de Astor. Como una, son todas; pero ésta fue más agitada, más palpitante, y más reflejadora del espíritu y prácticas de este pueblo que otra alguna. Astor es un gran caballero, que ha dado en ser político, y tiene palacios, y anhelos de gloria, que son otros palacios, y, sobre sus riquezas, la rica dote de no ver su caudal como derecho al ocio. Es pobre de años, no de millones. Es senador del Estado. Pero es miembro, y aspira a ser representante, de esa singular aristocracia de la fortuna, que pretende, para tener pergaminos, hacer olvidar los únicos que la honran: sus modestos pañales. Los ricos de la primera generación recuerdan con cariño aquella época en que fueron mozos de tienda, cuidadores de caballos, cargadores de lana, mandaderillos miserables, criadores de vacas. Pero los ricos de la segunda generación, que montan galanamente en los caballos que llevaron de la brida sus padres, ven como blasón de indecoro en los neorricos aquello que fue para sus padres blasón de honra: la creación de sí. Un acaudalado que se está haciendo, es un ser bajo y desdeñable para un rico ya hecho. Y hay abismo hondísimo, entre los poderosos por herencia, delgados, pálidos, y a modo de luenga flauta —porque es la usanza de la señoría inglesa— aderezados; y los poderosos del trabajo, saludables, castos, decididores, rollizos, y extremadamente limpios, con la antigua limpieza americana, sobria y sólida.

Una aristocracia política ha nacido de esta aristocracia pecuniaria, y domina periódicos, vence en elecciones, y suele imperar en asambleas sobre esa casta soberbia, que disimula mal la impaciencia con que aguarda la hora en que el número de sus sectarios le permita poner mano fuerte sobre el libro sagrado de la patria, y reformar para el favor y privilegio de una clase, la magna carta de generosas libertades, al amparo de las cuales crearon estos vulgares poderosos la fortuna que anhelan emplear hoy en herirlas gravemente. De éstos es apoyado y a éstos apoya Astor. Los amigos de lo que se llama aquí en política «gobierno fuerte», son sus amigos. El ceñudo Grant y el desdeñoso Conkling lo defienden. Es para él cosa de código que su familia, su millonaria familia, debe estar representada, como en los antiguos brazos del Estado en las antiguas cortes, en el Congreso de la Unión. Y era éste como un ensayo inoportuno del sistema aristocrático de Inglaterra, cuyos jóvenes nobles aprenden, como ineludible deber e inabandonable derecho, el arte de gobierno. El competidor de Astor es un modesto, un rico de la primera generación, que guarda aún, como trofeo de victoria, su sombrero sin alas y sus zapatos rotos. Anda hoy en coche, pero él dice que anduvo mucho tiempo descalzo. «Yo sé a lo que sabe —decía en días pasados magníficamente— esa pobre comida traída de la casa en cantina de lata, sobre la cual se inclina el trabajador al mediodía con tanto regocijo.» Roswell Flower tiene el imán, el ímpetu, la fragancia, el poder de atracción de las fuerzas nuevas. Hoy dirige un banco, donde le aman: en otro tiempo tendía en vano los brazos desesperado en busca de trabajo. Dice la verdad; desdeña a los hipócritas; ama a los infortunados. Tiene el orgullo de su humildad, que es el único orgullo saludable. En su campaña electoral, su única arma ha sido su historia. «Los trabajadores me votarán porque he sido trabajador: muchos años anduve sin ver mis pies libres de heridas y cicatrices. Los hombres jóvenes me votarán porque ha de regocijarles ver a un hombre cuya vida les demuestra que desde el más bajo principio se puede alcanzar el fin más alto.» Los trabajadores y los hombres jóvenes le votaron, y le votaron sus copartidarios demócratas, y sus adversarios republicanos. Era de ver el distrito en la semana anterior a la elección. Leíase en grandes carteles, en letras negras: «Votad por Astor».

Y en carteles no menos grandes, en letras rojas, verdes y azules: «Roswell Flower». Postes, cercas, montones de ladrillos, muros muertos, todo estaba, lleno de altísimos carteles. Cada hotel era un hervidero: cada cervecería una oficina de elección. Entraban y salían por las calles del distrito carruajes cargados de agentes electorales, y poníanse a la obra gentes nuevas, y no pagadas, a labrar el triunfo del candidato democrático. Gran casa de telégrafos parecía, o tienda de estado mayor en campamento, la oficina electoral de Astor. Oíanse, en incesante movimiento, cerrar de sobres, doblar de cartas, rasguear de plumas. Un mensajero que salía chocaba con un mensajero que entraba. Afluían, como mariposas sedientas a flor cargada de miel, los electores, e influyentes de oficio, de los distritos. Y se pesaban, estimaban y pagaban los servicios de cada mariposa. Se hablaba bajo; se entraba por puertas secretas; se estrechaban las manos con misterio; se sonreía maliciosamente. Los unos salían tristes, y como con poco peso sobre sí; y los otros jocundos, y como cargados de un peso reciente. Porque una elección de representante al Congreso no ha venido costando menos de $16.000, al candidato o a su partido; y esta de Astor ha costado al rico luchador $80.000. Doscientos pesos pagaba cada día a sus escribientes. Cuarenta mil circulares envió a sus electores por correo. En grandes carros salían las cartas y circulares de la casa en que tenía el candidato su campo de elecciones. Ciento cinco distritos cuenta la demarcación en que se recogió el voto, y $100 se dieron para pequeños gastos a cada distrito. Del gran número de ofrecedores de sí, como gentes de valía entre los votantes, se cercenaron los inútiles, y a los útiles, por su habilidad, práctica o influjo, se regalaba con $50 diarios. Cantinas y cervecerías, eran al paso del millonario, fuentes de champán, cerveza y whisky. Salía de mañanita, no hecho a tales paseos ni a visitas tales, el inquieto candidato. Le acompañaba su ministerio electoral, formado de gentes probadas en el amoldamiento, violación y seducción del voto público. Le seguían de cerca por las calles lodosas, bajo la recia lluvia, los reporteros voraces. Sobre su última pisada ponían ellos el pie; no decía Astor palabra, ni echaba moneda sobre el mostrador de una cervecería, que no resonasen al punto sobre las cajas de impresión de los periódicos. Como tábanos seguían al joven rico los periodistas, y lo ha vencido esta guerra de tábanos. A captarse simpatías, a mezclarse con los electores, a deslumbrarles con la frase cordial, la promesa oportuna, el modo llano o la plática amena; a cautivar con generosos dones a los dueños de las casas de bebida, que votan, y empujan a los que votan, a esto van habitualmente los candidatos a las cervecerías. En ese horno se venían calentando aquí las elecciones. Allí, sobre el mostrador de madera, se ofrece, regatea y ajusta el precio de los votos; allí, en un rincón de las oscuras salas, llenas de humo, háblase misteriosamente en pequeños grupos; allí descienden a triviales gracejadas, complacencias impropias y llaneos indecorosos los que andan en solicitud del voto popular; allí un candidato, escaso de dinero, insinúa a los vagabundos, que lo reciben con estruendosas risas, la bebida humilde, y dice: «¿Qué querrán estos caballeros? ¿Cerveza?». Allí otro, que es hoy embajador en Europa, en ausencia del mozo de la cervecería, despréndese de su gabán, da vuelta a la llave del barril, sirve la cerveza a sus invitados, choca vasos y manos con ellos y los seduce con su gracia y firmeza. Allí entraba, con guantes de cabritilla, humilde continente y sonrisa afable, el poderoso Astor. A champán, no a menos, invitaba a los perezosos; a vinos caros, a licores exquisitos. Echaba en el mostrador, sin aceptar cambio, gruesas monedas de oro de a 20 pesos. Ochenta fábricas de cerveza, llenas de obreros que votan, tiene la ciudad; y visitó casi todas las ochenta. Apuraban la copa los invitados, y el invitador llevaba apenas el vino a los labios. Cautivaba a un vendedor de cerveza, porque le hablaba, con soltura en la lengua del idolatrado Vaterland; mas otro alemán le recibía duramente, y otro le negaba faz a faz, luego de haber vaciado a cambio de mal vino su bolsa, el voto que el millonario le pedía. A un baile de gentes bajas fue el candidato, y tapizó el mostrador de monedas brillantes, con las cuales se dio de beber a los bailadores largamente, y danzó con las más humildes mozas. Acá defendía un acto suyo en el Senado; allá se excusaba de haberse opuesto a medidas útiles, de cuya advocación en el Congreso empeñaba ahora promesa. ¡Oh, desdichada gloria, que a tales cosas y a tales prácticas rebaja a los que anhelan sus pasajeros beneficios! «¡Pues ni un centavo daré para ser electo! —decía a esto el honrado Seth Low en Brooklyn— ni iré a pagar a los demás cerveza que no bebo; ni a comprar votos que no me honran.» Y Roswell Flower, el adversario de Astor, no hacía eso que llaman, en el lenguaje político de la ciudad, «campaña personal», «campaña de cervecerías»: negábasele ya la voz fatigada a emitir pensamientos robustos, a decir a los electores congregados en casas de reunión sus frases netas, crudas y honradas. Deteníase en las aceras; visitaba a sus amigos; explicaba en esta y aquella tienda, y a este y aquel grupo, las razones de la actual lucha, y su conducta en las lidias del Congreso, caso de lograr su electo. Iban a su oficina electoral puñados de votantes a asegurarle que, a pesar de haber recibido de los agentes de Astor, redondas y pesadas monedas, no por Astor que les hería pretendiendo comprarlos, sino por él votarían. Los agentes de Astor pagaban con monedas de 5 pesos un vaso de agua de Seltz, y dejaban al dueño de la tienda el cambio «para que regalase a los muchachos cuando vinieran». Y Roswell Flower rechazaba a un grupo de trabajadores demócratas que le pedían un pequeño premio de dinero; —y a quien le hablaba de la posible compra de algunos votos republicanos respondía bravamente—: «No espero mi derrota; pero prefiero ser derrotado a deber mi victoria a la compra de votos republicanos. Quiero sacar mi honra en salvo de esta campaña». «Vencerme puede, y me vence mi competidor en riqueza y piernas largas, pero ya salvarán esa diferencia mis leales electores demócratas. Como un pobre muchacho del pueblo empecé mi vida: votará por mí el pueblo; votarán por mí los republicanos honrados.» Y llegó el día solemne. Como gavilanes en espera de presa, merodeaban junto a las tiendecillas en que suelen colocarse, guardadas por policías, las urnas, los agentes electorales. Y es fama que los republicanos mismos, lastimados de aquella obra de compra de hombres y vergonzante visiteo a que se había abandonado el candidato republicano, descartaban del grupo de papeletas de voto la que llevaba el nombre de Astor, e iban sin ella a las urnas, o se proveían de una papeleta que llevase el nombre de Flower. Al caer la noche, un joven triste, sentado en el sillón presidencial de una ancha mesa, en un salón casi vacío, movía febrilmente una mano nerviosa, cuajada de magníficos brillantes: era Astor, que rodeado de sus tenientes humillados, recibía en telegramas y cartas las nuevas de su ingloriosa y radical derrota.

Con más de dos mil votos de mayoría le venció Flower, en un distrito donde las anteriores elecciones habían dado mayoría igual sobre los copartidarios demócratas de Flower a los copartidarios republicanos de Astor. Y era ley, que en la ciudad del trabajo, fuese electo el hombre del trabajo. No están en el fondo de los barriles de cerveza, ni en la voluntad ruin de unos cuantos vagabundos o menesterosos mercadeables, las leyes venideras de un pueblo fuerte y bueno. Se sienta mal el que se sienta sobre hombros pagados; porque, acabado el goce del dinero, para servir a nuevo señor, o para recobrar decoro ante sí propios, los hombres pagados dan, de una sacudida de su espalda, en tierra con los pagadores.

Y la prensa, la reina nueva, la amable reina poderosa, a quien Flower ha dado ardientes gracias, ha sido arma de muerte contra el millonario. No era el odio insano a la riqueza, sino repugnancia viril de verla de tan bajo modo empleada. Los periódicos educados se dolían y airaban de aquella tentativa de abuso de los hombres ineducados. Lastimaba a su decoro de hombres aquella manera de comprar hombres. Jóvenes, y aspiradores, y soñadores de gloria, los periodistas que vigilaban de cerca la contienda, y la narraban con realidad sangrienta e implacable, erguíanse con cólera contra aquel espectáculo, que tan baja cuna preparaba a las leyes, y tan vil empleo a las libertades, y de tales amenazas henchía el porvenir de un pueblo en que las llaves de la casa de la ley pueden ser así compradas y vendidas.

Y han sido las crónicas de esta campaña, verduguillos, saetas, lenguas acusadoras, espadas penetrantes, hachas de armas. De desprecio y desconocimiento de los hombres ha venido al vencido millonario esta lección áspera e inmisericordiosa; y de abuso del poder en el Estado ha venido a los republicanos este ruidoso comienzo de pérdida de poder. «Pues, si es necesario —decía en pujante exabrupto un diario de la ciudad respondiendo a otro— elegir entre los jóvenes de casas ricas nuestros representantes al Congreso ¿cómo tendremos entonces entre nuestros hombres por venir a Henry Clay, a Abraham Lincoln y a James Garfield? Pues no venía de casa rica Garfield, cuya madre viuda plantaba cercas en las haciendas de campo para ganar el alimento de sus hijos.»

Y a los que así han flagelado al rico corruptor, han mantenido en brillante pavés, y alzado entre himnos de victoria, a un rico virtuoso. A Seth Low, heredero de la mayor fortuna de Brooklyn, y electo mayor de la ciudad por mayoría avasalladora, lo han alabado, defendido, congratulado. Campaña animadísima le hicieron sus secuaces; apiñábanse en las casas de reunión los brooklynianos, para oír al joven bueno; de seis a ocho discursos pronunciaba cada noche, nutridos de pensamiento honrado, y dichos lentamente, en frase llana: no caudalosa por cierto, ni castigadora, ni culebreadora, como la de Beecher, sino coloquial, serena y sin aliño, más atenta a decir las cosas, que a la manera de decirlas. En odio a la presión política que en la ciudad venía ejerciendo un cacique demócrata, y en respeto a sus no usuales bondades, ha sido electo por demócratas y republicanos, Seth Low. Es de aquellos ricos que pudieran, sin merma del amor que gozan, perder su riqueza: que él, con su virtud y actividad, sabría hacerse otra. Le viene la fortuna de su padre, y la de ser resignado, humilde, laborioso y benéfico, le viene de sí. Le parece que no ha de ser un rico, dorado parásito que crezca en taza de oro, sino criatura animada y arpa sonante al viento humano, y combatiente útil en la enorme y complicada liza de la vida. Hele ya preparado a ocupar su alto asiento, y a trabajar desde él por el bien público, el voto libre, la escuela útil, las comunicaciones rápidas, y a no hacer cosa que resulte hecha fuera del temor de Dios y de sí mismo, sin miedo a la censura de los hombres.

Ya sobre los anuncios de elecciones, tiéndense en luengos trozos de papel, nuevos anuncios. Ya, dado punto a este reñidísimo torneo —en que los malos caballeros, que es justicia que en ocasiones no acontece, han sido humillados por los buenos—, ábrese en Washington el torneo lúgubre, cuyo juez tendrá ante los implacables ojos el arma con que un vulgar ambicioso dio muerte al bravo Garfield. Ya se asegura que el presidente monta en cólera porque no cree su ministro de justicia que debe el gobierno mostrarse parte en el proceso de Guiteau, sino abandonar su fortuna a la justicia ordinaria, por cuanto influir en ella en este caso, fuera tacharla de parcialidad, torpeza o lenidad en los demás. Ya se afirma que al fin de este proceso y al de alguno de los de desfalco en la administración de Garfield, iniciados contra amigos políticos del actual presidente, aguarda Arthur para la reforma definitiva de su gabinete. Ya se van camino de Francia, luego de ser obsequiados con lujosos bailes, los caballeros franceses que vinieron a conmemorar en Yorktown las hazañas de sus mayores. Ya, luego de chocar vasos de cerveza en los «comers», la fiesta de los bebedores alemanes, y de ser con germánica alegría festejados en la casa de las sociedades de canciones, que son para los hijos de Alemania templos amados, donde es diosa la lejana patria, se vuelven también, camino del país de los hombres de hierro, los descendientes del barón de Steuben. Ya se vinieron abajo dos casas de pobres, que aquí parecen nidales de gusanos, y mueren por la incuria de los avarientos propietarios nueve míseras criaturas, y se salvan las demás que habitaban la casa, por verdadera maravilla. Ya se mueve grandísimo escándalo porque el cajero del banco más rico de una ciudad vecina, prestó y negoció con valores del banco 2 millones de pesos; y llamó una mañana a los directores de la casa arruinada a darles cuenta del hurto colosal. Ya, al cabo, Rossi ha representado en el teatro de Booth a Hamlet, y Adelina Patti ha cantado en la sala de Steinway Ah, forse è lui de la Traviata, y Ombra leggera de la Dinorah: que es, dicho al terminar este cúmulo de cosas terrenas, como empezar un viaje en el lomo de un insecto, y acabarlo en el ala de un ángel.

La naturaleza, como frutas perfectas, como paisajes de rematada corrección, crea seres humanos avasalladores. Llevan en sí, por hermosura extrema, o genio extremo, un poder que deslumbra, desvanece y ciega. Negarlos es vano. En ellos, aparecer es dominar. Si las criaturas de la tierra, celosas de estos seres mejores, hincan en su mano blanca el diente airado, su manera de llevar el dolor aumenta la vida gloriosa que la mordida intentó arrebatarles. De estos hombres, la frente resplandece como nieve no hollada. De estas mujeres, tiene el cutis perlados matices, y la mirada intensidad de llama; semeja el pie juguetoncillo cisne; el talle, caña alada; la mano, beso de niño; la voz, promesa de otros mundos, venidos a verter consuelo y fuerzas en éste. Así Adelina Patti. ¿Qué parece, sino un vellón de nieve? ¿Qué se busca en la escena, luego de haberla visto, sino un ser sobrehumano? Ni ¿qué tienen los ojos sino lágrimas? Después de oírla, palpa uno aterrado, como palparía honduras de abismo y trozos de cadenas, el sillón en que se sienta, la ropa que se viste, el vecino que le codea, el muro que le cerca. ¡Se viene de tan lejos!, ¡Se estuvo en país tan bueno! ¡Volvió a oír al fin el alma palabras a que parece ella tan acostumbrada! Luego, ¿qué es el cielo, sino un viaje de vuelta? Ni ¿qué ha de decirse ahora que es cantante maravillosa, y alada mujer Adelina Patti? Ella aquí fue a la escuela, y contó por primera vez «Lucía», y arrebató a las gentes con aquella tristísima manera de entonar las baladas del país, con su mirada plena, misteriosa y profunda; con su esbeltez aérea, que le añadía encantos angélicos; y con aquella voz sonora, límpida, amplia, que nace como manantial inmaculado de monte hondo, y crece a arroyo revoltoso, a riachuelo veloz, a río opulento, a océano. Y así vuelve. Nunca, con sus alas de entusiasmo, volaron vítores más ardientes por el aire. Perfumes de elegancia aromaban la atmósfera del inolvidable concierto de inauguración. De gentes —no había muchedumbre— que costaban 10 pesos los buenos asientos. Mas ese común ruido de teatros vulgares; esos altos matices de los trajes de las damas; esa antiartística mezcla de profanos e iniciados; creyentes verdaderos y falsos adoradores; ese parlear de pájaros que precede a las fiestas teatrales, no ofendían allí la mente preparada a cosas grandes. Se sentía la cercanía de lo solemne. Luego, en admiración frenética y unánime, se fundieron todos aquellos arrebatados corazones.

Mas ella viene a dar conciertos, y en la majestuosa ópera quieren oírla los neoyorquinos. Quieren a la gallarda Juana de Arco, cuya elegante armadura de oro y acero, ocupa el centro de un rico trofeo en el palacio de hadas que Adelina Patti tiene en su castillo de Inglaterra. Quieren verla, como a la triste Dinorah, persiguiendo a su cabrita blanca, menos juguetona que su voz, cuando danza a los rayos suaves de la Luna. Quieren oírla cantar de amores con el Conde de Almaviva; pasear, plegar, ondear, hacer gemir a extremo no escuchado la voz humana en la Sonámbula. Su Elixir d´amore es muy famoso. En Fausto aún alcanza las altas notas que en vano persigue ya la arrogante Nilsson. Oír se quiere de nuevo esa música quebrada, vibrante, chispeante de Rossini. Ni a Nicolini, el tenor de voz potente y artística escuela; ni a la señorita Castelani, a quien las cuerdas del violín obedecen galantes y sumisas; ni a un buen baríto-no, ni a un buen pianista, que con la Patti vienen, quieren oír los neoyorquinos. Templo quieren digno de la sacerdotisa. ¡Bien sería! Mejora oír cantos dulces.

En el teatro de Booth trabaja Rossi. Booth, un trágico. Rossi, otro trágico. De fama se sabe que Yago, este hijo siniestro de la mente insondable de Shakespeare, vasta y vana como el mundo en que vivía, es la creación acabada de Booth. Y Hamlet es para el apasionado Rossi el personaje favorito.

¿Por qué es esto revista, y no libro?

Artax es en la India asiática todo lo sumo y no excedible: y hay artax, hombres: Shakespeare es uno. Rompió todos los moldes de la tragedia, y ajustó las suyas a un molde nuevo: el corazón humano. Debió ser su espíritu como seno de montaña, en que la rica veta de ónix se une al carbón negro. De singular bondad no hay huella en sus obras; mas sí las hay de no igualado poder de examen de la combatida mente, y los voraces y ciegos afectos humanos. Fue como si un hombre, víctima anterior de todas las enfermedades, se sentase en la altísima cúspide a dar la ley de todos. Abunda más en lo divino satánico que en lo divino celeste. Echó a andar por la tierra criaturas tremendas; mas no creó una gran figura llorosa, afligida de amor sobrehumano, perdonadora. A Shakespeare van los anglos a buscar aguas de inspiración como a inexhausta fuente, y como a Grecia y Roma vamos nosotros. De sus maravillas casuales, y de los caprichos de su exuberante genio, rico en creaciones como la atmósfera en celajes, han hecho los comentadores maravillas intencionales; y partos de mente laboriosa, allí donde no hubo más que una colosal y deslumbradora florescencia. Fue una selva, con todos los ruidos, luces lúgubres, castos matices, penetrantes aires, y fantasías enfermizas de la noche. Faltóle paz de alma, que es el fulgor del día. Mas no hubiera habido con ella este poeta dramático, que es montaña humana.

Es Booth para los americanos un hombre venerando. Están orgullosos de él, y hoy más orgullosos, porque ya Inglaterra, enamorada de Irving, que es actor muy famoso, sanciona y aplaude al trágico americano. Estiman un tanto suya la gloria de este hombre a quien miran como gloria patria. No se le escatima, antes se le prodiga admiración. Los poderosos de la Iglesia celebran su teatro, y le acatan en público; los poderosos de la fortuna le miman y regalan; los poderosos de las letras lo ven como a mayor hermano; sus cofrades en arte lo tratan con respeto supersticioso. Parece de naturaleza hecho —no para decir rimas de amores—, ni dar cuerpo a pasiones generosas, que iluminan la faz de luz muy bella, y truecan la más grande fealdad en hermosura, sino para sacar a luz lo frío y sombrío del alma. Pálido es su color; anguloso su rostro; violenta su sonrisa; magnífica su honda mirada; vasta, y batida por cabellos lacios, su huesosa frente; va por las calles y anda por los salones, como ser de otros mundos, o rey de éste. A un ánimo grave disgusta su afectado continente. Tiene, en su más sencillo movimiento, aire de Macbeth y de rey Lear. Sus piernas, en vez de parecer partes importantes y olvidadas del cuerpo, parecen personas sabias. Se mueven, lenta, acompasada, juiciosamente. No cometen la menor imprudencia. Saben en todo momento, qué les toca hacer, y cómo se han de colocar y a dónde han de ir. El rostro mismo del actor, que revela espíritu ahondador y mente lúcida, es olvidado ante la teatral personalidad de sus graves piernas. Mas en escena, este actor desaparece. Ni se pinta, ni se aliña, para hacer de Yago; y no es Booth sino Yago. Yago, el falso amigo de Otelo; el teniente envidioso del favorito de su capitán Michael Cassio; el que infunde, con astucia de sierpe, celos salvajes en el ardiente espíritu del moro; el que origina con trama mentirosa, por causar la ruina a su rival y cebarse en los tormentos de su egregio Otelo, la muerte de la desdichadísima Desdémona. El que al fin, como zorro villano, es convicto de haber ideado falsos amores de la veneciana mísera y el leal teniente Cassio: el muy vil Yago. Es Booth, sutil en la escena, como el espíritu de la calumnia. No parece hombre, sino satánico fantasma. Es flexible, móvil, rápido, impalpable. Una lengua de escamas de acero no es más flexible que él. Se desliza como culebra en la grieta de un palacio, en el alma del moro. Como veneno por estrechas venas, échale las palabras, encendidas cual espadas ardientes, en el espíritu ya puesto en llamas. Sus miradas parecen dagas, y sus frases silbos. Deja aquel hombre, a cada aparición suya en la escena, la impresión de un relámpago fúnebre. Parecen oírse luego de verle, golpes de florete que azotase rápidamente el aire vacío. Propiedad, verdad, seguridad, fidelidad, gracia, realzan esa pasmosa encarnación. Ha dado cuerpo visible al alma luminosa y ruin que en Yago puso Shakespeare. Ya, luego de vivir este hombre, vive Yago. ¡Y entre qué accidentes resaltaba esta límpida, perfecta figura! ¡Qué grupo de menguados actores! ¡Qué singular excepción es Booth entre los hijos del arte en su pueblo! Parecía aquello, no casa consagrada a la veneración y loa del que se sienta al lado de Esquilo entre los que han puesto la batalla humana en drama, sino tienda ambulante, pabellón de saltimbanquis, feria de gitanos. A no ser por aquella criatura mefistofélica que encadenaba los ojos a la escena, con ira hubiérase salido de aquella cueva iluminada de osados profanadores. ¡Qué hacer estribo en una vocal, y arrastrar en creciente una nota, para alcanzar efecto dramático! ¡Qué matar a Desdémona, con el mayor respeto, y la más cuidadosa caballeresca cortesanía! ¡Qué vestir a Otelo como el extravagante bellaco, que se ha tragado espadas, o exhibido de gigante chino, en compañía de acróbatas! ¡Qué reducir a nivel bajo, de puro no entenderla, la que, no por ser creación poco acabada del soberano poeta, es menos una de las más vigorosas y fieles síntesis del espíritu del hombre, fiera nacida a vivir, con los dientes con que ha de morder, y las riendas con que ha de enfrenarse!

Pues en el teatro de Booth, que es en su parte exterior de arquitectura monumental y digna, y en lo interior joya graciosa, y sala cómoda, resuenan ahora las altas voces del rival de Salvini, del ardiente Rossi. Es de ociosos repetir lo que de él cuenta la fama; que lleva a la vida real el nervio y juego que despliega en sus caracteres teatrales; que es amigo de reyes; que maravilló a Oporto; que con Zaira y El Cid admiró a los parisienses; que defendió la libertad en la desventurada Lima; que en fogosos transportes de elocuencia habló de derechos y movió a guerra al pueblo de Cádiz; que es gallarda persona; que lleva en el robusto pecho honrosísimas órdenes; que aprendió arte del majestuoso maestro Módena, hombre grave y generoso que amó la libertad, peleó por ella, fue actor severo y perfecto educador de actores. De ovaciones innúmeras; de calles sembradas de rosas a su paso; de saludos de monarcas, a él ofrecidos por los cañones italianos; de la viva amistad con que lo vio Víctor Manuel y le ve Humberto, de la brillantísima manera con que da vida en la escena a los fogosos héroes de Pietro Cossa, cuyo féretro aún caliente, acaban de coronar de palmas y rosas los romanos; de su vehemente amor al profundo teatro shakespeariano; de una medalla de plata, finamente labrada, en que se ve un hermoso barco que, combatido por las olas, no naufraga, medalla que como talismán de ventura acompaña a este actor brioso, inquieto, célebre, rico, bello, y ya entrado en cincuenta y dos años: de todo esto, y de obras dramáticas de Rossi, que calza coturno y blande péñola, habla la fama. Y hele ahí, en Hamlet. Fue Hamlet su primera creación shakespeariana. Demasiado humano lo hallaron los críticos de Boston en su encarnación del desventurado Otelo, que no es en sus manos nobilísimo espíritu, traído a crimen por deficiencias de educación y arterías de traidor, sino mercenario jovial y afortunado, que ama ardientemente y mata brutalmente. Trino de pájaros pareció a los de Boston el habla de amores de Rossi, en Romeo, y resonó con vehementes aplausos el austero y magistral teatro del Globo. Y hele aquí vestido de negro, penetrado de dolor, y más que de dolor, de la convicción de que es en realidad aquel profundo y bello príncipe de Dinamarca, hijo de aquel rey bueno que murió de tósigo a manos del hermano ambicioso que le robó trono y dama. Prueba Rossi en el Hamlet que ha concebido, ser gran actor. Mas no es ese amante débil, ese amante recitador, sentimental, ese afeminado príncipe, aquella figura sobrenatural y compleja en que vació Shakespeare las más grandes dudas, las más venturosas osadías, los más amargos juicios de su magna mente. El soplo de lo divino falta en Rossi al acabado personaje humano. No es su Hamlet incompleto en lo que es, sino rematada e irreprochablemente bello: mas no es su Hamlet lo que debe ser. No es aquella alma serena, turbada de manos de los hombres por maldades extremas; y de sí misma por el mal humano, que consiste en creer como cierto o dudar como probable un cielo que no abarcan nuestros brazos. La soledad de un alma honrada en la pequeña tierra, esto es Hamlet. La brava rebeldía de hijo de rey, de rey de mundos, que se siente sin culpa conocida, echado abajo de su trono: esto es Hamlet. Y todo lo divino que cabe en lo humano: esto es Hamlet. Mas es en Rossi un errabundo poeta, un fidelísimo hijo, un implacable vengador, un apasionado amante, un hombre tierno, infortunado, inteligente y bello. Aquella frase aguda que como lanza de templado hierro va derecha al cielo; aquella garra de león clavada para escarmiento, en la faz lívida de todos los hipócritas; aquel perseguidor de sí, que va buscando, tendidas las crispadas manos, el secreto de la vida en las tinieblas; aquella entidad universal que toma pretexto de una trama oportuna para dar vida teatral a pensamientos aislados, adoloridos y maravillosos; aquella criatura lúgubre como el desencanto de la grandeza; utilidad y pureza de esta vida, y la duda de la realidad y justicia de la otra; aquel soplo eterno, providente como el soplo cargado de vida y de frescores aromados, de la primera mañana de la tierra, y frío y preñado de querellas, como las entrañas de la noche; aquel personaje místico que invade, engrandece, ahoga y se enseñorea del príncipe danés, no, aparecen en el Hamlet, amoroso, caliente, dramático, activo, plástico de Rossi. Y es hermoso hombre, leal sentidor y elegante caballero. Todo es en su naturaleza gallardo y lozano. Escena de duelo hay al final del drama; y en ella, aunque falta ese terrorífico y sobrehumano aliento que empuja al príncipe por el drama vasto, cual si llevase en los pies alas negras; de gracia, arte de esgrima y energía, es modelo Rossi. Y arrebatado de su dramática creación, se le ve ir como alma de hijo tras alma de padre, tras el fantasma del rey muerto que viene a revelarle cómo lo envenenó su propio hermano, esposo hoy de su esposa. Y con vigor magnífico arranca del cuello de su madre el retrato del asesino, y lo despedaza con admirable arrebato bajo sus pies. Nunca artista católico ideó más bello al arcángel Gabriel. Y con voces desgarradoras envía a un convento a su gentil Ofelia. Y con arte sumo dirige y presencia aquella famosísima escena en que los comediantes recitan ante el rey cercado de su corte, un trozo de tragedia en que Hamlet ha intercalado versos que cuentan el crimen del monarca. Mas no resplandece en su gallardo príncipe el misterioso príncipe del drama, con su claridad pálida de Luna, y su dolor nocturno, y la ira santa de la soledad irrevocable en una tierra que, por estar preñada de elementos ruines, parece, mientras más rebosante, ¡más vacía!

Y ahora, ¿qué viene? ¿A qué contar que un mísero estudiante chino, prendado de una veleidosa criatura, se ha arrebatado, la que ya estimaba, por incapaz de goces, inútil vida? ¿A qué repetir con los periódicos americanos, cómo en contienda electoral, murieron en formal batalla, a manos de hombres armados, de color, cuatro hombres blancos? ¿A qué decir, si no ha de poder ser dicho sin dolor, que en el día mismo en que se escriben estas líneas, tres hombres han perecido ahorcados por crímenes distintos en comarcas diversas de esta tierra; y por la muchedumbre enfurecida ha sido un hombre de color, culpable de grave delito, despedazado a la vista de los oficiales de justicia? Ya se acerca, tras adecuada preparación de los nobles defensores, el proceso del mísero malhechor que, por ruin motivo de provecho propio, privó a los Estados Unidos de un ilustre jefe: ya se acerca el día de huelga y recogimiento público, el día de gracias al Hacedor magnánimo por los beneficios que en el año dispensa a este pueblo infatigable y laborioso. Es día de banquetes familiares, y juntas de corporaciones y grandes pláticas en los templos, y narraciones en los diarios, de los orígenes de esta piadosa costumbre añeja. Nos sentaremos en el Día de Gracias a la mesa de pobres y de ricos, y oiremos los himnos de los templos, y pediremos al buen Dios que libre de inútil muerte a la desamparada criatura que como insecto humano vive entre los recios muros de la cárcel de Washington. Si por justicia se le mata, de la más grande de las muertes está muerto. ¡Abridle las puertas de la cárcel, y se refugiará espantado y trémulo en su jaula de piedra! Si por venganza ha de matársele, ¿cómo se ha de ofrecer en holocausto a tan gran muerto tan ruin vivo?

M. de Z.

La Opinión Nacional. Caracas, 26 de noviembre de 1881

10. Coney Island

En los fastos humanos, nada iguala a la prosperidad maravillosa de los Estados Unidos del Norte. Si hay o no en ellos falta de raíces profundas; si son más duraderos en los pueblos los lazos que ata el sacrificio y el dolor común que los que ata el común interés; si esa nación colosal, lleva o no en sus entrañas elementos feroces y tremendos; si la ausencia del espíritu femenil, origen del sentido artístico y complemento del ser nacional, endurece y corrompe el corazón de ese pueblo pasmoso, eso lo dirán los tiempos.

Hoy por hoy, es lo cierto que nunca muchedumbre más feliz, más jocunda, más bien equipada, más compacta, más jovial y frenética ha vivido en tan útil labor en pueblo alguno de la tierra, ni ha originado y gozado más fortuna, ni ha cubierto los ríos y los mares de mayor número de empavesados y alegres vapores, ni se ha extendido con más bullicioso orden e ingenua alegría por blandas costas, gigantescos muelles y paseos brillantes y fantásticos.

Los periódicos norteamericanos vienen llenos de descripciones hiperbóli-cas de las bellezas originales y singulares atractivos de uno de esos lugares de verano, rebosante de gente, sembrado de suntuosos hoteles, cruzado de un ferrocarril aéreo, matizado de jardines, de kioscos, de pequeños teatros, de cervecerías, de circos, de tiendas de campaña, de masas de carruajes, de asambleas pintorescas, de casillas ambulantes, de vendutas, de fuentes.

Los periódicos franceses se hacen eco de esta fama.

De los lugares más lejanos de la Unión Americana van legiones de intrépidas damas y de galantes campesinos a admirar los paisajes espléndidos, la impar riqueza, la variedad cegadora, el empuje hercúleo, el aspecto sorprendente de Coney Island, esa isla ya famosa, montón de tierra abandonado hace cuatro años, y hoy lugar amplio de reposo, de amparo y de recreo para un centenar de miles de neoyorquinos que acuden a las dichosas playas diariamente.

Son cuatro pueblecitos unidos por vías de carruajes, tranvías y ferrocarriles de vapor. El uno, en el comedor de uno de cuyos hoteles caben holgadamen-te a un mismo tiempo 4.000 personas, se llama Manhattan Beach (Playa de Manhattan); otro, que ha surgido, como Minerva, de casco y lanza, armado de vapores, plazas, muelles y orquestas murmurantes, y hoteles que ya no pueblos parecen, sino naciones, se llama Rockaway; otro, el menos importante, que toma su nombre de un hotel de capacidad extraordinaria y construcción pesada, se llama Brighton; pero el atractivo de la isla no es Rockaway lejano, ni Brighton monótono, ni Manhattan Beach aristocrático y grave: es Gable, el riente Gable, con su elevador más alto que la torre de la Trinidad de Nueva York —dos veces más alto que la torre de nuestra catedral— a cuya cima suben los viajeros suspendidos en una diminuta y frágil jaula a una altura que da vértigos; es Gable, con sus dos muelles de hierro, que avanzan sobre pilares elegantes un espacio de tres cuadras sobre el mar, con su palacio de Sea Beach, que no es más que un hotel ahora, y que fue en la Exposición de Filadelfia el afamado edificio de Agricultura, «Agricultural Building», transportado a Nueva York y reelevado en su primera forma, sin que le falte una tablilla, en la costa de Coney Island, como por arte de encantamiento; es Gable, con sus museos de a 50 céntimos, en que se exhiben monstruos humanos, peces extravagantes, mujeres barbudas, enanos melancólicos, y elefantes raquíticos, de los que dice pomposamente el anuncio que son los elefantes más grandes de la tierra; es Gable, con sus cien orquestas, con sus risueños bailes, con sus batallones de carruajes de niños, su vaca gigantesca que ordeñada perpetuamente produce siempre leche, su sidra fresca a 25 céntimos el vaso, sus incontables parejas de peregrinos amadores que hacen brotar a los labios aquellos tiernos versos de García Gutiérrez:

> Aparejadas
> Van por las lomas
> Las cogujadas
> Y las palomas;

es Gable, donde las familias acuden a buscar, en vez del aire mefítico y nauseabundo de Nueva York, el aire sano y vigorizador de la orilla del mar, donde las madres pobres —a la par que abren, sobre una de las mesas que en salones espaciosísimos hallan gratis, la caja descomunal en que vienen las provisiones familiares para el lunch— aprietan contra su seno a sus desventurados pequeñuelos, que parecen como devorados, como chupados, como roídos, por esa terrible enfermedad de verano que siega niños como la hoz siega la mies, el cholera infantum. Van y vienen vapores, pitan, humean, salen y entran trenes; vacían sobre la playa su seno de serpiente, henchido de familias; alquilan las mujeres sus trajes de franela azul, y sus sombreros de paja burda que se atan bajo la barba; los hombres, en traje mucho más sencillo, llevándolas de la mano, entran al mar; los niños, en tanto con los pies descalzos, esperan en la margen a que la ola mugiente se los moje, y escapan cuando llega, disimulando con carcajadas su terror, y vuelven en bandadas, como para desafiar mejor al enemigo, a un juego de que los inocentes, postrados una hora antes por el recio calor, no se fatigan jamás; o salen y entran, como mariposas marinas, en la fresca rompiente, y como cada uno va provisto de un cubito y una pala, se entretienen en llenarse mutuamente sus cubitos con la arena quemante de la playa; o luego que se han bañado —imitando en esto la conducta de más graves personas de ambos sexos, que se cuidan poco de las censuras y los asombros de los que piensan como por estas tierras pensamos—, se echan en la arena, y se dejan cubrir, y golpear, y amasar, y envolver con la arena encendida, porque esto es tenido por ejercicio saludable y porque ofrece singulares facilidades para esa intimidad superficial, vulgar y vocinglera a que parecen aquellas prósperas gentes tan aficionadas.

Pero lo que asombra allí no es este modo de bañarse, ni los rostros cadavéricos de las criaturitas, ni los tocados caprichosos y vestidos incomprensibles de aquellas damiselas, notadas por su prodigalidad, su extravagancia, y su exagerada disposición a la alegría; ni los coloquios de enamorados, ni las casillas de baños, ni las óperas cantadas sobre mesas de café, vestidos de Edgardo y de Romeo, y de Lucía y de Julieta; ni las muecas y gritos de los negros minstrels, que no deben ser ¡ay! como los minstrels, de Escocia; ni la playa majestuosa, ni el Sol blando y sereno; lo que asombra allí es, el tamaño, la cantidad, el resultado súbito de la actividad humana, esa inmensa válvula de placer abierta a un pueblo inmenso, esos comedores que, vistos de lejos, parecen ejércitos en alto, esos caminos que a dos millas de distancia no son caminos, sino largas alfombras de cabezas; ese vertimiento diario de un pueblo portentoso en una playa portentosa; esa movilidad, ese don de avance, ese acometimiento, ese cambio de forma, esa febril rivalidad de la riqueza, ese monumental aspecto del conjunto que hacen digno de competir aquel pueblo de baños con la majestad de la tierra que lo soporta, del mar que lo acaricia y del cielo que lo corona, esa marea creciente, esa expansividad anonadora e incontrastable, firme y frenética, y esa naturalidad en lo maravilloso; eso es lo que asombra allí.

Otros pueblos —y nosotros entre ellos— vivimos devorados por un sublime demonio interior, que nos empuja a la persecución infatigable de un ideal de amor o gloria; y cuando asimos, con el placer con que se ase un águila, el grado del ideal que perseguíamos, nuevo afán nos inquieta, nueva ambición nos espolea, nueva aspiración nos lanza a nuevo vehemente anhelo, y sale del águila presa una rebelde mariposa libre, como desafiándonos a seguirla y encadenándonos a su revuelto vuelo.

No así aquellos espíritus tranquilos, turbados solo por el ansia de la posesión de una fortuna. Se tienden los ojos por aquellas playas reverberantes; se entra y sale por aquellos corredores, vastos como pampas; se asciende a los picos de aquellas colosales casas, altas como montes; sentados en silla cómoda, al borde de la mar, llenan los paseantes sus pulmones de aquel aire potente y benigno; mas es fama que una melancólica tristeza se apodera de los hombres de nuestros pueblos hispanoamericanos que allá viven, que se buscan en vano y no se hallan; que por mucho que las primeras impresiones hayan halagado sus sentidos, enamorado sus ojos, deslumbrado y ofuscado su razón, la angustia de la soledad les posee al fin, la nostalgia de un mundo espiritual superior los invade y aflige; se sienten como corderos sin madre y sin pastor, extraviados de su manada; y, salgan o no a los ojos, rompe el espíritu espantado en raudal amarguísimo de lágrimas, porque aquella gran tierra está vacía de espíritu.

Pero ¡qué ir y venir! ¡qué correr del dinero! ¡qué facilidades para todo goce! ¡qué absoluta ausencia de toda tristeza o pobreza visibles! Todo está al aire libre: los grupos bulliciosos; los vastos comedores; ese original amor de los norteamericanos, en que no entra casi ninguno de los elementos que constituyen el pudoroso, tierno y elevado amor de nuestras tierras; el teatro, la fotografía, la casilla de baños; todo está al aire libre. Unos se pesan, porque para los norteamericanos es materia de gozo positivo, o de dolor real; pesar libra más o libra menos; otros, a cambio de 50 céntimos, reciben de manos de una alemana fornida un sobre en que está escrita su buena fortuna; otros, con incomprensible deleite, beben sendos vasos largos y estrechos como obuses, de desagradables aguas minerales.

Montan éstos en amplios carruajes que los llevan a la suave hora del crepúsculo, de Manhattan a Brighton; atraca aquél su bote, donde anduvo remando en compañía de la risueña amiga que, apoyándose con ademán resuelto sobre su hombro, salta, feliz como una niña, a la animada playa; un grupo admira absorto a un artista que recorta en papel negro que estampa luego en cartulina blanca, la silueta del que quiere retratarse de esta manera singular; otro grupo celebra la habilidad de una dama que en un tenduchín que no medirá más de tres cuartos de vara, elabora curiosas flores con pieles de pescado; con grandes risas aplauden otros la habilidad del que ha conseguido dar un pelotazo en la nariz a un desventurado hombre de color que, a cambio de un jornal miserable, se está día y noche con la cabeza asomada por un agujero hecho en un lienzo esquivando con movimientos ridículos y extravagantes muecas los golpes de los tiradores; otros barbudos y venerandos, se sientan gravemente en un tigre de madera, en un hipogrifo, en una esfinge, en el lomo de un constrictor, colocados en círculos, a guisa de caballos, que giran unos cuantos minutos alrededor de un mástil central, en cuyo tomo tocan descompuestas sonatas unos cuantos sedicientes músicos. Los menos ricos, comen cangrejos y ostras sobre la playa, o pasteles y carnes en aquellas mesas gratis que ofrecen ciertos grandes hoteles para estas comidas; los adinerados dilapidan sumas cuantiosas en infusiones de fucsina, que les dan por vino; y en macizos y extraños manjares que rechazaría sin duda nuestro paladar pagado de lo artístico y ligero.

Aquellas gentes comen cantidad; nosotros clase.

Y este dispendio, este bullicio, esta muchedumbre, este hormiguero asombroso, duran desde junio a octubre, desde la mañana hasta la alta noche, sin intervalo, sin interrupción, sin cambio alguno.

De noche, ¡cuánta hermosura! Es verdad que a un pensador asombra tanta mujer casada sin marido; tanta madre que con el pequeñuelo al hombro pasea a la margen húmeda del mar, cuidadosa de su placer, y no de que aquel aire demasiado penetrante ha de herir la flaca naturaleza de la criatura; tanta dama que deja abandonado en los hoteles a su chicuelo, en brazos de una áspera irlandesa, y al volver de su largo paseo, ni coge en brazos, ni besa en los labios, ni satisface el hambre a su lloroso niño.

Mas no hay en ciudad algún panorama más espléndido que el de aquella playa de Gable, en las horas de noche. ¿Veíanse cabezas de día? Pues más luces se ven en la noche. Vistas a alguna distancia desde el mar, las cuatro poblaciones, destacándose radiosas en la sombra, semejan como si en cuatro colosales grupos se hubieran reunido las estrellas que pueblan el cielo y caído de súbito en los mares.

Las luces eléctricas que inundan de una claridad acariciadora y mágica las plazuelas de los hoteles, los jardines ingleses, los lugares de conciertos, la playa misma en que pudieran contarse a aquella luz vivísima los granos de arena parecen desde lejos como espíritus superiores inquietos, como espíritus risueños y diabólicos que traveseasen por entre las enfermizas luces de gas, los hilos de faroles rojos, el globo chino, la lámpara veneciana. Como en día pleno, se leen por todas partes periódicos, programas, anuncios, cartas. Es un pueblo de astros; y así las orquestas, los bailes, el vocerío, el ruido de olas, el ruido de hombres, el coro de risas, los halagos del aire, los altos pregones, los trenes veloces, los carruajes ligeros, hasta que llegadas ya las horas de la vuelta, como monstruo que vaciase toda su entraña en las fauces hambrientas de otro monstruo, aquella muchedumbre colosal, estrujada y compacta se agolpa a las entradas de los trenes que repletos de ella, gimen, como cansados de su peso, en su carrera por la soledad que van salvando, y ceden luego su revuelta carga a los vapores gigantescos, animados por arpas y violines que llevan a los muelles y riegan a los cansados paseantes, en aquellos mil carros y mil vías que atraviesan, como venas de hierro, la dormida Nueva York.

José Martí

La Pluma. Bogotá, Colombia, 3 de diciembre de 1881

11. Carta de Nueva York. Proceso de Guiteau. Varios sucesos. Animada escena: singular drama. La turba; la sala, la sesión; la salida. El hombre. Escenas de extravagancia e irreverencia «¡manos afuera!». Discurso de Guiteau. Elección de los jurados, procesión curiosa

Nueva York, 26 de noviembre de 1881

Señor director de *La Opinión Nacional*:

Un hombre rico, venido a menos, intentó aterrar con una amenaza de muerte a Jay Gould, el monarca de la bolsa de Nueva York, para obtener por este medio del gran negociante consejos secretos que en el juego bursátil, que es fama que Gould maneja, favoreciesen su fortuna, y el hombre rico, culpable de lo que llaman aquí blackmail, está en las tumbas, que así se llama la fétida y sombría cárcel de Nueva York; Jay Gould mismo, a cuya merced suben y bajan los valores públicos, y se tienden y enmudecen los cables, y hienden altos techos y desiertos vastos los hilos del telégrafo, intenta, en junta con Cirus Field, que es hombre magno, entre los acaudalados neoyorquinos, la creación de una nueva bolsa, Thurlow Wheed, un admirable anciano, patriarca de las letras y padre de la prensa de esta tierra, recibe con su casta sonrisa, la sonrisa de los hombres de otros tiempos, a los escritores cariñosos que van a estrechar su mano con respeto el día que cumple ochenta y cuatro años. George Law, que comenzó su vida como muchachuelo de una hacienda, reunió una cuarentena de pesos con su jornal, y se lanzó a buscar fortuna en una áspera y lluviosa mañana de otoño —ha sesenta años—, ha muerto a la cabeza de una de las empresas más pudientes de Nueva York, luego de haber sido, sin quiebra ni merma, salvador y jefe de bancos y bolsas, constructor de un puente sencillo y maravilloso, el Puente Alto; retador del gobierno de España, a quien obligó a aceptar, contra el consejo del presidente de los Estados Unidos, sus buques y sus empleados en el puerto de La Habana en 1851; y activo favorecedor del ferrocarril de Colón a Panamá. Acompañados de gran séquito, de aficionados y apostadores, van a un rincón del Estado de Ohio, a luchar «por el premio de la pluma», el primer pugilista inglés y el primer pugilista americano; y desnudos de pecho y brazos, en el centro de la preparada arena, rodeados de gente ansiosa que gesticula y vocea, a pocos pasos del guardián que con una rodilla en tierra, espera el instante de restañar la sangre y bañar los músculos hinchados de los combatientes con el menjurje que llena la ancha tina que tiene junto a sí, el recio Holden y el torvo White se dan, con el puño cerrado, hasta que la policía los interrumpe, sendos golpes de maza en frente y labios. Quiebran bancos; vienen actrices de Inglaterra, encréspanse en silencio dos grandes hidras, una que vuelve la fauce a México, y otra que la vuelve a Panamá.

Mas sobre telegramas de Europa, sobre los desdeñosos editoriales del *Herald*, sobre los versos, grandes e irregulares como montañas, de Walt Whitman, sobre la crónica de la peregrinación que en busca de socorros para la mísera Irlanda han emprendido del lado acá del mar los miembros libres de la laboriosa Liga Agraria; sobre la espantable cohorte de suicidas, de malversadores, de asesinos, de cuyas hazañas fatídicas es la prensa vocero permanente, no buscan las manos entorpecidas bajo el frío guante en las mañanas crueles de noviembre más que las compactas columnas en que los periódicos dan cuenta del proceso de ese hombre enfermizo, colérico, nervioso, de ojo vidriado, de tez amarillenta, de cabello hirsuto, que a manera de aterrada hiena, de inquieto movimiento, inhallable mirada, vago giro y elástico paso, echan cada mañana sus guardianes, maniatado y sombrío, a la sala del jurado en Washington: Guiteau.

Ya está iniciado su proceso, ya están sentados sus jueces; ya, temblante y generosa de una parte, y formidable y severa de otra, están frente a frente ante los juzgadores populares, la acusación y la defensa. Él, como vasija de piel, vacía de soplo humano, en que fueron echadas a bullir, como en cárcel quebradiza, hambrientos y rebeldes, cual duendes presos, las maldades; su defensor, hombre humilde y magnánimo, armado de esa coraza que reluce, cual forjada de acero divino: la bondad cristiana; y su hermana, llorosa; y su sobrina pequeñuela, cuya cabecita han adornado otras veces las flores de mayo, cubierta graciosamente con su gorrillo blanco y azul. Él, torvo, rebelde, áspero; ellos, silenciosos, pálidos de angustia; el público, reidor, rencoroso, ávido; los jurados, mudos; el juez, flexible, benévolo, sereno.

¡Vedlo entrar! La sala rebosa. De circo, de teatro, de magna fiesta, da idea la concurrencia. Llega la gente a los codos del juez; gime empujada la barra que separa el dominio del público del de los actores del proceso, y los cronistas de la prensa. ¡La prensa es un poder! ¡Miradla, acatada y holgada, ocupando la parte mejor de la sala de la justicia! Los primeros días, fueron muchedumbre desbordada y varia: ¡qué condenar! ¡qué execrar! ¡qué befar! Mas hoy son damas lujosas, y caballeros favorecidos, que logran billetes de entrada, ya porque pertenecen al cuerpo de testigos, ya porque les da privilegio la amistad del juez, ya porque obtienen el beneficio de los departamentos del Estado. Las damas van allí con sus hermosos trajes, sus sombrerillos cubiertos de plumas, sus anteojos de teatro, y sus cestas de provisiones de boca. Oyen ansiosas; ora hacen ademanes de disgusto, ora ríen sin medida. La masa humana llena las puertas, los pasillos, las avenidas que van a dar al tribunal. Llega de la prisión el carro, forrado de hierro; salta el preso, cerrado de guardianes; vocifera la turba; cuál anhela tener a mano una pistola; cuál le echa al rostro injurias terribles, como lluvia de piedras encendidas. ¡Vedlo entrar! Hombres y mujeres, movidos de igual ansia, se levantan a verlo. Un murmullo le acoge. Pisa con rapidez, como quien va huyendo. Como por entre abismos se desliza por entre los muros de gente. Va lleno de espanto. Sus ojos giran deprisa, como los de quien busca un peligro que teme. Con mirada rápida y humilde, como para no excitar ira, ve al público. Y se sienta, con la cabeza baja: su hermana, al ver que le quitan de las manos las esposas, rompe en llanto. Su hermano que tiene aspecto de honrado mercader, vuelve el rostro. Su defensor, el buen Scoville, que es su cuñado, para esconder su noble aflicción, hace como que registra en sus papeles. Así fue el primer día, que luego, saciado ya su apetito insano de verse objeto de la curiosidad de la muchedumbre, y más hecho a ella, y al público de damas del jurado, entra con su paso felino y su prisa nerviosa, se sienta sonriendo, tiende las manos a que se las libren de los hierros, saluda graciosamente a su hermano y comienza a arreglar papel para escribir, o a leer periódicos.

En larga fila se sientan, ante la mesa del juez Cox, los actores del proceso: a la izquierda está la acusación, mantenida por abogados de gran fama; por Potter, criminalista de cuenta, cuyos ojos descubridores centellean tras sus lentes brillantes; por Corkhill, el fiscal del distrito, de caballeresca apostura, hecho a acusar; por Smith, anciano elegante; por Davidge, feliz en la pregunta, inquebrantable en la respuesta, cerrado en el debate, que trueca en expresión temible la benéfica que dan a su rostro de ordinario su tez fresca, su afable sonrisa, y su blanco y rizado cabello. En el extremo derecho del banco se sientan los hermanos del preso. Y junto a ellos la defensa, la defensa de un hombre odiado y sin fortuna, la defensa que intenta alzar con sus brazos débiles un escudo tan ancho y tan recio que ampare a su ahijado de la ira de toda la nación, la única defensa de la ruin criatura que arranca a la par a su público diario miradas de odio, que parecen saetas de dinamita, y risas; el abogado único, que con su continente humilde sin afectación, e hidalgo sin alarde, su palabra reposada y llana, su corazón sensible y bueno, ha logrado ya ver quebrarse en su escudo las primeras armas de los contrarios que hacían mofa del abogado desconocido, y ha conmovido a los jurados, y cautivado al juez, y héchose amar del público que abomina a su repulsivo cliente. ¡La virtud es un hada benéfica: ilumina los corazones por donde pasa: da a la mente las fuerzas del genio!

Guiteau se sienta al lado de Scoville, con su fría mirada. Gusta de hacer reír, y actúa a la par de payaso y de profeta. Pocos días ha se sentaba junto a él otro abogado defensor, que en elegante modo pidió al juez que demorase aún la vista de la causa, para poder preparar con menor desventaja la defensa del preso, por tantos abogados notables atacada. «¡Oh, no, señor juez! decía Scoville: yo no pienso como mi compañero Robinson. Él quiere hacer una defensa técnica, yo una defensa humana. Él intenta recurrir a las astucias honradas de la mente: no hay mente tan astuta como la evidencia que la naturaleza ofrece. Él quiere que la defensa sostenga que la víctima de este hombre murió de mala práctica de los médicos, y no de la bala de su matador; pero esto puede parecer malicia, y yo quiero que la defensa de este hombre influya, no por hábil ni maliciosa, sino por honesta. Nada he de preparar para que el jurado se convenza de la demencia de este infortunado: si creo sinceramente en su demencia ¿cómo no he de arriesgarme a probarlo? Buscar nuevos escudos a este preso, fuera dudar de la fortaleza de este escudo.» A esto Guiteau se pone en pie, y llena al abogado joven, a Robinson, de denuestos. Intentan sus guardianes sentarlo de nuevo, y él desase de ellos sus hombros con brusco movimiento, y se revuelve contra los guardianes. «¡Quiero hablar! ¡Quiero hablar! Manos afuera!» dice a un guardián que lo toca. Le ruegan en voz baja que calle Scoville y los guardianes: «¡No callo, no callo! ¡Estoy procesado, y diré lo que me plazca! ¡No os atreváis a tocarme! ¡Manos afuera! Y vos, Robinson, sabed que no me ha gustado vuestro discurso. Yo soy el jefe de esta defensa, y Scoville es mi segundo. Idos, u os haremos ir. Yo dirijo mi defensa. ¡Solo para tecnicismos quiero yo abogados!». Los guardianes, asombrados de la irreverencia, lograron sentarle. Y en el público se oían mezcladas exclamaciones de honrada cólera, y grandes risas. Como cebra a quien echase mano el domador, Guiteau se rebelaba, se sacudía, coceaba. A poco, hecha patente la división honda de los pareceres en la dirección de la defensa, que con los días aumentaba entre los dos defensores, desertó Robinson, autorizado por palabras corteses del juez, del banco de los actores del proceso. Y quedó solo Scoville. Y ese día mismo, el día primero del proceso, Guiteau de nuevo en pie, intenta leer larguísimo discurso. Se lo niegan: insiste. Ofende: se le trata con dulzura. Al fin, por arte mágica, el discurso cae en manos de los cronistas, y a la mañana siguiente leíalo en los periódicos la gente ansiosa. ¿Cómo no dar idea de esta obra histórica? No hay, no, en todos los actos y palabras de este odiado réprobo, aquella analogía y engranaje que revelan que una causa constante y cierta regula o perturba a quien habla y actúa. La extravagancia y desorden innegables que ofuscaron siempre este rebelde espíritu, han ido trocándose, a medida que se acercaba el proceso, en monomanía persistente y científica, que en el proceso ha culminado en arranques violentos y groseros, en exabruptos risibles, en propósitos y acciones extraordinarias, que no debieron ser cual son, más altas en grado que el habitual desarreglo y satánica abstracción de esta mente imperfecta, cuando continúa siendo una misma causa, la causa de su creencia en órdenes divinas, la que originó su actual estado. Ideas apuntadas como ensayos de venidera defensa en la autobiografía y documentos varios del preso, adquieren ahora carácter desembarazados de ideas esenciales; y osadamente insiste hoy en lo que apuntaba ayer confusamente. Cierto que no debe morir: ¿se interrumpen acaso las leyes eternas que rigen la vida, y la traen poco probada a existencia venidera en que sean hechos beatíficos las que aquí no son más que luminosas vislumbres, y alados pensamientos? ¿se interrumpen acaso la esencia perdurable y fines necesarios de la vida porque los hombres aceleren el término de este trance humano? ¡El horror que inspira un crimen aleja más de él que el castigo del criminal, que lo realiza y poetiza! Cierto que no debe morir, mas no parece que sean de hombre hecho a salas, recibido en hoteles y corporaciones, y justo apreciador ha pocos meses de altos hechos políticos —que sus cartas lo muestran— esa selvática fiereza, esa brutal desenvoltura, esa ridícula puerilidad, esos infantiles juicios, esas afirmaciones absolutas de fe en orden divina. Que no a Dios, sino a servicios que él imaginaba reales invocaba cuando en cartas arrogantes y frecuentes pedía al llorado Garfield la embajada de Austria y el consulado de París. ¡Loco, sí, mas de vanidad, de impotencia, de fiereza, de rabia, de envidia, de odio! ¡Aposentad en una vasija humana esos chacales, y dadme luego un hombre sano!

Oídle empezar: «En los umbrales de este caso quiero hablar a la corte. Estoy en su presencia acusado de haber asesinado con malicia y maldad a un Jaime Garfield. Nada puede ser más absurdo porque el general Garfield murió de mal tratamiento. El silogismo para probarlo es este: Tres semanas después de que fue herido, sus médicos declararon oficialmente que sanaría. Dos meses después de esta declaración oficial, murió. Luego, según sus propios médicos no fue herido de muerte. Los doctores que no supieron curarlo, deben llevar sobre sí el odio de su muerte: no su heridor. Ellos, y no yo, deben ser procesados por el asesinato de Jaime Garfield». Pero él dice que recibió de Dios la inspiración del acto: «¿Por qué me inspiró a mí con preferencia a otro alguno? Porque yo tenía, favorablemente, sesos y nervios bastantes para hacer la obra. El Señor no emplea personas incompetentes para servirle: él usa del mejor material que puede hallar. Muchos pensaban como yo de Garfield; y a haber tenido la concepción, el nervio, los sesos y la oportunidad, lo hubieran removido. Yo de todo el mundo, fui el único hombre que tuvo la concepción. Y otra razón de por qué el Señor me eligió a mí, y no a otro para remover al presidente, es que Él deseaba circular La verdad, mi obra teológica. Este libro fue escrito para salvar almas, y no para ganar dinero, y el Señor, circulando el libro, va en busca de almas». Y aquí viene un concepto extremadamente lúcido, que arroja súbita claridad en la mente tenebrosa y lóbrega de este ser complejo: «¿Que cómo supe que era la Deidad quien me inspiraba? ¡Tan cierto estaba de ello, que puse en ello mi vida! Y a la Deidad abandono mi defensa. Ella contrastará a esas sabias cabezas de la acusación. A ella serví, y ella me cuidará. ¡Habló su voz, dijo el salmista, y se deshizo la tierra!». Habla luego de su esposa, de «su ex esposa» —y dice— «mi ex esposa ha sido citada para la acusación». «¡Matrimonio prematuro! La conocí diez semanas, y nos casamos en diez horas. Era una pobre muchacha. No hacía yo negocio con casarme con ella. No sé de ella desde que nos divorciamos por acuerdo. Entiendo que se ha casado, y vive bien. Yo he sido estrictamente virtuoso durante seis o siete años. Presumo de ser un caballero y un cristiano.» Mas ved: ved ahora cómo el hombre real, rencoroso y torvo; el hombre que esperó, y ve desvanecida su esperanza; el hombre desnudo, y solo arreado de los motivos verdaderos de su crimen, se revela en estas frases hurañas y amenazantes, preñadas de punzante desengaño y sorda ira: «No necesito yo nombrar a ciertas personas que han sido grandemente beneficiadas y ayuda-das por mi inspiración; pero he de pedirles que contribuyan a mi defensa. ¡No he de tener trabajando sin paga a mis abogados!». Y enseguida insiste, con su frase de otros tiempos, ambiciosa, soberbia, desaliñada y fría: «Digo que hay centenares de personas que han recibido gran beneficio pecuniario por la nueva administración. ¡Todos me deben su posición actual, del presidente abajo! Confiadamente apelo a ellos, y al público en masa, que me envíen dinero para mi defensa».

¡Ése, ése es el hombre real! Y ése el motivo de su crimen: ¡sacar paga en premio del provecho que había aportado a la nueva administración! ¡Esa espe-ranza insana movió su mente avarienta a la idea malvada, luego, y no antes, de que fue desdeñosamente desoído de sus pretensiones de magníficos empleos! Él vio, en el desconcierto público, en sus tentativas de teólogo, en las exaltadas polémicas de los periódicos, disfraces para la causa real de su acto, de modo que pudiera él sacar de su acto provecho y no peligro. Base le dieron los periódicos, en aquella época encendidos en agrio debate; mas no motivo para el crimen: «Yo llamaré aquí —dice en su discurso— a los magnos políticos del Partido republicano y del democrático: yo citaré aquí a los capitales editores de Nueva York y Washington, a que ellos muestren la situación política y cuenten de nuevo los peligros que rodeaban durante la última primavera a la república».

Y ved ahora su pueril argucia, vacía del poder sombrío que tienen sus palabras de oculta amenaza: «Hiere la mente esa palabra asesino y alguna gente se deleita todavía en usarla. ¿Por qué soy yo más asesino que cualquiera otro hombre que disparó sobre otro en la guerra? Millares de bravos murieron así, y mataron así, en la guerra americana y nadie habló por eso de asesinato. Aquí ha habido un homicidio, esto es, un hombre muerto. Mas yo no lo maté, sino los médicos. Ni de homicidio soy, pues, culpable en este caso. El presidente fue, simplemente herido por un hombre loco: loco respecto de la ley, porque fue el acto de Dios; y no acto suyo». Y vedle al acabar envuelto en el manto rojo y despedazado de la locura: «Yo soy un patriota, sufro entre hierros hoy como un patriota. Washington fue un patriota: Grant fue un patriota. Washington condujo a los ejércitos de la revolución a través de ocho años de sangrienta guerra, a la victoria y a la gloria. A la victoria y a la gloria llevó Grant los ejércitos de la Unión, y hoy la nación es feliz y próspera. Ellos alzaron el viejo grito de guerra: "Uníos, bravos, alrededor de la bandera". Y millares de hijos selectos de la república se lanzan a la batalla a morir o a vencer. Washington y Grant, por su valor y éxito en la guerra, ganaron la admiración de la humanidad, y yo sufro hoy entre hierros como un patriota, porque tuve inspiración y nervio para unir a un gran partido político, y salvar a la nación de otra guerra desastrosa. No que la guerra fuese inmediata; pero, tras las divisiones que iban ahondando hora tras hora en el Partido republicano, hubiera venido en dos o tres años. Callaron los corazones en presencia de la muerte; cesó la contienda; corazón y mente puso la nación en el hombre enfermo de la Casa Blanca. Se fue al fin por el camino porque va toda la carne: y fue la nación casa de luto. En verdad he sido mal entendido y calificado, por casi toda la prensa, por casi todo el pueblo americano. La Providencia y el tiempo lo corrigen todo: y ya puedo desafiar el veneno continuo de ciertos periódicos: ¡cambien ya el nombre de "Guiteau, el asesino", por el de "Guiteau, el patriota"». Y oíd ahora sus últimas palabras, y ved cómo pervade en ellas la mente secreta, desconcertada y airada, mas aún crédula de este hombre; ved cómo se fía a la impresión de esta rapsodia risible; ved cómo envía lanzas venenosas al pecho de los grandes en cuyo obsequio trabajó espartanamente, seguro de la paga y el amparo que hoy no recibe; ved cómo, aunque termina hábilmente con frases vagas de monomaníaco de deidad, no pone punto a su discurso sin pedir, con colérica impaciencia, y embozado odio, auxilio a aquellos de quienes se cree con derecho a esperarlo; porque en su beneficio para promover el suyo propio con el de ellos, realizó el crimen: «Apelo por justicia a la prensa liberal de la nación. Apelo por justicia al Partido republicano, y especialmente a los Stalwarts, entre los cuales me cuento con orgullo. Y apelo al presidente de los Estados Unidos por justicia: ¡yo soy el hombre que le hizo presidente! Sin mi inspiración, él era una cifra política, sin poder ni importancia. Yo estuve constantemente a su lado en Nueva York durante la última campaña, y a poco la perdemos, y es electo Hancock: nadie sabe qué hubiera acontecido entonces a la república. Vedlo ahora jugando a caballero. Más que alegre estoy de que el presidente Arthur pruebe ser hombre cuerdo en su nueva posición, y espero, que dará al país una administración nunca igualada. Apelo por justicia a esta honorable corte, y estoy contento de que sea vuestro honor un caballero de tan vastas miras, cristiano sentimiento y claro juicio: me cuento afortunado, ciertamente, con que mi caso sea probado ante tan hábil y celoso jurista. Apelo por justicia al fiscal del distrito que me acusa, y sus ilustrados compañeros; y les ruego que vayan despacio en su acusación, para que no sean injustos con la Deidad, cuyo siervo fui cuando intenté remover al difunto presidente. En el gran día último, ellos y todos los hombres estarán en presencia de la Deidad clamando por merced. Tendrán allí lo que aquí hayan merecido. La vida es un enigma. Este es un mundo extraño. Gobierna a los hombres a menudo la pasión, no la razón. La multitud crucificó al Salvador de la humanidad, y Pablo su apóstol, sufrió una ignominiosa muerte. Esto sucedió muchos siglos hace. Durante dieciocho siglos, ningún hombre ha ejercido tan tremenda influencia como el Galileo y su grande Apóstol. Hicieron su obra, y dejaron su resultado al celo del Padre Todopoderoso!». Y esto acaba el discurso, que Guiteau remata con esta nota americana como de quien descansa de hacer gran obra, que ha de ser famosa, y está contento de sí: «Este discurso fue escrito acurrucado en mi celda». Y ese discurso no fue dicho, que se lo estorbó la corte. Ha sido conocido por los diarios. Él gesticulaba, y exigía que se lo dejasen leer: codeaba, injuriaba. La muchedumbre prorrumpía en exclamaciones de asombro: «¿Qué significaba esto?». «¡Este es el hombre que mató al pobre Garfield!» «¡Qué farsa!» «¿Estará loco?» «¡Hace su papel demasiado bien!» «¡Por cierto que esa locura es más metódica que la de Hamlet!» «¡Qué miserable criatura!» «¡Y pensar que tal hombre ha costado al país tal pena!»

«De seguro que no está loco.» «No en balde no le dieron el empleo!» «¡Debe estar loco!» Más que la compasión domina el disgusto. Parece por los gestos de los concurrentes que se está en presencia de algo que infesta y daña los ojos. Vedle ahora salir: parece como que espera al trueno del cielo. Anda como corriendo. Salta, más que entra, al vagón blindado, que parte entre las injurias mortales y las voces de odio de la muchedumbre. Los muchachos lo vocean como a perro espantado: se oyó por todas partes: «¡allá va, el villano!». «¡Tuviera yo aquí un arma, y no te escaparías!» «Espera hasta mañana, que no sabíamos que venías hoy.» «¡Cuerda, y no asilo, necesita ese loco!» Y un hombre de color, cargado de años, dijo: «El único modo de poner en proceso la vida de este hombre, es someter al voto del pueblo en todo el país si debe o no ser ahorcado». ¡Y allá va, en el carro forrado de hierro, trémulo y lívido, guardado por policías de a caballo, seguido de maldiciones, de denuestos, de silbos y de gritos!

Las grandes líneas del proceso están ya dibujadas: electos los jurados, establecidas la acusación y la defensa; probado el crimen e intentada la prueba de locura. Guiteau ríe unas veces y hace reír otras; como fiera con fiebre, rompe su continente habitual, que disimula compostura, y lucha brazo a brazo con los guardianes que intentan volverlo a su asiento y reprimir sus ofensas a la corte. Tiene burlas malvadas. La acusación tiene derecho a impugnar cinco jurados, mas la defensa sostenía que solo podía impugnar cuatro. El juez, que sin vejar ni mermar los derechos de la acusación, favorece a los prudentes defensores, dice que tienen derecho a cinco: ¡Hum! exclama Guiteau, con risa maligna: «eso lo supimos de Robinson: él no es abogado». Hace de monarca con los cronistas, o cuando cree que ha dicho cosa de mérito o frase aguda, se vuelve, como rey que ordena, y dice: «¡Escribid eso, cronistas!». Y se levanta de súbito, e increpa al juez: «¡Os digo que estáis ultrajando la justicia! ¡Os digo que habéis de oírme, que yo soy el jefe de esta defensa, y sé la ley y seré oído!». Y cuando al cabo, entre ruegos y amenazas, lo sientan, se le oye que dice: «Ese Robinson no tiene sesos bastantes para manejar un pleito de 5 pesos!». Un día vino a la corte, con ademán furente y ceño adusto: un guardia se le acerca, y le intima que se abstenga de las interrupciones escandalosas del día anterior. Pareció su exabrupto el súbito salto de un manojo de resortes de acero oprimidos. ¡Qué lamentosa, qué extraña escena! La sala estaba en pie: el juez se mordía los labios, y enfrenaba su cólera:

—¡Cállate, siéntate, estate quieto! —le decían sus hermanos.

—¡Ea! ¡atended a vuestros negocios! —es su colérica respuesta— dejadme solo, que soy aquí abogado en jefe, y hablaré cuanto tenga que hablar.

Le tocan los ujieres en el hombro y él se vuelve convulso: que nada le irrita como que le pongan mano encima:

—¡Lejos de mí: las manos quietas!

—O el acusado se modera... —empieza el juez.

—¡No he de moderarme! ¡Y apelaré! ¡Y os denunciaré! ¡Que os estéis quietos! —repite a los hujieres— ¡quietos, malditos locos! Sabed, juez, que quiero y debo hablar... Sabed, acusado, que en casos semejantes al vuestro, el tribunal ha prescindido del preso rebelde, y lo ha juzgado en su ausencia: os lo anuncio con pena, pero os lo anuncio.

—Bien está —dice Guiteau sentándose— ¡apelaremos!

Y ésa es la escena diaria: ya interpela a los jurados, ya traba pláticas con sus acusadores, ya injuria o cumplimenta a su cuñado, ya coloquia amigablemente con los testigos de la acusación, ya se revuelve contra los que vienen en beneficio suyo, a dar testimonio del desorden, brutalidad, soberbia, miseria y extravagancia que han marcado su vida. Pregúntanle a un testigo si estaba Guiteau en más carnes que ahora antes de cometer el crimen, como ciertamente estaba, y él dice, entre coros de carcajadas, porque es ya famosa su insaciable gula: «Debo decir aquí que hoy he gozado por primera vez de una comida entera desde el día 2 de julio». El almuerzo de aquella mañana en que hirió al presidente, fue cosa estupenda, y ya célebre, que revela en este hombre su exceso de instintos animales.

Y ¿quiénes son sus jueces? Son doce jurados, doce hombres de trabajo, doce seres humanos, tomados al acaso entre la masa viva, con tal de ser honrados y poseer dosis común de juicio; doce juzgadores, desconocidos del acusado, que viven en la naturaleza fresca, real, libre, ora perfumada, ora hedionda de las ciudades, que pueden juzgar de la pasión porque son capaces de sentirla, que estiman el hecho desnudo, descarriado y brutal, ni torturado, ni desfigurado, ni exagerado, ni empequeñecido por imaginaciones legales, argucias, escarceos técnicos, preocupaciones tradicionales, doctrinas de uso, y antejuicios, sino neto y en globo, tal como hiere los ojos, repugna a la mente y espanta los oídos. ¡Esos son los jurados, y esos los de Guiteau! ¡Cuánta dificultad para elegirlos! ¡A 150 hombres hubo que examinar para elegir doce! Uno a uno pasan, en séquito pintoresco, ante la mesa del juez. A éste Guiteau injuria:

—¡Ea, que no quiero negros en mi caso!

—¡A ver: a ver: eso que ha dicho que su opinión del hecho cambió cuando vio en las ventanas de la Casa Blanca los boletines de los médicos, ése me conviene!

A uno lo impugna Scoville; a otros los impugnan los acusadores. La sala aplaude, se divierte, ríe. Como la ley exige que los que hayan de ser electos como jurados no tengan opinión hecha del caso ¡qué respuestas las de los jurados propuestos! Este es uno que dice: «No hay suma tortura bastante grande para ese preso». Este es otro que exclama: «¿Que si tengo hecha mi opinión? Sí, debe ser ahorcado o quemado». Otro dice: «Yo creo que está loco», a lo que rompe Guiteau en risa caudalosa. «¡Colgadlo! ésa es mi opinión», dice un Joshud Green. Un hombre de color que lleva mal colgada al hombro una capa parda, y en sí gran número de años, y en el pecho una camisa de rizada pechera, y entre los anchos labios un gran limpiadientes, responde con agudeza y decoro, y majestuoso desdén del asesino, a las preguntas que lo acosan. Otro hombre de color, Ralph Wormsley, albañil ornamentista hace admirar de la sala su compostura, probidad y juicio. «¡Ahorcadlo!» «¡Guindadlo!» van diciendo por turno, los jurados inscritos que, en procesión curiosa, pasan ante el juez.

Y todo esto ante el acusado, que finge gozo o da señales de impaciencia e ira, y apunta a sus defensores cuál jurado le es grato, y cuál no se lo es. Todo esto ante la hermana del reo. Al cabo, los doce hombres fueron electos, y acusación, defensa y criminal dicen que fían en haber elegido un jurado sesudo, inteligente y leal. Y ved los jueces, que no son grandes hombres, ni de gradualidades de la pena, ni de tinieblas fisiológicas, ni de reminiscencias religiosas, ni de rudas leyes sajonas tienen llena la mente. ¿Mató o no mató? ¿Está loco, o no está loco? He aquí lo que ellos van a decidir. Y son los jueces: John Hamlin, dueño de un restaurant; Frederick Brandenburg, un vendedor de cigarros; George Gates, un maquinista, y Joseph Palthre, un comisionista, que tienen parientes locos; Sheeran, un irlandés que vende comestibles, y que afirma que no ganó nunca dineros del gobierno; Wormley, el hombre de color, sensato; Thomas Heinlein, herrero, que dice con arrogancia que él no ha formado parte de conspiración alguna para dar muerte (linchar) a Guiteau,

113

porque «él es americano, e instituciones como ésas no son americanas». Otro jurado es William Brawner, negociante, que anuncia que ha estudiado, y cree que existen diversos grados de demencia, y que, aunque no es persona devota, icree en Dios y en una vida futura de penas y castigos! Hobbs, otro albañil; Langley, otro vendedor de comestibles; y Bright y Stewart, dos mercaderes, hacen los doce. Ya están en pie ante el juez; ya el juez les dice, tomándoles en punto solemne juramento: «Vos y cada uno de vosotros juráis solemnemente que procederéis bien y opinaréis con verdad entre los Estados Unidos y Carlos Guiteau, el acusado de la barra, a quien recibís procesado por el asesinato de Jaime Garfield; y que daréis un leal veredicto conforme a la evidencia: ayúdeos Dios!». Y juran. «Idos ahora, jurados, a preparar vuestros negocios, de modo que estéis mañana libres.» Así se hizo el tribunal histórico.

M. de Z.

La Opinión Nacional. Caracas, 10 de diciembre de 1881

12. Carta de Nueva York. Proceso de Guiteau. Discurso del acusador. Juego de esgrima. El buen defensor. Testigos, interrupciones, extrañeza, risas. Un hombre a caballo dispara un balazo a Guiteau. La cárcel de fiesta. ¡Admirable defensa! Testigos favorables. El proceso hasta el día. La humana hiena

Nueva York, 26 de noviembre de 1881

Señor director de *La Opinión Nacional*:

Y de entonces siguieron los acontecimientos culminantes. Siguieron en orden el establecimiento de la acusación, el examen de los testigos en que se apoya, el establecimiento de la defensa, y el examen de los testigos en que la defensa se sustenta. El combate interesa: el criminal obra de modo que hace creer en su locura; resplandor de escaramuza brilla durante las preguntas y repreguntas de los testigos: Scoville, desvalido, cubre con su delgado cuerpo, y para con sus generosas manos los golpes que los abogados de la acusación, numerosos y venerados, dirigen a su mísero cliente. Un caballero se levanta, y habla, y arranca lágrimas. Es el fiscal, que abre el proceso: es el abogado Corkhill, que sin encono, mas con firmeza, acusa al homicida. Levita de doble hilera de botones le cierra el cuello: su apostura es severa, sus ademanes, sobrios; su voz golpeante a veces como si contuviera su indignación, y húmeda otras, como de quien llora sobre un muerto. Describe el carácter de Guiteau, su ambición desordenada, su deseo terco de mezclarse en los grandes actos del Partido republicano, sus naturales desengaños, sus vanas tentativas de alcanzar altos empleos. Lee sus cartas a Garfield, y a Blaine, el elocuente ministro, que está a su lado, pronto a dar testimonio, opacos ya los ojos que no ha mucho brillaban como centellas en un sillón senatorial. Se ve en las cartas al oficioso amigo, al bellaco entrometido, al vulgar aventurero, al ambicioso sin freno, a un hombre osado, astuto y sano. Espera un empleo, ruega, aconseja, amenaza. Adula a Blaine, y luego llama a Blaine, cuando de él ya nada esperaba, traidor amigo y genio malo. Describe Corkhill las esperanzas, la tarea de logro, la tenacidad inconcebible de Guiteau. Persigue en su mente, que la pérdida absoluta de su fe en hallar empleos puebla de pensamientos feroces la idea criminal, idea de ira hacia el que lo desdeña, idea de provecho. Su proyecto comienza cuando su ilusión acaba. Comprende que necesita un disfraz de crimen, y lo halla en las pasiones del momento. Repasa su vida y se decide a utilizar todos sus errores, como excusa de su acto. Pero es un acto de inicua venganza, de cobarde desesperación, de rencorosa impotencia, de rebelde odio. ¡Cuán tristemente acaba Corkhill su discurso! Muchas mejillas había húmedas en la sala del jurado. «Ningún veredicto vuestro», decía a los jurados, «puede ya llamarlo: duerme el ilustre Garfield el sueño que no conoce despertar, sobre la pacífica ribera del Lago Erie, cuyas límpidas aguas bañan los límites de su nativo Estado; duerme en aquella ciudad que él amó tanto, y bajo el suelo del Estado aquel que coronó su vida con los más altos honores. Es demasiado tarde para volver aquel esposo a la doliente esposa, aquel padre a los desheredados hijos: que en cuanto a aquella vigilante madrecita, cuyo rostro no se borrará jamás de la memoria de la nación, no hay ya en la tierra alivio para ella. Cierto es el fatal caso, y vivos quedan para siempre sus horrores y penas. A cada uno de vosotros se ha preguntado si estabais regidos por convicciones religiosas. Y así lo habéis jurado. Mil ochocientos años hace fue escrito por la pluma de la inspiración, como la ley de aquel Dios misericordioso a quien reverenciáis: ¡Anatema sobre aquel hombre por quien la ofensa viene; fuera mejor para él que una piedra de molino colgase de su cuello, y que se ahogase en las profundidades de la mar! ¡Y el honrado, el patriótico, el obediente pueblo de esta nación está esperando por vuestro veredicto, ansioso de ver si el hombre por quien esta grande ofensa fue cometida no sufrirá el justo y merecido castigo de la ley!

Abrió seguidamente la acusación sus arsenales, y llamó al banco de testimonio a sus testigos. Allí se sentaron, a dar llena y abrumadora evidencia, Blaine, que acompañaba al presidente en la horrible mañana; Camacho, el ministro de Venezuela, que estaba cerca de él cuando recibió el balazo funesto; los doctores, que pusieron la mano en aquella honda herida, de negruzcas fauces, y dieron calma y alivio al noble enfermo; la buena señora que reclinó en sus brazos la cabeza de Garfield desmayado; los que vieron huir a Guiteau, o le vieron entrar, o le vieron disparar, o le prestaron dinero, o le tomaron preso, o ajustaron con él o le vieron ajustar el carruaje que preparó para su fuga. Anonadadora es la evidencia. Ni la defensa la discute; ni él la niega. Que por venganza y despecho mató a Garfield, Guiteau, con plena libertad, plena deliberación y pleno juicio, mantienen los acusadores. Él mantiene, ora que le dio muerte para salvar al Partido republicano, ora que obedeció a la voz de Dios, ora que ambas razones le movieron. Y mantiene la defensa que le mató con libertad, mas no de la razón; y con deliberación, mas no con juicio. Sobre esos ejes gira el gran proceso.

Y isi vierais al buen Scoville! «Perdonadme, señor —dice al juez— mi ignorancia de las leyes criminales. Ved, caballeros acusadores, que defiendo a este hombre porque creo honestamente en su locura; y sé quién es, y le he visto vivir: ved que abomino y desdeño toda argucia legal, toda habilidad de abogado, toda negativa moratoria, todo entorpecimiento impertinente que cause al Estado más gastos y a la nación más inquietudes que las que ha causado ya este infortunado suceso. ¡Pero ved que me respetéis, como respeto yo el decoro de la justicia.» Él no tiene dinero, él no paga auxiliares; él no puede presentar toda la prueba que conoce; él está solo, frente a su mesilla, llena de cartas y papeles. Hace de modo que sus peticiones sean justas y que el tribunal esté siempre, en las escaramuzas jurídicas, de su lado. «¡Aquel Robinson era un bellaco, dice Guiteau; pero este Scoville está trabajando espléndidamente!» Y eso es lo cierto. Él no hace pregunta sin objeto ni se intimida por la fama de agudos, ni social prosapia de los testigos, ni por las risas burlonas que celebran las réplicas felices de sus contrarios. Nada objeta que no haga a su concepto de la defensa: nada excusa de todo lo que puede fortalecerla. Ha meditado, y obra firmemente. Es honrado, y asombra y hace vacilar a sus adversarios. Él los persigue, los acorrala, los estruja. ¿Quién es ese magnífico anciano, de tez descolorida, belicosa apostura, y suelta barba? Le rodean el aplauso y el respeto. Ese es el primer testigo: es Blaine: el formidable discutidor, el vivaz replicante, el caballero de la palabra, en ningún torneo vencido; el verboso y diestro Blaine, que sacude sus frases como látigos, las lanza como azagayas, y las esgrime y hace relucir como floretes. ¡Y a ese afamado esgrimidor lo pone Scoville en confesión y compromiso, y le obliga a esquivar la batalla, y a confesar lo que a la defensa conviene que confiese! Mirad, mirad conmigo esta escena de esgrima. Ya el amigo ha narrado cómo murió el amigo, cómo conversaba aquella mañana alegremente de cosas de la patria, cómo llegaron a la estación, cómo cayó Garfield en ella, cómo le abrumó a peticiones Guiteau terco: ya ha dado plena evidencia del bárbaro suceso. Y el sencillo Scoville, que cierra los ojos ante aquella montaña, inicia el combate. Blaine, lo ataca, para sus estocadas hace vacilar el acero en las manos entorpecidas del abogado de provincia; latiguea el arma de Scoville como estoque de oro a estoque de plomo. Mas no ceja el humilde estoquillo, y se tiene firme en la mano provinciana, y estremece en su puño el arma áurea: ¡que no pudiera yo haceros ver el hermoso combate! El ministro, que no sabe refrenar en sus labios la palabra bullente, no olvida, sin embargo, su alto deber y el grave caso. Ni perdona Scoville pregunta que le sirva. Guiteau, tímido, calla.

Pregunta la defensa:

—¿Cuántas veces, señor ministro, recordáis haber visto al acusado?

Y Blaine responde:

—¡Oh, muchas veces! Es difícil decir el número exacto en casos como éste, porque ocho o diez visitas de esa clase, bien pueden hacer la impresión de veinte o veinticinco.

—¿No podrían ser mostradas las cartas que Guiteau escribió durante la campaña electoral?

—No lo creo posible. Al fuego o al cesto van los restos de la campaña. No es cosa importante que una persona se ofrezca como orador al comité de elecciones: muchas se ofrecen. Bien saben ya a qué atenerse los oradores: la regla general es no usar jamás de un orador que se ofrece a hablar.

—¿Por qué esa regla?

—Porque un hombre de reputación suficiente para que sus palabras ejerzan influencia, no busca, sino que espera a ser buscado.

—¿Por qué razón creéis que Guiteau no pertenece a la clase de hombres a quienes puede darse el consulado de París?

—Porque empleos semejantes se dan siempre a hombres señalados por su notable inteligencia y públicos servicios. Nunca creí a Guiteau tal.

Y aquí entró de lleno Scoville a sacar a la vergüenza, con inquietud del ministro, cuanto de patronazgos, dones de empleos y complacencias de bandería se censuran justamente al Partido republicano. Ved qué arranque:

—¿Entendéis por servicios públicos, servicios de partido?

—No sé por qué habéis de torcer mis frases. Pueden ser servicios de partido. Por ejemplo, el actual cónsul en París ha prestado servicios públicos en el departamento de hacienda de Massachusets, y ha sido agente de negocios de Massachusets en Europa y es vasta y favorablemente conocido. He ahí los hombres de quienes hablo.

—¿No es costumbre, y cosa siempre esperada que esos empleos se distribuyan como recompensa a servicios de partido?

—Debo decir que ése es un elemento que entra siempre en la distribución; mas hay enviados diplomáticos que lo son sin haber prestado jamás servicios de partido.

—¿Queréis dar a entender que en absoluto este elemento de servicio de partido no es reconocido prominentemente en la distribución de empleos?

—No quiero decir que no sea reconocido: sino que no se hace sobre esa sola base la distribución, y que hombres que no prestan esos servicios, gozan sin embargo empleos conspicuos.

—¿Era una peculiaridad de Guiteau basar su petición en servicios de partido?

—¡Ah! ¡no! eso es muy común.

—Y ¿no se basan en eso todas las peticiones?

—Hallaréis como regla que los que gozan altas posiciones en el cuerpo diplomático, son aquellos que no las han pedido.

—¿Os pedía Guiteau el empleo con alguna recomendación?

—Solía decirme que era amigo del general Logan.

—Y ¿es usual que se pidan empleos sin recomendaciones?

—¡Oh! ¡cuarenta cada mañana!

—Y ¿todos son semejantes, substancialmente?

—Todos semejantes en el deseo y casi todos semejantes en el desengaño. No era peculiar el caso de Guiteau.

—¿Cómo tratabais a Guiteau?

—Si yo no hubiera conocido más que un buscaempleos, me hubiera parecido un poco persistente; pero he conocido tantos, que no podía hacer especial reparo en él.

—¿Lo tratasteis siempre con la usual cortesía?

—Yo procuro siempre tratar con cortesía a todo caballero que viene al departamento de Estado.

—¿Cuándo rechazasteis definitivamente su petición?

—Era como otra, muy tenaz, y venía y venía, y tornaba a venir, y seguía viniendo: díjele al fin que no debía alentar ninguna esperanza de obtener lo que me pedía. Mas lo hice sin ninguna dureza.

—¿Le dijisteis que, si el presidente le nombraba, no opondríais objeción? ¿Concluyó así la entrevista?

—Me parece que no; debí de hablarle de una manera decidida.

Y fue luego cosa curiosa ver sacudirse al gran político militante de las preguntas incisivas que, para apoyar la defensa de Guiteau en la influencia que en él tuvieron las disensiones políticas, dirigía a Blaine, fríamente Scoville. ¡León cogido en trampa de conejo!

—¿Y cuál era la condición del Partido republicano seis semanas antes del atentado, en cuanto a unanimidad y armonía?

Medita Blaine y dice al cabo:

—Había algunas disensiones en él.

—Considerables, ¿no?

—Sí: considerables.

—¿Y creaban gran excitación en el país?

—No debo decir en el país.

—¿Entre las gentes?

—La disensión era puramente local: diferencias entre el presidente y sus copartidarios sobre asuntos de Nueva York.

¡Aquí versaba el diálogo sobre todo lo que apasiona y lastima a Blaine, sobre todo lo que hay para él de amenazador, de candente, de grave, de odiado, de temible, en la política actual!

—Y ¿se agitaban esas disensiones en la prensa?

—Eran comentadas.

—Deseo que expongáis libremente esas diferencias, las diferencias que culminaron en la renuncia de los senadores de Nueva York.

Sábese de sobra que uno de esos senadores es Conkling, el agrio e irreconciliable rival de Blaine.

—No me explico el alcance de la pregunta.

—¿Había disturbios?

—Sí: grandes disturbios.

—¿No eran actos, a más de opiniones?

—Eran actos.

—¿De qué consistían?

—Del acto que creó la diferencia.

—¿Hizo algo el senador Conkling, o dijo algo que avivase esa diferencia?

—¿Qué diferencia?

—La del Partido republicano.

—¿Sobre qué?

Y aquí ya el preguntado, echado sobre sus trincheras, iniciaba un ataque infructuoso.

—Cese el combate de palabras. Deseo vuestro informe sobre aquellas discusiones del Partido republicano.

—Bien sé yo que podría hacer un discurso político de dos horas y media sobre el caso. Pero decidme en concreto a qué queréis que os responda.

Y así lleva Scoville a Blaine a que afirme cuán cierta, honda y acalorada fue aquella contienda, y cuán innegable y visible, para excusar luego a su ahijado, con la excusa de que aquella frenética batalla asordó la conciencia y oscureció el juicio del hombre de mente débil y pasiones desenfrenadas a quien defiende.

El representante de Venezuela, Simón Camacho, autorizado por el gobierno venezolano, con cortesía que ha sido aquí estimada, a declarar libérrimamente, sin ampararse de ninguno de los privilegios a que los empleados diplomáticos tienen derecho, declaró luego. Él vio el disparo: vio la tentativa de fuga del asesino. Excita la ira de Guiteau por asegurar que llevaba el sombrero sobre los ojos. Dice que recuerda como estaba Guiteau, pálido y lleno de espanto. Recuerda que oyó a la turba gritar: «¡Linchadlo! ¡Linchadlo!».

¡Oh! ¡Y al día siguiente, qué momento de espanto! ¡A veces el cuerpo es muro de acero, puesto que no lo rompe la ira! Habían ya declarado menudos testigos en general o especial prueba del atentado y sus detalles. Había dicho una mujer joven que vio a Guiteau ajustando el carruaje, que le pareció tan agitado que creyó que iba al cementerio a visitar muertos queridos. La pistola que arrancó la vida a Garfield, cargada aún, había pasado de mano en mano. En entretenido coloquio había estado Guiteau con el policía que lo hizo preso, irlandés fuerte y agudo. Y hubo un punto en que la generosidad y la prudencia debieron perder todo su freno. Sobre la mesa del juez estaba tendido el esqueleto de un hombre. Entre sus huesos amarillos seguía con sus dedos pálidos el curso de la bala uno de los médicos de Garfield. La hora es lúgubre: el esqueleto es frío: el médico es grave. Y ved ahora que el médico explica, sobre el hueso mismo, roído de pus, que se extrajo del cuerpo del presidente, la cabeza del proyectil: ved cómo los jurados examinan el hueso y ved cómo pasa a las manos del defensor de Guiteau, que lo vuelve, palpa y examina: y ved a Guiteau que se inclina tranquilamente sobre el hueso roído de su víctima, y ayuda en el examen sin que el terror cierre sus ojos, ni sus carnes tiemblen, ni se contraiga un solo músculo de su faz. Se hacían atrás las mujeres, como huyendo de algo. Despedían rayos los ojos de los amigos del presidente. Siguió, reasumió luego la lectura del periódico en que parecía entretenido.

Ese día mismo había aprovechado con vivacidad Scoville la declaración de un testigo a quien pareció Guiteau antes del atentado, como fuera de sí; y de aspecto extraño.

—Le di 25 pesos —decía el testigo— porque me pareció miserable y hambriento.

Protesta Guiteau con ímpetu que nada le irrita tanto como que se revele su miseria. Parecer criminal le inquieta menos que parecer pobre, mal vestido o sin magnos amigos.

—¿Hambriento? —pregunta Scoville.

—Tenía una mirada singular y cansada, y su traje estaba usado, y como si se le saliese del cuerpo.

—No se usa pronto un traje de $70 —prorrumpe el prisionero—. Yo comía muy bien en el tiempo en que estuve libre en Washington. Era la ansiedad mental lo que me hacía parecer delgado.

—¡A vuestro negocio! —dice brutalmente a Scoville que le interrumpe.

—Debo insistir —repetía el testigo— en que tenía un aire inquieto y como salvaje.

Y ese mismo día estuvo Guiteau a punto de perder la vida: «Sabed, señor juez, que hay en el tribunal gentes que tratan de atentar a mi vida. No cuido de ello, que Dios cuida de mí. Pero es bueno que sepan que tendrán lo que les conviene por su atrevimiento: ¡apuntad eso, cronistas!». Esto dijo Guiteau, y en verdad había las gentes de que hablaba: al montar en el carro que le lleva y trae por el camino de la prisión, fue el vocerío, y el clamor y los silbidos de siempre. Mas esta vez no iba tras el carro, porque se creía ya inútil la guardia de a caballo; sino un hombre robusto, caballero en un jaco de pobre apariencia, que a poca distancia iba siguiendo el vagón. De pronto una bala rompe la pared de hierro del carro en que Guiteau iba sentado, por el lugar de su asiento. La bala tibia ya, rompió su levita e hizo una contusión en uno de sus brazos. «¡A escape, a escape!» grita el policía que iba al lado del conductor del carro: «¡A escape tras de aquel hombre que huye!». Y le dispara su pistola. El hombre gira sobre su silla, como si hubiese sido herido, mas continúa su fuga voladora, prendido al cuello de su velocísimo caballo. Era Pegaso la bestia, y él pampero. En vano clamaba porque lo persiguiesen Guiteau acurrucado en el suelo del carro: el vengador se escapa. Lo persiguen, cercan el Estado; toman preso a un fanfarrón de las cercanías, que hace de valiente, y es jinete grande. Mas el fanfarrón no fue el hombre que disparó la bala, a lo que dice el policía que descargó sobre él su pistola. Pero el policía que custodia el fondo del carro, dice que es el que iba tras el carro. Hay pues conspiración cerrada, secreta y temible. Como de héroes contaban el lance las gentes de Washington. Les parece que el que mate a Guiteau es tan beneficioso como el que mata a un escorpión: y tan irresponsable como la suela del zapato que aplasta a una hormiga.

La curiosidad tuvo su fiesta al día siguiente, que era domingo. Lugar de peregrinación parecía la cárcel. Sitiadas de curiosos estaban las puertas. Unos lograban entrar: otros luchaban por lograrlo. Y Guiteau con acento de inspirado, respondía a los guardias que le movían conversación: «¡Oh! ¡soy duro de matar! La gente sabrá dentro de poco que Dios está conmigo y que no ha de permitir que yo sea muerto». Pero él insiste —dice un visitante— «en que una fuerte guardia de policía asista el lunes al Señor en librarlo de peligro.» Tanta gente llegó al cabo a salvar las murallas de la cárcel, que él, a indicación del llavero, tomó con gran prisa, como quien hace lo que le agrada, su levita y sombrero y se asomó al corredor, a ser visto por la multitud ansiosa. Fue su hora de triunfo, y se regaló con ella grandemente. Y al reentrar en su celda, como un hombre feliz que se siente amado, sonrió dulcemente, y saludó a modo de jefe del ejército que responde al saludo de sus soldados. ¡Qué mucho! Al día siguiente, elegantes grupos sitiaban en la corte el elegante aposento donde tomaba Guiteau su refrigerio, y recogían con avaricia de sus manos los autógrafos que él escribía con aire señorial e indiferente.

Fue ese un día de vergonzoso auge para el acusado, y de puro y generoso placer para su defensor. El buen Scoville, cerrado ya el examen de testigos de la acusación, abrió con una conmovedora historia, la historia de la familia del preso, la defensa. A medida que hablaba, que dibujaba los contornos de su proyecto, que con mano segura plantaba sus tiendas, que con modo sencillo decía sus frases limpias de esfuerzo oratorio, seguras, llenas de fuerzas de hecho, y sólido juicio, encorvábanse más atentos los jurados, crecía el silencio respetuoso de la muchedumbre, fruncíase el ceño de los abogados acusadores. ¿Conque ese era el abogado de provincia, el pariente desconocido, el justador inexperto? Su discurso es seguro, compacto, macizo. Su plan está engranado, almenado, temible. ¡Es tan simple! ¡Es tan fuerte! «¡Ahí tenéis a manos llenas hechos que os demuestran que ese hombre está loco! Decidme, jueces: cuando un hombre de juicio desequilibrado, de mente sacada de quicio, que en todos sus actos lo muestra y que en todo momento obra fuera del modo común y de razón, comete en este estado un crimen ¿no se les ocurre preguntarse si lo había cometido en estado de razón en equilibrio?» «Yo bien sé que no hay dos casos de demencia iguales. No ha mucho que en Nueva York se paseaba un maníaco político, que se creía hombre magno, y vivía entre ellos, y en este engaño trabajaba, y cayó luego, al verse desatendido, en desesperación profunda, que envuelve sin duda la capacidad para el crimen.» «Me dicen que si el fiscal del distrito dice a quien quiere oírlo que este hombre finge aquí locura, como si fuera posible para un hombre que nunca supo nada de ciencia alienista, fingir locura de modo de engañar a un experto.» «Yo no finjo nunca —exclama Guiteau— obro abiertamente cuerdo o loco!» «No decía —continuaba Scoville— el mismo Garfield: ¿Qué hace ese hombre? Debe estar loco. Lo dijo así el mismo Blaine, cuando habló a un noticiero del crimen: ¡Debe estar loco! Sí; ésa es la primera idea, la idea espontánea que este crimen inspira.» Enseguida Scoville cuenta cómo viene de lejos la locura al acusado: cómo desciende de familia que vino a América, empujada de Europa por su ardiente fe hugonote; cómo su padre, que se llamaba Lutero, tuvo hermanos que se llamaron Abraham, Martín y Calvino: y una hermana, María, que murió loca, y fue madre de un pobre joven, músico notable, que murió al fin en un asilo de dementes; y otra hermana Julia, que dio muestras de extravío durante los últimos días de su vida y dejó dos hijas, una de las cuales nació deforme, muy mermada de un lado de la cabeza, y otra que era una brillante criatura, fue presa de locura religiosa, y está hoy confinada en un asilo. Un tío de Guiteau, Abraham, murió idiota; otro, Francisco, mortificado por haberse batido sin saberlo con pistola sin bala, paró en loco y murió en el asilo de Bomingdale. ¿Y el padre de Guiteau? Scoville cuenta, con su tono sincero, con su apostura llana, con su palabra firme que era un hombre tierno, muy puro y muy amado; pero que las cosas de religión lo ponían fuera de sí. Creía que estaba unido de tal manera con Cristo, que era parte de Jesús, y Jesús parte de él, y que viviría perpetuamente como el Salvador. Lloraba como un niño, y amaba como una mujer. ¿Y la madre de Guiteau? Era leal y afectuosa y pobre de cuerpo y gastada de enfermedades. Cuando llevaba a Guiteau en su seno padeció de enfermedad terrible, y hubo que cercenar de raíz su cabellera, «que podemos extender ahí, sobre la mesa del juez, tal como fue cortada hace cuarenta años». Durante esa enfermedad nació este hombre. Su próximo hijo nació deforme. El que siguió a éste murió a poco de nacer. Ella exhausta, murió a poco. ¿Y Guiteau mismo? Tenían las palabras de Scoville algo como marca de verdad y gravedad de testimonio. «Aquellos infortunados seres vivos», dice «tomaban cuerpo real a su evocación sentida y melancólica.» ¿Y este mísero Guiteau? Trabajaba y era bueno en su infancia descuidada; notóse sí, una vez, que luego de muchos años de olvidado renació en su memoria, después de una impresión ruda, un idiotismo de su infancia. Ya a los dieciocho años, le preocupaban cosas religiosas. Anhelaba saber. Con su pequeña herencia de $1.000 fue a estudiar. Le fatigó el duro aprendizaje, y llevó su haber consigo a la comunidad de Oneida, donde se vive singularmente; y en mezcla y disciplina patriarcales, de cuyas bondades, que ahora abomina, era entonces sectario vehementísimo. Y ya se imaginaba él el jefe futuro de aquel sistema, que a su juicio debía vencer todos los sistemas de la tierra, con lo que se veía jefe del mundo. ¿No creía Laurence, que intentó asesinar al presidente Jackson, que tenía cabal título a la corona de Inglaterra y América? Ya fatigado de la vida en común, rumiaba Guiteau, que a la fecha vivía de galletas, y como manjar exquisito y raro, de carne seca, la idea de publicar en Hoboken un periódico que había de llamarse *El Teócrata Diario*. Vuelve desengañado a la comunidad, cuyos miembros, con gran disgusto de Guiteau, tenían entonces la costumbre de reunirse en una gran sala a comentarse y criticarse mutuamente sus acciones. Vive entregado a la lectura de la Biblia, a estimarse mensajero divino, a buscar su obra. En Chicago estudió leyes; y como de tres preguntas que le hicieron en el examen, acertó dos, hiciéronlo abogado, en cuyo oficio no supo nunca más que cobrar acá y allá un retazo de deudas incobrables, merced a que en la pesquisa del deudor ponía a su servicio la maravillosa tenacidad con que persigue siempre toda idea que concibe. «Yo tenía muy buenos pleitos», interrumpe Guiteau. «Fue a Chicago», continúa Scoville, «y como era un caballero, si ser gentil en modo, gentil en discurso, benévolo y cortés hacen de un hombre un caballero, halló acogida en buenos círculos.» «No tenía yo malos hábitos de ninguna clase», dice Guiteau de nuevo. Entre grandes protestas del acusado, cuenta cómo pronunció una vez en el tribunal de Chicago en un caso de robo tan disparatado discurso, que el fiscal del distrito quedó convencido de que era demente. Nunca tuvo Guiteau capacidad mental ni física para grandes trabajos. «Yo tenía sesos bastantes», prorrumpe Guiteau a esto; «pero la teología llenaba mi mente. Por eso no adelanté en mis negocios. La teología no da dinero; por eso no me hice rico. Ahora estoy ya fuera de los negocios.» «Un día», cuenta el defensor, «alzó el hacha que tenía en las manos sobre la cabeza de su hermana, mi esposa, que empezó a quitar del paso una leña que le había rogado en vano que quitase.» «¡Falso! ¡Falso!» grita el acusado, con el rostro descompuesto. «El médico de nuestra casa lo declaró loco.» Describió luego el leal defensor la ridícula tentativa de Guiteau de pasear el país como lector sobre la segunda venida de Cristo, cuya idea le vino de oír ciertos sermones. Su mayor éxito fue en Detroit, donde ganó 4 pesos. «Yo tenía las ideas pero no tenía reputación.» Regocíjase el preso de oír contar a su cuñado las artes de bohemio con que se libraba del pago en los ferrocarriles, no sin que una vez, amenazado de prisión, se viese obligado a saltar de un tren que iba andando treinta millas por hora. «A poco muero», dice Guiteau, que se complace en ir acotando con sus interrupciones, que acoge el público con grandes risas, el discurso de su defensor. Pero se indigna cuando Scoville pinta el singular placer con que el preso se abandona al trato de las damas. Como se hablase de su pobreza, Guiteau dice: «¡Abandoné un negocio de $5.000 por entrar en mi campaña religiosa, y ved cómo he salido de ella. Pero lo mismo le sucedió al apóstol san Pablo. El al fin tuvo su paga y yo tendré la mía del libro que escribí. Yo iba por las ciudades vendiendo mis lecturas, y pensaban que era yo un agente de libros, nada me hacía tan feliz como eso». «Ved», exclama Scoville, vuelto hacia los jurados, «si concebís que un hombre cuerdo se emplee en semejante negocio por tres años. Creyó siempre este hombre que le bastaba desear una rica heredera para lograrla en matrimonio, y ya lo habéis visto, a él que no ha usado nunca burlas, decir en su autobiografía que solicita una esposa aristocrática y cristiana.» «Y me ha respondido una señora que posee $100.000: ¡eso no está malo!» Esperaba que cuando este peligro que le amenaza se apartase de su cabeza, podría entrar a ser el honrado esposo de una dama honrada. Y lo decía de buena fe, grave y serenamente, ¡y aún cree la acusación que éste es un hombre cuerdo! Y alcanzó una respuesta su anuncio, lo cual prueba que hay una mujer en los Estados Unidos que ha perdido probablemente su razón. A esto sigue una escena tormentosa, que termina con un relámpago de noble ira. Confiesa Scoville que no envió las cartas que Guiteau escribía en respuesta a la dama. «¡Oh, yo lo sabía!» grita Guiteau en exabrupto tremendo. «Yo sabía que mentíais, cuando me decíais, que se las enviabais.» «¡Estad quieto!» ordena el juez. «¡Mentís, mentís!» exclama el preso con renovada furia. «Señor —interrumpe con agrio tono el fiscal del distrito—: el esfuerzo del defensor de entrar en un altercado con el preso es reprensible, y debe ser impedido. Tiempo tiene el acusado de representar su papel cuando haga su discurso.» Un murmullo de disgusto acogió esta arrogante y descortés demanda, que venía a vejar a un hombre notoriamente bueno en el instante en que jurados y público admiraban su devoción, su sencillez y su cordura. «¡Yo no hago aquí papeles —vocifera

Guiteau, con arrebatados ademanes—; yo sabía que mentía!» Y pálido, trémulo el cuerpo, relampagueantes los ojos, la voz profunda y el acento grave, encárase Scoville al fiscal inoportuno, y le dice, como si le echara al rostro un manojo de azotes: «Si ésta no es evidencia competente de la condición mental del preso, ¿por qué habéis tenido, señor, expertos del gobierno aquí y en la prisión día sobre día? En cuanto a su insinuación, el caballero Corkhill tendrá la respuesta que merece a su debido tiempo». Una salva de aplausos nutrida y prolongada —¿cuándo no fue generoso el corazón humano?— acoge este rapto de cólera honrada.

Y quedan los jurados conmovidos; y Guiteau murmurando «¡mentíais! imentíais!»; y el público enamorado del buen defensor; y la soberbia acusación inquieta, en consulta, desquiciada, sorprendida. «Todo lo que yo deseo en este caso es que la verdad prevalezca. Si traigo ante vosotros, acusadores, alguna evidencia, tenéis oportunidad de criticarla, en el grado que os plazca, y si un átomo solo de evidencia procurase yo para efectos teatrales, sin una honda convicción de que es justo y honesto presentarla, quiero no solo que la rechacéis, miembros del jurado, sino que la volváis dieciséis veces en contra mía en vuestro veredicto.» Ahogan estas briosas palabras nuevas salvas de aplausos; a ellos sigue la lectura de extravagantes cartas que demuestran los risibles proyectos, desórdenes mentales y menguada vida del acusado en los últimos años. Ya es que afirma que vive de galletas, carne seca, y limonada. Ya es que afirma que anuncia que la Biblia es su libro de texto, y el Espíritu Santo su maestro de escuela. Ya es que resuelve publicar un periódico que denuncie a los amigos de Satán, donde admitirá, anuncios y modos de ganancia, «porque es bueno combatir al diablo con sus mismas armas». Ya es aquel pobrísimo discurso, zurcido con frases en boga y reflejos de periódicos, «Garfield contra Hancock», que él creyó obra capital, y título para pedir muy altos puestos. Guiteau herido en su vanidad implacable y mórbida, fulmina injurias contra los que así desdeñan su obra. «¡Remediad, señor juez —clama Scoville— estos exabruptos!» «Dadme el medio, vosotros, abogados.» La acusación, colérica y áspera, y pletórica de malos deseos desde que nota el ascendiente legítimo y vasto que el humilde defensor ha conseguido sobre los jurados y la mente pública, dice, con befa censurable: «Buen remedio fuera que cesara el defensor en su discurso, que es una mezcla extraña de cosas sin concierto, una olla podrida». Juez y público oyen con desagrado al acusador burlón y juez y público piensan que asisten a una escena memorable y consoladora en que la bondad desinteresada lucha triunfantemente contra el deber pagado, la vanidad profesional y el desdeñoso encono. Y después de haber mostrado paciente y ordenadamente los grados diversos de exaltación y miseria de la mente del preso; de haber acumulado toda aquella suma de evidencia, psicológica y palpable; de haber presentado en junto los desquiciamientos, las singularidades, las bellaquerías, el desorden espiritual de su defendido; de haber alzado en torno de su cuerpo en riesgo, como paredes fortísimas, sus propios hechos, de no haber traído a cuento cosa que no pueda ser en el testimonio, o haya sido en su discurso, probada, de dejar en sus oyentes la idea de que de ser cierto, la demencia del criminal es segura, y su irresponsabilidad nace de ella, Scoville dice tales cosas, tan repetidas y reales, que parecen sus frases a los que las oyen como salidas de los labios de ellos mismos. «Si es loco este hombre ¿a quién condenar por el terrible crimen? A la política moderna; a la avaricia de empleos; a la mala costumbre de prometerlos; a la viciosa práctica de darlos a los que prestan servicios de orden privado de partido. Aquí debéis determinar, ¡oh miembros del jurado!; si este ser igual a vosotros, con todos sus infortunios, con todas sus extravagancias, debe al fin perecer en el cadalso. Esta cuestión será sometida a vosotros con la evidencia de este caso, y la defensa confía en que haréis lo que es recto conforme a vuestra conciencia, y a lo que hayan de aprobar vuestros conciudadanos y vuestro Dios.»

Los ujieres tienen que sofocar los aplausos que acogen el término del discurso. ¿Y qué ha conseguido ese hombre, ayer ignorado, que se sienta al lado de su esposa, que le mira con ojos húmedos de agradecimiento y de amor, y del preso, que tiembla estremecido bajo su pálida máscara? ¡Ha conseguido que la mitad de la nación crea hoy que ese hombre, a quien la nación entera creía ayer sin discrepancia, odiosísimo malvado, es un antiguo infortunado loco! Días ha, parecía cosa de burlas que se discutiera la posibilidad de aserto semejante: hoy la opinión se divide, la acusación bambolea; los jueces callan dominados, y la nación entera duda. ¡Generoso Scoville!

Comienzan los testimonios de la defensa, entre las asperezas de la acusación, que teme de sí, y quiere quitar probabilidades de prueba a la defensa —y los paroxismos de furia de Guiteau, que se yergue convulso contra los testigos que más le favorecen, y le vienen teniendo por loco de remate desde hace años— porque él no quiere ser excusado por más locura que la que viene de aparecer como órgano de la Deidad. Niégose la acusación a presentar a Scoville, que los reclama, los recortes de periódicos que Guiteau había cuidadosamente conservado, y que excitaron su mente al grado de la capacidad del crimen, y el juez compele a los acusadores a mostrar los recortes.

—¿Y cómo sabemos que no son convictos de penitenciaría los testigos que nos traéis?

—Ellos y yo —dice el defensor con calma— os iremos probando que no lo son.

—No conocemos a tal gente —dice Guiteau con tono grave.

Un sacerdote que le oyó pronunciar su lectura sobre la segunda venida de Cristo, dice que le pareció persona sacada de sí, y no tanto desarreglada como mal arreglada. El esposo de una tía de Guiteau afirma la locura de su hija. Un médico, a quien hace seis años consultó Scoville acerca del estado de la mente de Guiteau, declara que lo sometió a minuciosa vigilancia, y opinó que estaba demente, asistiéndole para apoyar su juicio la locura hereditaria en la familia, la exaltación de su naturaleza, sus vehementes explosiones de sentimiento, que no proviniendo de causas externas visibles, debían venir de individual causa interna; su egoísmo excesivo; su frecuente incoherencia de pensamiento; su hablar constante de Cristo y cristiandad, sin parecer por eso penetrado de ninguna de las grandes verdades morales del cristianismo; la flaqueza de casi todos los juicios y el desequilibrio visible de sus capacidades mentales. El médico conoció al padre de Guiteau, que creía en su perpetua vida. Dice el médico que como Guiteau oyó que trataba su familia, siguiendo el juicio experto, de hacerle entrar en un asilo, dejó súbitamente la comarca, no sin haber llamado una noche al seno del Señor con palabras y gestos extraños a una reunión de gentes en que el médico estaba, y donde no se hablaba a la sazón de cosas religiosas. Grande evidencia ofreció otro testigo de Boston, que alquiló a Guiteau la sala para una de sus lecturas, que anunció de este modo: «No dejéis de oír al honorable Carlos Guiteau, el pequeño gigante del Oeste. Él demostrará que dos tercios de la raza están caminando a su perdición». «Pues estimé muy liberalmente», dice Guiteau desde su asiento entre las risas del auditorio. «Aún recuerdo —continúa el testigo— cómo leyó aquella noche. Leyó sin concierto, saltando páginas, y al cabo de media hora, evidentemente colérico y disgustado de sí mismo, enrolló su lectura y abandonó, con pasmo del concurso, la plataforma, Celebramos conferencia los allí reunidos, y opinamos que aquel hombre estaba loco. Como al día siguiente me negase a alquilarle la sala, me dijo que él no era loco, sino inspirado; que Dios era su padre y consejero directo, y que él pertenecía a la firma de Jesucristo y compañía. Y me dijo que si yo seguía sus consejos iría al cielo, y si no, al infierno. El salón en que leyó Guiteau fue fundado por algunos infieles notables, congregados allí para liberalizar la religión.» «¿Le hubierais devuelto un golpe si os lo hubiera dado?» pregunta al testigo la defensa. «No se lo hubiera devuelto. Y conste que vengo aquí voluntariamente, movido del llamamiento de Scoville a todos los que en el país supiesen algo de la locura de Guiteau.» Declara luego una señora de Nueva York, en cuya casa estuvo posando, o bordando, como aquí dicen, el acusado. De fijo, le quedó debiendo. Guiteau se exaspera de verse así sacado a la vergüenza. «Pero eran buenas señoras —dice— y muy cristianas. Es un buen lugar para vivir. Recomiendo esa casa como buena posada.» La señora afirma que Guiteau era peculiarmente osado en su modo de mirarla, y brusco y excéntrico en sus modales en la mesa. Otro caballero bostoniano recuerda que le oyó en la noche de su lectura, que le pareció, como todo lo que aquella noche hizo el lector, cosa de rematado loco. Un hombre de campo testifica entre los denuestos y apelaciones del preso, que la esposa de Scoville le acusó en su presencia de haber querido matarla con el hacha, y que él siempre lo creyó loco, al verle confundir las más conocidas frutas en los trabajos que le mandaba hacer, y hacía de buena voluntad, «como el de enjabonar árboles de hickory cuando yo le decía que enjabonase los manzanos». «Acusadores, —prorrumpe Guiteau— os conjuro a que destituyáis de crédito esas historias absurdas del hacha y de mis torpezas. Yo trabajaba en la hacienda de mi hermana para pagarle mi posada. Lo de enjabonar árboles de madera por árboles de fruta era ignorancia. Yo estaba entonces estudiando teología.» «¡Si la hubierais visto! —decía otro testigo, el abogado Reed, que era fiscal de un caso en que Guiteau fue defensor—: ¡Qué hablar de Dios y cosas teológicas en un pequeño proceso de robo! ¡Qué incoherencias! ¡Qué ademanes y gritos! Yo opiné aquel día, y todo me ha fortificado en mi opinión, que estaba loco. Luego se empeñó en adquirir un periódico poderoso de Chicago, y en que yo leyese su lectura sobre la segunda venida de Cristo. Le ofrecí pocos días antes del crimen ayudarle para que lograse un empleo humilde y sin responsabilidad y se revolvió contra mí lleno de ira. ¿Y en su prisión? Aún me parece hallarlo, gesticulando, como ahora, puesto en pie, ante Scoville y los que le hablábamos, alzar la mano al cielo, y culpar a Dios del asesinato del presidente Garfield.»

«¿No le habéis oído decir en este mismo tribunal hoy mismo, en ese discurso que el juez le ha permitido leer, que nada teme de nadie, porque Dios es su asociado, pero los que a él atenten deben saber que es muerte su pena, y no menos?» La acusación intenta en vano conmover al generoso e inteligente testigo. «He de aplastar toda mentira que digan de mí el defensor, y los declarantes», dice Guiteau con cólera, y gesticula, y contrae el rostro de tan ridícula manera, que el juez le ordena inmediata compostura.

Y este día acaba; y le atan las manos con brillantes esposas; y salen del salón, con los anteojos de teatro y la cestilla de provisiones, las damas ricas; y los jurados pensativos abandonan lentamente sus asientos, y con su paso elástico, rápido, inquieto, pasa como quien se desliza, como quien odia, como quien espía, y mira torvamente, ¡y salta al sombrío vagón la humana hiena!

M. de Z.

La Opinión Nacional. Caracas, 12 de diciembre de 1881

13. Carta de Nueva York. El proceso de Guiteau. Ser hoffmaniano. Sus hermanos declaran por él. Él cuenta su historia

Nueva York, 10 de diciembre de 1881

Señor director de *La Opinión Nacional*:

No amengua, no cesa el interés que inspira el proceso del matador de Garfield. Tal parece que una fiera se exhibe, y que la nación entera acude a verla. Es un ente frío, demoníaco, lívido. Deja la impresión de un cerdo salvaje: tiene su mirada, odiadora y luciente, su crin hirsuta, su modo de arremeter, de espantarse, de emprender fuga. ¡Oh! no hay fantasía que lo afee. Es un ser hoffmaniano, fantástico. Que en la escala moral de fiera a hombre, hay sus grados, como en la escala zoológica. La victoria está en humillar la fiera. En ese reo, porque por reo le tiene el tribunal humano, la fiera royó al hombre, y se sentó en el hueco de su espíritu. Y poco a poco, de brillar en sus ojos, de hablar por sus labios, de obrar por sus manos, fue dando a la criatura externa su apariencia. No mueve a lástima: no mueve a perdón: no mueve a excusa: no halla aposento en los corazones de los hombres, sino en su odio. La razón exige que su vida sea salvada, por la inutilidad del acto horrendo; por la ineficacia de matar al monstruo para detener la potencia de la naturaleza de criar monstruos, porque al fin, movido por la soledad prolongada y el espanto, puede, al riego de las lágrimas resucitar en el fondo de su cuerpo ese hombre roído, y porque pudiera, en estos días de ira, la justicia tener aspecto de venganza. Y no se debe matar a una fiera en la hora en que se está siendo también fiera; que esto es ser igual a él, y no su juez. El hombre debe tener siempre en alto las bridas de sí mismo: no abandonarlas, ni dejarlas llevar de la tormenta. De lo interior suelen soplar vientos tremendos, que parece que vienen de sima honda. Hay que estar seguro de sí, para poder echar en cara a los demás que anduvieron extraviados. Pues ¿qué pena mayor para ese hombre que ver evaporados sus cálculos, y descubierta su miseria, y sus deseos irrealizables, y su última tentativa frustrada, y su ruin mente revelada a sí propio, y huidos irrevocablemente todos aquellos provechos que esperaba de su acto? ¡En verdad que no hubo jamás mayor villano! Eso arroja la causa, eso revela el proceso. No tiene ese hombre ni la dignidad de su crimen. Juguetea con él: lo hace caso de argucia y de risa. No se sientan a su lado, ni reflejan tristezas en sus ojos, la imagen de la muerte que causó, ni la imagen de sí propio, en huesos y sin carnes, que ya toca en su hombro y le amenaza. Parece una criatura de los mundos adonde los jueces de su crimen van tal vez a lanzarlo. Ama la vida con abominable apego. Es aún motivo de confusión para la mente; pero lo es siempre de desagrado para los ojos. Parece un mar de hielos, que al menor empuje del viento se desata.

El buen Scoville ha traído su cortejo de testigos favorables: la hermana del preso, ha contado en su beneficio su historia de caídas, extravagancias y miserias; su hermano que lo creía antes culpable, ha venido a probar, en su honrado y desembarazado testimonio, que no lo tiene ya por dueño de sí, sino por enajenado. La defensa ha sacado a luz su hueste de expertos, que lo proclaman demente. Pero él mismo, que con tono jocundo y amable sonrisa se sentó en la silla de los atestiguantes a ser testigo de sí propio, se levantó convulso, extenuado, como si llevara aún sobre el cráneo la mano férrea de su hábil fiscal.

Y la acusación ha traído sus declarantes, que combaten y contrastan las afirmaciones de la defensa; y ya tiene preparados, y puestos a la lucha sus expertos.

Y el mismo hermano de Guiteau, airado porque en busca de excusa para el matador quería tacharse de loca a una buena y amable hermana que ahora entra a la vida, ha venido, como con aliento pujante, a desvanecer la creencia de locura permanente en la familia, en cuya certidumbre basa el buen Scoville la defensa del matador, y basaron sus declaraciones los expertos.

¡Espectáculo singular el del tribunal! Allí están, como desde el comienzo, los jurados a quienes toda relación con cosas extrañas al proceso es prohibida: están mudos como los oráculos, para romper después en voz de oráculo. Allí está el juez que gana fama para sí y para su pueblo, con la inusitada benevolencia con que trata al preso, porque el tribunal lo vea, y el mundo todo, y no se diga luego que se le mató sin defensa, o se le privó de alguna probabilidad de salvarse, o se le condenó sin justicia. Allí está el defensor, con su rostro fatigado y benévolo, y sus ojos ansiosos. Triste y conmovida, está allí la hermana. Y los acusadores en sus puestos. Y protegiendo la espalda del preso, un muro de policías. Y el salón de magníficas damas, de ancianos sofocados que piden auxilio, y modo de salir del concurso: el salón, curioso, reidor, profanador, que se regocija, como de ver las convulsiones de un animal ebrio, con los espasmos, los exabruptos, los remedos, los cínicos chistes, los ademanes brutales del acusado. Ríen los concurrentes a carcajadas: el preso comparte las risas que provoca: los callan los ujieres: los riñe en vano el juez. No pasea por la sala regocijada la sombra lúgubre del venerado muerto.

Uno de los acusadores, el juez Porter, es grave y solemne, y puso su mano implacable en las entrañas del preso, y lo sintió convulso bajo su mano, y arrancó de él su único grito honrado, su único gemido de remordimiento, su única señal de acatamiento a la naturaleza humana. Otro de los acusadores alardea de crítico, y de diestro, y de temible, y de travieso: y estruja a los testigos, y los punza, y los sacude, y los exaspera, y provoca a Guiteau befa, y le lanza pullas, y emprende querella de comadres con el defensor, y se paga de que sus chistes sean reídos a coro: es Davidge, el interrogador de los expertos. Su consejo es preciado, y precioso; su risa es heladora; su perspicacia, grande; su conducta en el tribunal, pueril y censurable. Declara la viuda de un primo de Guiteau, muerto en un asilo de dementes, que Guiteau se prendó de su hija, y la quería educar a su modo, para hacer luego su esposa de ella:

—¡Oh —exclama Davidge—: ésa es una forma muy común de locura!

Repite luego las palabras de un testigo, y dice del preso, valiéndose de ellas:

—¿Parlanchín y fanfarrón y un poco débil del piso alto? ¡Pues cómo ése andan muchos locos por el mundo!

Estima uno de los expertos que entre cada cinco hombres que parecen cuerdos, hay uno loco, y dice Davidge:

—¡Pues eso quiere decir que hay dos locos y medio en el jurado!

—Cuidado, juez, que eso os toca de cerca —dice Guiteau.

—Tal vez algunos de los abogados pudieran ocupar el lugar de los jurados —prorrumpe colérico Scoville.

Tales escenas colman de gozo a los concurrentes, y son diarias. Ya es Guiteau que, como niño malcriado, vuelve la espalda al acusador que le interroga, calla y se da a leer un periódico: ya es que, en frenesí de ira, lo cubra de injurias, hienda a puñetazos la mesa que tiene frente a sí, amenace con el brazo alto y la mirada fulminante a los acusadores, y a codazos y con palabras irreverentes, aparte de su lado a los guardianes que lo calman: ya, como en sala de escuela, recita con tono dramático un trozo de discurso, y lo anuncia y lo comenta en tono vulgar después de recitado: ya lee un periódico sacado del manojo de ellos que lleva cada mañana al tribunal entre sus manos aherrojadas, y da una página del diario que lee a sus guardianes, que tras él hacen muralla: ya afectando modales caballerescos, habla con lengua y modo senatoriales al letrado acusador, y todo es mieles, gozo, y gala de elegante: ya como si supiese que aquella de que se ase es la última tabla de su vida, pálido, amenazante, iracundo, angustiado, terrible, prendido con ambas manos a su mesa de debate, disputa, grita, empuja la mesa, como si quisiera salirse de sí y de su cárcel, y defiende como a dentelladas la frágil tela en que ha bordado su defensa. Que obró por orden de Dios: que no obró por ira de verse desatendido, ni le movieron esperanzas del fruto de su crimen: que la división del Partido republicano no fue pretexto que encubriese la razón real de su acto, sino la razón real de él: que del seno de su madre y de los pensamientos de amor de su padre, ya venía loco: que los hombres deben juzgar como locura esta que para él fue agencia voluntaria e irresponsable de mandato divino.

Y la acusación mantiene que obró por ruines esperanzas de provecho; que meditó realizar para su beneficio el acto con que al mismo tiempo complacía sus instintos de venganza; que preparó el crimen para que pareciese obra de exaltado político, a quien los que triunfaban por su acto quedarían obligados, y no obra de fanático religioso, porque entonces no hubiera pensado, como pensó, en los que debían a su juicio darle paga; que vio, con su funesta perspicacia, una razón de excusa y una capacidad de provecho en las disenciones republicanas, pero que éstas no fueron la causa de su crimen, que él comenzó a concebir cuando comenzó a verse desairado.

Oíd a su hermana, que cuenta la extraña historia del hombre preso, en voz muy rápida, como si quisiese desasirse de lo que dice, y muy baja, como si saliera la voz de un alma exhausta. El preso la desmiente, la interrumpe, la ofende. ¡Qué raro caso! El abogado la interroga: es su esposa: el hombre por quien comparece es su hermano. Es a la par procesada y testigo. Con acento enérgico contiene al acusador que quiere perturbarla. Su voz es suplicante; su desventura impone silencio, su narración es clara.

«Mi pobre madre estaba siempre enferma: moribunda estaba cuando nació él, y murió a poco. Él era un niño extraño: a los seis años no hablaba: más tarde, era muy tierno: a los diecisiete años, ya lo halló poseído, cuando fui a verlo en su temporada de colegio, de su extraña manía de redención y de reforma: estaba lleno de lecturas extravagantes: quería irse, y se fue con los socialistas cristianos de Oneida. Cuando lo fui a ver a la comunidad de Oneida, me pareció que lo habían aterrado, o dado un golpe en la cabeza, o hurtado su mente. Luego vinieron todos esos infortunios: sus ambiciones locas, su matrimonio, sus miserias, sus tentativas ridículas y osadas, sus constantes caídas. Volvió a mi casa donde había estado de niño. Allí no hacía ya cosa que no fuese de enajenado, ni obedecía orden a derechas, ni veía bien a mis hijos, ni dejaba la Biblia de las manos, ni ocultaba sus odios ni sus iras. Un día, al fin, alzó sobre mí el hacha con que estaba partiendo leña; yo me abracé a mi hija: "¡Que lo echen fuera!" "¡que lo echen fuera!" y lo que me espantaba no era el hacha sino sus ojos. ¡Nunca he podido olvidar aquellos ojos! Desapareció y volvió a la casa. Supo que le teníamos por demente, y que, a no ser porque le faltaba el acuerdo de su padre y hermanos, lo hubiéramos confiado a un asilo, y huyó luego. ¿Quién no sabe el resto de su historia dolorosa?»

Y oíd ahora a su hermano.

Su hermano es un hombre especial, exaltado, veraz, fiero. Cuenta cómo, después de áspera riña con el preso, y temeroso de él, fue a verlo a su celda. Al principio, le hablaba desde lejos, como quien evita un asalto que teme. Luego se acercó a él, ya asegurado. «¡Quiero que honren nuestro nombre! —decía en altas voces el preso—: quiero que me llamen Guiteau el patriota, quiero que entiendan que no han de decir Guiteau asesino.»

El hermano se acercó más a él, y le dijo en voz baja:

—Creo que eres honrado en lo que estás diciendo.

—Obré por orden de Dios: no me importa morir o sufrir por él.

—¿Pero tú eres honrado?

—Soy honrado.

—¿Y quieres morir por ese principio como Cristo murió?

—Sí quiero.

—Pero tú sabes que ese jurado que te va a juzgar no aceptará tu concepto de la inspiración.

—Lo sé.

—¿Y sufrirás la pena que te imponga si no la acepta?

—Sí, la sufriré.

—Dicen que tienes miedo de morir.

—¡No tengo miedo: no me importa un ápice mi vida!

Y todo esto en la celda sombría, con aquel aire húmedo, con voces rápidas.

—¿Y prefieres ser colgado por la ley o matado en un motín?

—¡Ea! —gritó el prisionero corriendo a un rincón de la celda, y ocultándose tras una mesa— ¡ni en motín ni colgado!

«Y al punto rompió a reír, de lo bellaco de su acción, y todos reímos. Desde aquel día creo que dice la verdad en cuanto dice: desde aquél lo creo demente. Hasta entonces lo había creído responsable, porque estimaba que en su vida anterior había preferido voluntariamente la senda del mal a la del bien. En Boston vino a moverme querella porque le habían dicho que yo informaba en daño de él, y lo acusaba de mal pagador, y en Boston le dije esto que digo. Y me respondió que quería vivir como Cristo, cuando hablábamos de que no pagaba a tiempo sus cuentas de posada. Cristo iba a una casa y si las gentes lo recibían él bendecía a las gentes. Él trabajaba para Dios, y Dios debía cuidar de pagar a sus posaderos. Hablé en bien de la comunidad de Oneida, y él, que ya la odiaba, montó en iras. Así colérico, quise que saliese de mi oficina. Al empujarlo a la puerta me llamó bribón y ladrón: le di con el dorso de la mano un golpe en el cuello, y él me devolvió tal golpe en la cara que entré en respeto de él. Yo lo creía poseído de un demonio. La teoría religiosa es que hay dos fuerzas en el universo: una bajo Satán o el diablo, y otra bajo Dios o Jesucristo: mi padre sostenía que había gentes poseídas del diablo o Satán,, y otros de Cristo o Dios: creía que los dos poderes estaban en guerra, y que desde la caída del hombre venía Satán para cautivar a cuantos hombres pudiese, y no fuesen buenos creyentes en el Salvador, ni se hubiesen salvado del poder del pecado por una unión completa con Jesús. Creía que todo mal, toda enfermedad, toda deformidad eran defecto del pecado, o del poder del diablo, que es el mal espíritu, la mala naturaleza. Y mi hermano y yo creíamos como mi padre. Y yo creo que mi hermano por su maldad, por su voluntad, por su soberbia, permitió que Satán alcanzase tal dominio sobre él que estaba bajo el poder de Satán. Y por eso creía yo que mi hermano era responsable ante Dios de haber elegido por dueño a Satán, mas no responsable ante la ley por los hechos que Satán le inspirase, puesto que ya estaba en un sentido privado de su mente. Mas eso no ha de decirse de mi padre, que siguió a Dios, y no era loco. Por esto dije al tomar póliza de seguro sobre mi vida que no había habido casos de demencia en ella.»

—No hubiera quedado duda de su extravío —decía luego la viuda de un primo de Guiteau, que murió loco en un asilo— a quien le hubiese visto vigilar, perseguir, cortejar, importunar a mi hija, que era entonces muy niña, y entró en gran miedo de él.

Pero era al preso a quien había de oírse.

—«¡Oídle!» —había dicho Scoville, como si fuera cosa tan clara la clemencia del preso que quedara probada con oírle. Coquetea con los jueces; simula resistencia; no ha de obligársele a hablar cuando no se siente dispuesto: reconocerá unas cartas, mas no hablará.

Vedle cómo, temeroso de que puesto de faz al público se atente a su vida, mira a diestra y siniestra con recelo, cómo se levanta, dueño ya de su miedo, cómo habla al público, graciosamente apoyado en la tribuna de los declarantes, con ademán ceremonioso y complacido, y con fina sonrisa, como orador seguro de su fuerza, que va a hablar a público amable. Mas el temor le vence, y pide silla, que así no hay tanto blanco a manos matadoras: y es bueno que Dios cure de su vida, pero no estima impropio que las maderas de la tribuna le protejan. Monta en su nariz correcta las gafas airosas, y lee, con aire de autor satisfecho las cartas que va identificando. Tiene variedades de escritor, y de escribiente. Parecía muy lleno de fruición. «¡Oh, qué letra!» «¡Rica letra!» «Pues ésta es mejor.» «Y esta carta parece un grabado en acero.» «Magnífica letra.» Parecía un niño engolosinado en un nuevo juguete. Luego leen las cartas que identifica, y él las aumenta, las repele, las acota, las goza. En una dice: «Mi eterno matrimonio con Jesús y su pueblo en este mundo, es en mí preeminente a toda otra atracción». Y dice en otra: «Todo lo he olvidado por Cristo: reputación, honor de hombre, riquezas, fama y renombre mundano. Ya pasó para mí, quiera Dios que por siempre, aquella persecución de bienes de la tierra. Esta comunidad de Oneida es el germen del reinado de Dios, y esperamos por el tranquilo y vigoroso adelanto de la asociación, que el mundo entero será pronto su reinado». Pero ya empieza a declarar como testigo y es preciso verle comenzar sereno, a poco sacudirse, estallar luego, golpear la mesa, empujar la vara de madera que le aparta del recinto del jurado, romper de súbito en alardes de ira, en palabras grotescas, en voces altas y violentas: es preciso verle regar, como si no viese lo que riega, todas aquellas frases o memorias de hechos que concuerdan con la teoría de su defensa, y esquivar todas aquellas que pudieran fortalecer la acusación: es preciso oír su verba caudalosa, desenvuelta, saltante, chasqueante.

Se hurta, como zorra, de los peligros de la narración. Se aferra como can con hambre, a los sucesos en que puede basar sus esperanzas. Y como si los disputara a un can rival, los sacude, los tritura, los pone en alto. Hace reír y se le aplaude. Y luego que hiere con el puño cerrado la verja de madera, y se entrega a arrebato escandaloso, y agita al juez, que le impone silencio, a su defensor que lo apacigua, al público que se conmueve, a sus guardianes que intentan reprimirlo, mira —como si mirase por debajo de su misma mirada— al público y a sus jueces. Así decía, contando su vida:

«Siempre me sentí sin madre. La vi moribunda, y no la volví a ver. Ya a los doce años, en casa de Scoville vivía yo e iba a la escuela. Mi padre se casó de nuevo entonces sin mi consentimiento, lo que era un modo muy extraño de hacer las cosas. ¡Oh, mi padre! Yo quería educarme, y él quería salvar mi alma.

¡Yo quería estudiar historia, leyes, lenguas, y él quería que yo entrase como único modo de prepararme para la gloria divina, en la comunidad de Oneida! ¡Él, él me hizo ir a ese antro hediondo! ¡Y me decía que, aunque fuese yo el hombre más grande de la tierra, de nada había de valerme, si no salvaba mi alma! Él me mandaba el Bereano, que es la Biblia de la comunidad, y sus periódicos. De aquello me envenené: en leer aquello perdí mis ojos, mi voluntad, mi afán de ciencia. Al fin fui a la comunidad; allí vi la teoría de la inspiración, de que se decía depositario Noyes, el Cristo de aquella comunión. Noyes decía que su comunidad era el principio del reinado de Dios sobre la tierra, y que él era socio de Dios, y que solo por él serían los hombres salvados, porque él era hombre más grande y divino que el Señor Jesucristo. Y he de decir que de niño recibí un gran golpe en la cabeza: media pulgada de mi dedo meñique me cabe aún en la herida. De todo eso era fanático mi padre, y creía que el diablo se entraba en los cuerpos, y que para curar las enfermedades no había más que espantar al diablo, de modo que yo mismo, cuando me sentía con la cabeza dolorida en Oneida, no me hacía remedios, sino que decía al diablo: "¡Fuera de mí, diablo viejo!". ¡Pero mi padre era muy sincero, y muy intenso, muy vehemente, muy arrebatado en sus creencias! y me salí de Oneida; y me fui a Nueva York a fundar aquel periódico que no pude fundar, y que era idea soberana: *El Teócrata*. Luego leí leyes tres o cuatro meses en la oficina de un abogado, y me fui a ver al fiscal del distrito, que me hizo tres o cuatro preguntas de las que erré una, y me dio un certificado que decía: "Por este documento certificamos que Charles J. Guiteau ha sido examinado por nosotros y que le consideramos apto para la práctica de la abogacía en la Suprema corte del Estado de Illinois". Y así me hice abogado. Y por mi apariencia me daban muy buenos pleitos. Y yo iba a casas ricas de comercio, y pedía pleitos, y no dejaba de ir hasta que no me los daban, y así gané miles de pesos en Chicago y en Nueva York. Pero el *Herald* me llamó estafador, y me arruinó eso. Luego anduve por hoteles, y un día me sumieron en un calabozo de las Tumbas. ¡Horrendo calabozo! De allí me sacó Scoville, y corrí a bañar mi cuerpo en agua caliente. ¡Oh! ¡yo hubiera hecho buenos dineros a no ser por el *Herald*!»

Contó entonces el acusado aquella extraordinaria empresa suya que consistió en querer comprar en $75.000, para lo que pedía $200.000 a uno de los que tenía él por sus amigos, un famoso periódico en Chicago: el Inter-Oceano. Y fue

139

de ver cómo no dejó cosa de interés para la empresa que no hiciese. Ni veía a pequeños, sino a grandes. Quería reunir en la hoja colosal el ingenio que para adquirir anuncios ha desplegado un periódico de Chicago, de gran renombre, *La Tribuna*, al espíritu de empresa del fundador del *Herald* y al republicanismo brillante de aquel celebradísimo periodista, Horacio Greeley. Se buscó magnos redactores. Ajustó espléndido edificio. No dejó cosa por hacer. Trató de establecer gran servicio de telegramas; vio y ajustó prensas, y escribió al *Herald*, que no le contestó por cierto, en demanda del derecho de publicar a par de él los minuciosos telegramas que a gran costo recibe el diario neoyorquino de todas las partes de la tierra. Y ¿qué propuso al periódico famoso en cambio de tan grande beneficio? Como el *Herald* le había llamado estafador, él había entablado proceso al *Herald* por $100.000 de perjuicios —¡proceso muerto!—, querella de desesperado. ¡Y propuso al *Herald*, en cambio de sus telegramas, dar por no establecido el proceso curioso! Y él había dado de mano a la demanda de perjuicios, porque él tenía para sí, y aún tiene, «por más que ya no le importe, y haría renuncia del puesto» que había de llegar a ser presidente de los Estados Unidos: ¡y no cree él que un presidente deba tener en contra suya al *Herald*!

A este punto de su vida llegaron a Chicago unos predicadores grotescos y frenéticos, que atraían concurrencia grandísima a sus juntas, y hacían de removedores de la fe, como ahora hacen en Londres, donde no allegan menos gentes a sus Fes de Hosanna y Convites al Paraíso. Guiteau, por descontado, se hizo ujier de Moody y Shaddey.

«Y entonces fue cuando me di a estudiar, por un sermón que oí a un pastor, la segunda venida de Cristo. ¡Oh! ¡estudios grandes! No salía yo de la biblioteca pública de Chicago. Y escribí mi lectura, en cuyo asunto había meditado años, y que no vino a menos que a probar que la segunda venida de Cristo ocurrió cuando la destrucción de Jerusalén, allá en las nubes, directamente encima de la ciudad, y que la destrucción de Jerusalén no fue más que la señal visible de la venida de Cristo. Porque ésa es la verdad, y no, como creen las iglesias, que Cristo ha de venir en tiempos futuros. Y allá me fui como san Pablo, cayendo y levantándome, hoy echado de una casa y mañana de un ferrocarril, a publicar mi hallazgo religioso, y a leer mi discurso. Pues a Pablo le pasó lo que a mí: ni él ni yo teníamos con qué pagar posada: ni lográbamos éxito, porque habíamos descubierto nuevas ideas en teología. ¿Y no trabajaba yo para el Señor? Pues el

Señor, como lo tiene dicho de quien para él trabaje, cuidaría de mí. Yo andaba pensando siempre en san Pablo, y huyendo de los conductores. Aún río y gozo acordándome de aquellos buenos tiempos. Y el Señor me protegía siempre. Un día hice de modo que, obligado a salir de un carro, cambié de sitio y seguí viaje a Washington, y se me sentó al lado un hombre a preguntarme si quería yo una buena posada en la ciudad. Y precisamente estaba yo orando al Señor para que me diese una buena casa donde posar.»

El buen Scoville, ganoso de probar cómo en mente tan frágil como la del preso, se clavaron, como en cera, las extravagancias de los fanáticos, de modo de poseerlo y quitarle dominio de sí, y darle capacidad para el futuro crimen, le hizo decir entonces cómo se cree en la comunidad de Oneida que el hombre que va a ella es hombre de Dios, e inspirado por Dios; y cómo se tiene al jefe por comunicante directo con la altura, y profeta del Señor entre los hombres, a quien los de su comunidad obedecen, y en cuyas manos ponen hacienda, pensamiento, voluntad y toda pertenencia de alma y cuerpo.

«Y seguía yo leyendo sin fortuna, como en Boston, donde ese gran hereje Ingersoll iba a pronunciar su discurso sobre el infierno, cuya existencia niega, y tuvo casa llena, rebosante: y yo, que quería probar que hay infierno, no tuve más que a una docena de personas. Pagaban 50 centavos para oír que no había tormentos infernales y no querían pagar para oír que los había. Abrí oficina de abogado y me fue mal. Emprendí de nuevo campaña de lector y me fue mal. Publiqué mi Verdad o el compañero de la Biblia, y no halló eco. Y vino la campaña electoral, y decidí hacer de mí hombre político. Pergeñé mi discurso, ese que se llama "Garfield contra Hancock", y que tuve que rehacer de modo que conviniese a Garfield, porque yo lo escribí en la creencia de que sería Grant electo candidato republicano. ¡Ese discurso —dijo Guiteau con tono grave, tono de quien habla a siglos venideros sobre obra de coloso— fue escrito en la Biblioteca del Estado de Boston!»

De este modo, con su palabra insolente, desnuda, desvergonzada, movible, inquieta, contó sus vanas visitas a personajes, «a esos amigos», cómo él dice, a Arthur, a Logan, que es olímpica persona, y a otros de no menor valía. Contó sus merodeos por las oficinas de la campaña; que envió a los cuatro vientos su discurso; que dijo un trozo de él en una junta de hombres de color; que «esos amigos lo trataban muy bien, y que estaban contentos de verme, y todas esas

141

cosas»; que, no bien fue electo Garfield, le escribió en demanda de la embajada de Austria, porque iba tal vez a hacer matrimonio con dama rica; y le venía bien la embajada; que vio a Blaine en Washington en busca del empleo de cónsul en París, en que al fin fue rechazado; que veía bullir a su partido, y agrietarse, y leía la contienda en los periódicos; que escribió a Garfield cartas pacificadoras, que, por, cierto, llevaban al pie del consejo preguntas sobre el empleo de cónsul que ahora deseaba, que no tuvo respuesta, y que, en la noche en que con la renuncia de los senadores ofendidos por Garfield culminó la división en el partido, él tuvo de Dios la inspiración del acto.

Asumía tonos lóbregos, tristes, dramáticos, como de quien oye y ve maravillas, y es causa de ellas. «Me fui a dormir aquella noche, todo opreso de ideas graves sobre aquellas disensiones: y la impresión, como un relámpago, vino a mi mente de que si Garfield no estuviese en el camino, toda la dificultad estaría resuelta. Con la mañana me volvió la impresión. Ya no me dejaba la idea de la remoción del presidente; la idea trabajaba, me torturó, me oprimió durante dos semanas. Yo estaba lleno de horror, y la echaba lejos de mí, la sacudía, la sofocaba, pero ella iba creciendo, iba creciendo, de modo que al fin de dos semanas mi mente estaba segura de la necesidad de remover al presidente. En cuanto a la divinidad de la inspiración —os digo que fue divina— exclamaba con grandes voces: entonces creí y creo ahora que fue divina. ¡Yo oraba, oraba, oraba: porque quería que el Señor se me mostrase de algún modo, y me dijese si no era su voluntad que yo removiese al presidente. Y el Señor no se me mostró, porque aquélla era inspiración de él para el bien del gran pueblo americano.»

—¿Cómo para el bien del pueblo americano? —le pregunta Scoville, que arrancaba de él esas aclaraciones y respuestas.

—Para unir las facciones del Partido republicano, que estaban entonces en riña amarga y deplorable: para evitar que, a causa de la destrucción del Partido republicano, rompiese la nación en nueva guerra. ¡Sí, Dios me inspiró cuando entré en Oneida; cuando quise fundar *El Teócrata*, cuando salí a predicar como san Pablo, cuando concebí la remoción del presidente! Dios me cuida. ¡Ved cómo me ha librado de asesinos! Dios me protege, Dios y el gobierno: esos soldados, esos jurados, esos expertos, este tribunal, están aquí para servir a Dios y protegerme!

Como salta la lava encendida saltan estas palabras de sus labios. «Yo no quería mal al presidente. Estuve en gran agitación espiritual, ahogado, conturbado: no tuve alivio hasta que todo fue hecho: entonces me sentí feliz, y di gracias a Dios.»

M. de Z.
La Opinión Nacional. Caracas, 26 de diciembre de 1881

14. Carta de Nueva York. El proceso de Guiteau. Lucha de gato montés. Duelo solemne. Reacción hostil. Espectáculos inauditos. Enorme depravación moral

Nueva York, 10 de diciembre de 1881
Señor director de *La Opinión Nacional*:
Empezó al punto el duelo formidable. El defensor, cual pastor bondadoso a oveja ciega, había ido sacando de riscos y poniendo en lugar de salvación a su defendido. El acusador, el afamado juez Porter, se levantó, cortés y sereno, inquebrantable y terrible, a trocar en lebrel humillado aquel cerdo del bosque: a buscar, y a hacer palpitar entraña de hombre en la rebelde roca. Y halló la entraña, y lo dejó a sus pies lebrel sumiso. Parecía la acusación ola de mar, arrolladora, incontrastable, creciente. Y la defensa del testigo parecía faena de gato montés, que acá se ampara de un tronco erizado; allá se echa sobre el cuello de su enemigo, aquí se escurre y alberga en una cueva, allí la deja, corre desesperado, encuentra muro, vuélvese a su adversario, escápasele herido, no halla refugio, y expira con los dientes clavados en la mano de su perseguidor. Fue un espectáculo extraño, siniestro, doloroso. Fue una lucha a mordidas. Los vulgares reían de él: los observadores se entristecían de aquella hora solemne. Se veía la sima profunda: el espanto del réprobo: la figura tremenda del juzgador. Se oía el grito desgarrador de aquella vida impía.

El reo veía en su fiscal, vestido de negro y puesto en pie, la imagen del cadalso. Y el fiscal veía en el reo al engañador procaz de un mundo atento; y al retador de la verdad, que ha de abrirse camino, y ser señora. Comenzó el reo burlando, y acabó fulminando. Cortesía, befa, injuria, todo lo echó a la faz del acusador. Entró en el debate sonriendo, y obrando con gentileza, y hablando con seguridad, cual si de antemano tuviese ganada la victoria. A poco, alzaba el puño amenazante. A poco, se negaba espantado a responder. A las preguntas directas, satisfacía con presteza, y con frases de pauta. A las preguntas indirectas, como animal prudente que teme una celada, se hacía atrás. Huía, con visibles signos de terror, del análisis de su delito. Y el acusador se le entraba por las celdillas del cerebro, por los ríos del corazón, por las fibras de la mano. Le buscaba en el cráneo la cuna del crimen. Le buscaba en el pecho el hueco de un corazón que parecía ido de él. Hay naturalezas delirantes, frenéticas, enfermizas: la del reo infortunado. Hay hombres que parecen tallados en roca fulgurante, a cuyo resplandor se ve lo cierto, y en cuya superficie resbalan las saetas: el juez Porter, que no aturdía al preso con la gravedad de sus preguntas: que no se encarnizaba con el desventurado, sino ponía en claro su flaqueza, y lo dejaba luego, iba movido de anhelo de verdad, no de ira. Hemos de oírlos, que parece la entrada del debate como puñado de balas disparadas sobre tablas secas: es aturdidor, seguro, rudo. Sonríe el preso, y el acusador le habla como a hidalgo:

—¿Os creéis hombre de capacidad considerable?

—Permitid que calle mi opinión de mí, juez.

—¿Habéis sido siempre hombre perseverante y decidido?

—Hay gentes que lo creen.

—¿Y decidisteis matar al general Garfield?

—Declino responderos. Os digo que es ésa una manera ruda de preguntar. Fui el agente de Dios: no hubo en mí volición personal.

—Y decidme, ¿ofreció el general Logan recomendaros para el empleo que queríais al general Garfield?

—Lo ofreció.

—Luego ¿mintió aquí cuando juró que no os lo había ofrecido?

—Yo no diré que mintió. Me lo ofreció un día, y se excusó con no tener a mano pluma con que firmar la recomendación. Al día siguiente, ya no quería recomendarme. Así hacen todos esos políticos.

—Vos exclamasteis, después de disparar vuestra pistola: «¡Ya es presidente Arthur!».

—No sé si lo exclamé. Lo que quiero es que entendáis que Dios lo hizo, y no yo.

—Y ¿quién compró la pistola: Dios, o vos?

—Dios facilitó el dinero para comprarla, yo fui su agente.

—Supongo que fue alguien más quien facilitó el dinero.

—Eso no hace al caso, digo. Fue un amigo que me dio $15. Con $10 compré la pistola.

—¿Y recibisteis inspiración del cielo para tomar del amigo los $15?

—Del cielo recibí inspiración para remover al presidente: los medios fueron míos. Os digo que me cansan esos detalles.

—¿Pero no tuvisteis éxito inmediato en la obra de Dios?

—Los médicos lo tuvieron.

—¿De manera que Dios no pudo, y vos no pudisteis, y pudieron los médicos?

—Dios confirmó por ellos su obra.

—¿Y cuándo os inspirasteis?

—Un miércoles, de ocho a nueve de la noche.

—¿Os dio Dios la comisión por escrito?

—No.

—¿Os la dio de palabra?

—No, me la dio por presión sobre mí.

—¿Pero de un modo oíble?

—No.

—¿No vino a vos, como visión de la noche?

—¡Oh! ¡yo no me inspiro de ese modo!

—¿Se os ocurrió que debía ser removido para resolver la dificultad política?

—Sí.

—¿Y que erais vos quien debía matarlo?

—No se me ocurrió eso al principio.

—¿Y no pensasteis que pudiera ser removido sin ser asesinado?

—No, juez; ¡y os repito que no me place esa palabra: asesinato!

—Ya sé yo que no os place, y que es dura, pero ésa es la palabra.

—No recuerdo esos hechos menudos. Si hubiera disparado sobre el presidente de los Estados Unidos por mi propia cuenta, ningún castigo hubiera sido bastante severo o bastante rápido para mí. Pero obré como agente de la Divinidad: sépanlo tribunal, jurado y acusadores. Digo que la remoción del presidente fue un acto de necesidad nacido de la situación y realizado para el bien del pueblo americano. En esa idea fijaos, no en esa vuestra fría de asesinato: nunca fue mi primera concepción de asesinato en este asunto.

—¿Y os sentía muy obligado al pueblo americano?

—Entiendo que el pueblo americano puede alguna vez considerarse muy obligado a mí.

—Os pregunto si os sentís vos obligado a él.

—No sé por qué no haya de estarlo.

—¿Y al Partido republicano?

—No, que yo sepa.

Y Porter adelanta, así, enfrentando los documentos del reo, ciñéndolo a fechas, echándole en el rostro las contradicciones de motivo y de fecha que en los documentos aparecen. La acusación se va cerrando, como dogal de hierro: adelanta con paso seguro. Es guerra de capitán preparada contra neófito sorprendido. Ved cuál se cierra ahora.

—¿Dijisteis en una carta al presidente, luego de ser rechazado por Blaine en vuestra solicitud de empleo, que Blaine era un malvado, y que de no removerlo, vendrían daños al presidente y a su partido?

—Daños políticos, no físicos. Todo hombre inteligente entenderá ahí daños políticos.

—¿Fue aquel miércoles de mayo cuando concebisteis la idea de remoción?

—Fue aquel un mero relámpago, que no tomó forma hasta después de dos semanas.

—Luego no hubo inspiración en mayo.

—No. Fue mero relámpago, embrión de inspiración, simple impresión la que vino a mi mente de que aquello habría tal vez de ser hecho. Ya en primero de junio tenía hecho mi ánimo. Antes me prosterné, oré, dudé.

—¿Dudabais?

—Porque mis sentimientos personales estaban contra el acto.

Y allí quedó la primera escaramuza de la batalla. Al día siguiente, Guiteau entró en el tribunal hosco, desatentado, arrebatado. Vejaba a su acusador, remedaba sus tonos, decía sus respuestas con las mismas palabras y el mismo acento de la pregunta. Temía el debate: traía al cuello el dogal: no quería debate. Ya era este exabrupto: «No tenéis que mirarme tan fieramente, ique no me dais miedo!». Ya era este otro: «No necesitáis apuntarme con vuestro dedo huesoso, ¡que no os temo!».

A veces, con raro indecoro, el auditorio rompía en risas. Pretendía el acusador obligar al reo a respuesta, y el reo se sacudía de él, y le hacía mofa. Era siniestro aquel debate ridículo. ¡Tened, tened ahora!

¡Responded, responded esto! ¡Esperad! ¡Masticad eso! Antes del nuevo examen, Guiteau apela a aquellos de sus amigos que quisieran enviarle dinero para los gastos de su defensa: «Pueden enviar 5, 10, 50, 1.000 pesos si quieren».

—¿Conque estabais en duda, acusado?

—No de la inspiración de Dios, sino de la posibilidad de obedecerla.

—¿Diferís de la opinión de Dios, y discutís lo que os ordena?

—Estudiaba la posibilidad de cumplir su orden.

—¿Y usó Dios la palabra remoción?

—Así vino a mi mente. Uno mata a otro en querella, y es asesinato. Esto fue homicidio.

Y así lo ceñía, lo escudriñaba, lo volcaba en tierra, vencido por su lógica, y el acusado aun desde el polvo, se guarnecía el cuerpo con su escudo abollado y maltrecho, y clamaba alzando sus manos crispadas y amarillas: «¡Divinidad! ¡Divinidad!». Dicen que le brillaban los ojos, acusando preñadas nubes de ira, con fúnebres relámpagos: que sus labios contraídos dejaban ver sus dientes relucientes; que sacudía, en dirección de su acusador, el puño apretado, y parecía a punto de estallar, y henchido de odio.

—¿Pues todos los que han querido mataros no son asesinos?

—¡Sí! porque no estaban inspirados por la Divinidad.

—¿Y obró mal el sargento que quiso mataros en vuestra celda?

—No sé si obró mal. No quiero responderos. Conozco hombres más grandes que vos, juez Porter. Ya os he visto sacudir vuestro dedo en Nueva York a otros presos, ¡no os tengo miedo!

—¿Obró mal?

—No quiero responderos.

—¿Conocéis los diez mandamientos?

—Sí.

—¿Y tenéis más evidencia de que Dios dijo: «Tú matarás», que la que tenéis de que dijo: «Tú no matarás»?

—No quiero discutir más esta materia. Ya sabéis lo que hice y por qué lo hice. Esto es cosa muy sagrada para tratarla de ese modo tan ligero. No la trato.

—Un amigo vuestro ha jurado que cuando teníais dieciocho años, disteis un golpe a vuestro padre.

—No lo recuerdo.

—Vuestra hermana jura que alzasteis contra ella un hacha.

—No lo recuerdo.

—Otro dice que la amenazasteis con quitarle la vida.

—Jamás la amenacé.

—Quisiéramos saber cómo os proponéis allegar los fondos que esperáis.

—Tomándolos prestados. Ved, juez, cómo yo pido, que eso puede serviros. Ni miento ni hablo. Voy derecho a mi hombre, y le pido lo que necesito. Si lo tiene, tal vez, en el impulso del momento, me lo da. Si no, no: eso es todo.

Inagotable parecía el arsenal del juez Porter: no fue la menos temible, ni menos certera, esta arma suya:

—Cuando fuisteis a probar vuestra pistola ¿teníais orden divina para hacerlo?

—No sabía usar armas y quería familiarizarme con ella.

Y a esto vino esta pregunta, repleta de amenazas, que el reo aturdido intentó parar en vano.

—No sabíais cómo disparar la pistola, ¿pero era ésta la obra de la Divinidad?

—Os digo que no alcanzo —prorrumpió Guiteau con salvaje manera— a qué me importunáis con esas pequeñeces. Podíais dejar de hacerlo. Ya habéis hablado demasiado del acto externo de la Divinidad: ¡id al motivo!

Demuestra el juez cómo en un documento relativo a la muerte del presidente, habla de razón política, y no de orden divina: que cuando esperaba de Blaine empleo, le ofreció su apoyo para su candidatura a la presidencia en 1884: que cuando fue a poco despedido por Blaine, lo denunció a Garfield como un mal genio: que breves días antes del de la concepción, encendido ya en interna cólera el Partido republicano, dijo a Garfield, que «a modo de relámpago» le había venido «la inspiración» de que debía ser reelecto en 1884, y le ofrecía su auxilio: demuestra, en suma, que a medida que amenguaban, y se perdían las esperanzas del preso de alcanzar empleo, se acercaba la hora de la remoción de aquel que no quería emplearlo.

Y a esto, con firmísimo tono, seguro de la pasajera impresión que su razonamiento causaría, por más que la razón objete que pareciendo ser el deseo de provecho mezclado al de venganza, aunque mayor el de provecho, el móvil de su crimen, de matar a Blaine no hubiera alcanzado, por no dar paso esta muerte a un nuevo presidente, el provecho que pareció haberse prometido; a esto, dijo resueltamente el acusado:

—Nada tuvo que hacer la derrota de mi solicitud en mi acto. No soy un caza-empleos ofendido. Si hubiera obrado por malicia, hubiera matado a Blaine, y no a Garfield. La Divinidad me dirigía: mil hombres de entre los republicanos, dado el odio y exaltación de aquellos días, hubieran matado a Garfield, si hubieran tenido el nervio, el vigor mental y la oportunidad de darle muerte.

—Habéis dicho en una carta que la muerte del presidente era una necesidad política, ¿os lo dijo así Dios?

—No requería eso que Dios me lo dijera.

—¿Os dijo Dios aquello que dijisteis, que con su muerte sería salvada la república?

—Mi propio juicio me lo dijo: y era así la verdad.

—¿Vos estabais bajo la protección de la ley, cuando el sargento pretendió mataros? ¿Estimáis eso un crimen?

—Eso es un crimen.

—Dijisteis en una carta a la Casa Blanca: «la vida es un sueño pasajero: ¿qué importa perderla?».

—Así lo dije.

—¿Os importa mucho, mucho, a vos perder la vuestra?

—Con esta frialdad os digo que no tengo yo temor grande a la muerte. Lo que importa es estar listo para morir.

—¿Dijisteis en vuestra carta a la Casa Blanca «presumo que el presidente era un cristiano y será más feliz en el paraíso que aquí?».

—Lo dije, y estoy seguro de que el presidente es mucho más feliz ahora que ningún hombre en la tierra.

—¿No tenéis duda de que cuando le matasteis, fue directamente al paraíso?

—Creo que fue un buen cristiano.

—¡Pues decidme! —y aquí la voz del acusador vibraba poderosa, y parecían sus frases látigos de fuego—: ¿creéis que el Ser Supremo, que tiene las llaves de la vida y de la muerte, quería enviarle al paraíso por haber roto la unidad del Partido republicano, y por haber sido ingrato al general Grant y al senador Conkling?

—Su cristianismo —responde malhumorado el preso— no tiene que hacer nada con su carácter político. Su historia política era pobre, pero su carácter cristiano era bueno: en, lo que sé a lo menos, que muchas cosas duras se dijeron sobre él a propósito del crédito mobiliario.

¡Aquel hombre reabría impasible la fosa que había abierto, y echaba en ella un poco de lodo, y la volvía a cerrar!

—¿Y quién haló del gatillo, Dios o vos?

—Yo cumplía allí la voluntad divina. Dios me usó como agente al halar el gatillo. Lo hubiera hecho, aunque supiera que allí quedaba muerto. La presión era tan enorme que yo no podía resistirla. Anotad eso.

—¿Y a no ser por vos ¿hubiera habido en la nación una nueva guerra?

—No pretendo que la guerra hubiese sido inmediata.

Y en este punto alzó Guiteau la voz, echó con oratorio ademán el cuerpo, y prorrumpió de este modo en tono dramático, cual de perorador de asamblea:

—Pero debo decir aquí en voz alta que el encono en el Partido republicano ahondaba de hora en hora, y que por dos o tres años a lo menos hubiera ardido la nación en llamas de guerra. En presencia de la muerte todos los corazones callaron, cesó el disturbio. Durante semanas y semanas, el corazón y el pensamiento de la nación estuvieron fijos en el hombre enfermo de la Casa Blanca. Al fin —continuó Guiteau, silbando apenas, de misterioso y lúgubre modo sus palabras— anduvo el camino de toda la carne, y la nación estuvo en duelo. Este es señores —añadió volublemente, dando a su voz sus tonos naturales, y como muy pagado de su peroración— un trozo del discurso que yo quería pronunciar aquí dos semanas hace. Me parece que es pertinente al caso, y estoy contento de haber tenido esta ocasión de pronunciarlo.

Aquí venció su espanto, y al punto su espanto asoma.

—¿Creéis errado haber matado al general Garfield sin proceso?

—No quiero decir lo que creo.

—¿Os dijo Dios que debíais asesinarlo?

—¡Removerlo!

—¿Cuándo os lo dijo?

—Excuso responderos.

—¿Os acriminaría el decirlo?

—No sé si me acriminaría.

—¿Pretendíais que con su muerte creciese la demanda de vuestro libro?

Le compelen a responder, y dice que lo pretendía.

—Cuando escribisteis: «El nombramiento del presidente fue un acto de Dios: su elección fue un acto de Dios: su remoción fue un acto de Dios», ¿teníais en la mente los boletines de Napoleón?

Muy complacido parece Guiteau con la pregunta, a que responde:

—Esa es mi manera de expresarme: breve, precisa, sentenciosa: si queréis ver muestra de ese estilo, ved mi libro.

—Pienso que tenéis —dice Porter con reticencia singular y mirada ahondadora— considerable poder mental. Y piense lo que guste vuestro cuñado, estimo vuestra capacidad.

—Y yo os doy las gracias, juez, por vuestra buena opinión.

—¡Pienso que ésa es también la opinión de los jurados!

Ruidos como de clavo en féretro debió haber en aquel instante en el espíritu de Guiteau.

Leen más cartas suyas, y como todo lo que es suyo, le place. Acúsanle de haber copiado su libro del Bereano, aquella Biblia de la comunidad de Oneida, y se defiende ásperamente. No cree en ilusiones diabólicas. No quiere decir si se cree cuerdo o loco, sino que loco lo creen muchos, y él no es experto, y ha de dejar al jurado que estime cierta o falsa su locura. Le hacen narrar, y sin vacilaciones cuenta, cómo espió, cómo siguió, cómo acechó a su víctima.

—¿Habíais tratado antes de matar a Garfield?

Y como esto es dicho de modo amenazador y solemne, afectando este modo, dice el osado preso:

—Nunca traté antes de matar a Garfield.

—Y aquella noche que le perseguíais ¿no halasteis el gatillo?

—¡Oh! ¡no habléis tanto del gatillo!

—¿Pensáis así?

Y dice Guiteau remedándolo, entre el coro de carcajadas del auditorio regocijado: «No, señor; no pienso así. Hacía mucho calor, y no me sentí dispuesto en aquel momento».

De nuevo quiere el acusador que le diga, con mirada grave, sin dudas, por qué no disparó sobre Garfield el día que le vio con su esposa. Resístese. Compélenlo. Llama al acusador estúpido.

—¡Respondedme!

—No quiero responderos.

—Contad ahora los incidentes de la mañana del suceso.

Y él los cuenta, y se presiente que el drama allí se anuda: el acusador está atento; el reo, parlero; la sala, silenciosa; los jurados, conmovidos; Scoville, pálido. Narra, cómo vinieron en carruaje, que no era del gobierno, Blaine y Garfield, lo que muestra la influencia del ministro en el presidente; cómo en la estación se bajaron, y el presidente veía, el ministro hablaba, y pasaron ante él, y él disparó dos veces.

Porter con vivacidad creciente, estrecha sus preguntas. Las lanza sobre Guiteau como pedradas. Guiteau responde como si se fuera haciendo atrás. Porter inquiere como si fuera avanzando a medida que el reo huye.

—¿Le disparasteis en la espalda?

—No tiré a ningún lugar determinado. Mi intención fue herirle en la espalda.

—¿Y pensasteis lo removeríais si le poníais dos balas en la espalda?

—Así pensé.

—¿Intentasteis poner allí las balas?

—Lo intenté.

—¡Pero decidme, decidme, acusado! ¿Desde aquella hora hasta ésta no habéis sentido jamás pesar ni remordimientos?

—Me apena haber hecho sufrir a alguien; pero no tengo duda de la divinidad y necesidad del acto.

—¿Jamás habéis sentido remordimientos?

—Libre está de ellos mi ánimo.

—Dice un testigo que os vio un día echar por una ventana a un pobre perro: ¿no sentisteis más remordimiento en dejar viuda a su esposa, y huérfanos a sus hijos, que el que sentisteis por haber roto la pierna de aquel perro?

—Bien... bien... por supuesto que sentí remordimiento en cuanto mis sentimientos personales.

Y aquí su voz se deslizaba como una queja, baja y pesarosa. Sentí tanto remordimiento como hubiera sentido cualquier otro hombre, y lamenté la necesidad del acto; pero (y aquí con reacción súbita, como ahogando aquella paloma blanca que acababa de aletear en el fondo de su recia alma) alzó la voz el reo.

—¡Basta! ¡Basta! —exclamó con voz vibrante el ahogado acusador—. El examen del testigo está cerrado.

—Pero —prorrumpió con su usual violencia el reo— mi deber para con el Señor y para con el pueblo americano se sobrepusieron a mis sentimientos personales.

Y añadió luego, como pidiendo gracia a los hombres:

—¡Si el Señor no me lo hubiera inspirado, no hubiera sido hecho!

Yérguese al punto Scoville, como para cerrar la honda herida abierta: para que no vibre en los oídos de los jurados aquel grito humano, arrancado al alma aletargada del preso: para que el eco de sus acentos de locura, de su frialdad monstruosa, de su fe en lo divino de su acto, sofoquen en la atención despierta de los jueces las ideas de castigo que aquel lamento trémulo y aquella voz sumisa han debido levantar. Lo interroga: le incita, da ocasión de que confirme en sus respuestas frías y crueles la creencia de que ser semejante o es criatura demente, o no es humana. Mas el lamento trémulo, la voz sumisa, sus negaciones, sus temores, su aceptación del debate el primer día, su renovación súbita de mayor demencia cuando el temible diálogo, se volvió en su contra, debilitan, si no echan por tierra, los esfuerzos generosos del buen Scoville. Y entró Guiteau en la sala al día siguiente con paso lento, con ojos apagados, con aire vago y triste. Revive cuando le declaran demente los expertos. Los conforta, los aplaude. Los guía. Revive cuando en su favor declara algún testigo. Renueva aquellas escenas de debate con su propio defensor, tan frecuentes ha pocos días. Reclama la dirección de su defensa. Abatido, ha surgido. Mas ya en estos instantes despliegan sus testigos la acusación.

Gran número de personas ha atestiguado en beneficio de la teoría de la defensa. El general Logan, que es alto político, dice que le fue a pedir un día recomendación para un elevado puesto, e iba Guiteau sin medias, y ruinmente vestido, y calzado de zapatos de goma. Y lo halló al día siguiente sentado en la mesa de comer de su casa de posada, y lo tuvo por loco. El abogado Reed, que le dio entrada a la práctica de la abogacía, cuenta de él cosas menudas, y todas singulares, y dice que recuerda que le dijo que era su libro tan inspirado por

Dios como el Nuevo o el Viejo Testamento. Un trabajador de la comunidad de Oneida declara que le pareció siempre hombre fuera de ánimo, y que se tenía Guiteau en la comunidad por un caudillo de los hombres, y persona grandísima; y pasaba a veces largo tiempo en soledad y como sin habla, y otras hablaba misteriosamente, y gesticulaba y clamaba de un modo desusado. Otro miembro de la comunidad afirma que era tal la pasión de sí mismo que animaba a Guiteau, que le hacía diferente en absoluto de los demás hombres, a los cuales se creía superior en muchos codos, y como nacido a regirlos. Storrs, afamadísimo abogado, y persona de peso, abocada ahora a altos puestos, lo juzgó «fuera de caja» mas no incapaz de distinguir lo justo de lo injusto. Declara un médico reputado que lo tuvo siempre por lunático. Un secretario de la campaña electoral, mueve en Guiteau gran cólera, porque afirma que su discurso le pareció cosa menguada, y enajenado el discursante. Asegura North, un viejo amigo de la casa, que el padre de Guiteau, que fue persona honesta y sincerísima, y muy amada, y digna de serlo, no tenía paces con los médicos a quienes echaba de la cabecera de los enfermos, y decía luego a éstos: «¡Levántate, anda!», y de tal modo le dominaba aquella fe que quedaba su faz descolorida como sin sangre. Y otras veces, se arrodillaba junto a la cama del paciente, y oraba en alta voz al Dios del cielo, porque hiciese huir al espíritu satánico de aquella criatura. Viene a declarar un caballero de pueblo, que no halla ocasión mejor de parecer grande hombre, y usa muy largamente entre las risas del concurso, de su fecunda prosa. Lleva en la alba camisa lujosa pedrería. Saca del bolsillo como hombre muy ocupado, cartas que trascienden a antiguas. Habla con deleite como si no tuviera presente ocasión de hablar de ellas, de sus cosas de familia. Muestra por Guiteau desdén tal que, de puro dramático, baja a cómico. Él conoció al anciano, y le hacía mofas por aquellas rarezas. Es verdad lo de los médicos. Y decía que todo hombre ha de tener abierta su bolsa a los demás hombres, mas que éstos no han de tomar de la bolsa ajena sino lo que le sea absolutamente necesario. Otro extraño testigo trae como voz de otro mundo a la asamblea. Es pálida su tez; de cavernas lucientes brotan sus miradas; le cae en rizos el cabello negro por los hombros. Habla lánguidamente, desesperadamente. Se diría que pasea por la tierra en busca de modo de salir de ella. Él da fe, no de que Guiteau sea loco, sino del singular celo, de la tenacidad sobrehumana, de la abstracción religiosa del preso en época en que ambos se vieron a menudo en una asociación cristiana, de modo que le pareció Guiteau persona de fe profundísima, y absorta en alguna nueva idea de religión.

De estas evidencias hace masa Scoville; de aquella madre enferma, con la cabellera cortada, y la naturaleza exhausta; de aquel padre fanático, que espanta al diablo, lanza al hijo a una secta extravagante, y cree en su unión corporal con el Creador; de aquellos parientes muertos en asilos; de aquellos proyectos singulares, de aquellas ambiciones sin tasa ni fundamento; de la profunda discusión política, que vino a sacudir aquella mente enferma; del molde violento que dieron al espíritu de Guiteau las pláticas de la comunidad en que vivía, junta el defensor un haz de bases y sobre ellas inquiere de los expertos en locura el juicio que por aquella herencia fatal, vida extraviada, violenta presión exterior, crimen inexplicable, y actual conducta, hayan formado del rebelde preso.

Y él rompe a hablar de esta manera:

«Deseo hacer un corto discurso. El punto sobre el cual quiero que los expertos determinen es éste: cuando un hombre mantiene que está compelido a hacer un acto ilegal por un poder que está más allá de él, y al que no puede dominar, mientras que su agencia moral está dominada: ¿hay cordura en ese hombre o demencia?»

Y dice el experto Kierman, que rechaza decorosamente las burlas y alardes amenos del inquieto Davidge: «Creo que está loco. Creo que hereda la locura. Creo en la demencia moral, y en que la mente está fuera de quicio, cuando la naturaleza moral está alterada. Creo que hay casos varios, pero ciertos, en que aunque no se alcance a descubrir lesión mental alguna, puede la demencia moral hacer irresponsable a un criminal. Creo que —a semejanza de un demente de Chicago que, juzgado por lo que él tuvo por revelación divina de que su esposa le era infiel, no la mató, sino le entabló divorcio— hay casos en que los hombres obran, regularmente, como si no lo fueran».

—Y si con todo eso que creéis —interroga la acusación— aunque bien sé que no dais dictámenes sobre hipótesis, os dice un hombre que se tiene por inspirado para cometer un crimen, y no hace luego cosa, ni en la comisión ni después de ella, que no sea de un criminal vulgar, ¿creéis en su inspiración?

—Mirad, caballero acusador, que lo que puede ser vulgar para vos puede no serlo para él, caballero experto.

—Vulgar. ¿Quién osa aquí decir vulgar? —interrumpe Guiteau bruscamente—. En este caso todo es de alto tono. Y me han dicho que mi mujer anda haciendo discursos que no me favorecen. Bien hará en callar, si no quiere oír de mí cosas mayores. Y no dice verdad, porque nosotros siempre posamos en casas de primera clase. Yo andaba siempre bien vestido, con buenas referencias, en buenos hoteles, posando con altos amigos, posando siempre en primera clase.

—Creo, continuaba el experto, que si hay desigualdad entre los dos lados de la cabeza, puede haber locura.

—¡Pues ése es mi caso! Yo tengo un lado de la cabeza más grande que el otro.

—Creo que si viene de herencia la mancha, tarde o temprano se muestra.

—¡Mi caso! ¡mi caso!

Y uno, dos, tres, cuatro expertos declaran lo mismo. Certificada la evidencia de cuanto se supone que es evidente, Guiteau está «incuestionablemente loco».

La prueba de la defensa se cierra. Se abre la de la acusación. Se abre tan anchamente, que entran por ella en tropel testigos numerosos. ¡Como que cada uno arranca un retazo del antifaz de aquel hombre, que se lo sujeta al rostro con desesperación, y se cubre la faz con los retazos que aún le dejan! Ya no se oyen risas sino comienzo de rugido. Crece el testimonio de cordura: crece la ola: crece la ira. Él clama que el caso político no está bien probado; y como a manos del juez Porter vino a tierra aquella floja tablazón en que había puesto en alto la imagen de la Divinidad, hace ahora de modo que pueda ser defendido por haber sido él la tormenta política, que cuando pasó él, sacudió cerca de su juicio, y le llevó la mente. A él no le hasta que el presidente Arthur, preguntado por Scoville, envíe al tribunal sus respuestas, sobre que le conoció y recibió visitas de él, y peticiones de empleo en la campaña electoral. Él quiere ver en la sala del jurado «a esos amigos»; y probar que estaba unido a ellos; mostrar que le veían bien, y él no andaba mal, ni vestía mal, y vivía en el hotel de la Quinta Avenida, que es en Nueva York magno hotel. Y anunció que luego que Scoville diga su discurso «quiero decir yo el mío, que Scoville es buen hombre y está trabajando bien, ¡pero él no sabe de esto!».

La procesión de testigos comienza implacable. El general Kerman, que llenó de tropas a Washington, imaginando que tan gran maldad como el asesinato del presidente, no podía venir sino de un conflicto nacional, dijo en tono severo al levantarse de su asiento de testigo: «Fue el acto de un hombre: de... ¡un hombre solo!». North y Hammerling, caballeros de pueblo, habían contado extravagancias del padre de Guiteau, que habían visto viviendo a par de él en un mismo pueblo; pero, vienen otros testigos de aquel pueblo, y destruyen ese benévolo testimonio. «Su mente era lúcida, su carácter era puro, su rectitud era grande en los negocios —dice un abogado de aquella población—, pero es verdad que creía que no había de morir.» Un comerciante de aquel pueblo mismo, no supo jamás de locura en los miembros que conocía en la familia del acusado. El médico de la casa, en aquella época en que dicen que el anciano expulsaba a los médicos, afirma que en varios años le trató de cerca, y le halló siempre de hermosa inteligencia y mente lógica: nunca oyó hablar de las manías supuestas.

—No había de ir mi padre —murmura el preso— a contar sus manías por las calles como un idiota.

Quiere el defensor probar que Flora, hija del segundo matrimonio del padre, del preso, está afligida de demencia: y el hermano de Guiteau, a quien su hermana se vuelve con los ojos encendidos y palabras coléricas, protesta airado contra aquella tentativa de dañar el carácter de Flora con falsos pretextos: y el fiscal del distrito anuncia que ha recibido una carta de aquella niña, una niña de dieciséis años, en que se duele con gran tristeza de ser así acusada de locura. Labriegos, hacendados, mercaderes, letrados del pueblo del anciano, todos concuerdan en que él no dio jamás, ni dieron los suyos señales de extravío.

—¡Parad ahí, testigo! ¿No creía mi padre en Oneida? ¿No fue durante veinticinco años el hazmerreír del pueblo? ¿No le veía todo el mundo como a un trastornado?... ¡Dejadme en paz, Scoville! ¡No me interrumpáis cuando yo hablo!

—No —repite el testigo—, vuestro padre no creía en Oneida, ni estaba loco.

—Me alegro mucho que el general Arthur haya vapuleado en su mensaje a los mormones. Deseo que haga una especialidad en su administración de destruir el mormonismo. Nos va a dar Arthur el gobierno mejor que hemos tenido.

Continúan los testigos declarando. Un senador del Estado a que pertenece el pueblo cuyos vecinos tacharon al anciano de enajenado, dice que fue el padre del preso hombre tan cuidadoso de la educación pública, que su nombre está en la lápida de honor de una de las escuelas de la villa; y el senador, que fue maestro de escuela, recuerda que a los seis años Guiteau no articulaba.

«¿Si era loco?» pregunta un rico del lugar: «¡era el tercer hombre en inteligencia del condado!».

Un vecino de Chicago publica en aquella ciudad que recuerda que el acusado, que le pedía entonces tenazmente negocios, le anunció hace dos años, que iba a Washington, y que allí haría cosa tal que le diese fama en todo el orbe. «¡Nada quiero saber de ese loco de Chicago! Jamás he hablado con hombre semejante» —dice Guiteau al jurado—. Mueve querella a todos los que declaran en su daño: se afana en probar que no le conocen bien. La hija de una tía de Guiteau, a quien la defensa dio como demente, afirma que no lo fue jamás su padre, y que su hermana, la pobre Abby, enfermó no de locura de sus padres, sino de la influencia magnética que ejercía en ella, extremadamente sensible, el francés de Bonneville, profesor de magnetismo y clarividencia. Hombres y mujeres de Boston y Chicago, que le trataron de cerca, le declararon cuerdo. Narra un sacerdote de Nueva York una breve historia de bribón bien vestido, que sorprende acompañado de su esposa a una asociación sagrada, y obra en ella galante y cuerdamente, hasta que empieza a mostrar su real naturaleza, y a tomar dinero de unos, y a estafar a otros y a caer en prisión hasta que los asociados, en fin, lo encausan y expulsan por cargos, que él no niega, de grandes inmoralidades. Se revuelve en vano Guiteau contra el sacerdote. En vano quiere interrumpir la narración bochornosa, la defensa: «¿A qué traéis ese testigo?». «¡A probar que lo que llamáis demencia no es más que una profunda depravación moral!» Y la sala entera rompe en aplausos ardientes y estruendosos.

Y hoy mismo, hoy mismo que os escribo, ya la ola le llega a la garganta. Ha roto todo freno. Un testimonio le hiende la cerviz, y se anonada al golpe, para alzarse después con mayor furia: ¡aquí lo tenéis! Ha tomado dos almuerzos. Entra temblando. «¡Poneos bien cerca, bien cerca!» dice en voz baja a sus guardianes. Lo escarnecen, lo injurian mortalmente. Pasa, como bajo lluvia de pedradas. Ya os dije que parecía un gato montés acorralado. Salta a cada testigo que llega. Anuncia sobre lo que va a testificar. «Os debo $20», grita a uno. «Os debo $70», dice a otro. A casi todos debe. Así se oye que el padre de Guiteau murió de hidropesía, complicada con inacción del hígado, que acabó en infección de la sangre, lo que produjo en el enfermo el usual delirio de estos casos. Así se presentan los que le han alquilado escritorios, y le tuvieron por vivaz y por activo. Ahí dice uno que le dijo que iba a hacerse teólogo porque no lo estaba haciendo rico ser abogado: saltó sin transición del escritorio de letrado a la plataforma de lector religioso. Era egoísta y presumido; pero parecía hombre hábil. Allí entra uno a quien Guiteau estafó $300. ¡Escena escandalosa! ¡Le llama perjuro! ¡bribón! ¡desvergonzado! El hombre es implacable: Guiteau fue su abogado, y tomó para sí el dinero que le dio para que le buscase fiador; al salir de la cárcel vio a Guiteau rodeado de una turba de presos a quienes había defendido de igual modo —que le llamaban ladrón y estafador— se ve bien que era un abogadillo lleno de artes, y una mala persona. «¡Vaya si gastáis dinero en vano!» increpa al acusador. «¿Qué importa que estuviera yo sano hace diez años si estaba loco el día 2 de julio?» Y así acaba la sesión, entre testimonios anonadadores. El reo habla a borbotones. La defensa está confusa. La concurrencia no tiene ya aquel noble carácter. La acusación está segura de sí. El carro que lleva al asesino a su prisión va seguido de los policías a caballo que lo custodian, de perros que ladran, de hombres que vocean, de chicuelos que le injurian. La muchedumbre en masa, al verlo, se desata en denuestos, en palabras de espanto, en gestos de odio. Él va huraño, desconcertado, como herido; si se pusiera un papel frente a sus ojos, quedaría el papel atravesado, como de daga.

¿Qué más queréis que os diga? ¡Cansa andar al lado de ese hombre! Instruye pero fatiga. Me falta espacio para escribiros que el presidente Arthur ha enviado al Congreso un excelente mensaje, que es la suma de la vida actual de la nación, y una revelación de su vida próxima. No quiero escribiros que un italiano ha matado hoy a su esposa y a su madre, y ha querido luego matarse a sí. Es ya cosa vulgar que Ida Ullman pida a su amante que la abandona $25.000 en pago del rompimiento del contrato. Es naturalísimo que el presidente Arthur quiera, como quiere, tener un periódico que defienda principalmente sus propias miras. Os digo esto para que alejéis con estas mezcladas nuevas, ese aire de ala de búho que queda como pegado a las sienes, luego de haber tenido durante tan largo tiempo fijos los ojos ¡en ese hombre hoffmaniano, misérrimo, diabólico!

M. de Z.

La Opinión Nacional. Caracas, 27 de diciembre de 1881

15. Carta de Nueva York. Las pascuas. Pascuas y Christmas. La caja de presentes. El calcetín maravilloso. El buen Santa Claus. La Chanucka. Los hijos de los peregrinos. El caballero Frelinghuysen. Todo, todo, todo. Flores pascuales

Nueva York, 24 de diciembre de 1881
Señor director de *La Opinión Nacional*:

Ciérranse el Congreso, las casas de gobierno, los colegios; parecen las calles calzadas de romería; las tiendas rebosan; los hogares se conmueven; los hombres graves se animan; las madres se afanan; hay rostros muy tristes, y rostros muy alegres; se venden por la calle coronas y arbolillos; gozosos, como pájaros libres, dejan su pluma el escritor, su lápiz de apuntes el mercader, su arado el campesino: la alegría tiene algo de fiebre —iy la tristeza!—. Los desterrados vuelven con desesperación los ojos a la patria; los pequeñuelos los ponen con avaricia en los mercados llenos de juguetes: todo es flor, gala y gozo; todo es pascuas.

Nueva York es en estos días ciudad ocupadísima: es fiesta de ricos y de pobres, y de mayores y pequeños. Son días de finezas entre los amantes, de efusión entre los amigos, de regocijo, susto y esperanza en los niños. La madrecita pobre ha esperado a las pascuas para hacer a su hija el traje nuevo de invierno, con que saldrá el domingo pascual, como cabritillo en día de Sol, y a triscar por las calles populosas. iRubíes hay de alto precio en las acaudaladas joyerías, mas no vale ninguno lo que valen esas gotas de sangre que acorralan los dedos afanados de la madrecita buena! Los jefes de familia vuelven a sus casas sonriendo con malicia como que llevan ocultos en los amplios bolsillos del abrigo, los presentes para la esposa y los hijuelos. La abuela generosa vuelve toda azorada de las tiendas, porque no sabe cómo podrán entrar a la casa sin ser vistos de los vigilantes niños, los regalos misteriosos que vienen estrechos al que los carga. Los lucientes carros en que los grandes bazares envían a la vivienda de los compradores los objetos comprados, cruzan con estrépito y prisa las calles animadas, entre racimos de pequeñuelos concupiscentes que ven absortos y malhumorados aquellas riquezas que no son para ellos, o se agolpan a la verja de hierro, en torno de la madre que en vano los acalla, para ver bajar del carro bienvenido la caja de las maravillas. iAy, qué tristes los que ven pasar el carro! ¡Oh, qué aurora en los ojos de los que lo reciben! Conciértanse las vecinas para ir a las tiendas y elegir regalos; pone el empleado del mercader aparte la soldada de la semana, para comprar con ella presente lujoso a su prometida o amiga; dispone en su mesa el dueño de la casa los asientos de sus amigos más queridos; cuelgan los padres en las horas de la noche, por no ser vistos de los hijos candorosos, de bujías de colores y bolsillos de dulces y brillantes juguetes, el árbol de Christmas; recuentan de antemano las doncellas vanidosas cuántos galanes vendrán a saludarlas en las alegres pascuas y cuántos saludarán a su vecina. Doblan los periódicos sus páginas, y las acompañan de láminas hermosas, llenas de nevadas campiñas, de revoltosos venados, de barbudos viejos, de chimeneas abiertas, de calcetines próvidos, los símbolos de Christmas. Aderezan los pastores el órgano sonoro de sus templos. Y dispónense a baile suntuoso los magnates de la metrópoli, y los alegres, que son otros magnates. La alegría es collar de joyas, manto de rica púrpura, manojo de cascabeles. Y la tristeza ¡pálida viuda! Así son en Nueva York las pascuas de diciembre.

No son, como aquellas de España, fiestas de pavo y lechoncillo, ni días de siega de lechugas y aderezo de atunes y besugos. Oyense allí por todas partes, en los contornos de la ancha Plaza Mayor, chirimías y dulzainas; y una madre gentil ha puesto alas de cera a su hijo alegre, y la otra, cachucha de soldado, y éste compra tambor y aquél zampoña, y la señora Petra está celosa porque no tiene en su ventorrillo un tan galano nacimiento, hecho de cartón pardo y polvo de oro, como el que luce cerca de ella la corpulenta señora María. Vense debajo de las espaciosas capas, descomunales prominencias, y son pavos; y asoman por la cesta repleta, como diablillos retozones, los rábanos frondosos. El duque y el teniente cenan a la vez y la costurera y la chulina, y con igual afán se acicalan en la taberna de Botino los conejos famosos; como se salpican de rojo pimentón en la tienda de pasteles y chorizos que está junto al teatro del Príncipe, cual la vieja España bajo el ala de la nueva, los embutidos extremeños y las farinetas salmantinas; como el suntuoso Fornos saca de su bodega los añejos vinos, y deja en las botellas señales del polvo nobiliario, a que luego la viertan manos blancas sobre las trufas de Perigord, gustosas y aromadas, y el hígado de ganso de Estrasburgo. La fiesta es la escena que remata en misa.

No son las Christmas del yanqui como las Pascuas del hidalgo. Ni es la cena sino mero accidente de este regocijado jubileo. Las Christmas son las fiestas del dar y del recibir; de hacer donativos al pariente pobre; de ostentar sobra de dinero; de buscarlo para ostentarlo; de visitar a los conocidos; de enviar, con ramos de flores, artísticas tarjetas de dibujos pascuales, de engastar en el pie del ramillete fragante, serpenteantes cables de oro, que se usan en este invierno como anillos. Las Christmas son las fiestas de niñas casaderas, que acaparan en ellas presentes de relacionados y conocidos, se dan con júbilo al placer desenfrenado de la compra, prenden flores al traje de máscara que lucirán en el baile de la noche, y aguardan, en la cohorte de amigos que ha de venir a desearles pascua alegre, a aquel de entre ellos con quien es más alegre la pascua, y la amistad más deleitosa. Las Christmas son las fiestas de los padres que ven, como nidal de tórtolas gozosas, agruparse en torno a la mesa de los regalos, la niña esbelta, el varón apresurado, la crianza balbuciente, y olvidan las desventuras de la tierra en aquel gozo ingenuo y celeste compañía. Las Christmas son la fiesta amada de los pequeñuelos, cuyos deseos de todo el año van siendo encomendados a este día solemnísimo, en que se entrará el buen viejo Santa Claus por la chimenea de la casa, se calentará del frío del viaje junto a las brasas rojas que se consumen en la estufa, y dejará en el calcetín maravilloso que cada niño pone a la cabecera de su cama, su caja de presentes. Y luego, subirá chimenea arriba, se calará su turbante recio, se mesará la barba blanca, se echará sobre el rostro la capucha para ampararse de la nieve, tomará la rienda de los ligeros venados que arrastran su trineo, y echará a andar por los aires, a los alegres sones de las colleras de campanillas, hasta la chimenea del niño vecino. A Santa Claus, que es el buen Santo Nicolás, ruegan los niños todo el mes de diciembre; y le prometen conducirse bien, como a la Lela Marien, que es la dulcísima Virgen, ofrecen en casos graves las gallardas moras; Y le escriben cartas, y le incluyen la lista de los presentes que desean; y piden a sus padres que le envíen un telegrama, para que la respuesta venga pronto. Y Santa Claus es muy bueno, ¡y siempre responde! ¡Oh, calcetín prodigiosísimo! Los niños quieren esta noche tener pies tamaños, como los de los gigantes de Perrault. Nada despierta como el deseo, y al alba ya están despiertos. ¡Qué resonar de clarines! ¡Qué redoblar de tambores! De aquel calcetín salen, como de un cuerno de la abundancia: ¡vestidos completos, arreos marciales, botines de seda, muchedumbre de confites, gorras de piel de foca, estuches de carpintería, bastones, relojes, juguetes, hermosísimos libros! ¡Qué reír! ¡Qué vocear! ¡Qué darse celos! ¡Qué ser felices! ¡Oh, tiempos de dulce engaño, en que los padres próvidos cuidan, a costa de ahogar los suyos, de la satisfacción de nuestros deseos! ¡Qué bueno es llorar a mares, si podemos traer con nuestro llanto una sonrisa a los labios del hijo pequeñuelo! No hay como vivir para los otros, lo que da suave orgullo y fortaleza.

Tiffany es poderosísimo joyero. Museo es su casa, no tienda: exhibe en un piso maravillas de cerámica, y en otro, castos mármoles y ricos bronces, y en otro tal cúmulo de costosa prendería, que no parecen aquellos mostradores propiedad de mercader privado, sino tesoro de monarca persa. Ira y piedad levanta el puñado de gentes ávidas que rodea siempre el mostrador de los diamantes. Parecen esclavas, prosternadas ante un señor. Una esclava es más dolorosa de ver que un esclavo. ¡Cuánto deseo! ¡Cuánta sonrisa forzada! ¡Cuánta tristeza! ¡Oh, si miraran de esa manera en el alma de sus hijos: qué hermosos diamantes hallarían!

Y ahí van los compradores ricos en estos días de fiesta. Cuál celebra el «diamante de Tiffany», de tintas canarias, que fue traído de Kimberly, en el África Meridional, y vale $50.000; cuál anhela una pluma, cuajada de piedras, que vale 10.000 pesos, porque no tiene menos de seis mil brillantes; cuál compra una mariposa, o una abeja, y paga por ella 1.500 dólares. Tiffany es como jefe de ejército, y su casa como campamento, cuyas tiendas son de tapices de Esmirna y de Flandes, al pie de cuyos pliegues ricos yacen aceros de Damasco y de Toledo, y copas de oro y plata. Tiene una cohorte de obreros y otra de vendedores, y otra de inventores. De las supersticiones, de las leyendas, de los mitos, hacen joyas los imaginadores que tiene a sueldo Tiffany. Cada año saca a sus mostradores prendas nuevas, como las que andan en boga en Europa, o como los inventores se las aconsejan. Hoy es un cerdo de oro, que se lleva como alfiler de corbata, y como pendiente de dama, y como sortija; mañana es un anillo, sujeto al cual flota un candado cubierto de turquesas, cuya llave menuda da la amada al amado, como en símbolo de fe: ahora son anillos abiertos, en forma de sierpe, ya de cordón trenzado, que luce un brillante en el centro, y rubíes, turquesas o esmeraldas en los remates.

Regálanse en estos días las joyas más costosas. Los caballeros envían a las damas, ya puesto como piedra en una sortija, un carcaj de oro lleno de brillantes pequeñísimos; ya piedras extravagantes, que llama de ojo de gato, con diamantes lucientes de un lado y del otro; o ponen en un anillo tres piedras de colores blanco, rojo y azul, y con ellas quieren decir pureza, amor y lealtad. Las damas envían a su vez a los caballeros, tabaqueras lujosas, de bronce y esmalte, que les cuestan dos centenares de pesos; o alfileres de corbata que ostentan, cuando no la esquina de una calle en oro, perlas de forma rara, que imitan ave o cuadrúpedo, montados en oro, plata o hierro. Gran precio pagan ahora las niñas apalabradas de matrimonio por monedas del viejo Egipto, Roma o Rusia, que hacen aderezar elegantemente, y envían luego a que sirvan de prendedor a las corbatas de sus dueños. De bastones, de enfriadores de vino, de estuches de viaje, de tinteros ricos, hacen presentes las damas a los galanes. Y llenan los estantes de las tiendas, elefantes de plata que cargan en lindos frascos penetrantes esencias: frutas de ónice, de México que alcanzan aquí excelente precio, falderos dorados que con su hociquillo agujereado anuncian que son humildes saleros: escudos brilladores que encubren juegos elegantes de aseo de manos, viaje o costura. Y casas de libros, que se parecen a la biblioteca de Alejandría. Y cuentos de niños, hacinados en montañas. Y colosales sombreros de damas; breves chinelas; rudos zapatos, cisnes de alas abiertas, rosas gigantes que se abren, apenas se las toca, en jugosos dátiles de Esmirna, o turrones fragantes, frutas azucaradas o castañas suaves. De todo se hace regalo en estos días: de lo de lujo y de lo de uso.

Si unas manos benévolas emplearon sus ocios en tejer con estambre unos mitones, que en esta tierra se usan para amparar del frío a las muñecas, no desdeñará el lujoso caballero ostentar, cual joya de valía, como que lo es más que otra alguna, el donativo familiar. Si una hija hace aposento de seda, todo lleno de rizos y de lazos, para los enseres de aseo de su padre, éste lo pondrá orgulloso en lugar preferente de su alcoba, como antiguo guerrero su panoplia. Si una amorosa niña borda con sus delgadas manos, en cinta de seda el nombre de su amigo, éste colocará reverentemente, para que sepan que es querido, la linda cinta como señal del libro más preciado entre los que adornan su chimenea de hombre soltero. Se encontrarán el domingo de Pascua los conocidos, ya en el salón de las casas, que para recibir estas visitas se alhaja con especial esmero, ya en el baile risueño, donde danzan los aturdidos convidados en torno al resplandeciente árbol de Christmas. O se saludarán en los días previos en esas calles rebosantes que con parecer hipódromos griegos, por lo luengas y amplias, vienen cortas y estrechas a la muchedumbre bulliciosa que se apiña a las puertas de los almacenes babilónicos, o lucha por poner los ojos en los palacios de niños, o patios de reyes, o escenas de caridad con que las grandes tiendas adornan sus aparadores.

¡Qué multitudes! ¡Son bosques humanos! ¡Qué tiendas! No fue más animado, ni tuvo más compradores, un mercado de Tiro. Afluyen en las calles, como ríos, procesiones de paseantes: el buhonero pregona sus baratijas: amparado de la lluvia, que no detiene a los compradores, por fuertes botas, gabán fuerte y gorra de hule, el guardia de policía alza en su brazo robusto su bastoncillo corto, a cuya señal detiene los fornidos corceles el cochero de casa poderosa, y enfrena sus caballos pesados el carretero que lleva su carro rojo lleno de altos cajones; y el férreo irlandés que conduce con su montuosa mano el vagón del tranvía, para de súbito los brutos espumantes y nerviosos, en tanto que el guardia dirige el paso de aquel núcleo de transeúntes de una acera a otra, tras el cual, a otra señal del corto bastoncillo, emprenden su bulliciosa marcha, vagón, carro y carruaje. Todo el día es comprar y vender. Museos son las aceras, las manos fuentes de oro, las gentes, locos ávidos. Y de noche, entre los rizos rubios de los niños, revuelan sobre la cándida almohada, sueñecillos azules.

¿Qué suceso ha de alcanzar importancia en estos días de tantas lágrimas calladas de las madrecitas para cuyos hijos no entrará el buen Santa Claus por la ruinosa chimenea, y de tantos delicados gozos para el padre que llevará a su prole una casa en miniatura, por cuyas puertas y balcones han de verse, en salones liliputienses, libros, juguetes y ricas prendas de vestidos? ¿En qué acontecimiento ha de ponerse mente atenta, en estos días en que domina a los hombres ansia de hogar y goces puros, y descansan las plumas y las malas pasiones, y como palomar en día de estío, abren las alas las pasiones buenas? El proceso mismo de Guiteau, del que apartaremos hoy los ojos por no poner en nube sonrosada cendales de lutos, se ha arrastrado como en desmayo y fatiga, ya por ausencia de testigos, ya por locuacidad de algunos de ellos, ya por la muerte de la esposa de uno de los jurados. En bronce hacen el busto del criminal, cuyo molde se dejó tomar con insana complacencia, luego que le convencieron de que bien valía el sacrificio de sus barbas, de que estaba muy pagado, el júbilo de ser admirado en efigie en los tiempos venideros. Y la que fue su esposa, del brazo del que es hoy su nuevo esposo, entró con su pequeña hija de la mano en la fría celda del preso, y entre sollozos y palabras lúgubres, desearon bien y dijeron adiós al asesino.

Asoman, entre el andar de las gentes, el trenzar de las coronas, Y los ramos verdes del árbol de Pascuas, concepciones monstruosas, como una compañía peruana, que mantiene que los hombres del Norte de América tienen derecho a todo el oro y riquezas todas de la América del Sur, y a que en el Perú se haga lo que ha comenzado a hacerse en México, lo cual ha de empezar porque, en pago de un crédito de aventurero, abra el Perú todas sus minas a los reclamantes avarientos, sus lechos de oro, sus vetas de plata, sus criaderos de guano; y, en prenda del contrato, sus puertos y ferrocarriles.

Y los hebreos celebran su Chanucka, y los hijos de los peregrinos el desembarco de los mensajeros de la libertad, que un día 11 de diciembre llegaron a las playas de la misteriosa América hace doscientos sesenta y un años. De su religión, los hebreos como los polacos, hacen patria. ¡Otros la hacen de un amor, y muerto él, van por la tierra como desterrados! ¡Otros la hacen de un sueño! Aquella lengua raizal, como fue hecha y hablada en tiempos raíces, de que han venido luego estos pueblos de ahora, como frondosísimo ramaje, es conservada con pasión, cual joya de familia, en la casa de los judíos. Para ellos, la indiferencia religiosa, no es delito, de incredulidad, sino de traición. Dejar solo el templo en los días de fiesta, es desertar de las banderas de la patria; y ¡de la patria puede tal vez desertarse, mas nunca en su desventura! Cierran talleres y tiendas en los días consagrados por su iglesia, y celebran con danzas y festines las hazañas de Judas Macabeo, que se llamó el Macab, porque dio golpes de maza en el testuz de los tiranos, y entró triunfante, a la cabeza de sus huestes redentoras, en el templo, que había profanado el vil Antíoco. Todo lo cual aconteció hace más de dos mil años. Como injurias mortales y recientes, abominan aún los judíos las groseras profanaciones del sanguinario rey de Siria, que regó con agua en que había hervido un cerdo, el templo venerado de Salomón, y dio muerte a tantos judíos que fue la hecatombe terrible, más alta que el templo. Aún calientan el rostro pálido y enjuto de los hebreos de ahora, las llamas en que echó a arder Antíoco Epifanes las Santas Escrituras. ¡Aún sienten aquel ardor que llevó a sus antepasados a cobijarse bajo la bandera de Matatías, rebelarse fieramente contra el general del rey, y echarse, como mar en cólera, por llanos y montañas!

Los hijos de los peregrinos tuvieron también su fiesta: mas ¡ay! que ya no son humildes, ni pisan las nieves del Cabo Cod con borceguíes de trabajadores, sino que se ajustan al pie rudo la bota marcial; y ven de un lado al Canadá, y del otro a México. Así decía, a la faz del presidente de los Estados Unidos, que se sentaba a la cabeza del banquete y es miembro de la asociación celebradora, un caballero senador que dijo, por otra parte, con justicia, que le movía a cólera y desprecio, el hombre menguado que por pereza o ignorancia se negaba a tomar parte activa en los asuntos de su pueblo. Decía así el senador Hawley: «Y cuando hayamos tomado a Canadá y a México, y reinemos sin rivales sobre el continente, ¿qué especie de civilización vendremos a tener en lo futuro?». ¡Una, terrible a fe: la de Cartago!

Sobrado de actividad se mostró en la secretaría de Estado el esforzado Blaine. De una parte, púsose de pie en las montañas del istmo, y abrió los brazos para impedir el paso a pueblo alguno de Europa. De otra, intimó a Inglaterra que dejase a la Unión Americana, señora exclusiva de la América, a lo que se opone el tratado de Clayton-Bulwer. De otra, apoyó con premura, en forma de negociación de paz, la reclamación que, como compradora de los derechos de un francés andariego, hace, por suma loca una compañía de explotadores al Perú. Y el presidente Arthur, no bien sale de la secretaría por propia voluntad y miras de partido, el innovador y denodado secretario, le reemplaza, atendiendo a la petición urgente de paz y cordura de la prensa, con un caballero mesurado y grave, de hábitos conservadores y juiciosos, de rostro lampiño, como de astuto abogado; de fama excelente, a quien viene la habilidad política de padre y abuelo, que fueron gente de nota: el caballero Frelinghuysen. Y como no tenía orador la Cámara de representantes, eligieron éstos, más por derrotar al candidato Hiscock, que es intrépido y temible, que porque acompañasen al electo merecimientos singulares, a un diputado que antes de cruzar palabras, cruzó balas, y manejó a un tiempo los libros y el azadón: el general Keifer. Viste como hacendado; habla correctamente, y discute con destreza y fluidez; y muestra en su rostro expresivo y abierto, la decisión y el ímpetu que requiere su puesto codiciado. ¿Pero cómo hablar de ellos ahora, si huyen hoy como todos del bullicio público, y dejan sus asientos cómodos, y van, caminito de Pascuas, a colgar el uno su cartera, y el otro su nuevo título, en el árbol de Christmas que les espera en sus hogares?

¡Ved! Aquí pasa un árbol de Christmas: es de bálsamo, porque son tenidos por vulgares, y se dejan para gente modesta, los de pino y los de cedro. ¡Ved, cuánta corona de flores y hojas secas que vienen de Alemania! ¡Cuánta estrella, hecha de mirtos y siemprevivas! ¡Cuánta guirnalda, hecha de laurel y acebo! ¡Cuánto adorno valioso, que se colgará luego en las paredes del comedor engalanado, y en puertas y ventanas! ¡Ved el muérdago, la rama sagrada de los galos, ante la cual juraban las sacerdotisas y los druidas eterno odio a César, y cuyas palmas verdes, a los acentos bélicos de la magnífica Velleda, postraban en el bosque misterioso, en la pálida luz de noches tibias, frente a los mudos y divinos dólmenes! ¡Ved estas violetas, que son de Nápoles y Parma! ¡Ved esos cestos de rosas, grandes rosas de Francia; de claveles encarnados; de inmortales amarilis, que vienen de Italia; de jacintos romanos; de camelias japónicas! ¡Y tomadlas y ponedlas junto a la cuna de vuestro último hijo, que es mi don de Pascuas!

José Martí
La Opinión Nacional. Caracas, 6 de enero de 1882

1882

16. Carta de Nueva York. Año nuevo. Jubileo de cortesía. Knickerbockers y yanquis. Casas de ricos y casas de pobres. Vestidos suntuosos. El año nuevo del presidente, el del orador y el del asesino

Nueva York, enero 7 de 1882
Señor director de *La Opinión Nacional*:
El año nuevo ha nacido coronado de nieve, ha sacudido su manto real, y ha llenado la tierra de copos blanquísimos. ¡Ay, dicen que la nieve es necesaria en estas tierras invernosas, para amparar del frío las semillas y las raíces de las plantas; mas el ánima azorada suele verla con aquel espanto con que ve la gacela al cazador, y como ella de él, huye el alma de la nieve al bosque: al

bosque de sí misma! A bien que harto lloró Boabdil, y no sienta bien el llanto en rostro de hombres. Es día de ir y venir el día primero de año; día de jubileo, en que no se cambian deudas, sino las de cortesía; día de anhelo y estreno en las damas, y de peregrinación en los galantes caballeros. Vacíanse de carruajes los vastos establos; calles de Semana Santa en pueblo católico semejan las calles: parece todo el mundo montado a caballo; hay frente a cada puerta un coche; el galán que entra tropieza con el galán que sale; adivínase el plácido rostro de los hombres que vienen de ver damas. No hay cosa que disponga el ánimo, y que remoce y regocije, como hablar con mujer. ¡Así deben volar los céfiros felices, cargados del perfume de las flores!

No es aquí uso, como en Francia, acompañar de presentes los saludos, que esto se hace en las alegres Christmas; ni es día, como en España, de regalar a carteros y porteras, si no que —al modo de los viejos holandeses que alzaron en torno a esta bahía, siguiendo la caprichosa senda marcada por el ganado vaga-bundo, las primeras casas— es costumbre que cada caballero visite en este día a las damas que conoce, las que se juntan luego al día siguiente, y comparan con ojos brillantes de ansia y celos, como Tenorio y Mejía sus conquistas, el número de galanes que les desearon año bueno. Y así como en los solemnes banquetes de la antigua Filadelfia, celebrados al calor de los amables leños, y a la luz de macilentas bujías, era pecado grave que el señor de la casa no bebiese separadamente, cual lo ordenaba la cultura puritana, a la salud de cada uno de sus huéspedes, así se mira en estos tiempos como culpable negligencia, y ofensivo desdén, que deje un caballero de llamar a la puerta hospitalaria de las damas que aguardan ansiosas a cada visitante, cual justador de la palma apetecida, o cual romano centurión la corona de laurel.

Con gozo igual, reciben las damas las visitas y las hacen los caballeros. Ya en los días anteriores publican los periódicos respuestas a las preguntas curio-sísimas que jóvenes inexpertos, o visitadores embarazados, les dirigen. Cuál quiere saber si ha de llevar guantes a la visita de año nuevo, y si sentará bien la casaca en visita de día, a lo que le corresponden que lleve guantes y no lleve casaca; y cuál pregunta qué brazo ha de dar a la dama que le toque en suerte acompañar a la mesa y si ha de doblar o no la servilleta después de haber fes-tineado, a lo que le dice el diario que dé a la dama el brazo izquierdo, para que pueda prepararle con el derecho el asiento que a su derecha ha de ocupar, y le aconseja que no doble la servilleta, sino que la deje caer con descuido elegante al lado del plato del festín. Pide una dama a un diario idea de un vestido propio para recibir a sus amigos el día de año nuevo, y otra ruega a otro diario que le indique si le estará mejor llevar joyas en su tocado, o poner una humilde margarita de plata en el cabello, a lo que opina el diarista con buen juicio, que le estará mejor la margarita humilde.

Entran en estos días previos, en las casas pobres, que alardean de adineradas, paquetes vergonzantes, que son de copas, o de los modestos manjares que aderezan para obsequiar a los que, con el alba del año, hayan de favorecerlas; y los hombres de color y las elegantes suizas que aquí hacen los oficios de la casa en las suntuosas viviendas de los acaudalados, repasan y aprontan para la fiesta, los ricos vasos de plata, y las artísticas bandejas en que han de servirse a los atentos huéspedes, los aromosos vinos que guardaban las bodegas de los dueños. Y ponen en lugar fresco los vinos rojos, porque así son mejores, y quitan de él los vinos graves, porque éstos han de servirse un tanto calientes. Si tropiezan con Chateau Iquem del 70, lo dejan a un lado porque es de días comunes, y buscan el del 69, que es vino de fiesta. Ha de ser de Duff y Gordon el buen jerez, o de Domecq, porque en el jerez se paga la bondad y la fama. El de Málaga ha de ser del que usan los sacerdotes españoles para sus misas, porque si catador neoyorquino sabe que no es el Málaga sacramental, no bebe Málaga. El Madera es vino muy gustado en esta tierra. Cuenta la leyenda que John Hancock, que era antes de la guerra de Washington, un gran mercader de la próspera Boston, acostumbraba en los días de gran festejo, llenar la fuente pública de vino de Madera, del que bebía libremente el pueblo agradecido: mas no ha de ser este vinillo isleño más viejo que el de la cosecha de 1813 ni más joven que el del 46. Y ron, si se ha de servir, ha de ser de la Antigua, y de veintiún años.

Porque de los fundadores de Nueva York viene a sus actuales habitantes el hábito cortés y pintoresco de revolotear de casa en casa, que parecen ramilletes de flores, como mariposas mensajeras de buenos deseos el día de año nuevo; pero no han heredado los neoyorquinos la sencillez de los fundadores. Juntábanse antes, en estos días, los contertulios y relacionados, que se abstenían de bebidas en la presencia de las damas, y no cataban a sus solas más que vinillo de maíz, cebada y trigo, que hacían muy bien los cosecheros del viejo

Kentucky y la histórica Marilandia; pedíase gravemente a la severa matrona que rodeada de sus ruborosas hijas recibía la visita, su venia para acudir el año próximo a desearle un feliz año. Y en la familia se hablaba de los elegantes bailes de Filadelfia, que ponía entonces la moda; de los magistrados y pastores de Boston, que era ya entonces centro de cultura; y de los regocijos del otoño, en que era uso que los vecinos se reuniesen en el cortijo del vecino, y se ayudasen por turno a deshojar la cosecha de maíz, lo que era ocasión de risa y gozo, porque el que hallaba una mazorca picada tenía el derecho de golpear el rostro de los varones de la junta, y el que hallaba una mazorca roja, el de besar en la mejilla a cada una de las niñas solteras que hubiese en el cortijo: y si era la niña la que hallaba la mazorca ¡qué susto! ¡qué deseos! ¡qué suplicar con los ojos el de los galanes! Porque la niña besaba entonces al que le pareciera, en la comunidad, más digno de un beso.

Hoy se hacen las visitas a manera de ráfaga brillante. Detiénese en la puerta el carruaje bullicioso: salta de él en traje de día el visitador: tropieza en el umbral con el artesano corpulento o el empleado agradecido que vinieron a dar fe de su cariño al dueño de la casa: y entra a la sala deslumbrante, en donde ricas damas responden con volubilidad e ingenio al saludo de usanza. Y allá, en el fondo, resplandece la mesa de año nuevo, que es mesa que cuesta a veces a sus dueños, dos millares de pesos. Viste el visitador como de viaje; pero las damas se han acicalado grandemente. Van como sobrevestidas estas damas, y no se nota en ellas aquella artística analogía entre la esbeltez que da al cuerpo un espíritu elegante, y las ropas que ciñen el cuerpo, sino una como superabundancia corporal, que da a las damas aires de esposas de mercader, que pasean a los ojos de los compradores las maravillas de los almacenes de su esposo. Era de verse más la seda del alma que la del traje: y aquí es ésta tanta, que no se ve aquélla. Unas llevan sobre traje de seda carmesí, flores de plata: otra ostenta delantal riquísimo, que venden los parisienses a 175 pesos vara, y está todo bordado a la mano, al modo japonés, de raras aves y grandes rosas sobre fondo crema; y otra lleva bordado en el delantal un gran relámpago de oro, en forma de rama seca, cuyas escasas hojas están hechas de rubíes, cuentas, ámbar y zafiros. No usan ya por bien del arte y de los ojos, aquellos altísimos tocados con que se robaban las damas de los knickerbockers —que viene a ser aquí como noble de abolengo, descendiente de fundadores y fue realmente el nombre de éstos— aquella ingenua e infantil belleza de las cabezas femeniles, que ahora se adornan con sus propias galas, y una que otra florecilla púdica: mas reviven las neoyorquinas los viejos brocados, y opulentas flores de relieve ornamentan de nuevo los vestidos, en los que se tiene a gala imitar los colores de la madera húmeda del bosque, y los oscuros matices del bronce y oro.

Tal suma de gastos, que con trajes semejantes y la lujosa mesa, vienen a ser de verdadera monta, van siendo causa de que muchas familias que gozan fama de acaudaladas, y que no quieren perderla, tomen pretexto de la muerte de algún pariente lejano, o la de su deseo, para colgar a su puerta una elegante cesta, atada con una cinta negra, en la que dejan los visitantes sus tarjetas; o cuelguen simplemente la cestilla, adornada de cintas azules, o saquen al umbral un jarrón rico, puestos allí también a recibir tarjetas, en tanto que comentan en lo interior de la casa lo enojoso de obedecer a costumbres que se van haciendo ya vulgares, o disfrutan de este día de fiesta en el abrigado hogar de alguna aldea vecina. ¡Qué rodar de carruajes! ¡No cesa en todo el día! ¡Qué recibir visitantes! Sorprenden en esta faena a las damas las campanas de la media noche. ¡Qué entristecerse el de las niñas casaderas, si no vienen a verlas caballeros numerosos! ¡Qué regocijo el de la casa de los pobres, cuando la campanilla desusada anuncia un visitante! Así es en Nueva York el año nuevo. Y en Brooklyn, dos mil personas, en interminable procesión, saludaron a un anciano de faz roja y blanca y larga cabellera, al orador Beecher. Y en Washington, no recibió a más gentes el presidente en la casa del Estado, que el orador recibió en la suya en Brooklyn. Y en su celda, rebosante de júbilo, y de insana soberbia, de pie, como un monarca, junto a la ruin mesilla de los presos, respondía Guiteau con sonrisas afables y frases graciosas, a trescientas personas que fueron a desearle venturoso año nuevo. ¡O curiosidad, o monstruosidad! Esas visitas no son obra de piedad, sino sanción de un crimen. Y no eran los visitantes personas conspicuas, mas no eran tampoco personas vulgares. Parecía la celda un trono sombrío. Las madres enviaban a sus hijos a que diesen la mano al asesino. Las señoras cambiaban con él apretones de manos. Más de una hubo que le llevó flores. A trescientas subieron también las felicitaciones de año nuevo que recibió por el correo, con hermosas tarjetas alegóricas, y motes bíblicos. De todas partes de la nación le llegaban cartas de saludo y demandas de su autógrafo; en el tribunal ya le ponen en el cepo, como para atajar las censuras que la excesiva libertad del proceso provoca en la prensa extranjera, y él vocea, se desmanda e injuria, como cuando se sentaba entre su hermana y su abogado. Pero en su celda, ¡ved que le llevan flores, cuando ya se han secado las que descansan en la tumba de aquel varón magnánimo que arrebató a la vida! Debe ser ley en los tribunales el ahorro de la vida humana. Debe ser culto en las familias el horror al crimen.

José Martí

La Opinión Nacional. Caracas, 20 de enero de 1882

17. Carta de Nueva York. El proceso de Guiteau. El estetismo. Pálido Postlethwaite. El poeta Oscar Wilde. Los inmigrantes. Un grande anciano muerto

Nueva York, 7 de enero de 1882

Señor director de *La Opinión Nacional*:

Ya toca a su remate el proceso del asesino; ya han negado a sus defensores permiso para poner peritos nuevos al formidable cortejo de peritos que le han venido declarando cuerdo en estos días; ya se prepara el defensor a resumir los hechos, y a aprovechar los testimonios en que cimienta su defensa; ya tienen concertada los acusadores la terrible respuesta que ha de seguirle; ya se aguardan cosas dolentísimas, y escenas de monstruo; ya se acerca el día en que han de publicar su veredicto los jurados.

Con los primeros días del año, llegó a Nueva York, a bordo de uno de esos vapores babilónicos, que parecen casas reales sobre el mar, un hombre joven y fornido, de elegante apostura, de enérgico rostro, de abundante cabello castaño, que se escapa de su gorra de piel sobre el Ulster recio que ampara del frío su robusto cuerpo. Tiene los ojos azules, como dando idea del cielo que ama, y lleva corbata azul, y sin ver que no está bien en las corbatas el color que está bien en los ojos. Son nuestros tiempos de corbata negra. Este joven lampiño, cuyo maxilar inferior, en señal de fuerza de voluntad, sobresale vigorosamente, es Oscar Wilde, el poeta joven de Inglaterra, el burlado y loado apóstol del estetismo.

¿Quién no ha visto ese cuaderno de caricaturas que se publica cada semana en Londres, y en cuya carátula ríe maliciosamente, cercado de trasgos, bichos y duendes, un viejillo vestido de polichinela? Ese es el Punch, y Du Maurier es el dibujante poderoso que le da ahora vida. Cuanto acaece, allí es mofado. Toda figura que en toda parte de la tierra se señala, allí es desfigurada y vestida de circo. Va el Punch detrás de los hombres, con un manojo de látigos que rematan en cascabeles. Publica sus caricaturas por series, como los cuadros de Hogarth, y familiariza a su público con sus víctimas. Londres ríe hace meses por el poeta Postlethwaite, que es el nombre, ya famoso de un lado y otro del Atlántico, que el Punch ha dado a Oscar Wilde. Postlethwaite es una lánguida persona que abomina la vida, como cosa democrática, y pide a la luz su gama de colores a las ondas su escala de sonidos, a la tierra apariencia y hazañas celestiales. Todo disgusta al descontentadizo. Postlethwaite. Cuanto hacen los hombres, le parece cosa ruin. De puro desdeñar los hábitos humanos, va tan delgado, que parece céfiro. Postlethwaite quiere que sea toda la tierra un acorde de armoniosa lira. Estos parlamentos de los hombres de ahora le mueven a desdén, y quiere para la vida empleo espiritual, y para los vestidos colores tenues y análogos, de modo que el fieltro del sombrero no desdiga del cuero de las botas, y sea todo melancólico azul o pálido verde. Postlethwaite es ya persona célebre y toda Inglaterra y todos los Estados Unidos aplauden hoy una ópera bufa de un poeta inglés en que se cuentan los melodiosos y alados amores del tenue bardo mustio.

Con tanta saña movió Du Maurier su lápiz tajante, que cuando publicó al cabo Oscar Wilde, jefe del movimiento artístico así satirizado, su volumen de versos, no veían los lectores en sus arrogantes y límpidas estrofas más que aquella ridícula figura, que pasea con aire absorto por la tierra su mano alzada al cielo, como coloqueando con las brisas, y su nariz husmeante, en que cabalgan colosales gafas. Ahí está, en luz y sombra el movimiento estético. Mantiene este hombre joven que los ingleses tallan sus dioses en carbón de piedra y huye a Italia, en busca de dioses tallados en mármol; y va a Roma, por ver si halla consuelo en los alcázares católicos su espíritu sofocado por el humo de las fábricas; mas vuelve al fin desconsolado a las islas nobles que le dieron cuna, y lo fueron en otro tiempo de la grandeza y la caballería, e invita a su alma a que salga de aquella vil casa de tráfico, donde se venden a martillo

174

la sabiduría y la reverencia, y donde, entre los que exageran el poder de Dios y los que se lo arrebatan, no tiene espacio el espíritu para soñar en su mejora y en las nobles artes. Quiere el movimiento estético, a juzgar por lo que de él va revelado y lo que muestra el libro de versos de Oscar Wilde, que el hombre se dé más al cultivo de lo que tiene de divino, y menos al cultivo de lo que le sobra de humano. Quiere que el trabajo sea alimento, y no modo enfermizo y agitado de ganar fortuna. Quiere que vaya la vida encaminada, más a hacer oro para la mente, que para las arcas. Quiere, por la pesquisa tenaz de la belleza en todo lo que existe, hallar la verdad suma, que está en toda obra en que la naturaleza se revela. Quiere que por el aborrecimiento de la fealdad se llegue al aborrecimiento del crimen. Quiere que el arte sea un culto, para que lo sea la virtud. Quiere que los ojos de la mente y los del rostro vean siempre en torno suyo, seres armónicos y bellos. Quiere renovar en Inglaterra la enseñanza griega. Y cae al fin en arrogancia y frasco de escuela. Y dice que quiere hallar el secreto de la vida.

Hay en estos Estados Unidos, a la par que un ansia ávida de mejoramiento artístico, un espíritu de mofa que se place en escarnecer, como en venganza de su actual inferioridad, a toda persona o acontecimiento que demande su juicio, y dé en sus manos, y pasa en eso lo que en las ciudades de segundo orden con los dramas aplaudidos en las capitales, que solo por venir sancionados de la gran ciudad son recibidos en la provincia con mohínes y desdenes, como para denotar mayor cultura y más exquisito gusto que el de los críticos metropolitanos. En esta dependencia de Europa viven los Estados Unidos en letras y artes: y como rico nuevo a quien nada parece bien para aderezar su mesa, y alhajar su casa, hacen profesión de desdeñosos y descontentadizos, y censuran con aires magistrales aquello mismo que envidian y se dan prisa a copiar.

¿Qué suerte aguarda, pues, al joven poeta que viene a esta tierra a propagar desde la plataforma del lector su dogma estético, y a poner en escena una tragedia de argumento ruso que por respetos internacionales no ha podido ser representada en Londres? No bien pisó muelles de Nueva York el bardo inglés, a quien estiman los jueces serenos dotado de ingenua fuerza poética, que se verá entera cuando haya pasado para el bardo joven el forzoso período de imitación, imitación de Keats y Swinburne, en que anda ahora; ya los periodistas sacaron a luz al lánguido Postlethwaite, y ya echan a nadar por plazas y calles, más ganosos de cebarse en lo alto que capaces de acatarlo, a esa criatura del sangriento Punch, a ese poeta famélico de cielo y agostado, a ese trovador que tañe en los aires enfermos una lira doliente e invisible.

Pero Oscar Wilde volverá a Europa. No volverán, en cambio, sino que harán casa en las entrañas de los bosques, o arrancarán una fortuna al seno de las minas, o morirán en la labor esos cuatrocientos cuarenta mil inmigrantes, que Europa, más sobrada de hijos que de beneficios, ha enviado este año a las tierras de América. Manadas, no grupos de pasajeros, parecen cuando llegan. Son el ejército de la paz. Tienen derecho a la vida. Su pie es ancho y necesitan tierra grande. En su pueblo cae nieve, y no tienen con qué comprar pan y vino. El hombre ama la libertad, aunque no sepa que la ama, y viene empujado de ella y huyendo de donde no la hay, cuando aquí viene. Esa estatua gigantesca que la república Francesa da en prenda de amistad a la república Americana no debiera, con la antorcha colosal en su mano levantada, alumbrar a los hombres, sino mirar de frente a Europa, con los brazos abiertos. He aquí el secreto de la prosperidad de los Estados Unidos: han abierto los brazos. Luchan los hombres por pan y por derecho, que es otro género de pan; y aquí hallan uno y otro, y ya no luchan. No bien abunda el trigo en los graneros, o el goce de sí propio halaga al hombre, la inmigración afloja, o cesa; mas cuando los brazos robustos se fatigan de no hallar empleo —que nada fatiga tanto como el reposo— o cuando la avaricia o el miedo de los grandes trastorna a los pueblos, la inmigración como marea creciente, hincha sus olas en Europa y las envía a América. Y hay razas avarientas que son las del Norte, cuya hambre formidable necesita pueblos vírgenes. Y hay razas fieles, que son las del Sur, cuyos hijos no hallan que caliente más Sol que el Sol patrio, ni anhelan más riqueza que la naranja de oro y la azucena blanca que se cría en el jardín de sus abuelos: y quieren más su choza en su terruño que palacio en tierra ajena. De los pueblos del Norte vienen a los Estados Unidos ejércitos de trabajadores: ni su instinto los invita a no mudar de suelo, ni el propio les ofrece campo ni paz bastante. Ciento noventa mil alemanes han venido este año a América: ¿qué han de hacer en Alemania, donde es el porvenir del hombre pobre ser pedestal de fusil, y coraza del dueño del Imperio? Y prefieren ser soldados de sí mismos, a serlo del emperador. De Irlanda, como los irlandeses esperan ahora tener patria, han venido en este año menos inmigrantes que en los anteriores. La especie humana ama el sacrificio glorioso. Todos los reyes pierden sus ejércitos: jamás la libertad perderá el suyo: de las islas inglesas solo han buscado hogar americano este año, ciento quince mil viajeros. Francia, que enamora sus hijos, no ha perdido de éstos más que cuatro mil, que son en su mayor parte artesanos de pueblos, que no osan rivalizar con los de la ciudad, ni gustan de quedarse en las aldeas, y vienen, movidos del espíritu inquieto de los francos, a luchar con rivales que juzgan menos temibles que los propios. Italia, cuyas grandes amarguras no le han dejado tiempo para enseñar a sus campesinos el buen trabajo rudo, ha acrecido con trece mil de sus perezosos y labriegos, la población americana. Suiza, que no tiene en sus comarcas breves, faena que dar a sus vivaces y honrados hijos, no ha mandado menos de once mil a estas playas nuevas. De Escandinavia, a cuyos donceles de cabellos rojos no tienen los desconsolados nativos riquezas de la tierra que ofrecer porque es su tierra tan pobre como hermosa, llegaron a Nueva York cincuenta mil hombres fornidos, laboriosos y honrados. Nueve mil llegaron de la mísera Bohemia, más en fuga del trabajo que en su busca; y nueve mil de Rusia, de cuyas ciudades huyen los hebreos azotados y acorralados. Y los áridos pueblos de la entrada del Báltico han enviado a estas comarcas de bosques opulentos dieciséis mil neerlandeses. ¡Y cómo vienen, hacinados en esos vapores criminales! No los llaman por nombres sino los cuentan por cabeza, como a los brutos en los llanos. A un lado y otro del globo, del lóbrego vientre de los buques se alzan jaulas de hierro construidas en camadas superpuestas, subdivididas en lechos nauseabundos, a los que sube por una escalerilla vertical, entre cantares obscenos y voces de ebrios, la mísera mujer cubierta de hijos que viene a América traída del hambre, o del amor al esposo que no ha vuelto. Les dan a comer manjares fétidos, les dan a beber agua maloliente. Como a riqueza a que no tienen derecho, los sacan en majadas a respirar algunos instantes sobre la cubierta del buque el aire fresco. ¡No se concibe cómo reclusión semejante no los mueve al crimen! ¿Dónde está la piedad, que no está donde padecen los desgraciados?

Y ellos llegan contentos como los hebreos que acompañaban a Moisés. Vienen a la tierra de los gigantescos racimos de uvas. Vienen a los ríos que arrastran oro, y a las selvas que no se secan. Los unos empuñan la hoz; y se van en cuadrillas por los campos a hacer trabajos de labriegos. Hácense los italianos de unas cuantas naranjas y limones y pastas de azúcar, y alzan en un rincón de Nueva York una frágil barraca. Los alemanes son hombres de ciencia y de comercio. No hay relojeros como los suizos. Ni gentes más honestas que los belgas. No hay trabajo recio y mezquino que no hagan con buena voluntad los hombres de Irlanda, ni sirvienta que no sea irlandesa. Ni hay modo de ir por las calles sin dar con esos hombres de rostro áspero y huesoso, nariz corta y empinada, ojos malignos y breves, maxilares gruesos, labios belfudos y afeitados, y barbilla ruin que les cerca, como un halo, el rostro. Son inmigrantes de Irlanda. Llenan las minas de California, llenan las fábricas de Nueva York. Ellos elaboran la cerveza y ellos la beben. De su tenacidad e industria se aprovechan los yanquis, que los mofan, y en verdad no hay fiesta que sea más de reír que un día de san Patricio, patrón de Irlanda, en que enfilan en las calles de Nueva York los irlandeses, que andan en día la ciudad en procesión copiosa, acicalados con las mejores prendas de su baúl de lujo, que son sombreros altos de olvidadas modas, o levitas gruesas que van diciendo en sus indómitas arrugas el excesivo cuidado con que las ven sus dueños, que ostentan en ese día los colores patrios, en una banda verde, que les cruza sobre el chaleco de grandes ramazones el orgulloso pecho. Y en prestados corceles hacen de generales, con sombreros plumados, mofletudos cerveceros. Mas es también verdad que cuando yacen en la cárcel de Kilnainham, en la oprimida Irlanda, los bravos caudillos que intentan arrebatar a los voraces propietarios ingleses las tierras de cuyo señorío culpablemente abusan para que las gocen en su precio justo, los infelices nativos, estos Patricios y estos Jaimes no vuelven los ojos de su viejo pueblo en desventura, y apartan de sus haberes y salarios grandes sumas que ayudan a mantener viva en Irlanda la sabia rebelión pacífica que organizaron los caudillos presos. ¡Suelen los hombres tener manos rudas y espíritus blandos! Yo estrecho con gozo toda mano callosa.

¡Ahora acaba de huir la vida de una mano que ha arrancado muchos secretos a la naturaleza! Fue también mano inglesa, y sostuvo una de las plumas más investigadoras y elocuentes de su tiempo. Fijó la faz humana en el cristal y vio, como si fuese de cristal, en el cuerpo humano. El profesor Draper, ha muerto. Nació en Inglaterra y, vivió en los Estados Unidos. Sus obras están traducidas al francés, al italiano, al alemán, al polaco y al ruso: ¡una apenas está traducida al castellano!: Los conflictos entre la ciencia y la religión. Escribía como el inglés Burke, como Herbert Spencer, como Stuart Mill. Bajo su frase se sentía el hecho en que la fundaba. No preconcebía sistema, ni laboraba ofuscado por ellos. Su oficio era buscar verdades, y revelarlas. Este siglo prepara la filosofía que ha de establecer el siglo que viene. Este es el siglo del detalle: el que viene será el siglo de síntesis. Draper fue uno de los grandes preparadores. No alcanzan los obreros empeñados en una parte de la obra toda la grandeza y maravilla del conjunto, por lo que no son los que fabrican un edificio los que han de juzgarlo, sino los que huelgan después por sus salones espaciosos, y los ven acabados y lo gozan. ¡Qué estudiante neoyorquino, u hombre de ciencia americano, o extranjero respetuoso, no había visto a Draper! Su frente era saliente y adoselada como la del poeta Bryant, y la del naturalista Darwin. Daba envidia su frente, a la que los pensamientos habían empujado, a manera de solio, sobre el rostro. Invitaba a llamar a ella con respeto y a evocar las riquezas que encerraba. Fluía de sus labios espesos la palabra grave. Brillaba en sus ojos, cobijados por cejas tupidas, la jovialidad de un alma buena. Los selvosos cabellos castaños que ampararon un día su vasto cráneo, habían sido consumidos por el ardor del pensamiento. Setenta y dos años tenía, y aún exploraba. Tales son sus obras, que no debiera haber hombre moderno que no se regalase con su lectura y las tuviese siempre a mano.

Pueblan hoy los fotógrafos la tierra, y todos ellos deben su arte y bienestar al profesor Draper, que enamorado de las copias de estatuas, y edificios que hacía en Francia Daguerre, y que su amigo Morse le trajo de París, se dio a ahondar en el descubrimiento, hasta que fijó en la lámina fotográfica el rostro de su ayudante, que fue el primer hombre cuya faz reprodujese la fotografía. En manos de Draper, fue a poco anticuado el antiguo procedimiento: él, como Daguerre, sometía la lámina de plata al vapor de iodina, dejaba que la luz imprimiese en la lámina la imagen, y desenvolvía gradualmente la imagen al vapor del mercurio. Él con el bromino mejoró el hallazgo y lo reformó a tal punto que, alegres como Arquímedes, abrieron en dos habitaciones un tanto lóbregas la primera fotografía, Morse, que estaba entonces inventando el telégrafo, y Draper que no había escrito aún su revolucionario y creador Tratado de fisiología; ni su serena y profunda Historia de la guerra civil americana; que escribió para los tiempos por venir, seguro de la posibilidad y pasión de éste; ni su libro sobre El Desarrollo intelectual en Europa, que es obra tal que parece al que la lee, que se le abren en la sombra luminosos horizontes; ni sus Pensamientos sobre la política civil de América, que son guía de estadista, ni su Filosofía natural que quiere que no se niegue lo visible, ni se le imponga lo desconocido; ni sus Conflictos entre la ciencia y la religión, que es una obra formidable y precisa, que movió tormenta y consagró la fama del anciano.

¡Cómo nos avergonzamos ante esos cíclopes, nosotros los que hacemos grandes méritos de tal o cual librillo mendicante! ¡Cómo nos afligimos de vivir, como vivimos todos los americanos montados en nuestro caballo de batalla! Y ¡qué bueno fuera dejar de una vez los arreos de batallar, y luego de volver del campo de labor, escribir en la mesa de pino del hogar cosas graves y ciertas, aprendidas en la experiencia provechosa de horas reposadas! ¡Qué maravillas no sacaríamos de nuestras mentes, dados a pensar en lo maravilloso! ¡Nuestros libros serían rayos de Sol! ¡Y ahora nos vamos, llenos todos de heridas, con nuestros libros inescritos a la tumba!

José Martí
La Opinión Nacional. Caracas, 21 de enero de 1882

18. Carta de Nueva York. El proceso de Guiteau. Abogados, público y reo. Los acusadores y defensores. El grave Porter. El astuto Davidge. El defensor nuevo. Defensa legal y defensa ardiente. Se va cerrando el libro de la vida. Librerías nuevas. Boston. Daniel Webster

Nueva York, 21 de enero de 1882
Señor director de *La Opinión Nacional*:

Ya es la hora suprema para ese hombre extraño, de corazón seco y rostro lívido, que se revuelve con zozobra y angustia contra sus implacables perseguidores. Ya está al cerrarse el proceso de Guiteau. Ya caen las últimas palabras, más como oración fúnebre que como súplica confiada, de los labios desconsolados de la defensa. Ha hablado el abogado Porter, con voces que parecían golpes de maza sobre el cráneo imperfecto y deprimido del intranquilo reo. Ha instruido, con sabio y generoso informe, a los jurados el prudente juez Cox. Ha sido el discurso del abogado Davidge como diestro can de raza que persigue saltando, mordiendo yerba, jugueteando en el bosque, a la perdiz cansada. Ha defendido a Guiteau el abogado que le hizo abogado, el diestro Reed, con energía, novedad y alteza. Y está luchando el triste Scoville, no como quien defiende de un tribunal común a un reo desconocido, sino como quien arranca a las manos de los acusadores un infeliz ser vivo, por quien llora arrebatada de dolor «la esposa de su alma». ¡Generoso espectáculo, no bien entendido! No es una defensa: es un combate: truena, gime, punza, acusa, ruega, se desalienta, abofetea. Cuatro días hace que habla, sin fatiga, y sin que se fatiguen de él. Moisés no ha muerto, porque Moisés es el amor. Para el amor no hay peña dura que no se abra a su contacto en raudal de aguas. Cuando parece que se extingue el argumento, reempieza a rebozar, como si surgiese de fuentes inexhaustas. Y lo dice todo como quien no se ocupa de sí, ni de parecer bien. Habla como si cuchichease, como si arguyese en familia, como si debatiese en aposento privado con sus colegas. Si diera tono oratorio a lo que dice, alcanzaría fama. Desdeña el adorno de la frase, que por esto mismo es más vivaz y brillante. Denuncia, con voces de Tácito, el interés político que a su juicio compele a los actuales gobernantes, venidos al poder por este asesinato, a desear la sentencia a muerte de este asesino, para que no pueda su absolución ser sospechada de misteriosas culpabilidades suyas. Pone en alto todo hecho favorable, como un escudo. Exprime y tuerce todo hecho desfavorable, y lo ve de todos los lados, hasta sacar provecho de él, y se ase de él, con esperanza de quebrarlos, como león preso muerde y vuelve a morder la reja que le estorba. Es una defensa angustiosa, desordenada, doliente, jadeante.

Y el tribunal todo ofrece un singularísimo espectáculo. Aquel es siempre un diálogo, terrible o cómico. La muerte se sienta en aquella sala, con gorro de Polichinela, colgado de cascabeles. Los abogados hablan con saña, se tratan con brutalidad, se acusan con descortesía. Uno de los perseguidores es solemne: Porter, anciano grave, de sesenta años. Otro es ameno, y alardea de agudo, Davidge: sus pensamientos son como los rizos blancos que encuadran su rostro sonrosado: pequeños y lucientes. En su caja de cepo, Guiteau gesticula y vocea, como un Pippo de teatro de títeres. Los acusadores lo increpan, o lo mofan, o lo amenazan. El preso, que tiene un pasmoso dominio de sí, y esconde su zozobra mortal, que luce solo como relámpago fantástico en sus ojos, repele a sus fiscales, los acusa de pensadores de alquiler, les dice faz a faz que es ya tiempo de que mueran. «¡He de colgarle!» clama con dureza repugnante, en medio de magistral discurso, el más solemne de los abogados.

«¡Hemos de verlo!» responde Guiteau desde su cepo, con voz que no parece salir de cuerpo humano; voz que suena y no vibra; voz que daña. ¡Oh! hay veces en que parece aquel desventurado un cuerpo muerto, que se disputan canes: se ve la mordida, se oye el ladrido, se presenta la lucha. El fiscal Corkhill, que corta trozos de carta no desfavorable a Guiteau, y presenta la carta mutilada en la evidencia útil a la acusación, mantiene, coreando su discurso con recios puñetazos en la barra, que no ha de permitirse a Guiteau que hable en el tribunal en su defensa. «¡Yo publicaré mi discurso! —dice Guiteau a voces— que suena como un discurso de Cicerón; e irá tronando por todas las edades!» «¡No lo dejéis ir al patíbulo —ruega Scoville entre los aplausos de las mujeres que llenan la sala— sin el privilegio de decir una palabra en su defensa!» Y la hermana del preso rompe en lágrimas.

Cuatro alegatos van hechos en esta estación del proceso memorable. El del juez Porter que aquí miran como a personaje profético, para impedir que en las respuestas que el juez hace a las preguntas de los defensores del reo, para establecer, en vías de informe a los jurados, el aspecto legal del caso y los principios elementales que han de servirles para dictaminar, no diese al juez ocasión a que el jurado la tuviese de exculpar al preso por una u otra escapada que permitiesen las respuestas. El del locuaz Davidge, el anciano astuto y parlero, que estableció definitivamente la acusación de asesinato premeditado y malicioso, contra las súplicas de la defensa, que quiere que se tenga el caso por homicidio sin malicia, que no acarrea pena de muerte, y no por asesinato. El de Reed, que comparó en defensa del reo su proceso, y el acto que lo engendra, a otros procesos y a otros crímenes históricos. Y esa plática afanosa e infatigable, que parece exabrupto prolongado, del cuñado del preso.

Porter habla como quien enseña. Condena y fulmina. No debate sino establece. Es cruel con Scoville; que es leal con la desgracia. Sabe hacer de su voz maza, y eco de tumba. Señala con su dedo descarnado el libro de la ley que tiene abierto sobre su brazo izquierdo. Dice que deja hablar al reo, que clava en él sus ojos odiadores y sus palabras rudas, porque sus días son cortos. Guiteau discute su muerte en el tribunal, como deudilla de pesos, o cosa de poca monta, que no le causa inquietud. Sus labios gruesos que mueve constantemente, deben estar ya fatigados de ser valladar del espanto que sube constantemente del alma a ellos. El juez Porter no quiere que tenga el asesino beneficio alguno de alguna duda del jurado. «Aunque ya le parece ver junto al cuello rebelde del reo la cuerda del verdugo.» Ni quiere que haya quien ose suponer al presidente Arthur, a quien llama con parcialidad visible, el más grande hombre de Estado de estos tiempos, ni el ex senador Conckling, a quien agracia con el título de sumo parlamentarista de estos tiempos, como quien no ha oído a otros parlamentaristas, tienen afán alguno por ahorrarse sospechas, de que muera ese hombre —«porque»— y al oírle esto rompe la sala en aplausos estruendosos; «si estos hombres hubieran estado en el lugar del crimen en aquel terrible día de julio habrían impedido el acto del asesino con un brazo de hierro». Y cuando pedía con elaborada plegaria, oratorio estilo, y voz pausada y honda, la muerte del reo, decía que eran aquellas voces, no las suyas, sino las que brotaban de la tumba abierta de la víctima de aquel malvado. «¡Obró libremente, cobardemente, intencionalmente!»

«¡No acepte el jurado el juramento de haber obrado sin malicia, que intenta hacerle ese discípulo de Scoville!» «¿Discípulo de Scoville? —interrumpe la voz agria de Guiteau—, ¡Scoville es mí discípulo!»

Davidge habló luego, la muchedumbre oleaba en las puertas ganosa de entrar. De la sala sacaban a hombres desmayados. El juez Porter oía a su colega; grave el rostro, como de apóstol que ha hablado, con la cabeza erguida y la mano posada sobre el pecho.

—«¡Oh!» ¡esos jurados cuelgan! —se oye decir a uno—. «¡Cómo miraba ayer en medio de los ojos a la hermana de Guiteau el juez Porter!»

Los ujieres imponen silencio. Guiteau parece como que pierde ya, al pie de la escalera del patíbulo, las cintas de su máscara que se le sale ya del rostro. Reo, por lo angustiado, parece Scoville. Cerca de Davidge está Rossi, el trágico italiano, en cuyos labios se oyó susurrar algún verso de Hamlet. Davidge establece con calma, y con orden y cuidado sumos, todos los aspectos del caso, y como éste surge naturalmente, de manera culpable y espontánea, del carácter ruin, vida miserable, impaciencia de bienestar y ambición loca del preso. ¿Qué quiere probar? Que Guiteau era un villano de hábito, que culminó su existencia despreciable por un nuevo acto vil de que esperaba beneficio. Guiteau asombra, por la precisión y seguridad de sus interrupciones. No hay exceso de celo que no mofe, con rapidez que conturba al mismo Davidge, al mismo Porter. No hay argumento terrible, a cuyo encuentro no salga, y a que no oponga, con sorprendente destreza, la razón única o el único escudo que pudiera aflojarlo. Hace que escribe; pero ¡qué batalla en su mano que tiembla! ¡qué seno de miedos sus dos ojos! ¡qué tragedia su pecho! ¿Quién ha de decir que ese hombre es loco? Vedle estimar con toda cordura, este y aquel acto político. «¡Es verdad que lo estimo!» dice el preso alzando la vista del periódico que afecta leer. «¡Pues eso hará que os cuelguen!» responde Davidge con bárbara rudeza. ¡Debiera ser la compasión dote de toda alma! «¿Quién ha de decir que ese asesino está loco? ¡Ved con qué arte estafa y toma dineros de un preso para defenderlo y se embolsa los dineros, y da a un prestamista un reloj de bronce como reloj de oro!» «¡Era de oro bueno, y valía $50! —y los jurados y el público ríen—. ¡Y ved con que esmero y juicio se ha procurado y exigido toda medida que asegure su salvación, y cómo, movido al fin de alguna consideración humana, no disparó sobre Garfield, cuando lo vio partir para Elberon, del brazo de su pálida esposa!» «¿Pues no os lo decía yo? —exclamaba Guiteau—. ¡Dijo que hablaría dos horas, y hablará dos semanas!» —el abogado describe, con exclamaciones de horror, y frases súbitas y aisladas de espanto, y gestos que entre nosotros parecerían singulares, la escena del asesinato, la furia del pueblo, el dolor de la nación, el terror del asesino, las tropas que lo ampararon. Y al recordar que Guiteau ha dicho: «Como yo quería que se fuera sin obstáculo, disparé sobre él varias veces»; exclamó el abogado, alzando las manos al cielo: «¡Oh, Dios! ¿Habéis oído hablar jamás de depravación semejante?». El jurado le veía atentamente. «¿Y por qué temía tanto Guiteau el amotinamiento del pueblo, sino porque a sus solas se confiesa que es plenamente culpable del crimen de que aquí se intenta defender? ¿Qué es un motín sino el exabrupto de nuestras mejores pasiones? No soy yo un amotinador, pero no conozco motín popular que no haya sido inspirado por los mejores sentimientos, y por alguna noble y elevada pasión humana.»

Cuando Davidge, luego de haber dibujado, con líneas rigurosamente tomadas del curso del proceso, la vida de Guiteau, describía a la sala silenciosa y suspensa, el crimen y la frialdad del criminal, y volvía a él, tendidos los brazos, las palmas de sus manos, como para apartarlo o rechazarlo. «¡Ea, señor Davidge —dijo Guiteau— que os vais volviendo hinchado!» —la voz del orador, que comenzó como apagada y turbia, era ya penetrante y argentina, y fiel vehículo del espanto que henchía su alma—. «Ese discurso ha sido un gran acto, y un extraordinario discurso, digno del teatro y de la admiración de todos —dijo Rossi—. Pues ya veréis como Reed despedaza ese discurso extraordinario» —y la sala repetía como un eco las palabras de Davidge—. «¡Es cuerdo y depravado! ¡Su alma es negra y deforme! ¡Su perversidad es satánica! ¡El testimonio de su hermano mismo muestra que obró mal y pensó mal desde la cuna! ¡En nombre de la nación y de la cristiandad, condenadlo, jurados!»

El defensor Reed no hizo esa cosa que hace Scoville, defensa ardiente y desesperada, sino defensa histórica. El juez Cox, en sus decisiones para el informe de los jurados, llenas de buen sentido, y de esa claridad deseable en todas las cosas de la ley, estableció que había culpa legal, y cabía veredicto, si los jurados estimaban que en el momento del crimen conocía el reo la diferencia entre lo justo y lo injusto respecto de su acto; y que la alucinación única que podría hacerle declarar irresponsable, debía ser verdadera enajenación mental, que no fuese resultado de su propio razonamiento, sino que tomase posesión de su mente, sin sujeción a su albedrío ni a su raciocinio, privándole así de la capacidad de distinguir entre lo justo y lo injusto respecto de su acto; sin que la duda de los jurados sobre un hecho aislado del proceso pudiese ser motivo para sobreseimiento, sino la duda razonable, nacida del conjunto de la evidencia y el balance de la acusación y la defensa, sobre el hecho que acusa el proceso.

Reed comentó estas decisiones, de manera clara y vigorosa, y echó en cara a Davidge, que se defendió confusamente, que había callado con malicia, al repetir en su alegato las decisiones del jurado, palabras que capacitaban a éste para salvar de la muerte al acusado. Demostrar arterías de la acusación, y deslealtades para con el preso y la defensa, y hacer saber que en procesos semejantes, en que los criminales han sido defendidos por demencia, han sido salvados de la muerte, y enviados a asilos de dementes —fueron los objetos principales del discurso de Reed—. «¡Sabed, jurados, que hubo una pobre mujer que mató en su baño a un gran revolucionario, una Carlota Corday que mató a un Marat, y fue muerta a pocos días en castigo! Y sabed que hay un cuadro en la galería de arte de Corcoran, en que desde la reja de su prisión, apelando a la posteridad de la injusticia, clama Carlota Corday, demente! Os dicen que jamás hubo un caso como éste, de hombre enajenado que atentase por enajenación al jefe de su país, ni acusado como éste, que asombrase a la Cámara con sus interrupciones y su osadía. Pero os callan que Guillermo Lawrence, que atentó a la vida del presidente Jackson, se revolvía en su asiento, e interrumpía y protestaba como este acusado, y fue enviado a un asilo de dementes. Oíd esto que os leo, que son escenas del proceso de Lawrence, y pensad si no son escenas de este proceso de Guiteau. Pues Lawrence fue enviado a un asilo de dementes. Y Hadfield, que disparó sobre Jorge III de Inglaterra; y Oxford, que disparó sobre la reina Victoria, y, como Guiteau, compró su pistola, y como Guiteau, la preparó y probó; y como Guiteau decidió con libertad y deliberación aparentes su acto, fueron también enviados a una casa de locos. Nuestro Dios, oh cristianos jurados, no ordenó que pereciesen en la horca los lunáticos que llevaron a su presencia, sino que dijo lo que os ruego yo que digáis: ¡Curadlos! ¡Curadlos!, dijo Jesús: pero estos acusadores dicen: "¡ahorcadlos!". ¿Qué más necesitáis saber vosotros, sus jueces, que la miserable existencia que ha arrastrado, una existencia en fuga, imbécil, ridícula, compadecible, extravagante? Leed conmigo sus cartas. Reflexionad conmigo sobre sus actos. Decidme si vosotros, que sois cuerdos, haríais lo que él ha hecho, y viviríais como él ha vivido. Miraos como tipo de cordura, y comparadlo a vosotros. Pues si ese hombre fingiese demencia, ¿qué maravilla de inteligencia no sería la suya? ¿Y tal inteligencia maravillosa no se habría despertado antes, para servirle en su triste existencia, sino en la hora de su crimen, ya mediada su vida? ¿Qué motivo halla la persecución para este crimen? ¡No señala motivo! ¿Cómo alega que no dijo Guiteau, a raíz de su crimen que había sido inspirado por Dios, sino por razones políticas, y que la defensa por inspiración vino más tarde, cuando ha impedido que traigamos aquí al empleado de policía que le llevó a la prisión, y a quien habló de su inspiración desde el primer momento? No seáis, jurados, tan duros como quieren que seáis esos abogados duros. No seáis como quiere ese hombre de alma fría, que os dijo ayer que la familia de Guiteau debió abandonarlo como a una rama corrompida, como a un malvado. ¡Abandonarlo, Davidge, cuando cinco años hace, ya llamaban a un médico para que lo curase de locura, y no tenía amparo en la tierra, ni tenía ya el de su razón! ¡Abandonarlo, y dejarlo ir al patíbulo! ¡Vergüenza para vos, Davidge; que esto pensasteis y dijisteis! Eso es monstruoso e inhumano. Ved a esa noble hermana afligida, que será bendita en esta vida y después de ella, por su amor fraternal y su fidelidad a ese desventurado. Os dijo ayer Davidge que los mejores sentimientos animaban siempre a los motines populares. Un motín popular crucificó a Jesús. ¡Esos son, jurados, los mejores sentimientos para Davidge! Habéis jurado condenar por la evidencia, y es tal aquí la evidencia que os obliga a no condenar. Salvaos, y salvad a esta amada tierra, de eterna infamia. Si condenarais a ese hombre, de ojos extraños y mirada vagabunda, imagináosle arrancado de su celda, con ese mismo rostro pálido de enajenado, todo atado por cuerdas, todo rodeado de los oficiales de la muerte, cubierta la faz con la capucha negra, privada de la luz, camino del patíbulo. ¡No lo condenéis, jurados, para que años tras años no tengan que cubrirse de vergüenza en esta tierra todas las mejillas!» «Pues no pago yo a centavo el cesto por todos esos desperdicios» —dijo Guiteau al terminarse este discurso.

Y al día siguiente, antes de comenzar Scoville el resumen de la defensa, decía Guiteau: «Ni al más famoso hombre de América fío yo el último discurso de mi defensa. Solo yo sé defenderme. Yo no estoy loco, ni he estado loco más que desde que pensé en mi acto hasta el día 2 de julio. Lean los jurados ese discurso que no me han dejado leer, ese gran discurso mío que llena ocho páginas del *Herald*. Ahí está todo: lo demás es escombro. ¿Qué importa esa procesión de expertos? Ni los míos que me declaran demente, ni los de mis acusadores, que me declaran cuerdo, saben nada de mí. Dios me inspiró. Dios ha impedido que me maten. Dios lo impedirá. Las divisiones del Partido republicano hicieron necesaria esta intervención de Dios. Ved todas las cartas que me han mandado de felicitación y simpatía. Si no fue la remoción de Garfield el acto de un loco ¿por qué el gobierno mismo que me acusa lo telegrafió al día siguiente del suceso a todos los gobiernos de la tierra? ¡Ni al más famoso hombre de América fío yo, mi discurso!».

De la defensa de Scoville; todo va dicho. Se ha abrazado a su reo, y no se lo quiere dejar arrebatar. Se ha impedido que pruebe su constante alucinación. Se han dejado los testigos que pudieran declarar que habló de mandato de Dios el día del crimen. Se han pagado a amigos del preso como al general Reynolds, para sorprender sus confidencias en la celda, y arrancarle documentos, que se han aprovechado luego en la persecución. El fiscal ha destruido en un libro de notas taquigráficas que su estenógrafo llevaba de pláticas con Guiteau en la prisión, todas aquellas notas que demuestran el desequilibrio constante dé la mente del reo, cuyo marco es ese cráneo achatado de una parte y alto de otra, y lleno de accidentes irregulares, que todos los concurrentes señalan con el dedo desde sus asientos. Hay experto que le ofreció espontáneamente venir a declarar que Guiteau estaba enajenado, y vino, habló con los acusadores, y declaró en favor de la acusación. «¡Ese quería venir de balde a Washington!» —exclamó Guiteau—. Su vida entera es una quiebra, una prueba constante de extravío, una muestra extraña de insensatez metódica, y cordura en la demencia, como se observa en tantos lunáticos. Scoville se exalta; se abandona, se precipita sobre sus adversarios que no son para él abogados que acusan, sino conspiradores que traman, conspiradores contra la vida de Guiteau. Falsean la ley: truncan los documentos: esconden los recortes de periódicos cuya lectura inflamó la mente del lunático: saludan a los jurados, y les hablan privadamente del caso: sobornan a los expertos.

Esos redactores de periódicos, esos políticos codiciosos, ese general Arthur, que hizo en vida de Garfield tan enconosa y repugnante guerra al rival a quien encomia y diviniza; ese senador Conkling, que porque no dieron un puesto importante a un amigo suyo, intentó ostensiblemente la ruina y el deshonor del hombre cuya muerte hoy llora compungido; ese general Grant, a quien cada americano tomaba hasta ahora como a miembro de su casa e hijo de su seno, y que no es para los americanos lord Grant, ni el duque de Galena, sino aquel bueno, viejo y valiente general Grant, ese estadista glorioso que abandonó precipitadamente sus deberes personales para venir a azuzar, con pequeñez indigna de un grande hombre, la ruin y vil guerra que sus secuaces hacían al presidente; esos políticos hambrientos, de puestos y de empleos, de mando y de gloria; ésos, por el viento de tempestad que movieron y enardeció la mente exaltable del lunático, son los culpables indirectos, son los cómplices, son los instigadores, son los autores de este asesinato. «¡Y lo digo sin miedo, yo que he llevado en mi corazón durante veinte años al general Grant: lo digo avergonzado y triste, aunque yo no quería decirlo, porque asisto a esa trama bochornosa que se urde entre estos abogados que están a su servicio, y esos altos políticos que necesitan de la muerte de ese hombre para que no caiga sobre ellos por su absolución la sospecha de haber instigado el acto, que en realidad, aunque indirectamente instigaron, por lo cual tienen miedo a la sospecha: lo digo porque veo que esos altos políticos demandan la vida de este desventurado, para poder alardear de su independencia del crimen, y de su virtud y su justicia!» Y así habla, lleno de dolor, lleno de congoja, lleno de cólera.

A un argumento sigue un anatema; a un interrogatorio una disputa; a un trozo de prueba, un párrafo exaltado. Se le escucha con avidez, con respeto, con ternura. ¡Guiteau, tendrá ya sobre el rostro la capucha negra, y Scoville estará aún luchando por arrancarlo de manos del verdugo!

Y ya se asoma, aguardado con ansia por toda la nación ese tonante juez Porter. Hay en torno a su discurso de clausura, ese aplauso tácito y silencio respetuoso que precede a las maravillas. Aguárdase tal esfuerzo de elocuencia, de terrible y malaventurada elocuencia, que se moje al fin de lágrimas el rostro seco y pálido, del reo. Aguárdase un esfuerzo oratorio, que justifique, ante los hombres plenamente la muerte de ese hombre, y que se aflojen al fin estreme-cidos, los músculos exangües y los nervios de hierro de ese preso.

Para ese mísero se está cerrando el libro de la vida: y algunos de los hombres buenos de Nueva York tratan de que todos los libros se abran a los pobres. Hay librerías famosas, como la de Lenox, que es casa monumental, colgada de excelentes pinturas, y sobrecargada de ricos anaqueles, llena de libros raros y preciados. Hay la librería de Cooper, sobre cuyos periódicos numerosísimos se inclinan a la vez dos millares de cabezas. Hay la librería de Astor, luminosa y solemne, donde se alberga toda la ciencia y está dibujado todo el arte de la tierra. Pero esas son librerías de día, para desocupados especialistas y ricos. Se anhela una como la celebradísima de Boston, tan rica en cosas nuestras, de España y de las Indias, y en cosas de todas partes: de Boston que no se llama en vano Atenas, bajo cuyos árboles pensó Thoreau, en cuyas fiestas conver-saba Motley, por cuyas avenidas medita Longfellow. Quiérese una librería noc-turna, adonde vayan, como a un hogar de alma y cuerpo en que ambos reciben amparo del frío, cuantos no saben cómo dar empleo a estas tediosas noches neoyorquinas, oscuras, largas, desocupadas, fúnebres e inútiles. Quiérese casa para los que no la tienen, rica librería de estudiantes, de artesanos, de trabajadores. Quiérese un gran depósito de libros, que se den gratuitamente a las gentes honradas, para que los lleven a sus casas, y los abran junto al fuego en la mesa de familia; y hagan la maravilla de que el espíritu viva en estío entre las nieves del invierno.

¡Bien haya ese proyecto! Cien años hace ahora que nació un hombre ilustre que lo hubiera alimentado, un hombre en honor de cuyo nacimiento resonaban ayer las campanas de las iglesias de su pueblo, y se reunían los pensadores de esta tierra a ver alzarse majestuosa estatua. Puesto que sus palabras fueron tan ardientes que fundían el bronce, debe conmemorársele en bronce. Fue Daniel Webster, que fue de los que quedan siendo. Aún le recuerdan los que lo veían, desatado como la tempestad, caer desde su magnífica tribuna sobre sus absortos y confusos adversarios. Aún se repiten como código de esta nación, los mágicos y nobles discursos con que explicó sus leyes, enmendó sus yerros y previó los sombríos y grandiosos tiempos futuros. La nación se sintió en él, y él en ella. Su frente era vasta y limpia como hecha para escribir leyes. Sus ojos eran penetrantes y fogosos, como para imponerlas. De color de oro usaba el chaleco que cubría su pecho robusto; y oro, con su corazón magnánimo llevaba en su pecho. Dicen que en torno suyo se veía como luz deslumbradora; y que parecía cuanto nacía de él, que nacía de montaña. ¡Hicieron bien en ponerse ayer de fiesta los alegres hogares y los leales campanarios de su pueblo!

José Martí

La Opinión Nacional. Caracas, 6 de febrero de 1882

19. Carta de Nueva York. Nieves, gozos y tristezas. Patines y trineos. Las casas de dormir y las tabernas. Grandes bailes del año. Incendio terrible. Míseras obreras. Congreso del sufragio para la mujer. Nuestros pueblos y aquel pueblo. Nueva York condena la persecución de los judíos. El anciano Evarts

Nueva York, febrero 4 de 1882

Señor director de *La Opinión Nacional*:

Los labriegos están gozosos porque los copos fríos, como mariposas blancas, les traen en sus alas, a hacer bien a las siembras, todo el amoníaco de la atmósfera y luego se tienden sobre la tierra, a que los animales dañinos mueran bajo ellos, y a que el saludable amoníaco —que gusta de volar como toda esencia— no se escape del suelo cultivado que lo ha menester. Despiértase en las mañanas de nevada el hombre del trópico cuyo cráneo parece natural aposento de la luz, que lo engalana y lo arrebola todo, como hombre que viviese hambriento y sediento; y huraño como lobo encerrado en las paredes fosforescentes de una vasta sepultura. Imagina que su cabello ha encanecido. Amenaza con el puño aquel enemigo inmenso y alevoso. Su mano hecha a grabar en el papel los relámpagos que iluminan su mente, pósase en él hinchada y aterida y aletean, en su cráneo encendido, las águilas rebeldes. Fuera es el regocijo y la algazara. Caballos generosos empenachados y arrogantes, arrastran con gran ruido de sus colleras de cascabeles, los rápidos trineos. Hay Sol suave en la altura, y Sol de gozo en los rostros de los hijos de estas tierras de nieve. Alzase en el Parque Central la amada bola roja que anuncia a los patinadores que ya está bueno de patinar el lago helado, y aquí es uno que ajusta los ricos patines, allá otro que se calza de modo que no se les vean los suyos modestos. Puéblase el lago de alegres danzadores. Una parte, sobre el patín afilado que corta, sigiloso como la calumnia, los hielos dóciles, y se balancea, se revuelve, se mece, se extiende, como si se extendiese sobre el cuello de un caballo invisible, se refleja, se acerca, gira presto, traza relámpagos, dibuja edificios, escribe su nombre, se abalanza, se para de súbito, toma de la mano a gallarda doncella y alegres como besos que volasen, se deslizan, veloces como sueños: otro más inexperto, aprende, con sus rudas caídas cuán caro cuesta en la tierra intentar volar, y dura el regocijo, el reír de los que dan consigo sobre el hielo, el batir palmas y silbar —que aquí se usa por aplauso— a los que caracolean, revolotean y triunfan, el hacer cerco a los patinadores hábiles, el celebrar a las hermosas damas, el seguir con los ojos a los airosos caballeros, el tomar notas de los agentes de periódicos, el poner orden de los guardianes del parque, hasta que va a dar la nieve en lodo, cual suelen las bellezas, y cae de lo alto del mástil, anunciando que el patinar ha terminado, la amada bola roja.

No cesan en la noche la fiesta y el bullicio. Sobre la nieve, envía la hermosa Luna de enero, su luz nevada. Los chicuelos, reunidos en bandadas, se vocean, se persiguen, se echan luchando entre risas sobre la nieve. Ya ponen sobre dos pilares imperfectos, dos masas colosales, y abren en la más alta dos grandes agujeros, y dejan su obra a que presida la función, que ese es el buen gigante Tomy. Ya, donde hay cercado, válense de él para apoyar gruesas paredes de nieve que llenan de almenas, desde las que atisban las operaciones del fuerte vecino, donde el bando enemigo está ocupado en amasar sendas bolas pesadas, que suelen ser peligrosos arreos de batallar. Ya amontonan la nieve, en medio de las anchas avenidas, y luego que la ven bien alta, y la apelmazan a palmadas, le ahuecan el centro, con lo que le dan aire de colosal colmena, y se albergan en ella, orgullosos de su habilidad de constructores.

Otras veces, el viento, más que sopla, arrastra. El agua nevada en la altura, desciende en copos por el aire frío, y el viento los revuelve, los junta a los que alza de la tierra, los arrebata y arremolina. Así el toro que brama, escarbando la tierra como para sacar de ella fuerzas con que acometer a su enemigo, abate con su aliento enfurecido el yerbaje cercano. Las madres que lloran por todos los hombres, desde que tienen hijos, piensan con angustia en los trabajadores valerosos, que en la alta noche cruzan en vapores que suenan al golpe de los témpanos, cual montes que crujiesen, los anchos ríos helados. Ampáranse en las tabernas los transeúntes, cuyos rostros amoratados parecen, mostrándose trabajosamente en aquella venenosa atmósfera, setas enfermizas. Humean sobre los mostradores las bebidas calientes. Aglomeranse, coléricos y blasfemantes, los hombres más ruines o los más desventurados de la ciudad, a las puertas estrechas de miserables casas de dormir, en cuyas alcobas nauseabundas, ebrios de licor y de odio, que embriaga como el licor, yacen desnudos por el suelo, en torno a una vieja estufa enrojecida, centenares de huéspedes. O por medio real compran, los que se espantan de aquella abominable compañía, el ruin derecho de dormitar en una silla de la taberna, junto al piadoso fuego. O merodean ateridos, para gozar de los caballos, entre los magníficos carruajes que aguardan a las puertas de la Academia de Música fastuosa, donde las luces del baile de los grandes, parecen como opacas, por no dar calor a las resplandecientes pedrerías de que son mostrador las elegantes damas.

Ahora es en Nueva York tiempo de bailes, y la Academia de Música, que es el Teatro de la Opera, y de la rivalidad y el fausto de los ricos neoyorquinos, reúne en estas noches de vientos y nevadas a los venturosos de la ciudad, y a los que se imaginan que lo son, por no morir de espanto, de mirar en sí, y a los que quieren ser tenidos por felices. Los franceses, que en Nueva York se cuentan por millares, y viven prósperamente de varias industrias, se juntan en estos días del año en bailes celebrados, exuberantes de color y gozo, que hacen pensar en Beranger y en el buen barrio latino, que es como una gran casa de familia, donde todos los hombres de la tierra están como en su tierra, y viven juntas todas las grandezas y todas las locuras: de guirnaldas de luces, de matices vivos, cuelgan el ancho salón de la Academia, y los palcos parecen balcón del corso de Roma en día de carnavales, y el tablado paleta de pintor, donde hubiera vaciado un niño revoltoso la caja de colores. Danzan guerreros duros,

192

armados de coraza y guanteletes, con pajecillos enamoradores, que parecen tazas sonrosadas, rebosantes de espumoso vino de Borgoña. Saltan de grupo en grupo doncellas suecas y retozones arlequines; un francés, que no ha de ser lector de *El Universo*, lleva blusa de carnicero del mercado, y capuchón de monje, sujeto por collares, que dejan caer al pecho largas cruces; y éste baila, con caballeresca gentileza, con una india moza que luce manto y penacho de plumas, y que ha comprado de fijo novelas de Xavier de Montepin a los libreros de viejo que venden libros en los bordes murados del río Sena.

Tal es el baile de la Amistad, el más famoso de los que en Nueva York celebran cada año los franceses. El de la Caridad, que fue un tiempo el gran baile del año, es aún buena ocasión de galas donde van a ostentar las de sus trajes y joyeros las familias que gozan fama de acaudaladas, y a lucir su casaca de noche, que ha de ser de faldones de punta y no cuadrados, los caballeros que hallan espacio en este mundo ansioso para meditar en la forma de los faldones de las casacas. Y otro día, ya no son animadas guirnaldas las que ornamentan el techo majestuoso de la Academia de Música, sino almetes y escudos, y banderas y lanzas, como en señal de que los que apadrinan el baile que ha sido suntuosísimo, son los ricos soldados del regimiento vigésimo segundo, cuyos regimentados, que son nobles de bolsa, la cual es clase de nobleza nueva, divirtieron a los elegantes bailadores con escenas de milicia, simulacros de batalla y juego de armas.

La vida y la muerte se despiertan a la par cada mañana; al alba, la una afila su hoz y la otra coge su ramillete de jazmines, mordidos algunas veces de gusanos. Un baile, es incendio de alma. Un edificio que hace costado a la alta casa de correos, rugía ese día incendiado. Ha sido un espectáculo terrible, cuya presencia no alcanzó a turbar el regocijo de los enamorados de la danza. En esa noche fría, cruzaban almas, ya libres de sus cuerpos, el espacio húmedo y oscuro, y arrebujábanse ateridas, salpicadas, en su camino de copos silenciosos, de volante nieve. Y los alegres danzadores deslizaban sobre la alfombra suntuosa el ancho pie, calzado de zapato femenil y medias negras. Fue el incendio en la mañana, en casa de numerosos pisos, llena toda de oficinas de periódicos, porque, como evocados por la estatua de Franklin que preside la plaza cercana, afluyen en aquellos contornos todos los soldados de la Prensa. Por allí está el *Sun*, con Carlos Dana, su jefe hidalgo, romántico y benevolente;

por allí el *Tribune*, donde escribió Greeley, que supo sembrar fresas y verdades, y escribe Whitelaw Reyd, que sabe hablar y odiar; por allí está el Times, diario severo cuyo jefe joven es honrado y brusco. Allí estuvo el World, hoy vendido a un negociante; allí había aún periódicos notables que enseñan a sembrar, a comprar y vender, a trabajar en artes, a preservar cosechas, a criar ganados.

Las llamas ascendieron, con tal furia, que parecía que hubiesen estado largo tiempo presas. Cien lenguas rojas se entraron a la par por escaleras y pasillos. Los pisos altos, llenos de trabajadores, de pobres mozas, que hacen oficio de cajistas, de niños recaderos, se llenaron de horror y de clamores. Ya las llamas rebosaban por las puertas y los bomberos acostaban sus escaleras en las paredes, y la muchedumbre se agolpaba en las afueras. Un hombre como de pie en las llamas, asoma en una ventana. Otro, rodeado de un halo de fuego, asoma en otra. Ya son todas las aberturas de la casa fauces rojizas, donde hierve el humo. No alcanzan a los pisos altos las escalas de los bomberos. Vese a una pobre negra, que, como perseguida de monstruos feroces, salta dando hondos gritos de un cuarto encendido, se acurruca en el umbral de una ventana, sease por no caer a la calle, de su mano ardiente, y se yergue de súbito, se recoge las ropas entre ambas piernas, exhala un alarido, y se arroja a la calle, en cuyas piedras chocó su cuerpo, despedazado con estruendo. Un negro heroico, que limpia botas en una casa de beber, y tiene el alma libre de betunes, ve que en el techo del edificio humeante donde asoman tres hombres, corre un alambre de telégrafo a un poste vecino, que dista de la techumbre como ésta de la calle, y hace una trincha, se ayuda de ella para subir, halagado por los aplausos, a la cima del poste, donde corta el alambre, que ya colgado sirve de cuerda de descenso a los tres hombres, y baja velozmente, a hacer más bien, lleno el rostro de gozo, y el pecho de sangre. Una mujer joven aparece en la más alta ventana. Trae las manos manchadas de la gloriosa tinta del trabajo. Muerden las llamas sus cabellos; y ella aparta las llamas con sus manos. Ya se prende el fuego a sus vestidos, y ella arranca los trozos incendiados. Batalla brazo a brazo con el fuego. A seis varas de sus pies está la más próxima escalera, donde la aguarda con los brazos abiertos un bombero y ella se deja caer, arrogante y serena, y así es salvada. Dícese a un hombre que haga lo mismo, y el hombre rehúsa hacerlo. Tardan los bomberos en ver a dos míseros que con las manos en alto piden ayuda, y un albañil asalta la escalera, les excita a dejarse rodar por la pared, y con su brazo noble, al que da su fuerza suma la buena voluntad, recibe a los dos hombres. Otros gritan, agitan las llamas que los envuelven con sus ademanes de horror, se asoman a la calle, donde les aguarda el espacio vacío, se hunden en el fuego, como queriendo ablandarlo con sus lágrimas, y al fin saltan moribundos de angustia sobre los lienzos que mantienen extendidos los bomberos piadosos. Se ven dos manos que se prenden al marco de una ventana ya incendiada, y una mujer a poco, de pie en el poyo humeante. La masa roja olea en su torno; ya está como vestida por las llamas, ya desaparece en el turbión negruzco, como arrebatada por la fiera hambrienta. Hoy ya todo es ceniza. Queda el respeto a los valientes, que han sido honrados con medallas; quedan los periódicos que mudan de casa, y están hechos de espíritu, por lo que no mueren en incendio; y quedan los cadáveres sepultados entre himnos religiosos, o enterrados en las húmedas ruinas.

En esos escombros asoman, como guerreros de buena batalla, muertos en la mitad del guerrear, las armazones que sustentaban las cajas de tipos de imprimir, manejados a cambio de ruin salario, por débiles mujeres. En verdad que llena de dolor ver venir de lejanos suburbios, en estas mañanas turbias que parecen madrugadas, a esas obreras valerosas que, al volver en la noche anterior de la ruda faena, reclinaron la inquieta cabeza, sin tiempo de soñar, en su almohada dura y fría. Carros y vapores parecen a esa hora casas de huérfanas. Llevan la color mustia; la nariz roja; los ojos, como de llorar; las manos hinchadas. Van los obreros amparados de trajes gruesos, y ellas, de telas descoloridas, delgadas y ruines. Hacen la labor de un hombre, y ganan un jornal mezquino, mucho más bajo que el de un hombre.

Estas amarguras afligen a algunos corazones buenos, que no hallan modo de poner remedio a esa miseria, que roe cuerpos y almas. Hay en esta tierra un grupo de mujeres, que batallan con una vivacidad y un ingenio tales en el logro de las reformas a que aspiran, que, a no ser porque no placen mujeres varoniles a nuestra raza poética e hidalga, parecerían estas innovadoras dignas de las reformas por que luchan. Ni es justo querer que en prados de mariposas pasten leones. Ni es cuerdo sujetar a nuestro juicio de pueblos romancescos y por encima de nuestras pueriles desazones, puros —los menesteres y urgencias de ciudades colosales en— cuyos senos sombríos se agitan criaturas abandonadas y hambrientas, comidas de avaricia, nacidas en soledad y apartamiento, y dadas sin freno al loco amor de sí. No ve el norteño en la mujer aquella frágil copa de nácar, cargada de vida, que vemos nosotros; ni aquella criatura purificadora a quien recibimos en nuestros brazos cuidadosos como a nuestras hijas, ni aquel lirio elegante que perfuma los balcones y las almas. Ve una compañera de batalla, a quien demanda brazos rudos para batallar. Ni son los hogares en esta tierra, aquel puerto sereno en que la hija es gala y no estorbo, y su matrimonio cosa temida y no deseada, sino como casa de hospedaje, donde no se cree el hostelero obligado a mantener a los huéspedes que trajo él a su casa. Ni nacen las mujeres en estos pueblos como en aquellos nuestros, miradas de cerca por los ojos vigilantes de sus familiares, que las guardan con ternura y con esmero; sino que vienen al mundo en lo que hace a los pobres, como retoños malsanos de un árbol enfermizo, que brota entre una mesa coja y un jarro de cerveza, y oye desde el nacer palabras agrias, y ve cosas sombrías, y se espanta de ellas, y va sola.

Tantos males pueden hacer surgir como legítimos, y verdaderos por relación, pensamientos que a nosotros nos han de parecer —por ser nosotros de tierras distintas— vulgares y extravagantes. Va cerrándose el Congreso de damas, convocado para abogar enérgicamente por la concesión del derecho de votar, a las mujeres. Ha sido el Congreso en elegante sala, y las damas de él muy elegantes damas. Vestían todas de negro, y la que más, que era la presidenta, llevaba al cuello un breve adorno azul. Y el auditorio era selecto, lleno de hombres respetuosos y de damas de buen ver. Es cosa sorprendente, cómo la gracia, la razón y la elegancia han ido aparejadas en esa tentativa. Deja el Congreso de mujeres, la impresión de un relámpago, que brilla, alegra, seduce e ilumina. Yo he oído a un lacayo negro hablar, pintando el modo de morir de un hombre, con tal fuego y maestría, que le hubieran tenido por señor los maestros de la palabra. Yo he oído con asombro y con deleite, la verba exuberante y armoniosa de los pastores hondureños, que hablan castellano de otros siglos, con donaire y fluencia tales que pondrían respeto a oradores empinados. Y ese modo de hablar de estas damas ha sido como el corretear de un Cupidillo malicioso, bien cargado el carcaj de saetas, y bien hecha la mano a dispararlas, entre enemigos suspensos y conturbados, que no supiesen cómo ampararse, alzando el brazo y esquivando el rostro, de los golpes certeros. ¡Qué lisura, en el modo de exponer! ¡Qué brío, en la manera de sentir! ¡qué destreza, en sus artes de combate! ¡Qué donaire, en los revuelos de su crítica!

«¡No nos dejáis más modo de vivir que ser siervas, o ser hipócritas! ¡Si ricas, absorbéis nuestras herencias! ¡Si pobres, nos dais un salario miserable! ¡Si solteras, nos anheláis como a juguetes quebradizos! ¡Si casadas, nos burláis brutalmente! ¡Nos huís, luego que nos pervertís, porque estamos pervertidas! Puesto que nos dejáis solas, dadnos los medios de vivir solas. Dadnos el sufragio, para que nos demos estos medios.»

Y como decía tales cosas una respetable anciana, con tal riqueza de dicción y propiedad de ademanes, que no había espacio a burlas, amigos y adversarios oían atentos y batían las palmas. «¡Vienen a convertirse las mujeres ignorantes, merced al desamparo en que viven, en frutas de noche, y huéspedes de la policía, y no tenéis en las casas de policía, mujeres honradas que asistan a esas infelices, sino hombres que las burlan y mancillan! ¡Poned mujeres en las estaciones adonde van presas mujeres! ¡Dejadnos votar, y nosotras las pondremos!»

Y a este punto, como si fuese ley que en esta tierra fueran siempre unidos lo poderoso y lo pueril, dice una dama linda que está en la sala el Jorge Washington de la causa de las mujeres sufragistas, y se debe oír hablar a Washington; cuya dama, que es famosa, y habla esa lengua que gusta a los americanos, porque hace reír, y tiene en abundancia la brutalidad y la presteza del boxeo, subió seguidamente a la plataforma, donde ostentaba un grave caballero su gabán lujoso y sus gruesos zapatos de andar; mas no dijo discurso, sino que el libro que tenía en la mano era una historia del sufragio de las mujeres, y que alcanzaría gracia, y se haría miembro de dos asociaciones sufragistas, quien en prueba de fe comprase el libro. Con lo que bajó de la tribuna Susana Anthony.

La pasión generosa, la réplica aguda, la ironía mordiente, la razón sobria, la exaltación sectarista, distinguieron a esta reunión de damas estimables; por las que se supo que no ha mucho, cincuenta y nueve legisladores votaron en Albany, que es la cabeza del Estado, por la concesión del sufragio a las mujeres, contra cincuenta y cinco, que no gustan de concederlo; y se supo también por un ex gobernador de Wyoming, que en Wyoming votan y gozan empleos, y se disputan candidaturas las mujeres, y hubo vez, en la que todo quedó en paz,

197

en que un marido era candidato republicano para un empleo y su consorte candidato demócrata.

Y aún resuenan a par de esas voces, extrañas por fortuna a nuestros pueblos, donde compartir la vida es comenzar de veras a gozarla, los acentos robustos y magnánimos de los prohombres neoyorquinos, congregados a denunciar, como delito humano, que han de execrar las gentes, y de penar el cielo, la causa bárbara y enconosa de que los míseros hebreos son hoy víctimas en Rusia. Y un anciano de faz rugosa, cuerpo escueto, y palabra apostolar, el anciano Evarts, decía que cuando el pecho se hincha, desborda por los labios, y que como la faz en la linfa del arroyo, copia al punto la faz que se asoma a la linfa, el corazón de todos los hombres y mujeres de la tierra, responde al grito de angustia de los hombres y las mujeres de Moisés.

La Opinión Nacional. Caracas, 18 de febrero de 1882

20 Carta de Nueva York. Una pelea de premio. Los hombres peleadores. El mozo de Boston y el gigante de Troya. Exhibición, preparación, paseo triunfal, condiciones de pelea, y pelea de los pugilistas. La ciudad, el viaje y el circo. Golpeadores famosos. Interés de la nación. Pedro Cooper, amigo de los hombres. Los valientes. Vieja y nueva usanza. El Ramayana en Nueva Orleans

Nueva York, febrero 17 de 1882
Señor director de *La Opinión Nacional*:
Vuela la pluma, como ala, cuando ha de narrar cosas grandiosas; y va pesadamente, como ahora, cuando ha de dar cuenta de cosas brutales, vacías de hermosura y de nobleza. La pluma debiera ser inmaculada como las vírgenes. Se retuerce como esclava, se alza del papel como prófuga y desmaya en las manos que la sustentan, como si fuera culpa contar la culpa. Aquí los hombres se embisten como toros, apuestan a la fuerza de su testuz, se muerden y se desgarran en la pelea, y van cubiertos de sangre, despobladas las encías, magulladas las frentes, descarnados los nudos de las manos, bamboleando y cayendo, a recibir entre la turba que vocea y echa al aire los sombreros, y se abalanza a su torno, y les aclama, el saco de moneda que acaban de ganar en el combate. En tanto el competidor, rotas las vértebras, yace exánime en brazos

de sus guardas, y manos de mujer tejen ramos de flores que van a perfumar la alcoba concurrida de los ruines rufianes.

Y es fiesta nacional, y mueve a ferrocarriles y a telégrafos, y detiene durante horas los negocios, y saca en grupos a las plazas a trabajadores y a banqueros; y se cambian al choque de los vasos sendas sumas, y narran los periódicos, que en líneas breves condenan lo que cuentan en líneas copiosísimas, el ir, el venir, el hablar, el reposar, el ensayar, el querellar, el combatir, el caer, de los seres rivales. Se cuentan, como las pulsaciones de un mártir, las pulsaciones de estos viles. Se describen sus formas. Se habla menudamente del blancor y lustre de su piel. Se miden sus músculos de golpear. Se cuentan sus hábitos, sus comidas, sus frases, su peso. Se pintan sus colores de batalla. Se dibujan sus zapatos de pelea.

Así es una pelea de premio. Así acaban de luchar el gigante de Troya y el mozo de Boston. Así ha rodado por tierra, ante dos mil espectadores, el gigante, inerte y ensangrentado. Así ha estado de gorja Nueva Orleans, y suspensos los pueblos de la Unión, y conmovido visiblemente Boston, Nueva York y Filadelfia. Aún veo, prendidos como colmena alborotada a las ruedas y ventanas del carro donde les venden los periódicos, a esas criaturillas de ciudad, que son como frutas nuevas podridas en el árbol. Los compradores, en montón, aguardan en torno al carro, que ya anda, arrebatado por el grueso caballo a que va uncido, en tanto que ruedan por tierra, revueltos con paquetes de periódicos, míseras niñas cubiertas de harapos, o pequeñuelas bien vestidas, que ya desnudan el alma, o irlandesillos avarientos, que alzan del lodo blasfemando el sombrero agujereado que perdieron en la lucha. Y vienen carros nuevos, y luchas nuevas. Y los que alcanzan periódicos, no saben cómo darlos a tiempo a los comprado-res ansiosos que los asedian. Y la muchedumbre, temblando en la lluvia, busca en los lienzos de noticias que clavan en sus paredes los diarios famosos, las nuevas del combate. Y lee el hijo, en el diario que trae a casa el padre, a qué ojo fue aquel golpe, y cuán bueno fue aquel otro que dio con el puño en la nariz del adversario, y con éste en tierra, y cómo se puede matar empujando gen-tilmente hacia atrás el rostro del enemigo, y dándole con la otra mano junto al cerebro, por el cuello. Y publican los periódicos los retratos de los peleadores, y sus banderas de combate, y diseños de los golpes. Y se cuenta en la mesa de comer de la familia, que este amigo perdió unos 100 duros y aquél ganó un millar, y otro otros mil, porque apostaron a que ganaría el gigante, y sucedió que ganó el mozo. Eso era Nueva York la tarde de la lucha.

¿Y en el campo de la lucha? Fue allá, en tierras del Sur, junto al mar, bajo cedros y robles. No son éstas querellas de bribones, que la ira encona, el azar cansa, y el capricho legisla: son troncos de antemano concertados, en que se dividen —como en las justas antiguas— el campo y la luz, y se determina, como para los caballos de carrera, el peso y el modo de justar y se acuerda en tratado formal y manera minuciosa, que los peleadores pelearán de pie, y sin piedras ni hierros en la mano, ni más que tres espigas de punta redonda y media pulgada de largo en la suela del zapato, y se establece, como mejora de decoro, que aquella vez no muerdan, ni se rasguen la carne con las uñas, ni se dé golpe al que ya tiene una mano y una rodilla en tierra, y a aquel a quien se sujeta por el cuello contra las cuerdas o estacas del circo, que ha de ser prado llano, y no mayor de veinticuatro pies en cuadro, y ha de ostentar al Sol, enarboladas en las estacas del centro, los colores de pelea de ambos rufianes, los cuales fueron esta vez arpa, Sol, Luna y escudo, y águila de anchas alas sobre esfera tachonada de estrellas para el gigante de Troya, y águila que sustenta en las nubes un escudo americano, cercada de banderines de Irlanda y Norteamérica, para el mozo fuerte de Boston. Porque de Irlanda vino a esta tierra, con la poblada numerosa, la bárbara costumbre.

Los tiempos no son más que esto: el tránsito del hombre —fiera al hombre— hombre. ¿No hay horas de bestia en el ser humano, en que los dientes tienen necesidad de morder, y la garganta siente sed fatídica, y los ojos llamean, y los puños crispados buscan cuerpos donde caer? Enfrenar esta bestia, y sentar sobre ella un ángel, es la victoria humana. Pero como el Caín de Cormon, en tanto que los aztecas industriosos y los peruanos cultos hacían camino en la cresta de los montes, echaban por canales ciclópeos las aguas de los ríos, y labraban para los dedos de sus mujeres sutilísimas joyas, los hombres de aquellas tierras del norte, que opusieron a los dardos de los soldados de César el pecho velludo, y las espaldas cubiertas de pieles, alzaban tienda nómade en la tierra riscosa, y comían en su propia piel, ahumada apenas, la res ensangrentada que habían ahogado con sus brazos férreos. Los brazos de los hombres parecían laderas de montaña, sus piernas troncos de árboles, sus manos mazas, sus cabezas bosques. Vivir no fue al principio más que disputar los bosques a las fieras. Mas hoy la vida no es montaña áspera, sino estatua tallada en la montaña.

Así se espantan los ojos, como si de súbito se viera pasar por las calles, de una ciudad moderna a Caín, de ver cómo las artes de la pintura y de la imprenta lamen sumisas los pies rugosos de estas bestias humanas, y copian y celebran al bruto magnífico, y le espían anhelantes en el instante en que, desnudo el torso montuoso, y encrespado el brazo troncal ensaya en una bola de cuero, que envía bamboleando al techo de que cuelga por fajilla de cuero, los golpes que ha de dar luego, entre hurras y vítores, en el cráneo crujiente, en los labios hinchados, en el cuerpo tambaleante de su adversario estremecido. Se educan para la pelea, se fortalecen, se consumen en la carne superflua que pesa y no resiste, se recogen en población de campo, en casa apartada, con sus educadores, que les enseñan golpes excelentes, y les prohíben excesos corporales, y los muestran a los que apuestan de oficio, y quieren ver, antes de apostar a su hombre, porque «ellos van de negocio» y deben apostar «al mejor hombre». Y de negocio también van los peleadores, que jamás se vieron a veces, y van a verse por primera vez en la arena del circo. Pero un chalán ha puesto a los brazos de uno, dos millares de pesos, y un diarista ha puesto a los brazos de otro, dos millares, y ajustan la pelea, la sangrienta pelea, porque no viene mal ganar, rompiendo huesos y sacudiendo en los cráneos los cerebros, los dineros y la fama de «campeón del peso grande de la América», porque hay menguados que pesan ciento treinta libras, y se baten por la fama de ser los más ricos golpeadores entre los de poco peso; mas hay mancebos que pesan doscientas libras, y éstos lidian por merecer el derecho de campeón entre los de peso grande.

Y no bien se publica que se ha ajustado la batalla, hácense cargo del peleador los que le «educan», que se llaman «sus segundos», e impiden que por el beber o el mocear comprometa «el hombre de pelea» la ganancia, del que ha puesto dinero «a su espalda». Y es la nación circo de gallos. Van los dos hombres enseñándose por los pueblos, y peleando con guantes, desnudos de cinto arriba, en teatros, plazas y tablados de cantina, donde ondean sus colores, y narran sus hazañas, y palpan sus músculos y balancean las condiciones de ganancia o pérdida, antes de cruzar con el jugador vecino la apuesta de dinero. Créanse bandos en las poblaciones, que suelen parar en que ambos contendientes saltan, revólveres al aire y cuchillos en alto, al circo o al tablado: y Troya, que ama a su gigante, que es dueño de un teatro, y padre de familia, y pródigo de fama, como buen rufián, arde en celos de Boston, que está orgullosa de su bestia, porque no se ha puesto hombre en frente del mozo bostonés que no haya caído, ensangrentado en tierra. No se pregunte quién lo impide, que cuando acontece en plazas públicas, un mes tras otro mes, no lo impide nadie. Hay leyes, mas como en México, donde prohíben las lidias de toros, buenas para hacer toros de los hombres, en el recinto de Tenochtitlán, y dejan las que haya en el pueblecillo cercano de Tlalnepantla, donde un tiempo oró en su torre alta el gran Netzahualcoyotl, poeta, rey y capitán excelso, y hoy desjarretan brutos, vestidos de toreros de comedia, hombres nacidos, por la grandeza de la tierra que los cría, a más glorioso empleo.

Cuando se acerca el día fijado para el combate, como cada Estado tiene ley diversa, y abundan entre los hombres distinguidos, que hacen las leyes, los abominadores de esta pelea de hombres, suelen los pugilistas andar de salto en salto, en fuga de las cárceles. Mas hallan siempre Estados que los amparen, y allí, es fiesta pública. Vienen los trenes, de comarcas lejanas, cargados de apostadores, que ponen punto a sus negocios, y dejan sin padre sus casas, por venir a centenares de millas, a apiñarse en la muchedumbre vociferadora que con el rostro encendido y las manos en alto, y el sombrero a la nuca, rodeará en la mañana anhelante, el circo de la lidia. Son banqueros, son jueces, son graves personas, miembros de las iglesias de su pueblo, son jóvenes ricos, de dinero que debiera trocarse en yugo para sus frentes: no son solo bribones ni chalanes. Hay en toda ciudad un centro de estos juegos, y en algunas ciudades muchos centros. Cada agrupación envía sus diputados; cada postor que puso precio, envía su hombre a ver; cada amador del ejercicio va a gozarse en sus lances. No tienen cierre las puertas de los hoteles y cantinas. Los hijos pródigos del azar asombran con su fausto, y los boxeadores de oficio con sus fuertes músculos, a las damas y damiselas de la villa, que no apartan de ellos los ojos, como de seres aborrecibles, sino que les miran con curiosidad y con regalo, como a hombres magnos, y seres de privilegio.

En Nueva Orleans, en cuyas cercanías fue este combate, se abrieron las bolsas viejas, muy atadas desde los tiempos de la guerra terrible, para poner los ahorros mohosos a la bravura de los jayanes. Las calles parecían corredores de casas; y el suceso, suceso de familia. Todo era chocar de vasos, hablar en voces altas, discutir en tiendas y plazas los méritos de los mozos, en cohorte ir a saciar los ojos avarientos en la espalda robusta, el hombro redondo, y la cadera desenvuelta de los atletas. Y volvían los unos, mohínos porque su jayán tenía demasiada carne sobre las costillas, y los otros alborozados porque su hombre era todo huesos y músculos. Iban los médicos en grupos, a ver aquel ejemplar rico de bruto humano. Y las damas iban a poner su mano delgada en la mano huesosa de los héroes.

Toda la ciudad parecía de viaje en la noche que acabó en la madrugada de la marcha. En sillas, y en sofás y de codos en los balcones, dormían; temerosos de que partiese el tren sin ellos, los que habían comprado, a cambio de 10 pesos, el derecho de ver la anhelada lucha. Vaciaban en los mostradores de los hoteles, porque no se las robasen en el camino, las joyas, a que son los rufianes muy aficionados. Y allá va al fin, cruzando los llanos pantanosos de la Luisiana, el tren veloz con los peleadores, con sus segundos, con la esponja y menjurjes de curar, con los dineros de la lidia, con sus vagones repletos, techados de gente, rebosada de los carros. Allí el beber; allí el vocear; allí el proponer apuestas y aceptarlas. Allí el decir que un buen peleador ha de tener arrojo, agilidad y resistencia. Allí al hacer memoria de cómo en otros tiempos se libraban al vigor del puño las contiendas electorales de los neoyorquinos; cómo un Mc Coy mató en el circo a un Chris Lilly; cómo cuando Hyer venció a Sullivan, en «pelea de huracán se encendieron luminarias en Park Row», que es la calle vieja y famosa, que da hoy al costado del correo, y se leyó por largo tiempo en un gran lienzo transparente: «Tom Hyer, campeón de América». Era allí el recordar entre sorbos de pócimas ardientes, que Morrisey dejó a Heenan por muerto; que cuando Jones peleó con Mc Coole recibió de él tal golpe en la frente, que rodó al suelo, víctima de náuseas y como con el cerebro desquiciado; y que Mace era un gran golpeador, que braceaba como aspa de molino, y quebró de un buen golpe el cuello de Allen. ¡Y el Sol entraba a raudales por las ventanillas de los carros!

Ya en el lugar de la pelea, que fue la ciudad de Mississippi, estaban llenos de gente los alrededores del sitio elegido para el circo, y a horcajadas los hombres en los árboles, y repletos de curiosos los balcones, y almenados de espectadores los techos de las casas. Vació el tren su carga. Se alzó el circo en el suelo, y otro circo concéntrico, entre los que podían vagar los privilegiados; cantando alegres, se sentaron por la arena en batallón gozoso los cronistas, que cuando se pobló el aire de hurras, y fueron todas las manos astas de sombreros, era que venían el huraño Sullivan con su calzón corto y su camiseta de franela verde, y el hermoso Ryan, el gigante de Troya, en arreos blancos. En el circo, había damas. Y a la par que los jayanes se dieron las manos y ponían a hervir la sangre que iba a correr abundosa a los golpes, encuclillados en el suelo, contaban los segundos los dineros que se habían apostado a los dos hombres. ¿A qué mirarlos? A poco, ruedan por tierra; llévanlos a su rincón, y báñanles los miembros con menjurjes, embístense de nuevo, sacúdense sobre el cráneo golpes de maza; suenan los cráneos como yunque herido; mancha la sangre las ropas de Ryan, que cae de rodillas, en tanto que el mozo de Boston, saltando alegre y sonriendo, se vuelve a su «esquina». Atruena el vocerío, álzase Ryan tambaleando; le embiste Sullivan riendo; ásense de los cuellos y estrújanse los rostros; van tropezando a caer sobre las cuerdas; nueve veces se atacan; nueve veces se hieren; ya se arrastra el gigante, ya no le sustentan en pie sus zapatos espigados, ya cae exánime de un golpe en el cuello, y al verlo sin sentido, echa al aire la esponja, en señal de derrota, su segundo. Se han cruzado $300.000, apostados en todas las ciudades de la nación a la pelea de estos dos mozos; se han alquilado hilos de telégrafo para dar cuenta menuda a todos los vientos de los detalles de la lidia; han recorrido las calles de las grandes ciudades, muchedumbres ansiosas que recibieron con clamores de aplausos, o ruidos de ira, la nueva del triunfo; se ha celebrado con músicas y fiestas al bostonés victorioso; y se exhiben de nuevo en circos y cantinas, agasajados y regalados, el mozo y el gigante. ¡Aún está roja y castigada de los pies, en la ciudad del Mississippi, la arena de la mar! Es este pueblo como grande árbol: tal vez es ley que en la raíz de los árboles grandes aniden los gusanos.

¿Qué me trae este niño mensajero, con su uniforme y cachucha de paño azul, que llama a mi puerta? ¡Ah! Es la costumbre de estos días, en que se envían, en lindas tarjetas sus saludos anónimos los enamorados y los amigos leales, que sufren de ver almas solas. En esta tarjeta bordada de fleco azul, me mandan un niño alado, sentado en un camello; y en esa otra, que tiene al pie dos hermosos versos, como es uso, aunque no todos los versos son hermosos, hay un águila, que mira a lo alto, posada en una roca... Y este niñuelo que viene

¿qué me trae ahora? ¡Me trae un Valentín de burlas en que está un hombre triste, vestido de navegar, de pie en la orilla de un océano en que no apunta un barco! Porque los Valentines, que son de una inglesa, llenan en estos días los mostradores de las tiendas, las bolsas de los fabricantes, los sacos de cuero de los carteros. No hay casa que no los envíe, y que no los reciba. Antes fue solo hábito de enamorados, y en este día de san Valentín, en que es fama que los pájaros amanecen piando y aleteando en torno a la rama en que se posa aquella que eligen por compañera de su nido, no se acostaban las doncellas de Inglaterra sin haber prendido cuatro hojas en las esquinas de su almohada, y una en el centro, porque tenían las hojas la virtud de hacer aparecer en sue-ños, a las doncellas, aquel de sus cortejadores a quien debían de elegir para su esposo, el cual poder era más cierto si luego de haber puesto a hervir un huevo a punto de endurecerlo, y sacándole la yema, llenaban de sal su espacio, y comían el resto, sin comer ni beber después, ni sacar la cáscara al huevo, porque esto le hubiera quitado la virtud. Y era también uso que el que había sido elegido Valentín, hiciese a su dama un regalo valioso, como el del duque de York, muy gentil duque, que regaló a la señorita Stuart, que fue luego duquesa de Richmond afamada, una joya que no le costó menos de 800 libras esterlinas: en tanto que las pastoras, «en este día en que los pájaros eran bondadosos», como reza el verso viejo, salían de mañanita a buscar leche, y tomaban de novio al primer pastor que encontraban sus ojos, lo cual, por de contado, haría muy mañaneros el día de san Valentín a los pastores.

De este lado del mar, no fueron estos usos, sino enviar, explicados con versos, dibujos alegóricos a los defectos o peculiaridades de la persona a quien se encaminaban los dibujos, de lo cual, que fue al principio práctica de relacionados en amores, como que era anónima la práctica, tomó pie la malicia y cada jorobado, o bizco, o narigudo, o avaro, o fanfarrón, o vicioso, recibía de manos desconocidas una gran lámina coloreada, en que en menguados versos se hacía burla, vaga unas veces, y cruel y certera otras, del defecto del valentinado. Y no hay, aun hoy mismo, más que entrar en una tienda, y pedir un Valentín de sastre, para que el tendero busque en sus mostradores el manojo de los sastres, y saque de él un vejezuelo en pocas ropas, que enmienda y repa-ra una casaca añosa, de modo que parezca de lienzo y corte nuevos. Ya queda para barrios bajos este uso de la malicia, que fue a tanto que no hay presunción humana ni hábito ridículo de estas tierras, que no tenga en estos Valentines de antaño su poema y su azote, tal como uno enviado a dama casera, que hace en la casa las faenas del servicio y luego va, enjoyada y envuelta en sedas a lucir galas en su jueves de salir, en el cual Valentín está la dama con cubo gigantesco por sombrero, delantal de pinche por frente de vestido, tenedores por pendientes, por abanico espumadera, y una cuchara de alfiler de pecho, a todo lo cual saludan, vestidas de galantes caballeros, un par de flacas tenazas. Pero los Valentines que aún quedan en boga, son dibujos caseros, hechos de mano amiga, para poner en curiosidad a un amigo bueno, o encantadoras figurillas, tiernas o cómicas, de variedad tan numerosa y rica, que no son más copiosas en arenas que los Valentines en tiendas, las playas de la mar. Son de fino cartón, franjado o cercado de encaje o de flecos; son almohadillas azules y rosadas, en que sonríe, con su gorro francés un niño candoroso; son ángeles, amantes, ramos de flores silvestres, lirios, margaritas, un negrillo que se hunde como quien tropieza en los aleros del gorro colosal que ata a su barba una negrilla, o girasoles, que están ahora en boga, por ser la flor de los estetas, o tulipanes, que es flor que se ha pagado aquí a tal precio que se compraban por acciones. Y al pie de todos ellos, versos rientes, versos de día de pájaros, versos azules, de esos que se escriben antes de entrar en lo recio de la vida, y no rojos, como se escriben luego, y no negros, como se suelen escribir, hasta que luego los años buenos tiñen del color blanco de la luz los cabellos y el alma.

Las gentes andan contentas, ocupadas, activas. El Senado, tras debate brillante, aprueba una ley que deja sin capacidad de elegir ni de ser electo a los polígamos mormones. La Academia de Música resuena con el clamor de alegres enmascarados que, ora son niños que llevan de reyes en carroza tirada por cabras a Esmeralda y a Febo, ora son actores que imitan en la escena aquel carro de Tespis en que nació la comedia, y echan a danzar, aparejados por la sala a Frou Frou y al duque de Buckingham, y a Camille y Luis Onceno. Nueva Orleans celebra sus carnavales con procesión suntuosa en que reviven las maravillas magnas de los poemas indostánicos.

Portland corta de sus jardines las rosas mejores, para ornar con ellas la casa en que ha de celebrarse el aniversario próximo del poeta Longfellow. Ya en la casa se limpia el asta de las banderas de festejo, para honrar con ellas a aquel hombre resplandeciente y sereno, menos infortunado que Bolívar, porque fue menos grande: a Jorge Washington. Oiremos esos himnos, y les pondremos alas de buena voluntad, y cruzarán la mar.

La Opinión Nacional. Caracas, 4 de marzo de 1882

21. Carta de Nueva York. Los bárbaros caminadores. Carreras de hombres. Atletas griegos y atletas modernos. Rowell y Atlanta. El aniversario de Washington. Los banquetes, las banderas, los discípulos de Pedro Cooper. Blaine pronuncia ante el Congreso el elogio de Garfield. El hombre externo y el hombre invisible. Poeta en acciones

Nueva York, marzo 4 de 1882

Señor director de *La Opinión Nacional*:

Con más dificultad se abre paso el espíritu por entre las brumas húmedas de este mes de marzo, que lo espantan y contristan y lo invitan, no a salir de sí, sino a reentrar en sí, que aquella con que, en este instante mismo, apretados los codos a ambos costados, cerrados los puños, jadeante la faz, y llagados los pies, tajan el aire en una carrera los «caminadores», que en torneos por dineros, comparten con sus hazañas repugnantes, su faz marmórea, y sus ojos salidos de las órbitas, la admiración de un público enfermizo que ha aprendido a mirar sin dolor las lastimaduras de los pies, y las del alma. Un héroe es un bellaco, y un caminador, es un héroe. Las almas asustadas y púdicas; los que no caben en sí y anhelan verterse en los otros; los que prefieren el derecho de vivir en paz en la vida próxima, al goce de una paz que se compra demasiado caro en esta vida; los que gustan más de ver ricas las arcas del alma, con cuyo oro se compra el bien eterno, que las arcas de dineros, cuyo cuño suele ser marca de infamia para el alma que la señalará en sus trances próximos —como la cédula amarilla al presidiario francés— son a los ojos de buena suma de neoyorquinos como flores enfermas o mentes sin seso, o maravilla extraterrena, u hombres de poca monta, que ven más por los otros que por sí: en tanto que de manos enguantadas y breves, acabado remate de airosos brazos femeniles, cae a los pies de un negrillo caminador, vestido de camisa de seda azul y pantalón de seda roja, una herradura de rosas opulentas con que la dama de Nueva York desea al negrillo buena suerte en el rudo torneo. Hurras responden a la dádiva, hurras estruendosos de aquellos diez millares de hombres que llenan el circo, henchido de humo espeso, humo de vicios y de ese aroma de frutas estrujadas, de naranja sin jugo, de manzanas mondadas, grato a las almas corrompidas. Caminan de día, caminan de noche, caminan sin tregua. La gente entra en el hipódromo de Madison a oleadas, no para ver el trance de adelanto de los hombres a un estado mental o moral sumo, sino para ver y vitorear el trance de retroceso del hombre al bruto.

Mas no lucen estos caminadores como aquellos corceles del desierto, sobre cuyo dorso musculoso ondea el albornoz franjado de oro del altanero beduino, y que parecen, más que siervos, señores de sus magníficos jinetes; sino que con sus zapatillas de caminar, y su camisa ceñida y calzón corto de colores alegres, hundido el rostro entre los hombros, pegado a las sienes enjutas el cabello lacio y sudoroso, respirando difícilmente por entre los labios pálidos y colgantes, andan al paso, galopan, trotan, se detienen sofocados, se disputan el puesto primero, se codean, se ofenden, hasta que vencidos por la fatiga, se refugian un instante en sus tiendas respectivas, a que sus cuidadores les bañen y cepillen los miembros hinchados y toman de manos de ellos sin detenerse en su carrera, una tajada de pan, una costilla de carnero, o un trozo de carne a medio cocer, en las que hincan los dientes voraces a par que galopan. Y así durante el día, así en la alta noche, así en el alba. En anchos carteles van anotándose las millas que andan. En pequeñas mesas, tienen abiertos los libros de apostar los que han pagado dos centenares de pesos por recibir apuestas, que se hacen a los pies de los hombres, como a sus puños, como a la ligereza de sus caballos. Y estos hombres se pesan, y se nutren, y se demacran de antemano. Cuál no toma más que leche que alimenta y no carga el cuerpo de excrecencias que estorban para la marcha; cuál solo come avena, que da fuerza a los músculos; cuál vive de carne sangrienta, tal como la rebana el cuchillo del matador del lomo de la res. Y cada cual tiene sus hombres de cuidar que les preparan durante el torneo bebistrajos fortalecedores, y menjurjes, y friegas, y los reciben en sus brazos cuando ebrios de sueño y adementados se apartan un momento de la pista, y los ponen en pie, los reaniman con golpes eléctricos o golpes de puño, y los echan a andar aún dormidos por la arena, cubierta de aserrín, que miran con sus ojos abiertos y azorados, revuelven con sus pies tambaleantes, en tanto que tiritan en sus asientos, despiertos por el miedo de perder y el ansia de ganar, los apostadores; y se filtran por las hendijas y cristales el aire húmedo y las luces fantásticas de la madrugada.

Y esto lo hacen, porque se ha prometido que aquel de los caminadores que haya andado más espacio al cabo de ciento cuarenta y dos horas, ganará para sí tantos millares de pesos cuantos sean los que se han presentado a tornear, cada uno de los cuales deposita un millar a la entrada, y ganará también si anda los seis días del torneo, quinientas veinticinco millas, o más, todos los dineros del público que acude ávido a toda hora del día y de la noche a ver cómo el fornido inglés Rowell, de piernas cortas, que anda en veintidós horas y media ciento cincuenta millas, vence sin esfuerzo a Scott gigantesco, que viste camisa de lana blanca y calzón rojo, y a Hazael que tiene de zorra, y lleva piernas encarnadas y azules, y al escocés Noremac, que tiene de lobo, y a Fitzgerald famoso, que anduvo quinientas ochenta y dos millas en seis días, y a Sullivan, que luce traje verde, y a Hart, el negro esbelto, de andar rítmico y cuerpo donairoso, que corre por entre sus rivales con los brazos llenos de cestos de flores que le dan las damas, como aquellos flamencos antillanos que pasean ligeramente el cuerpo rosado por la arena abrasada de la margen marina.

Ni es ésta aquella garbosa lucha griega en que a los acordes de la flauta y de la cítara, lucían en las hermosas fiestas panateneas sus músculos robustos y su destreza en la carrera, los hombres jóvenes del ático, para que el viento llevase luego sus hazañas, cantadas por los poetas, coronados de laurel y olivo, a decir de los tiranos que aún eran bastante fuertes los brazos de los griegos para empuñar el acero vengador de Harmodio y Aristogitón. Ni es aquel aire balsámico de las serenas tardes atenienses, en que envueltos los hombres arrogantes en el majestuoso himation de ruda lona y anchos pliegues, y las mujeres en sus suntuosas diploidias, oían de pie que ceñían con sandalias, y con la cabeza, que ornaban con diadema, los versos desesperados y terribles de Edipo el Tirano.

Ni son los premios de estos caminadores, como de los que se disputaban el premio de correr en aquellas fiestas, coronas de laurel verde y fragante, o ramillas de mirto florecido. Sino que estos jayanes andan pesadamente, y dan vuelta al circo con una esponja en la mano y una toalla en la otra, y comen dando vueltas como perro famélico que huye con la presa entre los dientes, y se enlazan los pies —y se hinchan el rostro, a punto tal que parece que estalla—

y se arrastran por la pista revuelta como jacos de posta, sudorosos y latigueados —y ruedan por tierra, hinchadas las rodillas y tobillos, o caen inertes como resortes rotos o masas apagadas— por unos cuantos dineros, a cuyo sonido, al rebotar sobre los mostradores de la entrada, aligeran y animan su marcha.

¡Oh! El espíritu humano como la tierra, como la atmósfera, tiene capas. Las unas son de arena menudísima que el Sol calienta, y movida de vientos extraños, asciende, en revueltas y brillantes columnas al Sol: y son las otras de roca, áspera, en que parece quebrarse impotente, como en masa intallable, el cincel divino. Ni se casarán al fin de esta lidia el astuto Hipómenes y la hermosa Atalanta, que vencía a todos sus rivales en la carrera, y les daba muerte con su acerada jabalina, mas no venció a Hipómenes, que dejó caer tras sí en la justa las manzanas de oro que tentaron la avaricia de la hermosa, y dieron tiempo al doncel enamorado para llegar, antes que la hija adusta de Esqueneo al término de la carrera cuyo premio era el amor de aquella vencedora de centauros: lo que enseña que han de tenerse los ojos siempre cerrados a las manzanas de oro, y que acabará esta fiesta del hipódromo Madison en disputas y querellas de rufianes, malcontentos con haber de perder, o haber de compartir las monedas de la apuesta. De vapores de mirto iban oreadas las sienes de los esbeltos corredores de otros tiempos: y orean las sienes de éstos, en salones sombríos y húmedos, que parecen cuevas, los vapores del lúpulo.

No está lejos del circo donde, hombro a hombro, trotan ya en parejas, ya en grupos, ya a la cabeza, ya a la zaga, los caminadores, la estatua de bronce de aquel robusto soldado a quien como a monumento humano, y ejemplo y prez de su raza, mueven hoy los ojos los americanos, cuyo valor avigoró con su prudencia, y los hombres todos de la tierra, que vieron convertirse en sus manos generosas la espada del triunfo en rama de oliva: la estatua de Washington, que lucía al Sol brillante del día 22 de febrero en que ha ciento cincuenta años nació, raquíticas guirnaldas y menguadas coronas, allí llevadas por la mano marcial de soldados piadosos, cuando debieran —por cuanto ayuda a ser grande el respeto a los grandes— venir en este día al altar de granito y de bronce con sus hijos los padres, y con coronas de rosas frescas las doncellas, y con banderas al aire y destocados los niños que se instruyen en las escuelas, y con la falda llena de siemprevivas y las manos llenas de besos las niñas de la ciudad.

Comienza a ser desventurado el pueblo que empieza a ser desagradecido. El grano de oro ha de ser cosechado en los campos y en las almas. Corre peligro de perder fuerza para actos heroicos nuevos aquel que pierde, o no guarda bastante, la memoria de los actos heroicos antiguos. Y aquí se cierran en el día de Washington, tribunales, escuelas, casas de banca y oficinas; los mozos de tiendas pasean alegres por el ancho Broadway a sus amadas bulliciosas; bullen repletos en tarde y noche los teatros; limpia el pilluelo las botas colosales que le dio el munífico vecino, y orla su camisa azul de un cuello amarillento, y enca- rama en su hirsuta cabellera, revuelta como nido de pájaros traviesos, un som- brerillo agujereado; asoman, en las calles suntuosas, rubias cabezas de damas, y manos cuajadas de diamantes ocúpanse con afán, ya en cambiar, saludo con el galán rubio, ya en ayudarse de él para colgar a sus ventanas señoriales la alegre bandera de la tierra.

En una parte son banquetes, y en la otra discursos, y en los edificios públi- cos gala y pabellones; mas es éste deber de hábito, o de gobierno, o tributo, de leales corazones y almas privilegiadas, no la procesión maravillosa en que para hacerse de esas fuerzas de espíritu que la vida moderna ofusca y retacea, debiera la ciudad agradecida venir cada año a honrar a aquel héroe amable y sereno a quien no cegó ese reflejo funesto de la luz del Sol en los laureles de la corona de la gloria, ni devoraron esos apetitos de lengua de llama que engendra el triunfo. Es aquí ese aniversario día de suerte y paseo, mas no de reverencia; y como a voces anticuadas suenan las nobles voces que en círcu- los estrechos se alzan aún, con vehemencia filial, a loar aquel que no odió ni ambicionó, ni engañó, ni quiso ser más que caballero de la virtud, conquistador de la libertad, y soldado cristiano. De gran vaso de antigua labor, de donde un día bebieron Henry Clay, aquel jefe de hombres, y Daniel Webster, en quien su nación se hizo hombre, sacaba en la casa del club Washington, humeante ponche un capitán canoso; cuidaba de él, el elocuente Daniel Sikies, que perdió una pierna en las batallas, y con su palabra fogosa gana otra; y al orador Walker, que saludaba en el caudillo de la independencia a un hombre tal que ni tuvo par antes de él ni ha de tenerlo luego; y al caballero Fairchild, que ha traído de España un mensaje de amor de la reina Cristina a esa viuda de Garfield nobilísi- ma, que esconde en la aldea oscura su dolor sereno y sus virtudes pudorosas. El dolor se ofende de que miren a él y lo publiquen.

En torno a la mesa de la Sociedad de Cincinnati, oían prohombres las palabras sobrias con que el general Grant, que rebosa ansias y acontecimientos, honraba en la fiesta del día, al ejército de los Estados Unidos. Y como en la faena de acaparar fortuna, olvidan los americanos nuevos a aquellos veteranos de 1812 que movieron y mantuvieron guerra a los ingleses, que estorbaban el comercio de Norteamérica, herían en la mar a los tripulantes de sus barcas, y asaltaban en el océano solitario, so pretexto de derecho de registro, sus buques indefensos, tráenlos a su mesa en este día de Washington los veteranos de aquella otra guerra ruda de 1848 contra México, que fue a la voz de Taylor y Scott, hasta enrojecer con sangre de niños bravos que almenaron el último castillo de la patria, la lava abrupta, que como entraña de monte roto, se alza fría y abandonada en el solemne valle mexicano. Truécase el fuego en piedras, como en peñasco truecan los años, en el pecho, los hervores volcánicos y generosos de la mocedad. Y el buen Pedro Cooper, con su cabellera blanca y con su báculo, preside la fiesta de los mancebos aplicados de su instituto, a quienes ruega que en este aniversario del padre de la patria, se junten a hablar de él y a contarse sus méritos, y cómo era ya en su niñez, juez, más que compañero de sus amigos, tan pulcro y recto que no parecía su espíritu abismo, sino llano; y como puso a su bravura el freno de la prudencia, quitó a la justicia las espuelas de la venganza; y cómo con artes de indio, que da la tierra, caía de súbito sobre los ingleses aterrados y revueltos, y con decoro de puritano, haciendo a un lado la corona de monarca, colgaba de su casa de labriego la espada del triunfo; y cómo lloraba a grandes lágrimas cuando presentaba a Lafayette magnánimo, que le venía a ayudar de Francia, a sus soldados gloriosos y macilentos; y cómo, vencido en Brooklyn, salvó con su serenidad a su ejército, y vencedor en Brilecton, se aprovechó con celeridad de la victoria; y cómo, en suma, el que a la cabeza de batalladores medio desnudos, acampaba en cabañas alzadas con troncos de árboles en medio de la nieve, presidió luego en fértil paz y en próspera fortuna a su pueblo agradecido, que dobló la rodilla sollozando y puso la frente en tierra cuando supo que el hombre virtuoso había muerto en su casa tranquila de Mount Vernon. ¡Buen Pedro Cooper! Así, cuando la maldad reina entre los hombres, la virtud tiene siempre hogares encendidos.

Ochenta y dos años hace ahora que, en la iglesia de los luteranos alemanes de California, ungió Henry Lee a Washington, con las palabras históricas que diez días antes había rogado al Congreso su amigo Marshall que aceptase como el título que discernía al muerto, la nación: «El primero en la paz, el primero en la guerra y el primero en el corazón de sus conciudadanos». Y muchos años después del panegírico famoso de Henry Lee, el historiador Bancroft pronunciaba ante el Congreso americano, el elogio de Lincoln, aquel que no bien puso su pie ancho de leñador en la casa de las leyes, acusó con voces nobles de justicia, la guerra que el presidente Polk, hombre del sur, movía interesadamente contra México.

Y ayer, ante auditorio grave y enlutado, leía con voz lenta en un ancho manuscrito, un hombre anciano, el elogio de Garfield. Negros bordes remataban las páginas anchas; de tocas y vestiduras de dolor estaban aderezadas las damas; y la casa de representantes, y el Senado, y el presidente de la nación, y sus ministros, silenciosos y tristes, oían la voz del elocuente Blaine, que no se encrespaba, ni azotaba, ni aceraba, como suele en los agrios debates que levanta y doma, sino que salía de sus labios lentamente, como si fuese labor dura para quien bracea sin miedo en los mares de la vida, bogar en calma sigilosa por las sosegadas aguas de la muerte. Y sobre ellos, como brilló en vida, lucía en ancho lienzo el muerto glorioso, con aquella su esbelta apostura de batallador del Parlamento, en una mano el mazo de papeles, que él movía como dardos, y la otra mano blandamente inclinada en el respaldo de una silla, cómo quien habla sin esfuerzo, porque el habla le surge de manantial hondo y sereno, y no de estufa recién caliente, en que corren el peligro de morir a poco los carbones no bien encendidos; y con aquella su faz benévola, radiante y acariciadora, iluminada más que por luz de Sol, por luz interna.

¡Oh! la palabra, como viento que enciende, saca las llamas del espíritu al rostro. Y Blaine se asió a su tribuna, y sus labios vacilaron, sus labios de orador vehemente y diestro, e hizo ademán de poner de lado su manuscrito voluminoso, como si aquel discurso que lleva siempre hecho el orador al público que le oye, el cual lo ciega, y al cual lo torna, le pluguiese más que aquella tarea de gabinete, hija de razón que traía escrito. Mas la palabra tiene alas, y vuela caprichosa, y se entra en mundos ignorados e imprevistos, y aquel que habla en nombre del pueblo, ha de poner rienda doble y freno fuerte a su palabra alada.

Así fue el elogio de Garfield, más señalado por su obediencia a la rienda que por sus rebeldías. Vese, en aquel elogio, a la par que tacto discretísimo en no usar la ceremonia solemne en bien del elogiante, que pudo, a no ser discreto, ampararse del caso para hacer defensa de los actos que, como ministro de Garfield, se le censuran, una como vaguedad extraña, y falta de líneas fijas, que den marco saliente a aquella hermosa figura, cuyas virtudes viriles, muerte serena y talento honrado, cautivan y enamoran a los que tienen los ojos fatigados de ver crímenes de la inteligencia y mascaradas del corazón. Como la llaga con hierro ardiente, ha de ser quemado en su cueva el talento que no sirva a la virtud. Surge del elogio, sobria y galanamente hablado, y hermosísimamente rematado, el hombre externo y visible, el niño que supo leer a los tres años, el estudiante que leía sus libros de aprender sobre su banco de trabajador, el maestro blando, el soldado hazañero, el diputado laborioso e incontrastable, el viajador que rebusca en los archivos de Inglaterra, datos que muestren que no hubo abuelo suyo que no hubiese cargado mosquetes y blandido espadas en defensa de la libertad; el brigadier romántico que dio con su bravura en Chickamagua color de victoria a la derrota; el discutidor leal e invencible que arrolló siempre en campo abierto, y del lado de la justicia, a sus contrarios. Vese a un hombre valioso, que adelanta brillante y velozmente, en alas de fortuna acariciadora, tolerante e ingenuo, sin odios y sin séquitos, amigo de los libros, poco hecho a las ansias famélicas de los humanos. Y se entrevé al hombre grandioso cuando sofocado en la casa de gobierno, repleta de aire espeso de hombre, va a entregar frente al mar vasto, su espíritu vasto. Pero los que han vivido echan de menos en esa figura externa la falta de la vida verdadera. El hombre no es lo que se ve, sino lo que no se ve. Lleva la grandeza en sus entrañas, como la ostra negruzca y rugosa lleva en sus entrañas la pálida perla. El árbol de la vida no da frutos si no se le riega con sangre. Ese andar afanoso; ese sacudir con los hombros peso de montañas; ese vencer, sin más armas que las de amor y las de razón, a los hombres que mueven otras armas; ese aparecer y deslumbrar; ese sentarse, como Sísifo triunfador, sobre la piedra que ha empujado con sus brazos a la cumbre del monte, a recibir luz de Sol y ofrenda de hombres; y ese partir a tan alto destino con un libro de escuela y un cepillo de carpintero bajo el brazo, dan a quien sabe ver, y goza en admirar, la medida de una titánica figura, titánica hasta en el modo de ocultar que lo era.

¡De Boabdiles, ya no es hora! Es necesario arrodillarse cada día, como el bravo Balboa, a descubrir un nuevo mar. Es fuerza que cada hombre trabaje, con los maderos vírgenes del bosque, su silla de triunfo. Fuerza es que cada hombre, con sus manos tenaces se labre a sí propio. Y el que se labre de tal manera, que saque de sí el jefe de cincuenta millones de hombres, ¡oh, es un gran labrador! Vivir en estos tiempos y ser puro, ser elocuente, bravo y bello, y no haber sido mordido, torturado y triturado por pasiones; llevar la mente a la madurez que ha menester, y guardar el corazón en verdor sano; triunfar del hambre, de la vanidad propia, de la malquerencia que engendra la valía, y triunfar sin oscurecer la conciencia ni mercadear con el decoro; bracear, en suma, con el mar amargo, y dar miel de los labios generosos, y beber de aire y agua corrompidos, y quedar sano: ¡he ahí maravillas! ¡Cuánta agonía callada! ¡Cuánta batalla milagrosa! ¡Cuánta proeza de héroe! Resistir a la tierra es ya, hoy que se vive de tierra, sobradísima hazaña, y mayor, vencerla.

No fue el elogio de Blaine, aunque caluroso, diestro, sentido y elegante, aquella alabanza justa, mirada en lo interior y lección suma que nace de la vida de aquella criatura casta, cuyas mejillas encendió siempre noble pudor viril; de aquel varón eminentísimo, que volvía el rostro descompuesto de la cohorte de mendicantes bien vestidos que le asaltó en sus turbulentos meses de gobierno; de aquel orador singular, cuya palabra limpia y maciza, revuelta airosamente, cual manto de griego, iba cargada de puras y hondas enseñanzas; de aquel espíritu sano que creyó en tiempos de incredulidad, y amó el honor en tiempos en que los hombres se aman a sí propios, de aquel poeta, en suma, que no rimó versos, sino acciones.

José Martí

La Opinión Nacional. Caracas, 22 de marzo de 1882.

22. Carta de Nueva York. El Mississippi desbordado. Guerra social. Numerosísimas nuevas. Un monumento roto. «¡No han de alzarse monumentos a traidores!» La historia del mayor André y del traidor Arnold. Colonos aduladores. Corre sangre en Omaha. Graves huelgas. San Francisco contra los chinos. Los Estados Unidos cierran sus puertas a los chinos. Washington, Chicago, Boston. El caballo de Sheridan

Nueva York, 12 de marzo de 1882

Señor director de *La Opinión Nacional*:

El Mississippi desbordado, aquel río hermoso que vieron, antes que ojos algunos de Europa, ojos de españoles, arrasa e inunda aldeas, haciendas, centenas de hombres, millares de ganados. Llena de agua los valles. Trueca en mar la comarca. Y así se precipitan en los diarios las nuevas, los aniversarios, las lidias del Congreso, las noticias de muerte, los cuentos de crímenes, las narraciones de fiestas, la historia de las rebeliones imponentes que se encrespan y estallan en las ciudades vírgenes de las lejanas selvas y que parecen ensayos tímidos de la revuelta colosal y desastrosa con que, en futuros tiempos, habrá de estremecer a esta tierra la pelea de los hombres de la labor contra los hombres del caudal. De Europa viene a este país la savia y el veneno. El trabajador que viene aquí ya odia. Si prospera, como su rencor era alimentado por su infortunio, acalla su rencor. Mas si medra penosamente, y mientras no medra, vierte en los que le cercan el odio que le llena. De vivir exclusivamente para el laboreo de una fortuna, viene que sea desnudo y formidable el apetito de poseer, envilecedor en los hombres cultos, y tremendo en los hombres ignorantes. Vese aquí cómo los ricos se van agrupando y espaldando, y buscando gobierno para sí, que les ponga a cubierto de las demandas de los pobres. Y vese cómo los doloridos de otras tierras, enardecidos por la dificultad que a su progreso opone el visible concierto de los ricos, azuzan las iras y avivan la mente de los pobres desasosegados. En esta tierra se han de decidir, aunque parezca prematura profecía, las leyes nuevas que han de gobernar al hombre que hace la labor y al que con ella mercadea. En este colosal teatro llegará a su fin el colosal problema. Aquí, donde los trabajadores son fuertes, lucharán y vencerán los trabajadores. Los problemas se retardan, mas no se desvanecen. Negarnos a resolver un problema de cuya resolución nos pueden venir males, no es más que dejar cosecha de males a nuestros hijos. Debemos vivir en nuestros tiempos, batallar en ellos, decir lo cierto bravamente, desamar el bienestar impuro, y vivir virilmente, para gozar con fruición y reposo el beneficio de la muerte. En otras tierras se libran peleas de raza y batallas políticas. Y en ésta se librará la batalla social tremenda.

Mas de prever vengamos a ver. No tienen los ojos espacio para todo lo que salta a ellos. Ya es el guía de la raza negra que muere. Ya son mineros y ferrocarrileros que se alzan en demanda de monto de sueldos. Ya son californianos avarientos, que tienen celos de los chinos sobrios, y exigen en el calor de los motines, que se ponga coto a la venida de los chinos. Ya es una moza que ganaba poco con los vestidos de su sexo, y para hacer oficios de hombre, que acarrean mejor salario, que ella hizo cumplidamente, como criado de comedores y mancebo de tienda, se embarcó vestida de hombre, por lo que fue presa, y movió curiosidad, y anda ahora libre. Ya es que esta ciudad provinciana hace gala de tener en menos que en las ciudades de Europa tienen a la Patti, como si no fuera el honrar a quien lo merece, honrarse a sí, y el negar honra a aquel a quien se la debe, quitarse honra a sí propio. Ya son guerreros que cenan, para hacer memoria de sus heridas, sus marchas y sus guerras. Ya niñas de dieciocho años que preguntan a los diarios si no será la edad suya, edad buena de casarse, contra el consejo materno, a lo que uno de los diarios dice que ese de dieciocho años ha de ser afecto pueril, y celaje de primavera, y que es bueno aguardar a más, por ver si el celaje hermoso resiste al Sol de estío y a las nieves del invierno, por lo cual el consejo de la madre, aunque parezca áspero a la hija, es buen consejo. Ya, todos encintados de verde, calzados con botas corpulentas, y coronados de extraños sombreros, pasean, tras de su general que va a caballo, los hijos de Irlanda la ciudad, en este día de su patrón amado san Patricio. Ya son abanicos que se exhiben; monumentos cuya demolición se trama; diarios que, en este mes de anuncios, se venden como diarios y son montes; banquete con que celebra el presidente en Washington, en mesa llena de rosas y jazmines, a los buenos y graves jueces de la suprema corte. O es ya séquito fantástico de gentes de circo encabezado por mozas robustas, vestidas de reinas de Escocia, y por titiriteros en trajes de condes y de duques, en que a la lumbre eléctrica, que baña de luz blanda las calles, resplandecen crinajes de árabes corceles, melenas de leones, labios fangosos de chacales, colmillos de elefantes, jorobas de dromedarios, ojos de hiena. ¡Y qué dolorosa historia recuerda ese monumento que se quiere demoler! Es el de un joven militar, cuyo cuerpo yace hoy, honrado entre los cuerpos de los grandes, en la Abadía de Westminster. Salió de las filas inglesas por mandato de su jefe, allá en los tiempos en que guerreaba contra Inglaterra Washington, y se entró en una fortaleza americana, y huyó por entre filas de soldados de América, luego que ajustó el precio de la traición que había de dar a Inglaterra la anhelada fortaleza. Y el mayor André, que era bravo y gallardo, fue sentenciado por Washington a morir como traidor en la horca. Y se vendó los ojos, y se ajustó el nudo de la cuerda al cuello y golpeó con el pie firme el carro que iba a servirle de cadalso, el cual fue súbitamente arrebatado de debajo de los pies del triste joven, que quedó allí, colgado por traidor. Es suceso famoso, que merece cuento. Arnold era general americano, y hombre de tantos vicios como bravura, y audacia como ligereza. Vino a poco en dineros cual vienen siempre los viciosos; logró de Washington el mando de la fortaleza de West Point, que era llave del Hudson y casa de águilas, y ofreció en venta la fortaleza al caudillo enemigo, que envió al mayor André, por diestro y bravo, a que averiguase los dineros que quería Arnold por su ignominia, los cuales fueron averiguados, y merecidos de antemano por unos planos de la fortaleza que Arnold dio a André, y éste escondió en sus botas, y causaron su muerte; que no es bien por cierto lamentar y honrar, porque va para vil quien comercia con vilezas, de las que supo al punto por qué cayó el mayor en manos de soldados del ejército de América que, más honrados que su general, rehusaron los monedales que les ofrecía André, porque le dejasen libre, y le llevaron a poder de Washington, quien le sometió a consejo, el cual le juzgó por su propia confesión, y no creyó bien acordarle el hermoso consuelo de morir faz a faz con los fusiles, como mueren los buenos soldados. Murió vilmente el que había venido a envilecer. Es ley dura, pero es ley justa, y es ahora moda de americanos de alma enferma solicitar gracias y halagos de la metrópoli inglesa, porque hay frentes serviles, hechas para yugo, cuyos dueños emplean la riqueza que heredaron de sus padres trabajadores en esconder que vienen de ellos, porque no tengan a mal los nobles de mano fina de Londres soberbia, sentar a su mesa a hijos de menestrales y labriegos. A veces tiene vientre de oro quien tiene testuz de can; es crimen avergonzarse de los que hicieron a su patria colosal y libre, porque hacerla libre era ya ponerla en camino, breve y dilatado de ser colosal, y besan la orla de las casacas señoriales de los que mantuvieron a su patria en hierros, a su riqueza en diques, a su decoro en cepo, a su razón en ignorancia ignominiosa. De esas frentes yugales vino el pensamiento de erigir a André, a la margen del Hudson, un monumento que fue a poco erigido. Mas un joven poeta —hecho en la guerra del Sur a arrancar banderas de los cañones enemigos y a quebrar prisiones, y a poner sobre ellas el pabellón cuya asta fuerte rompió de un golpe la argolla cruenta en el pie de los esclavos— se echó al hombro una azada, aguardó a la margen del río la noche amiga, e inhábil para dar en tierra, como quería, con el monumento bochornoso, tajó sus bordes y rompió sus letras, porque no se dijese que la traición tenía un altar donde la libertad tiene su más solemne templo. Y le persiguen, porque fue ese trozo de granito, tallado y colocado a expensas de Cyrus Field, magnate rico, que pone empeño en hacer mal al poeta que llama vil a su obra. Mas, en junta de doscientos hombres que se congregaron en un lindo pueblo a la orilla del río, un anciano de cabellos muy blancos denunció, con los labios muy trémulos, puestas en alto las dos manos rugosas, al que en el suelo que guarda los cadáveres sagrados de los que murieron por la independencia de su patria, alza insolente piedra a honrar al que, tomando vino y comiendo pan en la mesa de un soldado infame, concertó la manera de mantener la patria gloriosa en ruina y servidumbre. Y se ve ahora el modo de ir en séquito a dar en tierra con el monumento malaventurado.

Otro hombre acaba de morir, al borde de cuya tumba se congregaron dos millones de hombres agitados. Era un herrero, que vivía hace tiempo sin empleo. Nótase ahora, en los grandes lugares de labor, como oleaje de cólera. Los que se rebelan son hombres fuertes, de espaldas anchas; que dejan sin encender la fragua, y sin batir el hierro sobre el yunque; y mujeres débiles, de manos flacas y hábiles, que se niegan a que se les merme el ruin salario que les pagan por hilar el lino. A un tiempo estallan huelgas entre los molineros de Chicago, los mineros de Cumberland, los terrapleneros de Omaha, los herreros de Pittsburg, las hilanderas de Lawrence. En Pittsburg, corre la sangre de dos guardianes. En Omaha, muere con una bayoneta en el costado, el herrero sin empleo. Los empresarios de los terraplenes en Omaha consintieron en pagar un peso y cincuenta centavos de jornal a cada trabajador, que trabajaba antes por un peso y cuarto cada día. Los terrapleneros se alzaron, y pidieron aumento de veinticinco centavos al jornal diario. La empresa trajo hombres de otra comarca. Omaha desde entonces arde en cólera. La ven los obreros airados, como a fortaleza de sus derechos. Con sesenta guardianes custodió la empresa el lugar de sus trabajos, y a la zaga de grandes banderas y al son de música y tambores, arrollaron tres mil obreros omahenses a los guardianes aterrados, y espantaron e hirieron a los trabajadores forasteros. Convocó el gobernador a la milicia, y el presidente le envió tropas. La muchedumbre, como ola, fluía y refluía en torno de los soldados armados, los vejaba, los punzaba, los denostaba. Los soldados, al fin, calada la bayoneta, cargan sobre la turba, que retrocede y vocifera, y quiere arrebatar a los soldados los fusiles, en cuya lid cae un obrero al suelo, con el acero clavado junto al corazón. La línea se repliega. La muchedumbre ruge. Su caudillo, que lamenta el motín y mantiene el derecho del trabajador a ganar salario que le habilite para vivir sin sustentos y miserias con el producto de su labor, reúne a los miembros de las sociedades de trabajadores para ver de salvar del hambre, y de las cobardías que vienen de ella, a los terrapleneros sin empleo; ruega a los senadores que alcancen del presidente la retirada de las tropas, y a la cabeza de dos mil obreros, acompaña a ser puesto en la tierra, el cadáver del herrero herido, en honra del cual ya se talla en granito un monumento. Parecía el entierro tregua de campaña. Dicen mucho dos mil hombres silenciosos. Y de pie en las filas, estaban los soldados, preparado el cartucho, atenta la mano, calada la bayoneta. Y así quedan; así se ven ahora faz a faz, trabajadores y soldados.

Allá a lo lejos la gran ciudad de San Francisco ha sido teatro de más extraña lucha. De viejo viene siendo entre los chinos endebles y sumisos que hacen varias y buenas labores a ruin precio, y los inmigrantes europeos que han menester de trigo y de licores, y de telas costosas, y de familia, por lo que no pueden hacer a precio ruin las labores en que, en lo barato y en lo hábil, le aventaja el chino. Al fin, fue llevado el Congreso el problema arduo. Al fin el Congreso ha decidido que cese la inmigración china en San Francisco. Ya no podrán venir, como venían, a modo de rebaño, y a millaradas, los hombrecillos de ojos almendrados, rostro huesudo y lampiño, y larga trenza. Ya no podrá el hombre de China, a no ser viajero, o mercader, o maestro, o enviado diplomático, o estudiante, o trabajador que hubiese estado en Norteamérica hasta noviembre de 1880 —los cuales han de traer muy minucioso pasaporte— pisar, en busca de trabajo, tierra norteamericana. En vano dijo un senador que la nación que hacía gala de llamar a todos los hombres a su seno, no podía, sin que causase asombro, cerrar sus puertas y negar sus campos a toda una raza respetuosa, útil y pacífica. En vano dijo un economista que el Congreso de una nación, hecho a amparar los derechos de los nacionales, no podía privarles del derecho de comprar barato, y en mercado libre, el trabajo que necesitan para sus industrias. En vano imponentes grupos en la alta y baja Cámara decían que prohibir la entrada de hombre alguno, y de un pueblo entero de hombres, a esta tierra, era como rasgar con daga la Constitución generosa de este pueblo, que permite a todos los hombres el ejercicio libre y libre empleo de sí. En vano toda la prensa del Este tenía a mal que en provecho de los inmigrantes de Europa, ambiciosos y voraces, se compeliese a emplear trabajo caro a los fabricantes del Oeste, y se cerrase la entrada del país a los inmigrantes de Asia. Era el duelo mortal de una ciudad contra una raza. Por mantener la esclavitud de los negros hizo una guerra el Sur. Pues por lograr la expulsión de los chinos hubiera hecho una guerra el Oeste. Se veía la nube sangrienta. Días antes del término del debate, la ciudad de San Francisco se replegó en silencio, como aquellos antiguos caballeros, armados de hierro y oro se recogían a orar en la víspera de la batalla, que llamaban velada de las armas. En la ciudad inmensa, inmenso silencio. Era día de paseo, y parecía día de combate. Daba miedo la calma. En sus casas, las mujeres. En las calles, los hombres huraños, rojos y espaldados. En sus callejuelas y rincones, los trémulos chinos. Pero en la hora de las juntas, fue toda la ciudad un gran clamor. Parecían cruzados, ya puestos en camino, a echarse al hombro los mosquetes, y a afirmar en las cujas las pesadas lanzas. Y en las ciudades, villas, aldeas, aldehuelas vecinas, había juntas iguales. Montes despeñados parecían de lejos los hombres en las calles. Todos tenían los puños apretados, y los ojos coléricos. Aliábanse tribunas en las plazas. ¡Para siempre y de cuajo debían salir los chinos de la ciudad de San Francisco! ¡La ciudad quería defender su civilización y sus hogares! ¡El Congreso debe votar a una la petición de los senadores californianos! ¡Como un hombre, como un pueblo, como leales ciudadanos de la república, el pueblo de San Francisco, reunido todo en junta, ruega al Congreso que le libre de los daños que le vienen de esa absorbente, servil, corruptora, incontrastable invasión china! Y el Congreso encargado de mantener la Unión de todos los Estados, y librar a esta tierra de paz de la mancha de sangrientas guerras intestinas, acató sumiso los deseos del agitado y amenazador pueblo de San Francisco de California. Y no es, no, la civilización europea amenazada la que levanta como valla a los chinos la espuma de sus playas: es la ira de una ciudad de menestrales que han menester de altos salarios contra un pueblo de trabajadores que les vencen, porque pueden trabajar a sueldos bajos. Es el rencor del hombre fuerte al hombre hábil. Es el miedo de una población vencida al hambre.

Omaha está aún de miedo. San Francisco está ya de regocijo. Boston no sabe si, empatados como están los votos en la comisión del sufragio de mujeres en su legislatura, se concederá al cabo, como se aguarda, o se negará, como otros quieren, a las mujeres del viejo y glorioso Estado de Massachusetts, cuna de glorias y casa de letras, el derecho de votar en todos los asuntos que someta a la decisión de las urnas, el Estado. Washington, que aplaudió al senador Hoar, que muestra ya por su elocuencia y brío que sabrá hacer su nombre famoso, persigue con ansia la investigación, comenzada a puerta abierta, de todos los lances, complicidades, compromisos y misterios de la extraordinaria Compañía Peruana, en relaciones con la cual, se acusa a buena suma de representantes de la Unión. Y como es voz entre altas gentes que en esa extraña Compañía andaban interesados muy venerables personajes, están los unos tímidos y los otros contentos de ver salir así amigos y enemigos culpables a la plaza.

Y en Chicago, la ciudad grande de los graneros y molinos, celebraron ciudadanos prominentes, en torno a mesa suntuosa, el día en que cumplió cincuenta y un años el bravo general Sheridan, que con Sherman y Grant venció al Sur gigantesco; que limpió de rebeldes el valle de Shenandoah; que midió sus armas con las armas del Sur en sesenta y cuatro batallas, y que una vez que el general Early, caudillo de los confederados, se entró a tala y a saco por su ejército cuando andaba él a veinte millas de distancia de sus soldados, oyó la nueva, clavó las dos espuelas en los ijares de su caballo alado, hizo riendas de los vientos, y llegó a punto de hacer volver grupas a la Victoria, que huía ya de su campo glorioso en rota desolada. Y es famoso, como el caballo de Alejandro, el caballo de Sheridan.

José Martí
La Opinión Nacional. Caracas, 31 de marzo de 1882

23. Carta de Nueva York. Abogados mujeres. La mujer en los asilos, en los hospitales, en las cárceles, en las escuelas. La mujer en las universidades. En Inglaterra y en los Estados Unidos. Derecho de desembarque que han de pagar los inmigrantes. Fauce enorme

Nueva York, abril 1 de 1882

Señor director de *La Opinión Nacional*:

La vida humana está harta, como la tierra, de montes y de llanos. ¡Y a las veces de criptas siniestras y de abismos! Y es fuerza a cada paso sacar los ojos de los montes, que son los hombres altos, y ponerlos en llanuras. Está en el Congreso de debates y de fiesta la dama de Massachusetts. Ve el Congreso si debe sacar provecho de tanto hombre de Europa como viene a estas tierras; y ya se dijo en la asamblea de Massachusetts que pueden ahogar damas en los tribunales del Estado. Nótase en esta tierra nueva, gran premura por dar a la mujer medios honestos y amplios de su existencia, que le vengan de su propia labor, lo cual le asegurará la dicha, porque enalteciendo su mente con sólidos estudios, vivirá a par del hombre como compañera y no a sus pies como juguete hermoso, y porque, bastándose a sí, no tendrá prisa en colgarse del que pasa, como aguinaldo del muro, sino que conocerá y escogerá, y desdeñará al ruin y engañador, y tomará al laborioso y sincero. Pues en ese mismo Estado que acepta ahora las damas como abogados en sus tribunales, hay una señorita Robinson que dirige, con éxito notable, su bufete de letrado, lo cual es honra en Boston, capital de Massachusetts, donde trabaja la señorita, porque es Boston tierra de sabihondos y censores y no luce allí quien quiere sino quien puede. Y uno de los periódicos de leyes que más crédito goza en toda esta tierra, está también dirigido por una culta dama. En nueve de los Estados de la Unión, puede ya la mujer abogar como letrado, en casos criminales y civiles. Y en otro Estado, que es Vermont, las damas que pagan contribución votan por aquel que más les place de los candidatos a los empleos de las escuelas, cuyos candidatos pueden ser también mujeres, aunque cuentan los murmuradores que gozan poco de este beneficio las damas vermontesas, porque en este año, hubo pueblo en que solo votaron cinco damas.

Mas no es solo en los tribunales y en las urnas, en donde quieren los pensadores de esta tierra ver a las mujeres. Es en la administración pública, en la dirección de cada casa de caridad, en el consejo de cada taller correccional. Pues, ¿dos gobernadores de Nueva York no nombraron para altos puestos a dos damas? Nombráronlas, y no hay en el Estado más inteligentes oficiales, ni mejor servidos puestos. ¿Quién no ve en las casas, y más en nuestras casas que en éstas, a la esposa siempre tímida y ahorradora, y al esposo, siempre pródigo y fantaseador, como si fuera la tierra Sésamo, y él, Montecristo, y a cada clamor suyo, de esos terribles que no hallan respuestas, hubiese de abrir a sus ojos la tierra obediente, el seno de oro? Somos un tanto hebreos en punto a fortuna, y esperamos siempre un Mesías que nunca llega. Y no hay más que un modo de ver llegar al Mesías, y es esculpirlo con sus propias manos. No hay en la tierra más riqueza que la que viene precipitadamente por medios de indecoro o lentamente por medios de trabajo. ¿Quién ha de ser mejor guía para las mujeres extraviadas que una dama buena? Ni ¿quién que ve una madre y la ve cómo ama, y prevé, y endulza, y perdona, duda de ese caudal de maravillas que yace ignorado en cada alma de mujer? Es una mano de mujer, vara de mago, que espanta búhos y sierpes, y ojos de Midas, que trueca todo en oro. Pues ¿cómo no ha de ser justo que en las juntas en que se ha de aconsejar sobre el modo de dirigir maestras, o alumnas, o pobres presos, aconsejen mujeres, que saben de achaques de mujer, o del modo de reformarlos o curarlos? El hombre es rudo e impaciente, y se ama más a sí que a los demás. Y la mujer es tierna, y goza en darse, y es madre desde que nace, y vive de amar a otros. ¡Llámenla, pues, a que sea consejera en todas esas juntas de consejo, y donde haya niños o mujeres a quienes dirigir, o cuidar, o curar, sea mujer la que dirija, con lo que será más suave y rápida la cura!

¿Y en colegios? ¿Se han de cerrar acaso los altos colegios a estas mujeres que han de ser luego compañeras de hombres? Pues si no tienen los pies hechos al mismo camino, ni el gusto hecho a las mismas aficiones, ni los ojos a la misma claridad ¿cómo los acompañarán? Vive todo ser humano de verterse, y es el más suave goce el comercio de las almas. ¿Qué ha de hacer el marido sabedor, sino apartar los ojos espantados y doloridos de aquella que no entiende su lenguaje, ni estima sus ansias, ni puede premiar sus noblezas, ni adivinar sus dolores, ni alcanzar con los ojos donde él mira? Y viene ese divorcio intelectual, que es el mal terrible.

Ni es verdad, a lo que dicen maestros y observadores, que sea cosa probada la flaqueza de la mente femenil para llevar en sí hondas cosas de artes, leyes, y ciencias. Inglaterra les ha abierto sus colegios, y están orgullosos de ellas los colegios de Inglaterra. Altas cosas estudian las mujeres en el colegio de la Universidad en Londres, donde una tercera parte de los discípulos son doncellas atentas y estudiosas, y no hay año en que no saquen ventaja relativa a los donceles estudiantes. Cuatro universidades viejas y famosas tienen los ingleses, y en esa de Londres y en la de Dowham, invístese ya de la toga doctoral a las educandas; en Cambridge, se las recibe en cátedras y exámenes, los que les sirven como de títulos de honor, aunque no les dan derechos; y en Oxford, que es universidad reacia y severa, ya las admiten a cátedras, a que ellas van gozosas. Es cosa que alegra los ojos ver llegar a las puertas del colegio a los mancebos retozones, a la par que bajan gravemente de sus carruajes las jóvenes que vienen a la universidad a aprender artes y ciencias. De la Universidad de Cambridge han salido maestras excelentes. Y en esta tierra misma, Harvard es universidad celebradísima, y tiene cátedra para mujeres, cuyos adelantos y aplicación encomia; y en la Universidad de Cornell, que goza también fama, no hay memoria de que haya hecho examen nulo ninguna de las numerosas estudiantes. Y ahora se quiere, que, como las de Harvard soberbio, y Cornell celebrado, se abran a las mujeres jóvenes las puertas del muy valioso colegio de Columbia. Cosas pueden ser éstas, para quien viva en otras riberas, singulares: mas si es verdad que ese ir y venir por cátedras y calles, pudiera parecer en nuestros países como echar flores débiles al viento, no ha de verse el modo de enseñar ni a que sea de hombre el instituto en que se enseñe, sino que se ha de proveer, en forma que concierte con nuestras costumbres a la urgentísima necesidad de esa enseñanza. Porque no suelen volar los esposos de la jaula de oro primaveral en busca de nueva primavera, o de belleza nueva, sino porque es dama sin mente como vaso seco, y busca el hombre sediento donde posar los labios ardorosos. Son las almas como las rosas, y han menester de Sol ardiente, y de que caiga en ellas, con cada alba, rocío nuevo.

Nueva York, que quiere abrir su universidad a las mujeres, no gusta de tener abierta su bolsa a todos los menesteres de los inmigrantes europeos, que llegan a las veces con hambre, y sin dineros, ni ropa, ni salud, todo lo cual acarrea gastos que Nueva York paga, porque a Nueva York llegan aunque luego se salen del Estado, y fincan en otras comarcas que se benefician de ello, sin tener parte en sus costos. Ya fue uso en otro tiempo que cada inmigrante pagara un peso al erario, a modo de derecho de entrada, porque el Estado de Nueva York había de reenviar a sus tierras los pordioseros y los criminales, de los que venían muchos, y esos pesos se empleaban en los costos del reenvío. Pero se dijo que era inconstitucional la ley, como se dijo también de otra semejante que la sustituyó, por lo que ahora trátase de que sea la ley de la nación, y no de un Estado, y que cada atezado hebreo de Rusia, o fornido alemán, o irlandés belfudo, o francés bullicioso, o sueco de cabellos rojos que a estas playas lleguen, pague unos cuantos dineros, que se pondrán en caja, para pagar con ellos a los que vienen enfermos o a medio vestir, o en incapacidad de hallar rápido empleo. Y ésa va a ser la ley nueva para Castle Garden, que será nombre famoso en tiempos venideros, en que parecerá esta tierra maravilloso monstruo, y esa casa de emigrantes, con su ancha puerta abierta, será temida por su fauce enorme.

José Martí
La Opinión Nacional. Caracas, 11 de abril de 1882

Longfellow. Longfellow ha muerto. Su muerte, sus versos, su vida. Urnas sonoras

Nueva York, 1 de abril de 1882
Señor director de *La Opinión Nacional*

Ya, como vaso frío, duermen en la tierra el poeta celebrado. Ya no mirará más desde loa cristales de su ventana a los niños que jugaban, las hojas que revoloteaban y caían, los copos de nieve que fingían en el aire danza jovial de mariposas blancas; los árboles abatidos, como por el pesar de los hombres, por el viento, y el Sol claro, que hace bien al alma limpia, esas leves pasiones de alas tenues que los poetas divisan en los aires, y esa calma solemne, que como vapor de altar inmenso, flota, a manera de humo, sobre los montes azules, los llanos espigados y los árboles coposos de la tierra. Ha muerto Longfellow. ¡Oh, cómo acompañan los buenos poetas! ¡Qué benefactores, esos que cantan cosas divinas y consuelan! ¡si hacen llorar, cómo alivian! ¡Si hacen pensar, cómo empujan y agrandan! Y, si están tristes, ¡cómo pueblan de blandas músicas los espacios del alma, y tañen en los aires, y le sacan sones, como si fuera el aire lira, y ellos supieran el hermoso secreto de tañerla!

La vida, como un ave que se va, dejó su cuerpo. Le vistieron de ropas negras. Le arreglaron la blanca barba, ondeante sobre el pecho. Le besaron la mano generosa. Miraron tristemente, como quien ve un templo vacío, su frente alta. Le acostaron en su ataúd de paño. Le pusieron en él un ramo humilde de flores campestres. Y abrieron, bajo la copa de un álamo majestuoso, un hueco en la tierra. Y allí duerme.

Y ¡qué hermoso fue en vida! Tenía aquella mística hermosura de los hombres buenos; el color sano de los castos; la arrogancia magnífica de los virtuosos; la bondad de los grandes, la tristeza de los vivos, y aquel anhelo de la muerte, que hace la vida bella. Era su pecho ancho, su andar seguro, su cortesía real, su rostro inefable, su mirada fogosa y acariciadora. Había vivido entre literatura, y sido quien era, lo que es mérito grande. Le sirvieron sus estudios, como de crisol, que es de lo que han de servir, y no de grillos, como sirven a otros. Tanta era su luz propia, que no pudieron cegarla reflejos de otras luces. Fue de los que dan de sí, y no de los que toman de otros. Le graznaron cuervos, que graznan siempre a las águilas. Le mordieron los envidiosos, que tienen dientes verdes. Pero los dientes no hincan en la luz. Él anduvo sereno, propagando paz, señalando bellezas, que es modo de apaciguar; mirando ansiosamente el aire vago, puestos los ojos en las altas nubes y en los montes altos. Veía a la tierra, donde se trabaja, hermosa; y la otra tierra, donde tal vez se trabaja también, más hermosa todavía. No tenía ansia de reposar, porque no estaba cansado; pero como había vivido tanto, tenía ansia de hijo que ha mucho tiempo no ve a su madre. Sentía a veces una blanda tristeza, como quien ve a lo lejos, en la sombra negra, rayos de Luna, y otras veces, prisa de acabar, o duda de la vida posterior, o espanto de conocerse, le llenaban de relámpagos los ojos. Y luego sonreía, como quien vence. Parecía un hombre que había domado a un águila.

Son sus versos como urnas sonoras, y como estatuas griegas. Parecen al ojo frívolo, pequeños, como parece de primera vez todo lo grande. Mas luego surge de ellos, como de las estatuas griegas, ese suave encanto de la proporción y la armonía. Y no batallan en lo hondo de esas urnas ángeles rebeldes en nubes encendidas; ni se escapan de ellos lamentos alados, que vuelan como cóndores heridos, lúgubre la mirada, llameante el pecho rojo; ni sobre rosas muelles se tienden, descuidados, al son de los blandos besos y la amable avena, los tiernos amadores; sino que es su poesía vaso de mirra, de donde asciende en humo fragante, como en homenaje a lo alto, la esencia humana. Hizo el poeta canoso versos varios, y supo de finlandeses y noruegos, y de estudiantes salmantinos, y de monjas moravas, y de fantasmas suecos, y de cosas de la colonia pintoresca, y de la América salvaje. Pero estos ocios de la mente que son bellos, no copian bien el alma del poeta, ni son su obra real, sino aquellos vagares de sus ojos y efluvios de su espíritu, y luengos y ternísimos coloquios con la solemne naturaleza, que era como la desposada de este amante, y se ponía para él sus galas ricas, y le mostraba, confiado en su amor, los tesoros de su magnífica hermosura. Y de sus labios, hechos al canto, fluían entonces versos armoniosos. Así miraba, desde los cristales de su ventana, la tarde oscura, no como quien teme a la noche, sino quien guarda a su perezosa desposada. Y le parecían los niños flores, y las niñas rosas, y él era para ellos muro viejo, por el que trepaban alegres las rosas y las flores. Le sobrecogía como a onda mísera, el miedo de perderse en el mar inmenso como onda, y se rebelaba, y se preguntaba cuál era entonces la utilidad de tanta pena y la razón de tanto bárbaro martirio, pero tenía piedad de sí, y de los demás, y no contaba estos dolores a los hombres. Quería que se viviese como Héctor, y no como Paris, que se viviera sin ira, y con agradecimiento; y que se supiese cuánto hay de hermoso en el dolor, y en la muerte, y en el trabajo. No incitaba a los humanos a cóleras estériles, sino al bravo cultivo de sí mismos. Creyó que, puesto que se tiene alma, ha de vivirse de ella, y no de vanidad, ni de comprar ni vender goces, por cuanto no es goce el que se compra o vende. Veía la vida como monte, y el estar en ella como la obligación de llevar un estandarte blanco a la cima del monte. Y vivió en paz, fuera de los mercados bulliciosos, donde los árboles rumoreaban y trabajaba a la sombra de un castaño un herrero robusto, y volaban, como las hebras rubias del maíz tierno, las chispas de la fragua, y se paraban a verlas, como pensativos, parvadas de escolares, pequeñuelos. Y ha muerto ahora serenamente, cual se hunde en el mar la honda. Los niños llevan su nombre; está vacío el sillón alto, hecho del castaño del herrero, que le regalaron, muy labrado y mullido, los niños amorosos; anda con son pausado el reloj rudo, que sobrevive al artífice que lo hizo, y al héroe que midió en él la hora de las batallas, y al poeta que lo celebró en sus cantos; y cuando, más como voz de venganza, que como palabra de consuelo, sonaron sobre la fosa, abierta aún, aquellos sones religiosos, salmodiados tristísimamente por el hermano del poeta, que dicen que se vino del polvo y al polvo se vuelve, parecía que la naturaleza descontenta en cuyo seno posaba ya su amado, enviaba el aire recio que abatía sobre la tumba fresca el ramaje del álamo umbroso, y que decía el viento en las ramas, como consuelo y como promesa, los nobles versos de Longfellow, en que cuenta que no se dijo lo de la vuelta al polvo para el alma. Y echaron tierra en la fosa, y cayó nieve, y volvieron camino de la ciudad, mudos y tímidos, el poeta Holmes, el orador Curtis, el novelista Howells; Luis Agassiz, hijo del sabio que lo fue de veras porque no fue para él el cuerpo, como para tantos otros, velo del alma, y el tierno Whittier, y Emerson, trémulo, ¡en cuyo rostro enjuto ya se pinta ese solemne y majestuoso recogimiento del que siente que ya se pliega su cabeza del lado de la almohada desconocida.

José Martí

La Opinión Nacional, Caracas, 11 de abril de 1882

24. Carta de Nueva York. «Ostera» y las Pascuas. Antaño y hogaño. Los huevos de Pascuas. Costumbres de Nueva York. El pájaro de Holanda. Jesse James, gran bandido. Sus proezas, su fama y su muerte. Los cazadores de búfalos. Los indios de Norteamérica. Crows rebeldes y prósperos cheyenes. «A ver crecer el maíz.» El presidente opone su veto al acuerdo de la casa de representantes que cierra los Estados Unidos a chinos

Nueva York, abril 15 de 1882

Señor director de *La Opinión Nacional*:

¡No parece de abril el triste día! Ni son de abril los árboles desnudos, que dibujan en el cielo sombrío sus esqueletos negros; ni los arbustos secos que parecen, más que gala de los patios, manojos de látigos clavados en la tierra; ni la enmarañada enredadera, colgada como de harapos, de hojas rotas; ni el Sol triste que se levanta perezoso entre las nubes densas. Pero ya son de abril los pajarillos aleteadores. Y los nidos están llenos; y los niños juguetean por las calles, aderezados con sus lujos pascuales, porque éstos son días de regalo y de fiesta, en que abren ya sin miedo sus alas las palomas; y su seno al aire fresco de la primavera los niños candorosos.

¿Adónde va la pequeñuela linda, calzada de fino y enguantada, prendido el broche de perlas de su madre al cuello de encaje rico? Va, con paso menudo y jubiloso a dejar en la caja de bronce, pintada de verde, que está fija en el poste del farol de la esquina, la tarjeta de Pascuas que recogerá a poco, y llevará a casa de otra linda amiga, el cartero cansado, el buen cartero, con su bolsón cuerudo, y su uniforme y su cachucha azules, los cuales trocaría de buena gana por otro hábito en días como éstos, en que se llenan las cajas de bronce de las esquinas, y aquellos nichos de la casa de correos, semejantes a los que lo fueron de libros de la vieja biblioteca de Alejandría, de las cartas de plácemes que cambian estos corteses vecinos de Nueva York.

Y no hay secta, ni hay herejes, ni hay rebeldes, para esta fiesta de Pascuas, que parece religiosa y es pagana, porque con el alborear de la primavera, la tierra alborea, la esperanza renace, los enfermos se alegran, los niños triscan, los ojos se encienden, se enjubila el alma. Y todos los credos, a despecho suyo y como anuncio de mejores días de paz, se juntan en esta creencia suma en la naturaleza. De ella nacieron, y el capricho humano les dio imágenes y formas que persisten, porque persisten los intereses creados a su amparo, pero el amor llenará al cabo el pecho de los hombres, y todas las creencias vendrán a ser en suma, en los días de las almas tranquilas, ésta mejoradora y reverente en la divinidad de la naturaleza. Al buen Jesús celebran los cristianos, y los teutones viejos celebraban a la primavera buena; y con nombre gentil llaman sus Pascuas los enemigos de los gentiles, porque era Ostera en los pueblos teutónicos la diosa primaveral que venía de Oster, palabra de júbilo, que quiere decir renacimiento, y de Oster viene Easter, que es como acá llaman, y en toda tierra inglesa, a las Pascuas cristianas. Es el hombre gallardo y dadivoso y no sufre de haber sido pródigo, sino de no tener qué dar. No hay goce como hacer gozosos. Busca el ingenio ocasiones discretas de regalo.

Las Pascuas son aquí días de presentes, y no hay niño que no lleve en sus manos cuidadosas un huevo de colores, ni galán que no compre dones primaverales, ni doncella que no ostente en la repisa de sus chimeneas la linda tarjeta, de seda flecada y muy pintada, o la flor blanca, o el nido de pájaros que le ha ofrendado su cortés amigo. No saludan los neoyorquinos como los cristianos griegos, que gustan de ver salir el Sol en nuestros días, como suelen aún en tierras nuestras nuestras madres, y el uno dice, a modo de saludo, al griego con quien tropieza: «El Señor ha resucitado», y el otro griego dice: «En verdad que ha resucitado, y que a Simón se ha aparecido». Ni creen, como en Irlanda —donde creen muy extrañas cosas, y ponen aún entre los dientes apretados de los muertos la moneda con que han de pagar su pasaje por la Estigia al barquero Carón— que el Sol baila en el cielo en estos días pascuales, y hacen gozo del día, por dar placer al cielo: aunque son los de Irlanda muy católicos, y creen a la par en las virtudes de san Ramón y en el agua negra de la Estigia, en lo que se parecen a los indios de Oaxaca, que esconden bajo el manto de la Virgen el ídolo que veneran, y lo pasean reverentemente en sus procesiones; y a los negros caribes de Honduras, muy bellos e inteligentes negros, que han hecho comercio con los sacerdotes del lugar, los cuales les permiten su maffia, que es baile misterioso, y sus fiestas bárbaras de África, a trueque de que acaten su señoría, y lleven velas y tributos a la iglesia; y a los indios de los Altos en Guatemala, que antes van a ofrecer el recién nacido, en la cima de un monte, a la naturaleza, como hacen los persas, que a ofrecerlo al Señor cristiano, como manda Roma, en la pila del bautismo.

No celebran los neoyorquinos como los irlandeses estos días, en que ya no entumece los miembros temerosos el frío enemigo, y en que ya salen sin miedo a los patios de sus casas las buenas viejecitas de rostro sonrosado y de cabeza blanca, ni los festejan con juego ceremonioso de pelota, en que hacen de jugadores ante las autoridades del lugar y el pueblo aplaudidor, como fue uso en antiguos pueblos ingleses, doce alegres ancianos. Ni tienen los hombres el derecho de levantar en alto, en sus brazos, tres veces a las mujeres que hallan a su paso, por lo que habían de darles las mujeres, como daban a los venturosos de Inglaterra, un beso, o una moneda de 6 centavos, amén de que el día próximo, era de aquellas mozas fornidas el derecho de levantar otras tres veces a los mozos. Ni es uso tampoco que los feligreses de la parroquia vayan muy de mañana a echar manzanas en el patio del señor cura, lo que pudiera tenerse a astucia del eclesiástico, que se proveía así de manzanas, si no fuera porque él traía luego a la casa parroquial a sus regaladores, y les daba lonjas de pan y de buen queso, rociadas con cerveza. Y por cierto que ya para entonces el matrimonio era tenido como gran beneficio, y el cura que lo consagra como benefactor grande, porque los recién casados habían de echar en el patio de la parroquia tres tantos de manzanas, y no uno, como los solteros y los viudos. Mas, si esas costumbres de los metropolitanos no han sido guardadas por los colonos, otras sí, como la de los huevos de colores, que ya se regalaban en tiempo de antaño, como es probado por una cuenta de uno de los reyes Eduardos, que repartió a sus cortesanos cuatrocientos huevos.

¿En qué nido no hay alba en este abril piadoso? Nido inmenso es la tierra, y se abre en Pascuas. Huevos de plata y de oro, llenos de ricos confites, son estos días regalos de uso. Ya están forrados de seda suntuosa, y son joyeros, que adornarán luego el tocador de las damas regaladas. Ya van en linda bandeja, cubiertos de paño de seda, por mano de buen artista pintados de aves o flores, lo cual es costoso presente. Ya en el gran huevo de porcelana, que se rompe en la mesa de comer entre vítores de niños, envía el amigo a la niña un ramillete; al niño otro huevecillo, bien cargado de fresas azucaradas o de almendras; a la madre un pajarillo lindo, que lleva en el pico una muñeca, la cual es usanza de este año, que ha venido de Holanda, donde de los niños saben, como sabemos nosotros, que vienen en cestos de flores; que los recién nacidos son traídos a la casa en el pico de los pájaros, que los dejan caer para que no se lastimen, en los brazos de sus madres, que es como lo que nosotros creemos, porque los brazos de las madres son cestos floridos. Y remata los regalos del amigo una cáscara de huevo, con cabellera de estambre en la alta punta, y la otra punta hundida en alto cuello de camisa, ceñida de corbata de anchos pliegues, en la cual cáscara monda está pintado en burla el que recibe el regalo cariñoso: pues ¿qué mejor presente, que el que se hace a nuestra mujer y a nuestros hijos? Y es curioso ver, tras de los cristales de la ventana de una dulcería, cómo, acurrucado en una alta banqueta, pinta sobre sus rodillas un artista de Pascuas dibujillos amorosos, y barquichuelos, y palomas, y corazones rojos en grandes huevos de avestruces: y cómo una madre próvida lleva a la casa una cesta de paja, en que van tantos huevos como hijos, y cada huevo coronado, en el lugar en que fue roto para llenarlo de sabrosos dulces, de un amarillo girasol o de una delicada margarita. Luego enseñan las doncellas halagadas los presentes que les enviaron sus amigos, porque no hay acá gozo como el de enseñar, y a ése, que es gozo de la vanidad, suelen poner aquí a tributo los inefables del alma.

El presente de un caballero, «que está en el negocio de las acciones», y es mancebo listo, regalador de damas, es una cruz de hojas secas y flores de la Tierra Santa, la cual es muy agradecida, porque con ella muestran las damas que son muy estimadas y merecedoras de que en ganar sonrisa de gracias emplee un mancebo más de 100 bolívares, que es lo que la cruz cuesta. Ese nido de pájaros, que es nido verdadero, lleno de huevecillos grises, sobre los cuales extiende las alas un pájaro disecado, es don pascual de «un hombre de sustancia», como llaman aquí a los ricos de veras. Los graves amigos han enviado tarjetas alemanas, sobradas de muy místicos dibujos, y de textos de la Escritura en grandes y revueltas letras góticas, o tarjetas de América, de cuyos lados salen cintas, que atan el arrogante lirio o el girasol cabelludo, o el tulipán estimado, las cuales flores están hechas de bulto, y van a ser luego ornamento bello de rinconeras y repisas.

Y allá, en la madrugada de Gloria, en cuarto estrecho y aire espeso, y a la luz turbia de una lámpara humilde, cose deprisa, acabada la labor del día, una madre de alma buena y manos fatigadas, para que al despertar halle su hija, que reposa en la almohada dura su cabecita pálida, el traje nuevo de Pascuas, hecho de telas pobres, que son tan ricas, luego que las tocó la mano de la madre, ¡que no las hay mejores!

Solía James ir a ampararse, luego de cometer sus crímenes, en tierras de indios. De indios se habla ahora, y se teme su guerra; porque les han reconocido, cuando se les han cansado ya los brazos desnudos de pelear por el dominio de los ríos y bosques patrios que los hombres blancos violan, su derecho a ocupar ciertos trozos de tierra, y a alimentarse y vestirse por unos cuantos años, que unas veces son más y otras menos, con los dineros que en pago de las comarcas que hurtó de ellos, paga de buen grado el gobierno de los blancos. Pero en estas reservas todo es miseria; y hay agentes encargados de distribuir los haberes indios, que parecen los leones de la fábula de Fedro, que toman para sí la mayor parte; y es tal el hambre en algunas agencias, que ya los indios, azuzados de ella, tienen puestas las manos cerca de sus arreos de batallar. Y hay junto a ellos, ganados ricos, y los roban. ¿No han de pagar los ocupadores de su tierra el precio de la tierra a los dueños de quienes la tomaron?

Son los crows los que amenazan guerra ahora, y tienen listos sus mil guerreros y sus cuatro mil caballos de batalla. ¿Qué es de aquellos 5 pesos y medio que para el vestido de cada indio acordaron los blancos en formal tratado dar cada año? ¿Y de los 1.500 pesos para la escuela? ¿Y de los seis mil quinientos más para médico, y maestro de cultivo, y carpintero, y herrero, y mecánico? ¿Y de los sesenta y cinco millares más que para carne y harina da el gobierno? En bancos e instituciones que andan en manos de agentes, quedan, como en crisoles, estas buenas sumas. Y es en vano que los crows ingeniosos, que no tienen menos de catorce mil caballos, y numerosos búfalos, y muchas cabezas de ganado, aprendan artes de los blancos, y les venzan en la del ahorro. Quieren hurtarles aún más tierra, muy cara para ellos, que viven de ella, y ya los pies negros y los vientres gruesos, y los sioux temidos y los valerosos arapajos, acarician el lomo de sus caballos pequeños y veloces, y sienten de nuevo la embriaguez del bosque, y limpian coléricos sus armas.

No así los vivaces cheyenes, tratados con blandura. El amor encorva la frente de los tigres. Eran esos cheyenes, cuatro años hace, peleadores tremendos. Como defendían su tierra, no dormían, y caían sobre los blancos, que se dormían al cabo, porque no defendían más que su vida. Brazo a brazo cazaban las ovejas salvajes, las rebeldes mussiennes; y no eran de lienzo sus vestidos, sino de pieles frescas. Y el general Miles los venció de veras, porque fue bueno con ellos. ¡Qué fiesta el primer carro que vieron! Se echaron sobre el carro en tropel, como niños sobre juguetes. Subiéronse en montón. ¡Qué gozo, ver dar vueltas a la rueda! ¡Qué alegre el hombre salvaje, de aquel triunfo sobre la distancia! Así es el hombre americano: ni la grandeza le sorprende, ni la novedad le asusta. Cuanto es bueno, es suyo. Le es familiar cuanto es grande. No hubo a poco cheyene que no quisiera su carro, y que no unciera a él su caballo de pelear. Pero gustaban mucho de correr caballos, por cuanto no ve el hombre ingenuo, que vive del aire de la selva y de las migajas de su caza perezosa, que la vida sea más que risa y huelga. Y el buen Miles les vendió los caballos de correr, mas no los de los carros, y les compró vacas y bueyes. Como arrieros comenzaron a ganar salarios. Y luego se hicieron de mejores trajes, y de casas fuertes, y de habilidad de agricultores, para lo que les mandó Miles un buen maestro de campo, que les enseñó a arar, y a sembrar, y a levantar cercas.

¡Oh, qué maravilla, cuando brotó el maíz! Sentábanse, acurrucados en el suelo, a verlo crecer. Y a la par que a la brisa de la tarde abría el viento las hojas aún pegadas al tallo del maizal, acariciaba el cheyene pensativo la cabeza de su hijo, reclinada en sus rodillas. Crecían a la par, arbusto y hombre. Llenos ya del placer de poseer, se enamoraban de sus plantas, que les parecían sus hijos, y como criaturas de sus manos, el cual es amor saludable y fecundo. Y hoy ya piensan en hacerse de escuela, para lo que guardan en sus arcas muy buenos dineros; y no hay mercader que no quiera mercadear con ellos, porque palabra de indio es oro; y no hay traficante que engañe a un cheyene, porque ya el cazador de mussiennes lleva libros de cuentas, y si gasta 2 pesos en zapatos, dibuja un zapato, y saca de él una línea, y a la cabeza de ella hace dos círculos, que son los 2 pesos; y si compra en un mismo día una libra de azúcar, que le place saborear, y una hoz de segar, en pelo y medio, dibujará la hoz y el papel de la libra, y juntará en lo alto en una línea las dos que saca de ellos, y pondrá en el remate un círculo grande, que es el peso, y uno pequeño, que es el medio: y si algo queda a deber en ese viaje, pondrá al fin de su apunte tantos círculos cuantos pesos sean los de la deuda. Y así viven, ya dueños de sí, y dueños de su tierra, en que han hecho muy lindas haciendas. ¡En verdad que no es de tierra de Europa de donde han de venir nuestros cultivadores! Somos como notario olvidadizo que lleva en sí, y anda buscando fuera, las gafas con que ve.

Y para terminar: el presidente Arthur sensatísimo, niega su firma al acuerdo loco, por el que los representantes cierran esta nación, cuya gloria y poder viene de ser casa de todos los hombres, a los hombres chinos, por no perder en las elecciones próximas los votos de los celosos irlandeses, cuyo trabajo burdo y caro no les da modo de competir con el trabajo chino, barato y perfecto. Viril y cuerdamente envía Arthur su veto. Dícenle que perderá con ello su partido, a lo que ha respondido con nobleza que ganará con ello la nación. Un millonario ha muerto.

José Martí
La Opinión Nacional. Caracas, 1882

Emerson. Muerte de Emerson. El gran filósofo americano ha muerto. Emerson filósofo y poeta. Su vida pura. Su aspecto. Su mente, su ternura y su cólera. Su casa en Concord. Éxtasis. Suma de méritos. Su método. Su filosofía. Su libro extraordinario: Naturaleza. ¿Qué es la vida? ¿Qué son las ciencias? ¿Qué enseña la naturaleza? Filosofía de lo sobrehumano y lo humano. La virtud, objeto final del universo: su modo de escribir. Sus maravillosos versos

Tiembla a veces la pluma, como sacerdote capaz de pecado que se cree indigno de cumplir su ministerio. El espíritu agitado vuela a lo alto. Alas quiere que lo encumbren, no pluma que lo taje y moldee como cincel. Escribir es un dolor, es un rebajamiento: es como uncir cóndor a carro. Y es que cuando un hombre grandioso desaparece de la tierra, deja tras de sí claridad pura, y apetito de paz, y odio de ruidos. Templo semeja el universo. Profanación el comercio de la ciudad, el tumulto de la vida, el bullicio de los hombres. Se siente como perder de pies y nacer de alas. Se vive como a la luz de una estrella, y como sentado en llano de flores blancas. Una lumbre pálida y fresca llena de silenciosa inmensa atmósfera. Todo es cúspide, y nosotros sobre ella. Está la tierra a nuestros pies, como un mundo lejano y ya vivido, envuelto en sombras. Y esos carros que ruedan, y esos mercaderes que vocean, y esas altas chimeneas que echan al aire silbos poderosos, y ese cruzar, caracolear, disputar, vivir de hombres, nos parecen en nuestro casto refugio regalado, los ruidos de un ejército bárbaro que invade nuestras cumbres, y pone el pie en sus faldas, y rasga airado la gran sombra, tras la que surge, como un campo de batalla colosal, donde los guerreros de piedra llevan coraza y casco de oro y lanzas rojas, la ciudad tumultuosa, magna y resplandeciente. Emerson ha muerto: y se llenan de dulces lágrimas los ojos. No da dolor sino celos. No llena el pecho de angustia, sino de ternura. La muerte es una victoria, y cuando se ha vivido bien, el féretro es un carro de triunfo. El llanto es de placer, y no de duelo, porque a cubren hojas de rosas las heridas que en las manos y en los pies hizo la vida al muerto. La muerte de un justo es una fiesta, en que la tierra toda se sienta a ver cómo se abre el cielo. Y brillan de esperanza los rostros de los hombres, y cargan en sus brazos haces de palmas, con que alfombran la tierra, y con las espadas de combaten hacen en lo alto bóveda para que pase bajo ellas, cubierto de ramas de roble y viejo heno, el cuerpo del guerrero victorioso. Va a reposar, el que lo dio todo de sí, e hizo bien a los otros. Va a trabajar de nuevo, el que hizo mal su trabajo en esta vida. ¡Y los guerreros jóvenes, luego de ver pasar con ojos celosos, al vencedor magno, cuyo cadáver tibio brilla con toda la grandeza del reposo, vuelven a la faena de los vivos, a merecer que para ellos tiendan palmas y hagan bóvedas!

¿Que quién fue ese que ha muerto? Pues lo sabe toda la tierra. Fue un hombre que se halló vivo, se sacudió de los hombros todos esos mantos y de los ojos todas esas vendas, que los tiempos pasados echan sobre los hombres, y vivió faz a faz con la naturaleza, como si toda la tierra fuese su hogar; y el Sol su propio Sol, y él patriarca. Fue uno de aquellos a quienes la naturaleza se revela, y se abre, y extiende los múltiples brazos, como para cubrir con ellos el cuerpo todo de su hijo. Fue de aquellos a quienes es dada la ciencia suma, la calma suma, el goce sumo. Toda la naturaleza palpitaba ante él, como una desposada. Vivió feliz porque puso sus amores fuera de la tierra. Fue su vida entera el amanecer de una noche de bodas. ¡Qué deliquios, los de su alma! ¡Qué visiones, las de sus ojos! ¡Qué tablas de leyes, sus libros! Sus versos, ¡qué vuelos de ángeles! Era de niño, tímido y delgado, y parecía a los que le miraban, águila joven, pino joven. Y luego fue sereno, amable y radiante, y los niños y los hombres se detenían a verle pasar. Era su paso firme, de aquel que sabe adónde ha de ir; su cuerpo alto y endeble, como sus árboles cuya copa mecen aires puros. El rostro era enjuto, cual de hombre hecho a abstraerse, y a ansiar salir de sí. Ladera de montaña parecía su frente. Su nariz era como la de las aves que vuelan por cumbres. Y sus ojos, cautivadores, como de aquel que está lleno de amor, y tranquilos, como de aquel que ha visto lo que no se ve. No era posible verle sin desear besar su frente. Para Carlyle, el gran filósofo inglés, que se revolvió contra la tierra con brillo y fuerza de Satán, fue la visita de Emerson, «una visión celeste». Para Whitman, que ha hallado en la naturaleza una nueva poesía, mirarle era «pasar hora bendita». Para Estedman, crítico bueno, «había en el pueblo del sabio una luz blanca». A Alcott, noble anciano juvenil, que piensa y canta, parece «un infortunio no haberle conocido». Se venía de verle como de ver un monumento vivo, o un ser sumo. Hay de esos hombres montañosos, que dejan ante sí y detrás de sí, llana la tierra. Él no era familiar, pero era tierno, porque era la suya imperial familia cuyos miembros habían de ser todos emperadores. Amaba a sus amigos como a amadas; para él la amistad tenía algo de la solemnidad del crepúsculo en el bosque. El amor es superior a la amistad en que crea hijos. La amistad es superior al amor, en que no creo deseos, ni la fatiga de haberlo satisfecho, ni el dolor de abandonar el templo de los deseos saciados por el de los deseos nuevos. Cerca de él, había encanto. Se oía su voz, como la de un mensajero de lo futuro, que hablase de entre nube luminosa. Parecía que un impalpable lazo, hecho de luz de Luna, ataba a los hombres que acudían en junto a oírle. Iban a verle los sabios, y salían de verle como regocijados, y como reconvenidos. Los jóvenes andaban luengas leguas a pie por verle, y él recibía sonriendo a los trémulos peregrinos, y les hacía sentar en torno a su recia mesa de caoba, llena de grandes libros, y les servía, de pie como un siervo, buen jerez viejo. ¡Y le acusan, de entre los que leen y no lo entienden, de poco tierno, porque hecho al permanente comercio con lo grandioso, veía pequeño lo suyo personal, y cosa de accidente, y ni de esencia, que no merece ser narrada! ¡Frinés de la pena son esos poetillos jeremíacos! ¡Al hombre ha de decirse lo que es digno del hombre y capaz de exaltarlo! ¡Es tarea de hormigas andar cortando en rimas desmayadas dolorcillos propios! El dolor ha de ser pudoroso.

Su mente era sacerdotal; su ternura, angélica; su cólera, sagrada. Cuando vio hombres esclavos, y pensó en ellos, habló de modo que pareció que sobre las faldas de un nuevo monte bíblico se rompían de nuevo en pedazos las Tablas de la Ley. Era moisíaco su enojo. Y se sacudía así las pequeñeces de la mente vulgar, como se sacude un león, tábanos. Discutir para él era robar tiempo al descubrimiento de la verdad. Como decía lo que veía, le irritaba que pusiesen en duda lo que decía. No era la cólera de vanidad, sino de sinceridad. ¿Cómo había de ser culpa suya que los demás no poseyesen aquella luz esclarecedora de sus ojos? ¿No ha de negar la oruga que le águila vuela? Desdeñaba la argucia, y como para él lo extraordinario era lo común, se asombraba de la necesidad de demostrar a los hombres lo extraordinario. Si no le entendían, se encogía de hombros: la naturaleza se lo había dicho: él era un sacerdote de la naturaleza. Él no fingía revelaciones; él no construía mundos mentales; él no ponía voluntad ni esfuerzo de su mente en lo que en prosa, son como ecos. Él veía detrás de sí al Espíritu creador que a través de él hablaba a la naturaleza. Él se veía como pupila transparente que lo veía todo, lo reflejaba todo, y solo era pupila. Parece lo que escribe trozos de luz quebrada que daban en él, y bañaban su alma, y la embriagaban de la embriaguez que da la luz, y salían de él. ¿Qué habían de parecerle esas mentecillas vanidosas que andan montadas sobre convenciones, como sobre zancos? ¿Ni esos hombre de indignos, que tiene los ojos y no quieren ver? Ni eso perezosos u hombres de rebaño, que no usan de sus ojos, y ven por los de otro? ¿Ni esos seres de barro, que andan por la tierra amoldados por sastres, y zapateros, y sombrereros, y esmaltados por joyeros, y dotados de sentidos y de habla y de no más que esto? ¿Ni esos pomposos fraseadores, que no saben que cada pensamiento es un dolor de la mente, y lumbre que se enciende con olio de la propia vida, y cúspide de monte?

Jamás se vio hombre alguno más libre de la presión de los hombres, y de la de su época. Ni el porvenir le hizo temblar, ni le cegó al pasarlo. La luz que trajo en sí le sacó en salvo de este viaje por las ruinas, que es la vida. Él no conoció límites ni trabas. Ni fue hombre de su pueblo, porque lo fue del pueblo humano. Vio la tierra, la halló inconforme a sí, sintió el dolor de responder las preguntas que los hombre no hacen, y se plegó en sí. Fue tierno para los hombres, y fiel a sí propio. Le educaron para que enseñara un credo, y entregó a los crédulos su levita de pastor, porque sintió que llevaba sobre los hombros el manto augusto de la naturaleza. No obedeció a ningún sistema, lo que le parecía acto de ciego y de siervo; ni creó ninguno, lo que le parecía acto de mente flaca, baja y envidiosa. Se sumergió en la naturaleza, y surgió de ella radiante. Se sintió hombre, y Dios, por serlo. Dijo lo que vio; y donde no pudo ver, no dijo. Reveló lo que percibió, y veneró lo que no podía percibir. Miró con ojos propios en el universo, y habló un lenguaje propio. Fue creador, por no querer serlo. Conoció la dulzura inefable del éxtasis. Ni alquiló su mente, ni su lengua, ni su conciencia. De él, como de un astro, surgía la luz. En él fue enteramente digno el ser humano.

Así vivió; viendo lo invisible y revelándolo. Vivía en ciudad sagrada, porque allí, cansados los hombres de ser esclavos, se decidieron a ser libres, y puesta la rodilla en tierra de Concord, que fue el pueblo del sabio, dispararon la bala primera, de cuyo hierro se ha hecho este pueblo, a los ingleses de casaca roja. En Concord vivía, que es como Túsculo, donde viven pensadores, eremitas y poetas. Era su casa, como él, amplia y solemne, cercada de altos pinos como en símbolo del dueño, y de umbrosos castaños. En el llevaban ropas de familia, hojas descoloridas, lomos usados. Él lo leía todo, como águila que salta. Era el techo de la casa alto en el centro, cual morada de aquel que vivía en permanente vuelo a lo alto. Y salían de la empinada techumbre penachos de humo, como ese vapor de ideas que se ve a veces surgir de una gran frente pensativa. Allí leía a Montaigne, que vio por sí, y dijo cosas ciertas; a Swedenborg el místico, que tuvo mente oceánica; a Plotino, que buscó a Dios y estuvo cerca de hallarlo; a los hindús, que asisten trémulos y sumisos a la evaporación de su propia alma, y a Platón, que vio sin miedo, y con fruto no igualado, en la mente divina. O cerraba sus libros, y los ojos del cuerpo, para darse el supremo regalo de ver con el alma. O se paseaba agitado e inquieto, y como quien va movido de voluntad que no es la suya, y llameante, cuando, ganosa de expresión precisa, azotaba sus labios, como presa entre breñas que pugna por abrirse paso al aire, una idea. O se sentaba fatigado, y sonreía dulcemente, como quien ve cosa solemne, y acaricia agradecido su propio espíritu que la halla. ¡Oh, qué fruición, pensar bien! ¡Y qué gozo, entender los objetos de la vida! ¡Gozo de monarca! Se sonríe a la aparición de una verdad, como a la de una hermosísima doncella. Y se tiembla, como en un misterioso desposorio. La vida que suele ser terrible, suele ser inefable. Los goces suavísimos, que viene de amar y de pensar. Pues ¿qué nubes hay más bellas en el cielo que las que se agrupan, ondean y ascienden en el alma de un padre que mira a su hijo? Pues ¿qué ha de envidiar un hombre a la santa mujer, no porque sufre, ni porque alumbre, puesto que un pensamiento, por lo que tortura antes de nacer, y regocija después de haber nacido, es un hijo? La hora del conocimiento de la verdad es embriagadora y augusta. No se siente que se sube, sino que se reposa. Se siente ternura filial y confusión en el padre. Pone el gozo en los ojos brillo extremo; en el alma, calma; en la mente, alas blandas que acarician. ¡Es como sentirse el cráneo poblado de estrellas: bóveda interior, silenciosa y vasta, que ilumina en noche solemne la mente tranquila! Magnífico mundo. Y luego que se viene de él, se aparta con la mano blandamente, como con piedad de lo pequeño, y ruego de que no perturbe el recogimiento sacro, todo lo que ha sido obra de hombre. Uvas secas parecen los libros que poco ha parecían montes. Y los hombres, enfermos a quienes se trae cura. Y parecen los árboles, y las montañas, y el cielo inmenso, y el mar pujante, como nuestros hermanos, o nuestros amigos. Y se siente el hombre un tanto creador de la naturaleza. La lectura estimula, enciende, aviva, y es como soplo de aire fresco sobre la hoguera resguardada, que se lleva las cenizas, y deja al aire el fuego. Se lee lo grande, y si se es capaz de lo grandioso, se queda en mayor capacidad de ser grande. Se despierta el león noble, y de su melena, robustamente sacudida caen pensamientos como copos de oro.

Era veedor sutil, que veía cómo el aire delicado se transformaba en palabras melodiosas y sabias en la garganta de los hombres, y escribía como veedor, y no como meditador. Cuanto escribe, es máxima. Su pluma no es pincel que diluye, sino cincel que esculpe y taja. Deja la frase pura, como deja el buen escultor la línea pura. Una palabra innecesaria le parece una arruga en el contorno. Y al golpe de su cincel, salta la arruga en pedazos, y queda nítida la frase. Aborrecía lo innecesario. Dice, y agota lo que dice. A veces, parece que salta de una cosa a otra, y no se halla a primera vista la relación entre dos ideas inmediatas. Y es que para él es paso natural lo que para otros es salto. Va de cumbre en cumbre, como gigante, y no por las veredas y caminillos por donde andan, cargados de alforjas, los peatones comunes, que como miran desde tan abajo, ven pequeño al gigante alto. No escribe en períodos, sino en elencos. Sus libros son sumas, no demostraciones. Sus pensamientos parecen aislados, y es que ve mucho de una vez, y quiere de una vez decirlo todo, y lo dice como lo ve, a modo de lo que se lee a la luz de un rayo, o apareciese a una lumbre tan bella, que se sabe que ha de desaparecer. Y deja a los demás que desenvuelvan: él no puede perder tiempo; él anuncia. Su estilo no es lujoso, sino límpido. Lo depuraba, lo acrisolaba, lo aquilataba, lo ponía a hervir. Tomaba de él la médula. No es su estilo montículo verde, lleno de plantas florecidas y fragantes: es monte de basalto. Se hacía servir de la lengua, y no era siervo de ella. El lenguaje es obra del hombre, y el hombre no ha de ser esclavo del lenguaje. Algunos no le entienden bien; y es que no se puede medir un monte a pulgadas. Y le acusan de oscuro; mas ¿cuándo no fueron acusados de tales los grandes de la mente? Menos mortificante es culpar de inentendible lo que se lee, que confesar nuestra incapacidad para entenderlo. Emerson no discute; establece. Lo que le enseña la naturaleza le parece preferible a lo que le enseña el hombre. Para él un árbol sabe más que un libro; y una estrella enseña más que una universidad; y una hacienda es un evangelio; y un niño de la hacienda está más cerca de la verdad universal que un anticuario. Para él no hay cirios como los astros, ni altares como los montes, ni predicadores como las noches palpitantes y profundas. Emociones angélicas le llenan si ve desnudarse de entre sus velos, rubia y alegre, la mañana. Se siente más poderoso que monarca asirio o rey de Persia, cuando asiste a una puesta de Sol, o a un alba riente. Para ser bueno no necesita más que ver lo bello. A esas llamas, escribe. Caen sus ideas en la mente como piedrecillas blancas en mar luminoso: ¡qué chispazos! ¡Qué relampagueos! ¡Qué venas de fuego! Y se siente vértigo, como si se viajara en el lomo de un león volador. Él mismo lo sintió, y salió fuerte de él. Y se aprieta el libro contra el seno, como a un amigo bueno y generoso; o se le acaricia tiernamente, como a la frente limpia de una mujer leal.

Pensó en todo lo hondo. Quiso penetrar el misterio de la vida: quiso descubrir las leyes de la existencia del universo. Criatura, se sintió fuerte, y salió en busca del Creador. Y volvió del viaje contento, y diciendo que lo había hallado. Pasó el resto de su vida en la beatitud que sigue a este coloquio. Tembló como hoja de árbol en esas expansiones de su espíritu, y vertimientos en el espíritu universal; y volvía a sí, fragante y fresco como hoja de árbol. Los hombres le pusieron delante al nacer todas esas trabas que han acumulado los siglos, habitados por hombres presuntuosos, ante la cuna de los hombres nuevos. Los libros están llenos de venenos sutiles, que inflaman la imaginación y enferman el juicio. Él apuró todas esas copas y anduvo por sí mismo, tocado apenas del veneno. Es el tormento humano que para ver bien se necesita ser sabio, y olvidar que se lo es. La posesión de la verdad no es más que la lucha contra las revelaciones impuestas de los hombres. Unos sucumben y son meras voces de otro espíritu. Otros triunfan, y añaden nueva voz a la de la naturaleza. Triunfó Emerson: he ahí su filosofía: Naturaleza se llama su mejor libro: en él se abandona a esos deleites exquisitos, narra esos paseos maravillosos, se revuelve con magnífico brío contra los que piden ojos para ver y olvidan sus ojos; y ve al hombre señor, y al universo blando y sumiso, y a todo lo vivo surgiendo de un seno y yendo al seno, y sobre todo lo que vive, al Espíritu que vivirá, y al hombre en sus brazos. Da cuenta de sí, y de lo que ha visto. De lo que no sintió, no da cuenta. Prefiere que le tengan por inconsistente que por imaginador. Donde ya no ven los ojos, anuncia que no ve. No niega que otros vean; pero mantiene lo que ha visto. Si en lo que vio hay cosas opuestas, otro comente, y halle la distinción: él narra. Él no ve más que analogías: él no halla contradicciones en la naturaleza: él ve que todo en ella es símbolo del hombre, y todo lo que hay en el hombre lo hay en ella. Él ve que la naturaleza influye en el hombre, y que éste hace a la naturaleza alegre, o triste, o elocuente, o muda, o ausente, o presente, a su capricho. Ve la idea humana señora de la materia universal. Ve que la hermosura física vigoriza y dispone el espíritu del hombre a la hermosura moral. Ve que el espíritu desolado juzga el universo desolado. Ve que el espectáculo de la naturaleza inspira fe, amor y respeto. Siente que el universo que se niega a responder al hombre en fórmulas, le responde inspirándole sentimientos que calman sus ansias, y le permiten vivir fuerte, orgulloso y alegre. Y mantiene que todo se parece a todo, que todo tiene el mismo objeto, que todo da en el hombre, que lo embellece con su mente todo, que a través de cada criatura pasan todas las corrientes de la naturaleza, que cada hombre tiene en sí al Creador, y cada cosa creada tiene algo del Creador en sí, y todo irá a dar al cabo en el seno del espíritu creador, que hay una unidad central en los hechos, —en los pensamientos, y en las acciones; que el alma humana, al viajar por toda la naturaleza, se halla a sí misma en toda ella; que la hermosura del universo fue creada para inspirarse el deseo, y consolarse los dolores de la virtud, y estimular al hombre a buscarse y hallarse; que «dentro del hombre está el alma del conjunto, la del sabio silencio, la hermosura universal a la que toda parte y partícula está igualmente relacionada: Uno Eterno». La vida no le inquieta: está contento, puesto que obra bien: lo que importa es ser virtuoso: «La virtud es la llave de oro que abre la puertas de la eternidad»; la vida no es solo el comercio ni el gobierno, sino es más, el comercio con las fuerzas de la naturaleza y el gobierno de sí: de aquellas viene este: el orden universal inspira el orden individual: la alegría es cierta, y es la impresión suma; luego, sea cualquiera la verdad sobre todas las cosas misteriosas, es racional que ha de hacerse lo que produce alegría real, superior a toda otra clase de alegría, que es la virtud: la vida no es más que «una estación en la naturaleza». Y así corren los ojos del que lee por entre esas páginas radiantes y serenas, que parecen escritas, por sobre humano favor, en cima de montaña, a luz no humana: así se fijan los ojos; encendidos en deseos de ver esas seductoras maravillas, y pasear por el palacio de todas estas verdades, por entre esas páginas que encadenan y relucen, y que parecen espejos de acero que reflejan, a ojos airados de tanta luz, imágenes gloriosas. ¡Ah, leer cuando se está sintiendo el golpeo de la llama en el cerebro, —es como clavar un águila viva! ¡Si la mano fuera rayo, y pudiera aniquilar el cráneo sin cometer crimen!

¿Y la muerte? No aflige la muerte de Emerson: la muerte no aflige ni angustia a quien ha vivido noblemente: solo la teme el que tiene motivos de temor: será inmortal el que merezca serlo: morir es volver lo finito a lo infinito: rebelarse no le parece bien: la vida es un hecho, que tiene razón de ser, puesto que es: solo es un juguete para los imbéciles, pero es un templo para los verdaderos hombres: mejor que rebelarse es vivir adelantado por el ejercicio honesto del espíritu sentidor y pensador.

¿Y las ciencias? Las ciencias confirman lo que el espíritu posse: la analogía de todas las fuerzas de la naturaleza; la semejanza de todos los seres vivos; la igualdad de la composición de todos los elementos del universo; la soberanía del hombre, de quien se conocen inferiores, mas a quien no se conocen superiores. El espíritu presiente; las creencias ratifican. El espíritu, sumergido en lo abstracto, ve el conjunto; la ciencia, insecteando por lo concreto, no ve más que el detalle. Que le universo haya sido formado por procedimientos lentos, metódicos y análogos, ni anuncia el fin de la naturaleza, ni contradice la existencia de los hechos espirituales. Cuando el ciclo de las ciencias esté completo, y sepan cuanto hay que saber, no sabrán más que lo que sabe hoy el espíritu, y sabrán lo que él sabe. Es verdad que la mano del saurio se parece a la mano del hombre, pero también es verdad que el espíritu del hombre llega joven a la tumba a que el cuerpo llega viejo, y que siente en su inmersión en el espíritu universal tan penetrantes y arrebatadores placeres, y tras ellos una energía tan fresca y potente, y una serenidad tan majestuosa, y una necesidad tan viva de amar y perdonar, que esto que es verdad para quien lo es, aunque no lo sea para quien no llega a esto, es ley de vida tan cierta como la semejanza entre la mano del saurio y la del hombre.

¿Y el objeto de la vida? El objeto de la vida es la satisfacción del anhelo de perfecta hermosura; porque como la virtud hace hermosos los lugares en que obra, así los lugares hermosos obran sobre la virtud. Hay carácter moral en todos los elementos de la naturaleza: puesto que todos avivan este carácter en el hombre, puesto que todos los producen, todos lo tienen. Así, son una la verdad, que es la hermosura en el juicio; la bondad, que es la hermosura en los afectos; y la mera belleza, que es la hermosura en el arte. El arte no es más que la naturaleza creada por el hombre. De esta intermezcla no se sale jamás. La naturaleza se postra ante el hombre y le da sus diferencias, para que perfeccione su juicio; sus maravillas, para que avive su voluntad a imitarlas; sus exigencias, para que eduque su espíritu en el trabajo, en las contrariedades, y en la virtud que las vence. La naturaleza da al hombre sus objetos, que se reflejan en su mente, la cual gobierna su habla, en la que cada objeto va a transformarse en un sonido. Los astros son mensajeros de hermosuras, y lo sublime perpetuo. El bosque vuelve al hombre a la razón y a la fe, y es la juventud perpetua. El bosque alegra, como una buena acción. La naturaleza inspira, cura, consuela, fortalece y prepara para la virtud al hombre. Y el hombre no se halla completo, ni se revela a sí mismo, ni ve lo invisible, sino en su íntima relación con la naturaleza. El universo va en múltiples formas a dar en el hombre, como los radios que parten del centro del círculo, y el hombre va con los múltiples actos de su voluntad, a obrar sobre el universo, como radios que parten del centro. El universo, con ser múltiple, es uno: la música puede imitar el movimiento y los colores de la serpiente. La locomotora es el elefante de la creación del hombre, potente y colosal como los elefantes. Solo el grado de calor hace diversas el agua que corre por el cauce del río y las piedras que el río baña. Y en todo el universo múltiple, todo acontece, a modo de símbolo del ser humano, como acontece en el hombre. Va el humo al aire como a la infinidad el pensamiento. Se mueven y encrespan las aguas de los mares como los afectos en el alma. La sensitiva es débil, como la mujer sensible. Cada cualidad del hombre está representada en un animal de la naturaleza. Los árboles nos hablan una lengua que entendemos. Algo deja la noche en el oído, puesto que el corazón que fue a ella atormentado por la duda, amanece henchido de paz. La aparición de la verdad ilumina súbitamente el alma, como el Sol ilumina la naturaleza. La mañana hace piar a las aves y hablar a los hombres. El crepúsculo nocturno recoge las alas de las aves y las palabras de los hombres. La virtud, a la que todo conspira en la naturaleza, deja al hombre en paz, como si hubiese aca-bado su tarea, o como curva que reentra en sí, y ya no tiene más que andar y remata el círculo. El universo es siervo y rey el ser humano. El universo ha sido creado para la enseñanza, alimento, placer y educación del hombre. El hombre frente a la naturaleza que cambia y pasa, siente en sí algo estable. Se siente a la par eternamente joven e inmemorablemente viejo. Conoce que sabe lo que sabe bien que no aprendió aquí: lo cual le revela vida anterior, en que adquirió esa ciencia que a esta trajo. Y vuelve los ojos a un Padre que no ve, pero de cuya presencia está seguro, y cuyo beso, que llena los ámbitos, y le viene en los aires nocturnos cargados de aromas, deja en su frente lumbre tal que ve a su blanda palidez confusamente revelados el universo interior, donde está en breve —todo el exterior—, y el exterior, donde está el interior magnificado, y el temido y hermoso universo de la muerte. ¿Pero está Dios fuera de la Tierra? ¿Es Dios la misma Tierra? ¿Está sobre la naturaleza? ¿La naturaleza es creadora, y el inmenso ser espiritual a cuyo seno el alma humana aspira, no existe? ¿Nació de sí mismo el mundo en que vivimos? ¿Y se moverá como se mueve hoy perpetuamente, o se evaporará, y mecidos por sus vapores, iremos a confundirnos, en compenetración augusta y deleitosa, con un ser de quien la naturaleza es mera aparición? Y así revuelve este hombre gigantesco la poderosa mente, y busca con los ojos abiertos en la sombra el cerebro divino, y lo halla próvido, invisible, uniforme y palpitante en la luz, en la tierra, en las aguas y en sí mismo, y siente que sabe lo que no puede decir, y que el hombre pasará eternamente la vida tocando con sus manos, sin llegar a palparlos jamás, los bordes de las alas del águila de oro, en que al fin ha de sentarse. Este hombre se ha erguido frente al universo, y no se ha desvanecido. Ha osado analizar la síntesis, y no se ha extraviado.

Ha tendido los brazos, y ha abarcado con ellos el secreto de la vida. De su cuerpo, cestilla ligera de su alado espíritu, ascendió entre labores dolorosas y mortales ansias, a esas cúspides puras, desde donde se dibujan, como en premio al afán del viajador, las túnicas bordadas de luz estelar de los seres infinitos. Ha sentido ese desborde misterioso del alma en el cuerpo, que es ventura solemne, y llena los labios de besos, y las manos de caricias, y los ojos de llanto, y se parece al súbito hinchamiento y rebose de la naturaleza en primavera. Y sintió luego esa calma que viene de la plática con lo divino. Y esa magnífica arrogancia de monarca que la conciencia de su poder da al hombre. Pues ¿qué hombre dueño de sí no ríe de un rey?

A veces deslumbrado por esos libros resplandecientes de los hindús, para los que la criatura humana, luego de purificada por la virtud, vuela como mariposa de fuego, de su escoria terrenal al seno de Brama, siéntase a hacer lo que censura, y a ver la naturaleza a través de ojos ajenos, porque ha hallado esos ojos conformes a los propios, y ve oscuramente y desluce sus propias visiones. Y es que aquella filosofía india embriaga, como un bosque de azahares, y acontece con ella como con ver volar aves, que enciende ansias de volar. Se siente el hombre, cuando penetra en ella, dulcemente aniquilado, y como mecido, camino de lo alto, en llamas azules. Y se pregunta entonces si no es fantasmagoría la naturaleza, y el hombre fantaseador, y todo el universo una idea, y Dios la idea pura, y el ser humano la idea aspiradora, que irá a parar al cabo, como perla en su concha, y flecha en tronco de árbol, en el seno de Dios. Y empieza a andamiar, y a edificar el universo. Pero el punto echa abajo

los andamios, avergonzado de la ruindad de su edificio, y de la proeza de la mente, que parece, cuando se da a construir mundos, hormiga que arrastra a su espalda una cadena de montañas.

Y vuelve a sentir correr por sus venas aquellos efluvios místicos y vagos; a ver cómo se apaciguan las tormentas de su alma en el silencio amigo, poblado de promesas, de los bosques; a observar que donde la mente encalla, como buque que da en roca seca, el presentimiento surge, como ave presa, segura del cielo, que se escapa de la mente rota; a traducir en el lenguaje encrespado y brutal y rebelde como piedra, los lúcidos transportes, los púdicos deliquios, los deleites balsámicos, los goces enajenadores del espíritu trémulo a quien la cautiva naturaleza, sorprendida ante el amante osado, admite a su consorcio. Y anuncia a cada hombre que, puesto que el universo se le revela entero y directamente, con él le es revelado el derecho de ver en él por sí, y saciar con los propios labios la ardiente sed que inspira. Y como en esos coloquios aprendió que el puro pensamiento y el puro afecto producen goces tan vivos que el alma siente en ellos una dulce muerte, seguida de una radiosa resurrección, anuncia a los hombre que solo se es venturoso siendo puro.

Luego que supo esto, y estuvo cierto de que los astros son la corona del hombre, y que cuando se enfriase, su espíritu sereno hendiría el aire, envuelto en luz, puso su mano amorosa sobre los hombres atormentados, y sus ojos vivaces y penetrantes en los combates rudos de la Tierra. Sus miradas limpiaban de escombros. Toma puesto familiarmente a la mesa de los héroes. Narra con lengua homérica los lances de los pueblos. Tiene la ingenuidad de los gigantes. Se deja guiar de su intuición, que le abre el seno de las tumbas, como el de las nubes. Como se sentó, y volvió fuerte, en el senado de los astros, se sienta, como en casa de hermanos, en el senado de los pueblos. Cuenta de historia vieja y de historia nueva. Analiza naciones, como un geólogo fósiles. Y parecen sus frases vértebras de mastodonte, estatuas doradas, pórticos griegos. De otros hombres puede decirse: «Es un hermano»; de éste ha de decirse: «Es un padre». Escribió un libro maravilloso, suma humana, en que consagra, y estudia en sus tipos, a los hombres magnos. Vio a la vieja Inglaterra de donde le vinieron sus padres puritanos, y de su visita hizo otro libro, fortísimo libro, que llamó Rasgos ingleses. Agrupó en haces los hechos de la vida, y los estudió en mágicos Ensayos, y les dio leyes. Como en un eje, giran en esta verdad todas sus leyes para la vida: «toda la naturaleza tiembla ante la conciencia de un niño». El culto, el destino, el poder, la riqueza, las ilusiones, la grandeza, fueron por él, como por mano de químico, descompuestos y analizados. Deja en pie lo bello. Echa a tierra lo falso. No respeta prácticas. Lo vil, aunque esté consagrado, es vil. El hombre debe empezar a ser angélico. La ley es la ternura; ley, la resignación; ley, la prudencia. Esos ensayos son códigos. Abruman de exceso de savia. Tienen la grandiosa monotonía de una cordillera de montañas. Los realza una fantasía infatigable y un buen sentido singular. Para él no hay contradicción entre lo grande y lo pequeño, ni entre lo ideal y lo práctico, y las leyes que darán el triunfo definitivo, y el derecho de coronarse de astros, dan la felicidad en la Tierra. Las contradicciones no están en la naturaleza, sino en que los hombres no saben descubrir sus analogías. No desdeña la ciencia por falsa, sino por lenta. Ábrense sus libros, y rebosan verdades científicas. Tyndall dice que debe a él toda su ciencia. Toda la doctrina transformista está comprendida en un haz de frases de Emerson. Pero no cree que el entendimiento baste a penetrar el misterio de la vida, y dar paz al hombre y ponerle en posesión de sus medios de crecimiento. Cree que la intuición termina lo que el entendimiento empieza. Cree que el espíritu eterno adivina lo que la ciencia humana rastrea. Ésta, husmea como un can; aquél salva el abismo, en que el naturalista anda entretenido, como un enérgico cóndor. Emerson observaba siempre, acotaba cuanto veía, agrupaba en sus libros de notas los hechos semejantes, y hablaba, cuando tenía que revelar. Tiene de Calderón, de Platón y de Píndaro. Tiene de Franklin. No fue cual bambú hojoso, cuyo ramaje corpulento, mal sustentado por el tallo hueco, viene a tierra; sino como baobab, o sabino, o samán grande, cuya copa robusta se yergue en tronco fuerte. Como desdeñoso de andar por la Tierra, y malquerido por los hombres juiciosos, andaba por la Tierra el idealismo. Emerson lo ha hecho humano: no aguardaba a la ciencia, porque el ave no necesita de zancos para subir a las alturas, ni el águila de rieles. La deja atrás, como caudillo impaciente, que monta caballo volante, a soldado despacioso, cargado de pesada herrajería. El idealismo no es, en él, deseo vago de muerte, sino convicción de vida posterior que ha de merecerse con la práctica serena de la virtud en esta vida. Y la vida es tan hermosa y tan ideal como la muerte. ¿Se quiere verle concebir? Así concibe: quiere decir que el hombre no consagra todas sus potencias, sino la de entender, que no es la más rica de

ellas, al estudio de la naturaleza, por lo cual penetra bien en ella, y dice: «es que el eje de la visión del hombre no coincide con el eje de la naturaleza». Y quiere explicar cómo todas las verdades morales y físicas se contienen unas y otras, y están en cada una todas las demás, y dice «son como los círculos de una circunferencia, que se comprenden todos los unos a los otros, y entran y salen libremente sin que ninguno esté por encima de otro». ¿Se quiere oír cómo habla? Así habla: «Para un hombre que sufre, el calor de su propia chimenea tiene tristeza». «No estamos hechos para buques, para ser sacudidos, sino como edificios, para estar en firme.» «Cortad estas palabras y sangrarán.» «Ser grande es no ser entendido.» «Leonidas consumió un día en morir.» «Estériles, como un solo sexo, son los hechos de la historia natural, tomados por sí mismos.» «Ese hombre anda pisoteando en el fango de la dialéctica.»

Y su poesía está hecha como aquellos palacios de Florencia, de colosales pedruscos irregulares. Bate y olea, como agua de mares. Y otras veces parece en mano de un niño desnudo, cestillo de flores. Es poesía de patriarcas, de hombres primitivos, de cíclopes. Robledales en flor semejan algunos poemas suyos. Suyos son los únicos versos poémicos que consagran la lucha magna de esta Tierra. Y otros poemas son como arroyuelos de piedras preciosas, o jirones de nubes, o trozo de rayo. ¿No se sabe aún qué son sus versos? Son unas veces como anciano barbado, de barba serpentina, cabellera tortuosa y mirada llameante, que canta, apoyado en un vástago de encina, desde una cueva de piedra blanca, y otras veces, como ángel gigantesco de alas de oro, que se despeña desde alto monte verde en el abismo. ¡Anciano maravilloso, a tus pies dejo todo mi haz de palmas frescas, y mi espada de plata!

José Martí
La Opinión Nacional, Caracas, 19 de mayo de 1882

25. Carta de Nueva York. Política. Catástrofe. Guiteau. Un libro. Muertos en el Polo. El secretario de Estado. El ministro poeta. Conkling. Bancroft y su extraordinario libro. Cómo se hizo la Constitución de los Estados Unidos. Escena memorable. Sesión tumultuosa. Los Estados Unidos cierran sus puertas a los chinos. Guiteau, en la celda de la muerte. Grandioso festival: música de Berlioz, de Haendel, de Wagner

Nueva York, mayo 23 de 1882

Señor director de *La Opinión Nacional*:

¿Cómo poner en junto escenas tan varias? Allá en las resplandecientes soledades del Ártico, doblan al fin sobre su almohada de nieve la cabeza unos expedicionarios valerosos; aquí, en colosal casa, resuenan ante millares de oyentes absortos, los acordes sacerdotales y místicos de la música excelsa, la más solemne de las artes humanas. En los árboles, todo es verdor. En los rostros, todo es alegría. En Irlanda, todo es susto. En San Francisco, vencieron los enemigos de los chinos. En los mostradores de las librerías, luce la obra monumental de un anciano de ochenta y dos años. En torno a mesa rica, júntanse para celebrar glorias patrias los mexicanos de Nueva York. Masas enardecidas se reúnen a protestar contra los asesinos de los ministros ingleses en Irlanda, y contra los asesinatos de los patriotas de Irlanda por los soldados ingleses. Ha habido festival grandioso. Guiteau entra ya en su celda de muerte. Susúrrase que va a haber mudanza importante en puestos diplomáticos.

¡Míseros, los viajeros del Polo! Salieron de estas costas en la Jeannette, ágil y fuerte, entre palmas y vítores; y luego de dos años perdido el barco osado, perdida la esperanza, mueren catorce hombres tristes, hincados los dientes en huesos de reno ya roídos, y los ojos en aquella luz polar cegadora y mortífera, los pies despedazados, las mentes perturbadas, los labios cárdenos y secos. Cuando creyeron que no hallarían al cabo asilo en el desierto, se miraron en tremendo silencio y oraron por primera vez, se apretaron los unos contra los otros, con ese arrebato de amor y confusión de todo lo humano que se siente en presencia de la muerte; y perecieron. ¡Y estaban a cien millas de hogares calientes, los infortunados! Llevaban malos mapas, y se creían más lejos de los hogares. Roto su barco, emprendieron briosamente la marcha por la nieve. Primero hallaron renos que cazar, y luego ya no hallaron renos. Mientras esperaron, sonrieron y anduvieron: cuando perdieron la esperanza, como máquina que estalla, cayeron exánimes. ¡Qué hombres tan bravos, tantos hombres que viven, ya sin esperanza! Van, sin que nadie lo vea ni lo sepa, como arrastrando un muerto. El capitán de esos peregrinos del Polo era el noble De Long, que de niño fue estudiosísimo, y enamoraba por su afán de saber. Llevaba siempre en los ojos una pregunta, y andaba siempre buscando en los libros una respuesta. ¡Tal vez

lo sabe ahora todo, debajo de la nieve! Han de seguir viviendo los que mueren: pues ¿qué es el hombre, sino vaso quebrable del que se desbordan, fragantes y humeantes, esencias muy ricas? Cada hombre es la cárcel de un águila: se siente el golpe de sus alas, los quejidos que le arranca su cautividad, el dolor que en el seno y en el cráneo nos causan sus garras. La naturaleza no ha podido formular una pregunta a la que no haya de dar al fin respuesta. En una obra tan lógica que, en su criatura más ruin se hallan los gérmenes de la criatura más alta, y en la más alta los gérmenes de la más ruin —no puede haber esa porción ilógica—. Los desterrados saben que la tristeza que inunda el alma en la tierra, es el dolor mismo del destierro. Hay almas que no saben nada de esto, porque hay almas-nubes, y almas-montes, y almas-llanura, y almas-antros. De Long era de la raza de los escaladores del misterio. Él quería ver aquel mar libre del Polo, que de vuelta de su viaje por los hielos, aseguró el almirante Belcher que había visto. Él quería besar con labios filiales, la tumba de Franklin. Él quería hallar en las nieves árticas, la bandera que llevó el viajero Hall, a clavarla en los témpanos boreales, y flota hoy en ignorados climas, y como llamando a los hombres, sobre el cadáver del viajero helado. ¡Qué grandes, esos hombres que se lanzan a los mares a arrancar presas a lo desconocido! ¡Qué duelo el del héroe y la sombra! La sombra envolvió al héroe. Este pueblo ha tenido con su muerte, y la de sus marinos bravos, una pena de familia. Del *Herald*, este diario acaudalado, era la expedición infortunada: el *Herald*, que envió viajeros a África, envió esos viajeros al Polo. Este periódico asombroso comprende que necesita para vivir estar causando permanente asombro. Lo leen cincuenta millones de hombres: y sus actos y empresas, como que tienen ese premio, tienen ese tipo: cincuenta millones. Anuncia el *Herald* que hará de padre para los huérfanos, y de compañero para las viudas. El ponerse a llorar es de almas enfermizas. Cada hombre es un trabajador, y muere bien, si muere en el trabajo.

Rusia se place en agasajar a América. En tanto que el ingeniero Melville fatigaba renos y registraba aldeas polares en busca de los viajeros malhadados, no había hora sin telegrama de cortesía y afecto entre el secretario de Estado ruso y el secretario Frelinghuysen. Ahora se dice que Frelinghuysen dejará de ser secretario de Estado. No le hallan defecto; pero no le hallan significación política bastante. Los pueblos se pagan del genio, y no gustan de que los dirija quien no lo posea. El genio enamora, aun a aquellos a quienes irrita. El genio brilla, destruye, construye, rechaza, combate, provoca. Y los pueblos se cansan de padecer la nostalgia del genio. Aunque sean hombres peligrosos, quieren hombres brillantes. Ponen riendas fuertes al corcel que ha de guiarlos, pero les gusta ser guiados por corcel brioso. Frelinghuysen es hombre sereno, mas no intrépido. Es fuerte, porque es digno; pero no place porque no resplandece. Mas puede ser que estos rumores sean de deseos de sus rivales, y no de verdadera intención del presidente. Los Estados Unidos tienen en Inglaterra de ministro a un yanqui de abolengo, de mente clara y alma franca, de exquisita cultura, de ricas dotes de escolar; de finos gustos, que le habilitan para ser a la vez representante fiel de una república y ornamento de ella en una monarquía. En la corte de St. James, es persona de casa el poeta Lowell. Todo en él es amplio y expansivo. Llama al encumbrado Lord Grandville «querido Grandville». Los Estados Unidos tienen orgullo de este hombre de letras, que ha escrito el mejor libro en dialecto yanqui, el mejor canto heroico de los milagros y glorias de la Guerra de Independencia, y la revista más concienzuda que ha visto la luz en este pueblo. Pero como Lowell es cuerdo y generoso y amó a Inglaterra como a pueblo hermano, y pisa con placer la tierra de donde salieron sus padres, cargados de dolor y de virtud, a fundar esta tierra nueva, alegan ahora los irlandeses naturalizados en los Estados Unidos —los cuales no han dejado, a pesar de la carta de nueva naturaleza, de ser en pasiones y odios soldados de Irlanda— que ese ministro Lowell, amado de Inglaterra, no defiende con bastante brío, en la querella mortal que Inglaterra e Irlanda tienen empeñada, a los irlandeses naturalizados en Norteamérica, que ya ricos, y al amparo de su carta de ciudadanía, vuelven con lealtad que no ha de censurarse, aunque sea lealtad ilegal, a prestar auxilio a los patriotas de Erin, la ensangrentada y revuelta Erin, y a azuzar allí la rebelión. El gobierno inglés mantiene que, al venir a luchar contra él, los irlandeses americanos no tienen ya derecho al amparo de América, puesto que violan las leyes de ésta, y las del país a donde van, y arman guerra a una nación con la cual su nación está en paz. Y Lowell a lo que parece, piensa en esto, aunque es en todo justo, enérgico defensor de su nación, como piensa el gobierno inglés. Mas como vale tanto, tiene el buen poeta gran suma de envidiadores y celosos. La aparición de una personalidad alta es la señal para el desate de los gozques. Todo es ladridos en el cortijo, cuando entra en él, impetuosamente, un caballo brioso. Los perros ladran poco a los caballos ruines. Los perros de buena raza ni aun ladran a esa clase de caballos. Como los irlandeses de América están airados contra Lowell, los envidiadores de Lowell se aprovechan de la ira de los irlandeses. Y como éstos son tantos, e influyen de tal modo con sus votos en la política del país, varios diarios de fama los apoyan, y van los rumores hasta suponer que, por no enajenar al Partido republicano las simpatías del elemento de Irlanda, consentirá el presidente Arthur en privar de su ministerio a Lowell. Y como el arrogante Conkling no tiene aún puesto acordado a sus méritos en torno al presidente Arthur, que le estima en más, por su poder mental y su hidalguía, que a todo hombre de ingenio y nota en esta tierra, y no le halla parangón en lo pasado, sino en la mente robustísima, y en aquel parecer continental, del glorioso Daniel Webster, rumórase que Frelinghuysen irá a Londres, para que Lowell vuelva a América, y que Conkling se sentará al cabo, con plácemes seguros del país, que ama a los arrogantes, en el sillón de Frelinhuysen. Será como poner manto romano donde hay una levita puritana.

Esa obra monumental que luce en los mostradores de las librerías, es de un hombre del tiempo de Daniel Webster, de un investigador paciente, de un expositor claro, de un amador de la verdad, de un deductor de leyes, de un historiador bueno, de Bancroft. Todavía trabaja en la obra que empezó en 1834. Y está alegre el anciano, como quien ha cumplido con su deber. Está robusto, como aquel que ha podido vivir en el comercio de las cosas grandes. ¡Míseros los que las presienten, y son capaces de ellas, y no pueden darse a ellas! Esos mueren roídos por su ansia. El genio alimentado fortalece. El genio sin empleo devora. El alimento del genio es una obra digna de él.

¿Queréis sentiros como de mayor estatura y más fuerte? Leed el libro de Bancroft. Antes no se sabía más de los Estados Unidos, que lo que decían crónicas sueltas, la pobre historia de un Marshall, los cuentos de la colonia de Grahame, y lo que contó a Europa, en hermosas y muy breves páginas, Carlos Botta famoso. Pero volvió de Heidelberg un norteamericano joven que había sido allí amigo de Heeren. Heidelberg parece casa de la historia, todo lleno de ruinas y romances, con sus estudiantes magnánimos, pendencieros y laboriosos; con sus bosques que invitan a meditar; con sus murallas rotas, que llevan la mente a la obra del tiempo; con su río solemne, que hace pensar en la corriente de la vida. Era Bancroft el norteamericano que venía, y el primer libro de este hombre, que ha hecho luego el más grandioso libro hecho en su patria, fue un librillo de versos. Los versos son las flores de la vida. La flor anuncia el fruto. El fruto fue copioso. No es la historia de los Estados Unidos de Bancroft una cumbre de hechos, engastados a modo de rosario, o puestos en junto confusamente a manera de maraña. Allí cada escena está con sus matices; cada hogar, con su encanto; cada suceso, con su consecuencia; cada héroe, con su hermosura real y sus pasiones. Para Bancroft no hay acontecimiento aislado. La revolución que había de hacer libre a esta tierra empieza para él en la plegaria del primer puritano que hincó en tierra la rodilla. Él ve desde cima, por lo que abarca bien todo lo que pasa en el llano. Agrupa los sucesos, indica su relación secreta, da a los hombres su doble aspecto racional y poético, escribe con colores. No ve en un hecho, el hecho desnudo; sino que cuenta los azares del espíritu que lo engendró. Se entra en las almas, y las saca a luz. Pinta las épocas con sus afectos, con sus costumbres, con sus pasiones, con sus vestiduras: pinta las casas, los caminos, la selva majestuosa, las ciudades. Puebla su libro de vivos. Ve al hombre, como el buen historiador ha de verlo, en todos sus aspectos. El anciano, que se sintió fatigado, anunció que con el tomo en que cuenta la historia del país hasta el término de la guerra que lo dejó libre, acababa su obra. Pero la mente se le quejaba de estar ociosa. El trabajo nutre. La pereza encoleriza y enloquece. El anciano, como por hábito, comenzó a hacinar de nuevo documentos, a leer cartas amarillentas, a desempolvar anaqueles, a adivinar de nuevo el espíritu de los hombres en sus obras. Es un placer exquisito, el de buscar la causa de los sucesos. Surgen los hombres ante los ojos, como creaciones del que busca. Y él vive entren ellos, les pregunta, les lleva a la luz para verlos mejor, se enciende en paternal amor por ellos. Están poblados de seres vivos, esos grandes cuartos de estudiadores que parecen vacíos. Y ahora ha salido a luz el libro nuevo del cultísimo anciano, en que cuenta cómo se elaboró la Constitución que hoy rige a este pueblo, y por qué vino a ser como es, y por qué no pudo ser mejor, y cómo llegó a ser necesaria, porque el país nuevo iba a menos con los pujos de independencia y soberanía de los trece primitivos Estados. Es libro que ha de leer todo hombre americano, porque viendo por qué causas meramente locales y transitorias se han producido en la forma en que aquí existen determinadas instituciones, se aprende que no deben ser éstas a ciegas imitadas, a menos que no se reproduzcan en el país en que se establezcan condiciones iguales o semejantes a las que en este país las produjeron. Y conociendo los orígenes de esas instituciones deslumbrantes, podremos acercarnos a ellas, o apartarnos de ellas, o alterarlas en la acomodación a nuestros países, o no acomodarlas, conforme al grado de semejanza entre los elementos de nuestras tierras en la época en que elaboramos su Constitución, y los elementos que decidieron a esta tierra a hacerla como se hizo.

Por eso dura esta Constitución: porque, inspirada en las doctrinas esenciales de la naturaleza humana, se ajustó a las condiciones especiales de existencia del país a que había de acomodarse, y surgió de ellas. Y si os preguntan por un buen texto de derecho constitucional, señalad la obra nueva de Bancroft.

Una Constitución es una ley viva y práctica que no puede construirse con elementos ideológicos. En ese libro combaten diversas necesidades, ideas y hechos. En ese libro se ve cómo los más puros legisladores hubieron de sacrificar una buena parte de su idea pura, para no perderla toda. Se estudió en sus entrañas la razón de las federaciones. Se ve combatir a Henry Lee, que quería que fuese una nación cada Estadillo, contra Madison y Washington, que creían que solo por la unión estrecha de los Estados y la creación de un poder unificador y general, para los asuntos de carácter general y uno, podía llegar a ser, como lo ha sido, próspera y maravillosa la federación. Se recuerda cómo Jefferson, para impedir que los Estados esclavistas formaran entre sí nación aparte de los Estados sin esclavos, se vio obligado a reconocer como institución de derecho americano la abominable esclavitud. Se ve lidiar a Mason, que quería que el presidente tuviese el poder durante siete años, contra Sherman y Wilson y Bedford, que solo querían que lo tuviese tres. Se entra en la causa íntima y secreta de todas las instituciones americanas. Se queda en capacidad de juzgar, por lo puro o impuro del origen, lo respetable o irrespetable de ellas, y lo que pudiera tomarse, y lo que no debe tomarse. Se ve meditar a Hamilton, grandioso. Se ve resplandecer a Washington prudente. Ese libro debiera ser la almohada de nuestros pensadores.

También estuvo Bancroft, como Lowell ahora, de ministro en la corte de Inglaterra. También allí, como el caballeresco Motley, ese otro historiador deleitoso, que nació en este pueblo, y narró con arte sumo e ímpetu la historia de Holanda, vivió entre desvanes de anticuario, bibliotecas y archivos. Mas no fueron a llamar allí a su puerta, como hoy a la de Lowell, irlandeses descontentos con voz de ira. No había muerto, como ahora, a manos fanáticas, el mensajero de paz que enviaba Inglaterra arrepentida a Irlanda rebelde. No se sumieron, con clamores nacidos a cruzar el mar, y a detener el brazo vengador que Inglaterra, poseída de indignación, levanta colérica, estos millares de americanos e irlandeses, que se han venido ahora en sesión tumultuosa, para llamar una vez más aborrecible al crimen; para decir a los hombres que los irlandeses que aman la libertad pueden ofrecer a los amigos de ella sus pechos desnudos, mas no herir el pecho de sus enemigos en la sombra; para excitar a Inglaterra a que no se aproveche del crimen de dos malvados para evitar el goce de sus derechos burlados a un pueblo que protesta con noble horror del crimen. En Irlanda hay políticos cuerdos, que quieren lo posible, como Parnell, y celosos de Parnell, que quieren lo que éste no quiere, por parar en caudillos, so pretexto de querer más que el caudillo verdadero, y fenianos reñidos con la paz como O'Donovan Rossa. Parnell cree que, puesto que Irlanda no puede hacerse independiente, ha de aprovechar los medios honestos que la lucha pacífica le ofrezca para ir mejorando su condición, y haciéndose de mayores medios; Rossa cree que debe forzarse a Irlanda a pelear por su independencia, puesto que no puede por medios pacíficos lograr mejora alguna, estima bueno el crimen si él aterra y amilana a sus adversarios. Al lado de Rossa, va una treintena de hombres resueltos. Al lado de Parnell va Irlanda escarmentada.

Nueva York refleja todas esas luchas. En la noche de la sesión tumultuosa, parecía el barrio de la sesión, barrio de Irlanda. Presidía el mayor de la ciudad, que es caballero cumplido, versado en cosas de nuestra América Latina, e hijo de Irlanda; el mayor Grace. «¡No entréis —decían los fanáticos en las puertas— a esta reunión de esclavos blancos!» «No lloréis a esos que han muerto —se leía en unos ruines versos que repartían manos febriles— llorad porque no han muerto más.» A poca distancia del mayor Grace, que hablaba rodeado de irlandeses notables, desde la plataforma, le oía con la faz de quien está hecho a lucha, O'Donovan Rossa. Tal vez merecen excusa los fanáticos. En las naturalezas superiores, la indignación lleva siempre al sacrificio: en las naturalezas inferiores, la indignación suele llevar al crimen.

«No es bien —dijo uno que habló— que se haya dado muerte a mister Cavendish, no a Lord Cavendish, porque Lord es señor, y yo no llamo señor a ningún hombre.»

Y apenas rompió a hablar el mayor Grace de la muerte del Lord y de su secretario, púsose de pie un hombre, y dijo a grito herido:

—¡Tres hurras por su muerte!

Los guardianes de policía miraron al mayor, como para lanzarse sobre él.

El mayor detuvo a los guardianes con su mirada. «A nadie se ha de castigar aquí porque diga lo que piensa: invitamos a todos aquellos que disientan de nosotros a hablar desde esta plataforma: nosotros estamos aquí para denunciar asesinos.»

Y se leyeron entre vítores, como es aquí uso, los acuerdos de la reunión. Vedlos en breve: «El asesinato del secretario y subsecretario de Irlanda, de los cuales el secretario iba a inaugurar en el gobierno irlandés una política de satisfacción al país y de conciliación, es un crimen que merece el más enérgico anatema de los amigos de la tierra irlandesa. Procurar con semejantes medios el alivio de Irlanda, es retardarlo. Inglaterra hace mal en intentar de nuevo, como intenta después del asesinato, una política de fuerza, porque el pueblo irlandés no es responsable de los actos de criminales desconocidos. Debe Lord Gladstone, si intenta realmente poner paz en Irlanda, impedir los ultrajes de la policía inglesa al pueblo irlandés, que excitan a éste al crimen, destituir a los magistrados parciales, y permitir que los irlandeses den abrigo en sus casas a los labriegos que han sido expulsados de sus campos por negarse a pagar por el alquiler de ellos la suma excesiva que venían pagando. Somos hijos fervientes de Irlanda. Si Gladstone no abandona las medidas violentas e injustas que propone de nuevo, después del asesinato, es justo que Irlanda acuda a todo medio legítimo para domar al cabo la tiranía inglesa, y establecer el gobierno de sí propia».

Tales cosas decía al jefe del gobierno de Inglaterra, el mayor de la ciudad de Nueva York. Y aquellos millares de hombres las dijeron con él.

«¡Oídme, oídme! —dijo un hombre fornido y pujante saltando sobre la plataforma—. Cuando Gladstone, que ganó gloria por denunciar ante el mundo europeo el despotismo del rey de Nápoles, y luego ha sido más déspota que él, halló que los irlandeses no estaban hechos de barro, sino de nitroglicerina, prometió medidas más suaves, mas las dejó en promesas. Los asesinatos de irlandeses inofensivos por las tropas inglesas son tan criminales como ese asesinato indisculpable de Cavendish y de Burke. Y Cavendish podía ser un buen hombre, pero no se sabía en Irlanda cómo era; pero Burke era el consejero de nuestros déspotas, era un irlandés apóstata, era el Mefistófeles de Irlanda.»

Y se levantó la madre de Parnell, que habla en frases cortas y nerviosas, como quien lanza dardos, o como quien se sacude cadenas de los hombros. Dice que no le importa ser asesinada si eso ayuda a la causa de Irlanda, lo cual premian los irlandeses que la oyen con hurras que asordan; y que no han sido irlandeses los que han asesinado a los ingleses, sino ingleses necesitados, para continuar oprimiendo a Irlanda, de ahondar el abismo que comenzaba a salvarse entre ella e Inglaterra. «Oigo que esos hombres fueron a su faena como asesinos alquilados, y usaron de un cuchillo. El irlandés gusta de usar revólver, y de hacer un poco de ruido en el mundo.» Un constructor de cañerías, trémulo y arrebatado, asalta la tribuna. «¡Hargan! ¡Hargan!» dicen los irlandeses que lo quieren. Hargan dice: «Quiero que se una a vuestros acuerdos éste: nosotros los desterrados irlandeses en Nueva York, reunidos en gran junta, expresamos nuestra más profunda pena de que Inglaterra continúe su antigua práctica de asesinar a bayonetazos, a balazos y a hambre a nuestros pueblos; y cuando condenamos el asesinato de dos oficiales de Inglaterra, es más oportuno, y es más digno de nosotros, que condenemos rudamente a los carniceros que hayan espantado con sus crímenes los valles de Wyoming y de Wexford». Vocerío prolongado sucedió a las vehementes palabras del desterrado. Los unos, de pie, en las sillas, agitaban sus pañuelos y sus sombreros. Los otros, roncos de vitorear, sacudían los bancos y golpeaban puertas y paredes. «¡Hurra, hurra!» y dio fin la reunión tumultuosa, acordando por unánime clamor la enmienda de Hargan.

Más grave ha sido la enmienda que en el debate sobre inmigración de chinos a California ha aceptado por fin el presidente. En diez años no podrán venir más chinos a los Estados Unidos: ni chinos artesanos, ni chinos sin arte. El dueño de todo buque en que viniesen, será multado y preso. Todos los chinos que estaban en los Estados Unidos el 17 de noviembre de 1880, día en que se firmó el tratado entre los Estados Unidos y China, y los que vengan durante los tres próximos meses, podrán, provistos de certificado al salir, que les sirva de pasaporte al reentrar, ir a China y volver. Los chinos que no sean trabajadores, sino viajeros, o estudiantes, o empleados, podrán pasar por los Estados Unidos, mas han de traer certificado de su gobierno en que se diga el objeto de su viaje. Ni por tierra ni por agua podrá entrar trabajador chino en los Estados Unidos, y con multa y prisión será castigado el que les ayude a entrar. Ningún Estado de la Unión podrá dar carta de ciudadanía a ningún chino. A decreto semejante, impuso hace poco su veto el presidente Arthur, que ahora aprueba el decreto en nueva forma. En el que rechazó, se extendía a veinte años el período de exclusión de los chinos de los Estados Unidos; en el que al fin aprueba, se reduce a diez años.

Para los chinos se cierran las puertas del trabajo. Para Guiteau se abren las de la muerte. Pocos días hace, ya en una sala oscura, en que vagaban dos o tres docenas de personas, subió a la plataforma, preparada para leer desde ella, una mujer que con ademanes nerviosos traía de la mano una niña. La mujer se adelantó hacia el menguado público: sus ojos relampagueaban y su voz era trémula. «Habéis venido para conocer a la hermana de Guiteau», dijo, «pues ya la conocéis», y volvió la espalda al público, y salió de la sala sin recitar la conferencia anunciada. Era en verdad la hermana de Guiteau. Un día después, un hombre atribulado se presentaba a un tribunal de Nueva York, querellándose de que habían desertado de él su mujer y una hija: era Scoville, de quien su esposa, la hermana de Guiteau, se había separado bruscamente. A poco los diarios de Chicago anuncian que los esposos se han vuelto a ver, y que Scoville, que dejó a su compañero Reed la ya írrita defensa del preso, de quien hubo 300 de los 1.000 pesos que vendiendo sus fotografías y autógrafos, ha ganado, volvió ya, llevando del brazo a la esposa justificada a su hogar intranquilo. Y el abogado Reed ruega en vano a los jueces de Washington que anulen el proceso de Guiteau, por parecerle que es el hábito legal en estos Estados procesar al asesino en el Estado en que su víctima muere, y no en el que la mata, a lo que resolvieron los jueces que allí donde intentó dar muerte a la víctima, allí está el asesino bien procesado, tras de cuya decisión vino la de que el reo sea sacado de la celda común en que vivía, y puesto en aquella otra tenebrosa en que, bajo cerrada vigilancia, se encierra a los que la ley condena a dejar de vivir.

Esto pasaba en Washington, y en Nueva York resonaban ante ocho mil oyentes los acordes de trescientos instrumentos, el eco majestuoso de ochocientas voces. Fue gran fiesta de música que duró una semana. Allí se oyeron de Haendel imponente, el Israel en Egipto; de Berlioz, que tuvo en música fuego shakespeariano, las notas desgarradoras en que la mísera y hermosísima Casandra anuncia a los troyanos que en aquel caballo de Troya a que abren las puertas de la ciudad, y de cuyo enorme vientre surgen como lejanos ecos guerreros, vienen ocultos los griegos invasores. Y se ve en aquella música de Berlioz alzarse al cielo, de su ancha túnica blanca, los brazos retorcidos de Casandra; y cómo tiembla Eneas al contar a los troyanos como Laocoonte ha muerto, y cómo se enroscan las serpientes en torno al cuerpo gentil de Laocoonte. Se oyó la misa de Beethoven místico, que no cede en belleza a la Pasión de san Mateo de Bach arrebatado. Y cuando la orquesta majestuosa rompió a tocar, con devoción filial, la música épica de Wagner, parecía que de cestos de fuego surgían aves blancas, y que ninfas ardientes, de cabellera suelta y brazos torneados, envueltas en jirones de nubes, cruzaban el aire oscuro y húmedo, montadas en el dorso de caballos de oro.

José Martí
La Opinión Nacional. Caracas, 1882

26. Carta de los Estados Unidos. Muerte de Guiteau. Lances singulares. Los periódicos, el público, el reverendo, los hermanos. El reo. La oración y el canto del patíbulo. Capitalistas y obreros. Grandes huelgas. Últimos debates del Congreso. Descomposición del Partido republicano. Campamentos religiosos. Escuela de filósofos cristianos. Congreso de educadores

Nueva York, julio 15 de 1882
Señor director de *La Nación*:
Nació este mes a la sombra de un cadalso. Ante ávidos espectadores, cayó colgando al aire el cuerpo del asesino de Garfield. Parecía Guiteau, más que criatura animada en que se hospedasen humanos afectos y defectos, una caja de resortes. No era de especie humana, sino felina: pobre de carnes, rico de nervios, lustroso de ojos, hecho para destruir. A otros devora el amor de los demás; a éste lo devoró el amor de sí mismo. Pensar en él, daña; verlo dañaba. El orden general de la Creación está repetido, como en todos los órdenes par-

ciales, en el orden humano. Guiteau era un insecto humano. Su vida fue la de una fiera cobarde, flaca y hambrienta. Su muerte fue la de un niño infeliz que juega a héroe, en medio de un circo.

Otros crímenes son producto de la labor de una época en la mente de un hombre; el crimen de éste fue solitario y espontáneo, no hijo de la locura de la mente, sino de la del apetito. Cansado de desear en vano, se vengó en un solo hombre de todos aquellos que se habían negado a satisfacer sus deseos. Y para que su venganza fuese más cumplida, eligió el hombre más alto. Hay montañas que invaden con sus cimas serenas los aires azules, y hay abismos que se entran como lenguas de colosales serpientes, por los senos de la tierra. Hay hombres en quienes el bien reposa —que son los apóstoles; y otros en quienes el mal rebosa— que son los asesinos —como hay buitres y hay palomas.

Apena recordar los días últimos de la vida de ese mísero. Apena ver cómo los narraron los diarios de esta tierra: cómo luego de muerto, quemaban por las plazas sus efigies; cómo hablaban de los pies y llenaban de lodo los vestidos de una imagen suya, ahorcada en un farol de Nueva York, los niños de la calle, cómo se recibió con festejos públicos, con cañonazos, como en Trenton, con libre beber en las cervecerías, como en Washington, con silbar de máquinas de vapor, y vuelo de campanas, como en Pittsburgh, la noticia de su muerte.

Cuando se abrió bajo sus pies la trampa por la que se deslizó con gran caída, camino de la vida venidera, su cuerpo mezquino, rompió en impíos aplausos la muchedumbre de presos de la cárcel, que prolongó luego con vítores y hurras, la que danzaba y reía, como en verbena o día de gorja, a las puertas de la prisión del malaventurado. Aunque no sea más que porque recuerda la posibilidad de que exista un hombre vil, no debiera ser motivo de júbilo para los hombres la muerte de un ser humano.

Y el *Herald*, de Nueva York, habló del mísero, y de los lances de sus postrimerías, y de los de su muerte, con mofa abominable. De Guiteau antes de morir decía que estaba «fresco como un pepino», «tranquilo como una mañana de verano», «ágil como una pulga», pintaba al hermano del reo, que iba y venía como por casa propia, por la cárcel donde había de recibir horas después su hermano ignominiosa muerte, y andaba jovialmente, por entre los grupos de curiosos favorecidos que repletaban el patio de la cárcel, y con sus mismas manos examinó las cuerdas, las tablas, el gorro de los ahorcados, los resortes, la trampa: palpó con fría curiosidad todos los escondrijos del fúnebre aparato.

Concíbese en caso semejante, que un hombre quede en pie ante el cadalso de su hermano, convertido en piedra. Este más parecía inspector de fiesta que hermano de ahorcado. Desde el amanecer, estaba henchida de gente la ancha rotonda. Examinaban el patíbulo, como se examinan las barras peligrosas de donde va a dar el salto mortal el favorito gimnasta. No había esa solemnidad imponente que precede a la muerte misteriosa. Todo era ir y venir, y fumar sin tasa, y preguntar con insana avaricia, como cuando se está en vísperas de un espectáculo animado. El reo mismo, vestido con singular limpieza, ensayaba, sentado en su lecho de la cárcel, con el jocundo reverendo que le asistía, el canto de una rastrera trenodia que se proponía entonar desde el patíbulo. Era de verle el día anterior, platicando con serenidad y agudeza en la puerta de su celda con el cronista de un periódico, y pidiéndole excusas corteses por apartarse de él un momento para ir a cerrar una ventana de la celda por donde le entraba aire frío. El cronista le argumentaba implacablemente sobre su crimen: ¡que importa poco revolver con punta de puñal la conciencia de un desventurado, si se da con ello pasto al apetito de un público avariento de extrañas noticias! Y Guiteau se desembarazaba de sus argumentos con nerviosa presteza. Era su modo de hablar, violento, saltante, airado, arrojadizo. Oyéndole y viéndole, se pensaba en zorras y lobos. Respondía apresurado con sus palabras inquietas, coléricas, abruptas, que parecían disparos de cohetes.

Todo el día estuvo de pie ante la reja de su celda, recibiendo visitas. Veíanse en él los esfuerzos de un domador de fieras; adivinábase que con mano de hierro ponía dique a torrentes de lágrimas, y reprimía los saltos tremendos de un tigre invisible. «¡Estopa, y disparate! ¡estupidez y estopa!» —exclamaba interrumpiendo con rudeza a su hermano, que le venía a decir adiós, con la sobrina del reo de la mano, y le prometió su reunión en el cielo, y el bien merecido por la inocencia de su alma. Y al punto estrechaba blandamente la mano de la niña, y le hablaba con súbita ternura, como si a los pies de una maga se rindiese el tigre.

En tanto, el reverendo sacaba de la celda el ramo de flores que había traído al reo su hermana piadosa, en que había una flor blanca envenenada. Desatada ya la lengua, con esa volubilidad convulsiva y extrema de los sentenciados a morir, y con esa mirada selvática y extraña, como de quien pone el pie en un mundo terrible y desconocido, rogaba a su alcaide que consintiese en ausentarse de la prisión a la hora señalada para su muerte, con lo que ésta no podría hacerse, por faltar el alcaide, ni luego por haber pasado ya la hora.

Ni se ocultaban a sus ojos los diarios que enumeraban los detalles del próximo suceso. Se anunció el programa de la ejecución como el de una exhibición curiosa. Jamás sufrimientos de hombre honrado, ni celestiales dolores de mártir, fueron contados con mayor menudez que las palabras y actos de este reo, los hilos de la cuerda que lo ahorcó, los matices del vestido que le cubrió el cuerpo, las fibras de las tablas del cadalso. Decíase de qué pino era hecho y de qué árbol fue cortado el pino, y de qué país vino la cuerda fúnebre, y de qué menjurjes la untaban para suavizarla, y cómo lo iba a ahorcar «el ahorcador más afamado de esta tierra».

Lleno estaba en la cárcel un cuarto de guardar, de cuerdas numerosas, y gorros negros, ribeteados de rojo, y muñecos colgando por el cuello de extremos de lazos, y modelos de patíbulo, enviados, para servir al caso lúgubre, de todas partes de la Unión por gentes brutales.

El reo aquella mañana en que murió, se acicaló esmeradamente, como quien va de bodas. No se notaba en él ya violencia, ni temor, ni disimulo. Parecía, por la exuberante gentileza con que recibió a su clérigo, novio feliz que oye del sacerdote los deberes del estado en que entra —y por el teatral aspecto de cuanto le rodeaba, y su leer de papeles, y su cuidar del parecer de su persona, y su ensayar en alta voz discurso y cantos— artista de fama que va a probar sus fuerzas ante público nuevo.

Como quien va de viaje, registró cuidadosamente sus cartas, y rompió unas, y dio otras al clérigo. Vestía el clérigo ligero vestidillo, y cuando entró en la celda del preso para no abandonarle ya hasta el punto de morir, llevaba cubierta la cabeza con un sombrerín de paja, y los diarios del día bajo el brazo.

Y Guiteau le enviaba a una y otra parte, cual director de función que no quiere que haya cosa que no esté en su puesto; a ver, si tal persona estaba entre los curiosos, a ver si todo había sido dispuesto de modo que no marrase la escena final, a ver si los menesteres del patíbulo estaban ya bien probados y aderezados.

En la puerta oíase tumulto, y era que la hermana solicitaba permiso para ver ahorcar al reo, y venía con el carruaje lleno de anclas, coronas y cruces de flores, con que cubrir su cuerpo muerto. Ya van de procesión, de la celda al cadalso, por entre hileras de curiosos, de generales, de diputados, de cronistas de periódicos, de médicos. Hacen de incienso bocanadas de humo. El alcaide, con su bastón de oro, encabeza el séquito. Junto al reverendo, que lleva libros y papeles, va atado el asesino, firme el paso, pálido el rostro, recogido el continente. ¡Oh! no haya miedo: no contaremos cosas demasiado horribles. Ya sube a la plataforma Guiteau sereno; ya en lidia odiosa se codean, precipitan y empujan los espectadores, por lograr buen puesto y amplia vista en torno al cadalso. Y el que mejor puesto logra, y más serena tiene la faz, y mejor ve, es el hermano.

Mas ¿qué es eso? ¿Es un hombre que muere? ¿Es el vulgar servicio religioso de una iglesia pobre? ¿Es la exhibición de curiosidades en algún escenario de circo de pueblo? Porque el programa tiene varios lances, y al entrar en cada uno nuevo Guiteau lo anuncia al público, como los tarjetones de los cafés cantantes de París avisan a la concurrencia la canción que viene, y como los saltimbanquis encasacados de los museos introducen, con esbozos biográficos, cada una de las bestias humanas, enanos, contrahechos, gigantes fingidos, albinos improvisados e idiotas enseñados, que exhiben.

Dice el clérigo una plegaria monótona. Guiteau anuncia que va a leer y lee con aquel tono de falsa unción e inspirada salmodia de los predicadores comunes, unos versículos del décimo capítulo de Mateo. Desenvuelve un papel el reverendo. «Ahora —dice Guiteau— voy a leer mi última plegaria.» Y lee, en el papel que mantiene a buena altura ante sus ojos el reverendo servicial, una oración al Salvador. ¡Parece una columna de humo negro, en que revolotean jóvenes buitres! ¡Parece una lluvia de culebrillas disparada al cielo! Parecían látigos las frases. Y las decía de modo que parecían puñales. No las pronunciaba: las clavaba. ¡Qué lenguaje! ¡Qué mezcla de dialecto bíblico y odio satánico! Hablaba con Jesús en la lengua de Luzbel. Usaba giros religiosos para pronunciar anatemas enconados: «El espíritu diabólico de esta nación, de su gobierno y de sus periódicos, hacia mí, te justificarán, Señor, para maldecirlos». «¡Arthur (el presidente) es un cobarde y un ingrato!» «Todos mis asesinos, desde el ejecutivo hasta el verdugo, irán al infierno.» «Caiga mi sangre sobre este gobierno y estos periódicos.» «¡Adiós, hombres de la tierra!»

Ya a este punto, el cadalso estaba como levantado sobre los hombros de las gentes. Los rostros no estaban tristes, ni espantados, ni airados, sino ávidos. «Ahora —dice de nuevo la voz de Guiteau, una voz extraña, hiriente y sin eco— voy a leer unos versos que indican mis sentimientos al dejar este mundo. Puede ser que hagan buen efecto puestos en música. La idea es la de un niño que balbucea a su padre y a su madre. Los he escrito esta mañana —añadía como si hablase a la posteridad atenta— como a eso de las diez.» Y comenzó entonces un espectáculo tristísimo. Aquella trenodia era una mísera aglomeración de frases pueriles, sin medida ni concierto. Aquel desventurado que había querido morir cantando como los mártires del cristianismo, moría arrastrándose como si la culpa al fin, despierta en su recio pecho, le estuviese clavando los dientes ponzoñosos en la garganta. Idiótico y salvaje parecía a la vez el cántico. Coros de sollozos que a borbotones entorpecían la rajada voz del triste, rompían al término de cada estrofa a modo de estribillos o de epodos.

El reverendo le animaba con golpes en el hombro, como jinete a corcel que desfallece. El triste comenzaba a cantar la estrofa nueva, como si anduviese ya sobre sí mismo; y le pesasen sus propias palabras como cadenas. Por entre los sollozos mal apagados rompía el canto tardo y lastimero como un quejido, como un alarido, como el clamor de quien pide merced, alzada ya en el aire el hacha matadora, abrazado a las rodillas de un verdugo implacable. Lloraba, lloraba a mares. Y se rehacía, y reanudaba el cántico.

El hermano, miraba sereno. En torno al cadalso, de los tabacos encendidos subían columnas de humo. En las ventanas de las celdas vecinas, los cronistas de los diarios escribían apresuradamente sobre los pretiles. Por sobre los cristales de una abertura del techo, revoloteaba, acaso como una promesa, un gorrioncillo. Con una nota estridente, prolongada, súbita, acabó al fin el reo su cántico. Y con él, su cobardía. Él llamaba a su canto el balbuceo de un niño en crianza. Sí, en verdad, en crianza a los pechos de una terrible nodriza.

Luego vinieron cosas no narrables. Él, sereno y seguro: ellos, dados presurosamente a las brutalidades de la horca. Cae de las manos de Guiteau un papelillo; alza el alcaide el bastón de oro; «¡Listo! ¡Gloria! ¡Vamos!» —dice con voz sonora el reo; se abre a sus pies la trampa, y a poco, la rotonda estaba desierta, contento de su mano firme el ahorcador, y al lado de un féretro descubierto, el hermano, moviendo el aire con un abanico sobre un rostro lívido.

En juguetes andaba imitado el cadalso de Guiteau; en los fuegos artificiales de los primeros días de julio, quemábase, ante veintena de millares de espectadores, la cabeza de Guiteau en tamaño monstruoso, y en el pueblo de Norwich, el día 6 de julio, reuniéronse los niños de la población con una horca y un ahorcado de juguete, para ahorcar a Guiteau.

Estamos en plena lucha de capitalistas y obreros. Para los primeros son el crédito en los bancos, las esperas de los acreedores, los plazos de los vendedores, las cuentas de fin de año. Para el obrero es la cuenta diaria, la necesidad urgente e inaplazable, la mujer y el hijo que comen por la tarde lo que el pobre trabajó para ellos por la mañana. Y el capitalista holgado constriñe al pobre obrero a trabajar a precio ruin.

Los que viven suntuosamente, merced a colosales especulaciones, azuzan al Congreso, a fin de mantener siempre repletas las arcas del Tesoro, a no mermar las contribuciones exorbitantes que afligen los frutos y tráficos en toda la nación. De este exceso de contribuciones, a poco que las cosechas mermen, o que algún producto escasee, viene exceso de precios. Para el capitalista, unos cuantos céntimos en libra en las cosas de comer, son apenas una cifra en la balanza anual. Para el obrero, esos centavos acarrean, en su existencia de centavos, la privación inmediata de artículos elementales e imprescindibles. El obrero pide salario que le dé modo de vestir y comer. El capitalista se lo niega.

Otras veces, movido del conocimiento del excesivo provecho que reporta al capitalista un trabajo que mantiene al obrero en pobreza excesiva, rebélase este último, en demanda de un salario que le permita ahorrar la suma necesaria para aplicar por sí sus aptitudes o mantenerse en los días de su vejez.

Pero ya estas rebeliones no son hechos aislados. Las asociaciones obreras, infructuosas en Europa y desfiguradas a manos de sus mismos creadores, por haberse propuesto, a la vez que remedios sociales justos, remedios políticos violentos e injustos, son fructuosas en Norteamérica, porque solo se han propuesto remediar por modos pacíficos y legales los males visibles y remediables de los obreros.

Ya no hay ciudad que no tenga tantas asociaciones como gremios. Ya los trabajadores se han reunido en una colosal asociación, que llaman de caballeros del trabajo. Ya, por treintenas de miles, como ahora mismo en Pittsburgh, se cruzan de brazos, animosos y firmes, ante los fabricantes de hierro que tenazmente les niegan el aumento de sueldo que demandan. Ya, como hoy en Nueva York, los trenes cesan, los barcos duermen, los frutos se enmontañan en las estaciones de embarque de los ferrocarriles, y el comercio de toda la nación sufre extraordinaria merma, porque los cargadores piden a las empresas ferrocarrileras un salario que les permita comer carne.

Piden 20 centavos por cada hora de faena, y que les aseguren trabajo por 2 pesos diarios, porque hombre que va y viene a leguas del lugar de su labor, y come fuera de casa y tiene en casa mujer e hijos, y para trabajar ha de vivir en ciudad costosa, no puede hacer con menos de 2 pesos, vida de ciudad.

Las empresas de ferrocarril, teniendo en poco a sus cargadores, negáronse a la demanda, y hace un mes que están faz a faz los dos bandos hostiles.

Toda la ciudad está del lado de los cargadores desatendidos. ¡Con qué entereza están llevando su mes de penuria! ¡Qué gozo da verlos, como ennoblecidos de súbito por el ejercicio de su dignidad, acudiendo, comedidos y limpios, ya a grandes paradas, en que recorren las calles sigilosa y ordenadamente, ya a reuniones que celebran en medio de las plazas, en los muelles abandonados, en humildes salones! Acá hacen tribuna de un carro que les presta un irlandés fornido; allá, de un montón de cajas; más allá, de una elevación del terreno. Está siendo una interesantísima batalla.

Vese ahora como no es de desdeñar el trabajo más ruin. Esos rodadores de baúles, esos empujadores de sacos, han conmovido y dificultado el comercio de toda la nación. Las empresas ferrocarrileras, teniendo en cuenta la penuria excesiva de las clases pobres, buscaron y hallaron al punto millares de cargadores nuevos. Mas eran italianos, no hechos a esta labor ruda; eran alemanes, sobrado varoniles para siervos; eran judíos fugitivos de Rusia, a quienes sus súbitos y tremendos males privan de ánimo y fuerzas.

Creyóse al principio que, reemplazados los cargadores, o reentrarían en sus puestos por el ruin salario viejo, o quedaría la labor a cargo de los nuevos.

Pero ya era que los novicios no acertaban con la ágil manera de cargar de los rebeldes; ya que centenares de carros aguardaban en vano repletos a las puertas de los colosales almacenes; ya que los mozos ásperos de los barrios perseguían sin descanso a los obreros nuevos que trabajaban, y aún trabajan, como sitiados, en los almacenes, y amparados por gruesos destacamentos de policía. Y ya es, que merced a su cordura y paciencia, abandonan en masa los trabajadores nuevos a sus empleadores, y se unen bravamente a la protesta de los cargadores rebeldes. Todos, hoy, italianos, alemanes y judíos rusos, abrazados fraternalmente por las calles, y acudiendo a reuniones entusiastas en que se hablan a la par todas las lenguas, demandan a las compañías de ferrocarril, que ha poco aumentaron sin pretexto los precios de carga, el nuevo sueldo y la nueva garantía.

Gran suceso es éste en esta lucha. Antes, si los trabajadores del país se declaraban en huelga, acudíase a los italianos, puestos a trabajar por pobre precio. Ahora, rebelados ya los italianos, que entienden que realzando las condiciones del trabajo para otros, las realzan para sí, los empleadores habrán de ceder a las demandas justas de los empleados. Que no es de creer que por demanda injusta se exponga un obrero, que tiene su arca en sus brazos, a dejar en hambre y miseria su casa desolada.

Y así quedan: soberbios los del ferrocarril; confiados y ayudados con buenas sumas de dinero por los obreros de toda la nación, y gentes ricas de buena voluntad, los cargadores. De manera pasmosa se entrelazan e intiman los cuerpos de obreros.

Se agrupan rápidamente, como elementos dispuestos ya al combate. No solo tiene cada cuerpo fondos propios, sino que se está creando extraordinario fondo general para que sirva de arca permanente a cada cuerpo en huelga. Esto hasta ahora es justicia. Quiera la buena fortuna que luego de satisfecha, no se trueque en celo e ira. Porque en este pueblo de trabajadores, será tremenda una liga ofensiva de los trabajadores. Ya están en ella. El combate será tal que conmueva y remueva el universo. Estas que hierven, son las leyes nuevas. Esta es en todas partes época de reenquiciamiento y de remolde. El siglo pasado aventó, con ira siniestra y pujante, los elementos de la vida vieja. Estorbado en su paso por las ruinas, que a cada instante, con vida galvánica amenazan y se animan, este siglo, que es de detalle y preparación, acumula los elementos durables de la vida nueva.

En el Congreso también están de lucha: también están de lucha en el Partido republicano. Piden los demócratas la rebaja en la tarifa de derechos de importación, mantenidos en alza para favorecer —que es lo mismo que perpetuar el monopolio de que gozan— a las industrias nacionales. Piden la rebaja inmediata de los derechos de los artículos de consumo en el interior de la nación. Las contribuciones se imponen para sufragar con ellas los gastos del tesoro. El presidente declaró en su mensaje que las contribuciones habían excedido el año pasado en 100 millones de pesos a los gastos. Los demócratas quieren que de esos 100 millones de pesos innecesarios, sean rebajadas las contribuciones. Pero acontece que el Partido republicano, amenazado de extraños y de propios, no quiere enajenarse, con la reducción de los derechos de importación de frutos extranjeros, el apoyo considerable de los capitalistas a quienes el sistema prohibitivo favorece, ni ve mal que para acudir so capa de un gasto o de otro, achacados a necesidades de la nación, a las expensas que requiera la conservación del partido en el poder, exista en las arcas, que prohombres del partido administran, un crecido sobrante.

Alegan además los republicanos que ya entró esta nación en edad de mayoría, y la América del Sur, en época de definitivo establecimiento: que para las necesidades de su expansión ha menester de gran suma, que pueda levantar súbitamente gran ejército, y temible armada. Alegan que pudiera venirse, o por querer autoridad suprema en el Canal de Panamá, o por impedir el crecimiento del poder inglés en América, a una guerra con Inglaterra, que es gran poder naval. Y se ha dado el caso extraño de que el Congreso vote suma crecidísima para las reparaciones de la armada, a petición y por tenaz empeño de aquel secretario de marina que en tiempos de Grant empleó, en gastos confusos o innecesarios, o totalmente inexplicados, cientos y más millones. Tal hombre, Robeson, que fue pocos años ha, por la expresada conducta, befa de la nación y vergüenza de su partido, es hoy, con lo que se da medida de la descomposición de la política del bando republicano, uno de los jefes, si no el único jefe, del bando republicano en el Congreso.

Y otra cantidad, también enorme, han votado contra unánime opinión de los demócratas, que mantienen que esos dineros van a malas manos, para atender a las obras de puertos y ríos. Vese bien que comido de males interiores, el Partido republicano, intenta deslumbrar al país con un programa adulador de política nacional.

¿Por qué ha de ser tan ligera de suyo una correspondencia, que no da ya espacio a entrañar en estos curiosísimos problemas internos del sufragio público, médula, eje, vida de las naciones republicanas? ¿Por qué no ha de llevar esta primera, humilde, precipitada carta, tantas nuevas curiosas de sucesos varios, de los que oran, arrodillados en millares, a la sombra de árboles altos como los de los druidas, en campamentos religiosos que pueblan los bosques de palabras de amor, de esperanza, de fe, de himnos sagrados? ¿Por qué haber de callar cómo sacan a luz con fervor científico, las bondades de la cristiandad en un «Congreso cristiano de verano» los filósofos amigos de Jesús que ven en descrédito y ruina el dogma amoroso, en manos de los malos sacerdotes, y de reformadores hábiles y activos? ¿Por qué, sobre todo, no sentarnos al lado de los educadores en consejo, que están viendo, con agradecible y laborioso empeño, la manera de educar al niño de modo que abandonado luego entre los hombres, pueda aplicar sus fuerzas enseñadas a un mundo conocido, en vez de ser ciego presuntuoso, cargado de letras griegas y latinas inútiles, en medio de un universo activo, apasionado, real, necesitado, que lo ofusca, asorda y arrolla?

La prensa no puede ser, en estos tiempos de creación, mero vehículo de noticias, ni mera sierva de intereses, ni mero desahogo de la exuberante y hojosa imaginación. La prensa es Vinci y Angelo, creadora del nuevo templo magno e invisible, del que es el hombre puro y trabajador el bravo sacerdote. Aquí hierven, en junto con los modernos problemas humanos, los problemas concretos de América, y ambiciones que alarman y grandezas reales que deslumbran. ¿Qué mucho que, movida del ansia de cumplir estos grandes deberes, la pluma, a riesgo de parecer cansada, se abandone a considerarlos?

José Martí

La Nación. Buenos Aires, 13 de septiembre de 1882

1883

Oscar Wilde

Vivimos, los que hablamos lengua castellana, llenos todos de Horacio y de Virgilio, y parece que las fronteras de nuestro espíritu son las de nuestro lenguaje. ¿Por qué nos han de ser fruta casi vedada las literaturas extranjeras tan sobradas hoy de ese ambiente natural, fuerza sincera y espíritu actual que falta en la moderna literatura española? Ni la huella que en Núñez de Arce ha dejado

Byron, ni la que los poetas alemanes imprimieron en Campoamor y Bécquer, ni una que otra traducción pálida de alguna obra alemana o inglesa, bastan a darnos idea de la literatura de los eslavos, germanos y sajones, cuyos poemas tiene a la vez del cisne níveo, de los castillos derruidos, de las robustas mozas que se asoman a su balcón lleno de flores, y de la luz plácida y mística de las auroras boreales. Conocer diversas literaturas es el medio mejor de libertarse de la tiranía de algunas de ellas; así como no hay manera de salvarse del riesgo de obedecer ciegamente a un sistema filosófico, sino nutrirse de todos, y ver como en todos palpita un mismo espíritu, sujeto a semejantes accidentes, cualesquiera que sean las formas de que la imaginación humana, vehemente o menguada, según los climas, haya revestido esa fe en lo inmenso y esa ansia de salir de sí, y esa noble inconformidad con ser lo que es, que generan todas las escuelas filosóficas.

He ahí a Oscar Wilde: es un joven sajón que hace excelentes versos. Es un cismático en el arte, que acusa al arte inglés de haber sido cismático en la iglesia del arte hermoso universal. Es un elegante apóstol, lleno de fe en su propaganda y de desdén por los que la censuran, que recorre en estos instantes los Estados Unidos, diciendo en blandas y discretas voces cómo le parecen abominables pueblos que, por el culto de su bienestar material, olvidan el bienestar del alma, que aligera tanto los hombros humanos de la pesadumbre de la vida, y predispone gratamente al esfuerzo y al trabajo. Embellecer la vida es darle objeto. Salir de sí es indomable anhelo humano, y hace bien a los hombres quien procura hermosear su existencia, de modo que vengan a vivir contentos con estar en sí. Es como mellar el pico del buitre que devora a Prometeo. Tales cosas dice, aunque no acierte tal vez a darles esa precisión ni a ver todo ese alcance, el rebelde hombre que quiere sacudirse de sus vestidos de hombre culto, la huella oleosa y el polvillo de carbón que ennegrece el cielo de las ciudades inglesas, sobre las que el Sol brilla entre tupidas brumas como opaco globo carmesí, que lucha en vano por enviar su color vivificante a los miembros toscos y al cerebro aterido de los ásperos norteños. De modo que el poeta que en aquellas tierras nace, aumenta su fe exquisita en las cosas del espíritu tan desconocido y desamado. No hay para odiar la tiranía como vivir en ella. Ni para exacerbar el fuego poético, como morar entre los que carecen de él. Solo que, falto de almas en quienes verter la suya desbordante, muere ahogado el poeta.

¡Ved a Oscar Wilde! Es en Chickering Hall, casa de anchos salones, donde en Nueva York acude el público a oír lecturas. Es la casa de los lectores aristocráticos que ya gozan de fama y de fortuna para llamar desahogadamente a ella. En esas salas se combate y defiende el dogma cristiano, se está a lo viejo y se predica lo nuevo. Explican los viajeros sus viajes, acompañados de vistas a panorámicas y dibujos en una gran pizarra. Estudia un crítico a un poeta. Diserta una dama sobre la conveniencia o inconveniencia de estos o aquellos trajes. Desenvuelve un filósofo las leyes de la filología. En una de esas salas va a leer Wilde su discurso sobre el gran renacimiento del arte en Inglaterra, del que le llaman maestro y guía, cuando no es más que un bravo adepto y discípulo activo y ferviente. Él propaga su fe. Otros hubo que murieron de ella. Ya llegaremos a esto. La sala está llena de suntuosas damas y de selectos caballeros. Los poetas magnos faltan, como temerosos de ser tenidos por cómplices del innovador. Los hombres aman en secreto las verdades peligrosas, y solo iguala su miedo a defenderlas, antes de verlas aceptadas, la tenacidad y brío con que las apoyan luego que ya no se corre riesgo en su defensa. Oscar Wilde pertenece a excelente familia irlandesa, y ha comprado con su independencia pecuniaria el derecho a la independencia de su pensamiento. Éste es uno de los males de que mueren los hombres de genio: acontece a menudo que su pobreza no les permite defender la verdad que los devora e ilumina, demasiado nueva y rebelde para que puedan vivir de ella. Y no viven sino en cuanto consienten en ahogar la verdad reveladora de que son mensajeros, de cuya pena mueren. Los carruajes se agolpan a las puertas anchas de la solemne casa de las lecturas. Tal dama lleva un lirio, que es símbolo de los reformistas. Todas han hecho gala de elegancia y riqueza en el vestir. Como los estetas, que son en Inglaterra los renovadores del arte, quieren que sean siempre armónicos los colores que se junten en la ornamentación o en los vestidos, el escenario es simple y nítido.

Una silla vacía, de alto espaldar y gruesos brazos, como nuestras sillas de coro, espera al poeta. De madera oscura es la silla y de marroquí oscuro su respaldo y asiento. De castaño más suave es el lienzo que ocupa la pared del fondo. Junto a la silla, una mesa elegante sostiene una artística jarra, en que brilla, como luz presa, el agua pura. ¡Ved a Oscar Wilde! No viste como todos vestimos, sino de singular manera. Ya enuncia su traje el defecto de su propaganda, que no es tanto crear lo nuevo, de lo que no se siente capaz, como resucitar lo antiguo. El cabello le cuelga cual el de los caballeros de Elizabeth de Inglaterra, sobre el cuello y los hombros; el abundoso cabello, partido por esmerada raya hacia la mitad de la frente. Lleva frac negro, chaleco de seda blanco, calzón corto y holgado, medias largas de seda negra, y zapatos de hebilla. El cuello de su camisa es bajo, como el de Byron, sujeto por caudalosa corbata de seda blanca, anudada con abandono. En la resplandeciente pechera luce un botón de brillantes, y del chaleco le cuelga una artística leopoldina. Que es preciso vestir bellamente, y él se da como ejemplo. Solo que el arte exige en todas sus obras unidad de tiempo, y hiere los ojos ver a un galán gastar chupilla de esta época, pantalones de la pasada, y cabello a lo Cromwell, y leontinas a lo petimetre de comienzos de este siglo. Brilla en el rostro del poeta joven honrada nobleza. Es mesurado en el alarde su extravagancia. Tiene respeto a la alteza de sus miras, e impone con ellas el respeto de sí. Sonríe como quien está seguro de sí mismo. El auditorio, que es granado, cuchichea. ¿Qué dice el poeta?

Dice que nadie ha de intentar definir la belleza, luego de que Goethe la ha definido; que el gran renacimiento inglés en este siglo une al amor de la hermosura griega, la pasión por el renacimiento italiano, y el anhelo de aprovechar toda la belleza que ponga en sus obras ese espíritu moderno; dice que la escuela nueva ha brotado, como la armoniosa eufonía del amor de Fausto y Helena de Troya, del maridaje del espíritu de Grecia, donde todo fue bello, y el individualismo ardiente, inquisidor y rebelde de los modernos románticos. Homero precedió a Fidias; Dante precedió a la renovación maravillosa de las artes en Italia; los poetas siempre preceden. Los prerrafaelistas, que fueron pintores que amaron la belleza real, natural y desnuda, precedieron a los estetas que aman la belleza de todos los tiempos, artística y culta. Y Keats, el poeta exuberante y plástico, precedió a los prerrafaelistas. Querían estos sectarios de los modos de pintar usados por los predecesores del melodioso Rafael, que hiciesen a un lado los pintores cuanto sabían del arte y venían enseñando los maestros y con la paleta llena de colores, se diesen a copiar los objetos directamente de la Naturaleza. Fueron sinceros hasta ser brutales. Del odio a la convención propia. De su desdén de las reglas excesivas, cayeron en el desdén de toda regla. Mejorar no puede ser volver hacia atrás; pero los prerrafaelistas, ya que fueron incapaces de fundar, volcaron al menos ídolos empolvados. Tras de ellos, y en gran parte merced de ellos, empezaron por buenas en Inglaterra la libertad y la verdad del arte. «No preguntéis a los ingleses —decía Oscar Wilde— quiénes fueron aquellos beneméritos prerrafaelistas: no saber nada de sus grandes nombres es uno de los requisitos de la educación inglesa. Allá en 1847, se reunían los admiradores de nuestro Keats para verle sacudir de su lecho de piedra la poesía y la pintura. Pero hacer esto es perder en Inglaterra todos sus derechos de ciudadano. Tenían lo que los ingleses no perdonaron jamás que se tenga: juventud, poder y entusiasmo. Los satirizaron, porque la sátira es el homenaje que la medianía celosa paga siempre al genio, lo que debía tener muy contento de sí a los reformadores, porque estar en desacuerdo con las tres cuartas partes de los ingleses es una de las más legítimas causas de propia satisfacción, y debe ser una ancha fuente de consuelos en los momentos de desfallecimiento espiritual.»

Oíd ahora a Wilde hablar de otro armoniosísimo poeta, William Morris, que escribió *El paraíso terrenal*, y hacía gala de su belleza suma y condición sonora de sus versos. Vibrantes y transparentes como porcelana japonesa. Oíd a Wilde decir que Morris creyó que copiar de muy cerca a la Naturaleza es privarla de lo que tiene de más bello, que es el vapor, que a modo de halo luminoso, se desprende de sus obras. Oídle decir que a Morris deben las letras de Inglaterra aquel modo preciso de dibujar las imágenes de la fantasía en la mente y en el verso, a tal punto, que no conoce poeta alguno inglés que haya excedido, en la frase nítida y en la imagen pura, a Morris. Oídle recomendar la práctica de Teófilo Gautier, que creía que no había libro más digno de ser leído por un poeta que el diccionario. «Aquellos reformadores —decía Wilde— venían cantando cuanto hallaban de hermoso, ya en su tiempo, ya en cualquiera de los tiempos de la tierra.» Querían decirlo todo, pero decirlo bellamente. La hermosura era el único freno de la libertad. Les guiaba el profundo amor de lo perfecto.

No ahogaban la inspiración, sino le ponían ropaje bello. No querían que fuese desordenada por las calles, ni vestida de mal gusto, sino bien vestida. Y decía Wilde: «No queremos cortar las alas a los poetas, sino que nos hemos habituado a contar sus innumerables pulsaciones, a calcular su fuerza ilimitada, a gobernar su libertad ingobernable. Cántelo todo el bardo, si cuanto canta es digno de sus versos. Todo está presente ante el bardo. Vive de espíritus, que no perecen. No hay para él forma perdida, sí asunto caducado. Pero el poeta debe, con la calma de quien se siente en posesión del secreto de la belleza, aceptar lo que en los tiempos halle de irreprochablemente hermoso, y rechazar lo que no ajuste a su cabal idea de la hermosura. Swinburne, que es también gran poeta inglés, cuya imaginación inunda de riquezas sin cuento sus rimas musicales, dice que el arte es la vida misma, y que el arte no sabe nada de la muerte. No desdeñemos lo antiguo, porque acontece que lo antiguo refleja de modo perfecto lo presente, puesto que la vida, varia en formas, es perpetua en su esencia, y en lo pasado se la ve si "bruma de familiaridad" o de preocupación que la anubla para los que vamos existiendo en ella. Mas no basta la elección de un adecuado asunto para conmemorar las almas: no es el asunto pintado en un lienzo lo que encadena a él las miradas, sino el vapor del alma que surge del hábil empleo de los colores. Así el poeta, para ser su obra noble y durable, ha de adquirir ese arte de la mano, meramente técnico, que da a sus cantos ese perfume espiritual que embriaga a los hombres. ¡Qué importa que murmuren los críticos! El que puede ser artista no se limita a ser crítico, y los artistas, que el tiempo confirma, solo son comprendidos en todo su valer por los artistas. Nuestro Keats decía que solo veneraba a Dios, a la memoria de los grandes hombres y a la belleza. A eso venimos los estetas: a mostrar a los hombres la utilidad de amar la belleza, a excitar al estudio de los que la han cultivado, a avivar el gusto por lo perfecto, y el aborrecimiento de toda fealdad; a poner de nuevo en boga la admiración, el conocimiento y la práctica de todo lo que los hombres han admirado como hermoso. Mas, ¿de qué vale que ansiemos coronar la forma dramática que intentó nuestro poeta Shelley, enfermo de amar al cielo en una tierra donde no se le ama? ¿De qué vale que persigamos con ahínco la mejora de nuestra poesía convencional y de nuestras artes pálidas, el embellecimiento de nuestras casas, la gracia y propiedad de nuestros vestidos? No puede haber gran arte sin una hermosa vida nacional, y el espíritu comercial de Inglaterra la ha matado. No puede haber gran drama sin una noble vida nacional, y esa también ha sido muerta por el espíritu comercial de los ingleses.» Aplausos calurosos animaron en este enérgico pasaje al generoso lector, objeto visible de la curiosidad afecta del auditorio.

Y decía luego Oscar Wilde a los norteamericanos: «Vosotros, tal vez, hijo de pueblo nuevo, podréis lograr aquí lo que a nosotros nos cuesta tanta labor allá en Bretaña. Vuestra carencia de viejas instituciones sea bendita, porque es una carencia de trabas; no tenéis tradiciones que os aten ni convenciones seculares e hipócritas con que os den los críticos en rostro. No os han pisoteado generaciones hambrientas. No estáis obligados a imitar perpetuamente un tipo de belleza cuyos elementos ya han muerto. De vosotros puede surgir el esplendor de una nueva imaginación y la maravilla de alguna nueva libertad. Os falta en vuestras ciudades, como en vuestra literatura, esa flexibilidad y gracia que da la sensibilidad a la belleza. Amad todo lo bello por el placer de amarlo. Todo reposo y toda ventura vienen de eso. La devoción a la belleza y a la creación de cosas bellas es la mejor de todas las civilizaciones: ella hace de la vida de cada hombre un sacramento, no un número en los libros de comercio. La belleza es la única cosa que el tiempo no acaba. Mueren las filosofías, extínguense los credos religiosos; pero lo que es bello vive siempre, y es joya de todos los tiempos, alimento de todos y gala eterna. Las guerras vendrán a ser menores cuando los hombres amen con igual intensidad las mismas cosas, cuando los una común atmósfera intelectual. Soberana poderosa es aún, por la fuerza de las guerras, Inglaterra; y nuestro renacimiento quiere crearle tal soberanía, que dure, aun cuando ya sus leopardos amarillos están cansados del fragor de los combates, y no tiña la rosa de su escudo la sangre derramada en las batallas. Y vosotros también, americanos, poniendo en el corazón de este gran pueblo este espíritu artístico que mejora y endulza, crearéis, para vosotros mismos tales riquezas, que os harán olvidar, por pequeñas estas que gozáis ahora, por haber hecho de vuestra tierra una red de ferrocarriles, y de vuestras bahías el refugio de todas las embarcaciones que surcan los mares conocidos a los hombres».

Esas nobles y juiciosas cosas dijo en Chickering Hall el joven bardo inglés, de luenga cabellera y calzón corto. Mas, ¿qué evangelio es ese, que ha lanzado en torno de los evangelistas tanta grita? Esos son nuestros pensamientos comunes: con esa piedad vemos nosotros las maravillas de las artes; no la sobra, sino la penuria, del espíritu comercial que hay en nosotros. ¿Qué peculiar grandeza hay en esas verdades, bellas, pero vulgares y notorias, que, vestido con ese extraño traje, pasea Oscar Wilde por Inglaterra y los Estados Unidos? ¿Será maravilla para los demás lo que ya para nosotros es código olvidado? ¿Será respetable ese atrevido mancebo, o será ridículo? ¡Es respetable! Es cierto que, por temor de parecer presuntuoso, o por pagarse más del placer de la contemplación de las cosas bellas, que del poder moral y fin trascendental de la belleza, no tuvo esa lectura que extractamos aquella profunda mira y dilatado alcance que placerían a un pensador. Es cierto que tiene algo de infantil predicar reforma tan vasta, aderezado con un traje extravagante que no añade nobleza ni esbeltez a la forma humana, ni es más que una tímida muestra de odio a los vulgares hábitos corrientes.

Es cierto que yerran los estetas en buscar, con peculiar amor, en la adoración de lo pasado y de lo extraordinario de otros tiempos, el secreto del bienestar espiritual en lo porvenir. Es cierto que deben los reformadores vigorosos perseguir el daño en la causa que lo engendra, que es el excesivo amor al bienestar físico, y no en el desamor del arte, que es su resultado. Es cierto que en nuestras tierras luminosas y fragantes tenemos como verdades trascendentales esas que ahora se predican a los sajones como reformas sorprendentes y atrevidas. Mas, icon qué amargura no se ve ese hombre joven; cómo parece aletargado en los hijos de su pueblo ese culto ferviente de lo hermoso, que consuela de las más grandes angustias y es causa de placeres inefables! ¡Con qué dolor no ha de ver perdida para la vida permanente la tierra en que nació, que paga culto a ídolo perecederos! ¡Qué energía no ha menester para sofocar la censura y satíricos que viven de halagar los gustos de un público que desama a quien le echa en cara sus defectos! ¡Qué vigor y qué pujanza no son precisos para arrostrar la cólera temible y el desdén rencoroso de un pueblo frío, hipócrita y calculador! ¡Qué alabanza no merece, a pesar de su cabello luengo y sus calzones cortos, ese gallardo joven que intenta trocar en Sol de rayos vívidos, que hiendan y doren la atmósfera, aquel opaco globo carmesí que alumbra a los melancólicos ingleses! El amor al arte aquilata al alma y la enaltece: un bello cuadro, una límpida estatua, un juguete artístico, una modesta flor en lindo vaso, pone sonrisas en los labios donde morían tal vez, pocos momentos ha, las lágrimas. Sobre el placer de conocer lo hermoso, que mejora y fortifica, está el placer de poseer lo hermoso, que nos deja contentos de nosotros mismos. Alhajar la casa, colgar de cuadros las paredes, gustar de ellos, estimar sus méritos, platicar de sus bellezas, son goces nobles que dan valía a la vida, distracción a la mente y alto empleo al espíritu. Se siente correr por las venas una savia nueva cuando se contempla una nueva obra de arte. Es como tener de presente lo venidero. Es como beber en copa de Cellini la vida ideal.

Y ¡qué pueblo tan rudo aquel que mató a Byron! ¡Qué pueblo tan necio, como hecho de piedra, aquel que segó los versos en los labios juveniles del abundoso Keats! El desdén inglés hiela, como hiela los ríos y los lagos ingleses el aire frío de las montañas. El desdén cae como saeta despedida de labios fríos y lívidos. Ama el ingenio, que complace; no el genio, que devora. La luz excesiva le daña, y ama la luz tibia. Gusta de los poetas elegantes, que le hacen meditar y padecer. Opone siempre las costumbres, como escudo ferrado, a toda voz briosa que venga a turbar el sueño de su espíritu. A ese escudo lanzan sus clavas los jóvenes estetas; con este escudo intentan los críticos ahogar en estos labios ardientes las voces generosas. Selló ese escudo, antes que la muerte, los labios de Keats. De Keats viene ese vigoroso aliento poético, que pide para el verso música y espíritu, y para el ennoblecimiento de la vida el culto al arte. De Keats vino a los bardos de Inglaterra aquel sutil y celoso amor de la forma, que ha dado a los sencillos pensamientos griegos. En Keats nace esa lucha dolorosa de los poetas ingleses, que lidian, como contra ejército invencible, por despertar el amor de la belleza impalpable y de las dulces vaguedades espirituales en un pueblo que rechaza todo lo que hiera, y no adule o adormezca sus sentidos. ¿Adónde ha de ir en aquella tierra un poeta sino al fondo de sí mismo? ¿Qué ha de hacer, sino plegarse en su alma, como violeta herida de casco de caballo? En Keats, las ideas, como agua de mar virgen, se desbordaban de las estrofas aladas y sonantes. Sus imágenes se atropellaban, como en Shakespeare; solo que Shakespeare las domaba y jugueteaba con ellas; y Keats era a veces arrebatado por sus imágenes. Aquel Sol interior calcinó el cuerpo. Keats, que adoraba a la belleza, fue a morir a su templo: a Roma. ¡Puede su fervoroso discípulo, que con desafiar a sus censores da pruebas de majestuosa entereza, y con sus nobles versos invita a su alma a abandonar el mercado de las virtudes, y cultivarse en triste silencio, avivar en su nación preocupada y desdeñosa el amor al arte, fuente de encantos reales y de consuelos con que reparar al espíritu acongojado de las amarguras que acarrea la vida!

José Martí

El Almendares, La Habana, enero de 1882

La Nación, Buenos Aires, 10 de diciembre de 1882

27. Cartas de Martí. Galas del año nuevo. Gente de pro y gente llana. Ancianos de otro tiempo. Luto en la Casa Blanca. El ministro Allen. Gobernadores austeros y pomposos. Boston; sus hijos ilustres, su gobernador nuevo y sus ceremonias. Benjamín Butler. Hermoso episodio de la historia del sufragio. Preliminares necesarios para entender sucesos venideros. Significación del advenimiento de los demócratas. Deslinde de los campos políticos. La batalla pasada y la venidera. Suma de historia política. Mesa del universo. Trineos blancos

Nueva York, 19 de enero de 1883

Señor director de *La Nación*:

Aún humean las fiestas del año nuevo. Aún cuentan regocijados los mancebos las galas que vieron y las damas y damiselas que saludaron, y las ensaladas suculentas y nobles vinos que cataron en las casas que recibían visitas de entrada de año, que son ya menos que eran antes, porque muerde a la naturaleza humana el amor del Aristos, y cuando no tiene, por ventura, pedestales de sangre donde alzarse a publicar cuarteles de nobleza, álzase sobre pedestales de oro a pregonar, a modo de nobleza nueva, el desdén de las prácticas comunes. Antes, no había en día de año nuevo puerta cerrada, sino que parecían de Lúculo las mesas; bien servidas entre jarrones ricos y flores, más ricas siempre que los jarrones, de manjares y lujos de beber que diesen fuerzas a los parleros visitantes para visitas nuevas; y eran sonajas las casas, tiendas de alegría los coches, las mujeres, vasos de fiesta, romería las calles. El más lindo traje era para este día del año; el galán rico lucía a rápido paso su yegua de buena sangre y su delgado caronajillo; el dependiente humilde, muy aderezado y muy lucido, llamaba con sus mejores prendas de vestir a la casa del principal opulento, que con el calor del Jerez, y con el mejor que dan las fiestas de la casa, y la ventura, desarrugaba aquel día la frente de los ceños que suele poner en ella el señorío. Vénganse los neorricos en los que no son ricos aún, de la época en que ellos no lo eran. Y gustan villanamente de humillar como ellos fueron humillados, y de hacer beber a grandes copas el acíbar que bebieron ellos.

Este día de año nuevo ha sido siempre de inusitada gala y gozo, en que se vaciaban de tarjetas las tiendas que las venden, y de fuerzas los carteros abrumados que las llevan, y de carruajes los establos, y de rosas los jardines, y el pecho de tristezas. ¿Quién tan mísero, que no tenga a quien ver, o de quien ser visto? Pero esta vez la costumbre vino a menos, porque las altas casas, en vez de abrir sus puertas de granito bien pulido, o peña rota a sendos tajos, como las piedras de los palacios de Florencia, o vil imitación de piedra; porque no hay imitación que no sea vil, colgaron del llamador de bronce una cesta con cintas de luto, para dar noticia a los corteses visitantes de que estaban cerrados por duelo de pariente los salones, o con cintas de colores más alegres, en ligera señal de que los empinados dueños no gustaban de pagar tributo a usanzas populares.

Mas como ésta es ciudad de ciudades y mar de gentes y golfo donde se encuentran, rompen y hierven juntas todas las corrientes de la vida moderna, parecían ese día las calles de potentados ceñudos y de nobleza fresca, como dama escurrida y remilgada en salón de mocerío jovial y rebosante, y todo fueron, a los ojos de quien no vio mejores años, cascabeles en los trineos, enjardinamiento de las salas, susto mortal en las bodegas, despedidas bulliciosas en las escaleras, peregrinación de los visitadores de pie a cabeza de la ciudad alborotada; y recuento en la alta noche, como de batallas ganadas, del número de casas a que se pagó cordial visita.

Parece en esta ciudad grande, donde viven las gentes tan solas, como que se aprovechan las almas con ansia de toda ocasión de averiguar que no viven olvidadas. Y ¡cómo embellece la alegría! Y ¡cómo rejuvenece! Aun los que no han catado licor, parecen el día de año nuevo ebrios de buen vino: ¡de alegría! Corren, como movidos de celestes vientos. Si se apagaran las luces de la tierra, con las de sus ojos animados habría fiesta de luz. Andan enternecidos, como purificados, aniñados. El gozo de querer les aviva la sangre. Duermen los libros de comercio, que son menos digno empleo del hombre que el cultivo de los campos. Duermen las plumas, que son lanzas mejores que las lanzas. Los jóvenes se alocan, y los ancianos resplandecen.

Aunque ya van de muerte aquellos castos caballeros neosajones, humildes, como hijos de viajeros de la Flor de mayo, que fue el barco feliz que trajo con los puritanos, y la virtud de ellos, el grano de este pueblo, ya van de muerte aquellos ancianos de ojos húmedos y limpios, como de gente de alma buena;

de labios finos y cerrados, como de hombre discreto, luminosos, como almas puras, sanos de espíritu y de cuerpo, como manzanas de noviembre.

Aquellos ojos de holandeses, y viejos hidalgos de Bretaña, aquellos sobrios y domésticos patriarcas, aquellos sacerdotes de la libertad, pueriles, astutos y grandiosos, aquellos Tíos Samueles de sombrero de pelo blanco, barba en halo, ojo profundo, nariz aguileña y rostro lampiño, aquellos ricos de traje de paño recio y burdo, zapato ferrado y guante de lana, aquellos caminadores y reidores, van de muerte.

Hoy, nadie tiene su pulso en calma. Se anda por sobre las casas en ferrocarril y por sobre la vida.

El ansia de la fortuna bebe en flor, como abeja venenosa, las mieles de la vida. Ni al corazón mismo se le abren las puertas hasta que no se tienen vencidas ya las de la fortuna. En los nuevos ancianos hay como el descontento de haber vivido; en los nuevos jóvenes, como el miedo de no vivir bastante.

Uno de esos ancianos de otro tiempo murió en Washington, y en plena fiesta de Capitolio, el día de año nuevo. Es el presidente Arthur caballero de salón, y abría con pompa, en recepción solemne, a la par que el año, la estación de fiestas de la ciudad oficial, y el Capitolio remozado para ellas. Veinte damas granadas le ayudaban a estrechar manos de embajadores, gentes de alto oficio, y miembros del Senado y del Congreso. De nuestra América, ofrecían allí los respetos el caballero Domínguez de continente grave, por la república Argentina, con los miembros de su casa oficial y casa propia; por México, con la esbelta dama de Nueva Orleans, que es su esposa, don Matías Romero, trabajador infatigable, castor de la política, cuidadoso de todo, menos de su gentil apariencia, hormiga que acumula en trabajos de día y noche pesos de elefante, hombre diogeniano. Por el Perú, cabizbajo, Ellmore. Y por Venezuela, que parece hoy dama violada, el culto Simón Camacho, tierno como su hermano Juan Vicente, que escribió La última luz, y la da perenne a su nombre con ella; Simón Camacho, el brillante e intencionado Nazareno que llenaba años hace de sales los diarios de Lima, y hoy hace de sutil embajador en esta tierra, abundante de ingenio, de corazón y de palabra.

Pero de súbito, como si se enlutaran los cielos, corrió la nueva de que expiraba en una de las salas de la casa el ministro Allen, de las islas Sandwich, que había nacido con el siglo, y crecido con él.

Las músicas callaron, sobrecogió la tristeza al hidalgo presidente; con el estado de las almas, que con sus afectos lo visten o lo desnudan todo, y acaloran o entibian la naturaleza, trocóse en casa funeraria la que era un punto antes teatro de triunfo. De mal de corazón, que se enferma ahora más que antes, murió el que a pesar de ser ministro de las islas Sandwich en los Estados Unidos, no era hijo de aquella tierra plutónica y fastuosa, donde la lava está hacinada en montes, y en bosques los rosales, y en valles opulentos los más sabrosos frutos.

Fue caballero de la paz el ministro Allen, y éstos son los mejores caballeros. De romance tiene su vida; él afincó en Honolulú, y quien afinca, y llega a ser amado, a pesar de llegar a ser poderoso, en tierra extraña, es hombre de fuerza íntima y múltiple, y de bondad vencedora, y de tenacidad que sorprende. Porque tiene algo de demente todo el que vive en tierra extranjera. Los vinos del alma ofuscan el juicio. Este vapor que sube del alma de los desterrados es vapor terrible. Allen fue joven, y fue de cónsul de los Estados Unidos a Honolulú, y le enamoraron las calles pacíficas bordadas de cañas elegantes, y robustos áloes, y cactus colosales. Las primicias encantan. Las de la tierra enamoran, como si fueran primicias de alma de doncella. El hombre es tan grande, que se siente siempre un tanto esposo de la tierra. El pueblo nuevo agradó al hombre ingenuo; el archipiélago riquísimo deslumbró al joven mercader. De cónsul ante el rey, se hizo consejero del rey; y fue por veinte años, espíritu del nuevo Hawaii, cerebro y brazo de su monarca, arador de voluntades de su tierra nativa y su tierra nueva, y mirado, entre cóleras pasajeras y odios de naturales celosos y ambiciosos émulos como Balum Votan de barba blanca, que venía del Este, y daba leyes, y amor —que es mejor ley— y tiernos consejos, al pueblo nervioso, guerreador y vivo de los viejos mayas.

De Gambetta dicen, que por piedad de hijo, y como romántico alarde de natural de tierra de los trovadores, solía, a despecho de su fe nueva, enviar cirios a una iglesia en el día aniversario de la muerte de su madre, y al que le hacía pensar en qué dirían de ello, respondía hermosamente que dirían que amaba a su madre. Del presidente Arthur cuentan que teme a lo desconocido, e involuntariamente pone fe en presagios, por lo que tuvo peculiar tristeza —mayor en él que ocupa la silla que aun no ha vaciado bien la sombra de Garfield— con la muerte súbita, acaecida en su primera fiesta de año, del canoso Allen, que ayudó a crear un pueblo.

Pero en este pueblo, que es ejército en marcha, no hay tiempo de contar los muertos. Ni el muerto les parece árbol arrancado de su jardín, sino ido a hermosear de antemano el jardín en que han de vivir luego. ¡Y aun en el recordarlos, la vida es demasiado exigente, para que la memoria sea bastante fiel!

Con la entrada del año ¡qué acopio de sucesos!

¡Si parece panorama mágico, banquete de gigantes, ruido de entrañas de monte, creación de mundo! Y esto último es: creación de mundo.

Ya es un gobernador electo que seguido de sus caballeros de servicio, entra del lado del gobernador saliente y su cohorte, bajo la cúpula del Capitolio de Albany, ciudad que hace cabeza de este Estado suntuoso de Nueva York, y es madriguera de gente emprendedora, y de famélicos de oficio, que andan en busca de canonjías públicas, con las que aquí, como en buen número de tierras, suele darse paga deshonesta a tal o cual servicio subterráneo, feo como entraña, que ayudó, acaso, en hora de combate, a la victoria de un partido; y al entrar bajo la cúpula, los dos gobernadores se separan, cada uno con su séquito, y el uno de esta ala, y el otro de la otra, van de nuevo a juntarse al fondo del salón, donde un sacerdote que cree saludablemente que no hay rito mejor de religión que el libre uso de la razón humana, eleva al cielo, cercado de hombres graves que tienen cerrados los ojos y las cabezas bajas, oración propia por el buen consejo del que entra, y la buena fortuna del que sale, y luego los dos gobernadores, en apropiados discursos, se saludan, tras lo cual abandonan del brazo la sala ancha y van a recibir plácemes de gente amiga, que es gente menguadiza en la hora de amargura, pero muy populosa y crecedora en horas de victoria. ¡No hay orugas más ruines que estos amigos de la hora venturosa!

En Boston, que es clásica ciudad, no se sientan en su silla nueva con tanta llaneza, los gobernadores. Boston presume de hermano mayor de las demás ciudades de la Unión del Norte, y aun alardea de desdeñosa maestra. Nueva York, le parece brutal; Filadelfia, terca y gruesa; Chicago, un granero público. Ella sola se mira, y no sin razón buena, como cuna de la nación, y sagrario de las divinidades nacionales, y relicario de las costumbres de los patriarcas de la república, y tribunal de arte impecable, y universidad luminosísima. Periodista que tiene un cuño bostoniano, ya pasa como periodista de buen cuño. Ser de

Boston aquí es como ser en Inglaterra de Oxford o de Cambridge. Y cerca de Boston está Concord, la apacible morada de los poetas y de los filósofos. En Boston lució Motley, tan bello como Byron, autor de un libro que encadena y nutre, y no ha de faltar —en anaquel muy a la mano— de librería de hombre de ahora: la Historia de la revuelta de los Países Bajos.

Es más que historia, es procesión de vivos: Felipe II, lamido el pie de llagas, garduñosas las manos, lívido, como de reflejo de lumbre sulfurosa, el rostro; Granville, el cardenal acomodaticio, que se sacó del pecho, como prenda de andar que estorba para el camino, la conciencia; don Juan de Austria, lindo loco; Alba, hiena, y Guillermo de Orange, incontrastable, que es de aquellos que aparecían en la hora del cómputo, con un pueblo sobre los hombros, y tuvo en vida la grandeza serena, pujante y tenaz de los creadores.

De Boston fueron Emerson, que le dio luz y Longfellow, a quien dio, con prebenda segura, paz de vida, que fue como sentarle en el hogar la Musa: ioh, en esta pesquisa del pan diario, qué ha de hacer la Musa, que tiene los pies blandos, sino sentarse a llorar, cansada y sola, en una vuelta oscura del camino! Ahoga el ruido de los carros las voces de la lira. Se espera la lira nueva, que hará cuerdas de los ejes de los carros. La tierra está ahora en hervor: la lira se verá luego, cuando este mar repose.

Y Boston, que es la patria de los místicos, es la patria también de los agnósticos, y de un agnóstico político, rico en mente y dineros, y en desdén de convenciones y de trabas de partidos. De Boston es Benjamín Butler, que un día capitaneó republicanos y otro demócratas; y es revoltoso decidor, que da golpes de maza con la lengua, cuando no de florete bien templado, y de quien hablan hoy los diarios como de gobernador vivo y efectivo, que intenta que sea cosa memorable su gobierno, y le abra paso, por cierto hoy un tanto entorpecido y oscuro, a la presidencia de la república.

Ya lo vocean corro candidato. Pero en esta tierra, sobrado heterogénea, radiada, examinadora y tumultuosa, para que alcance a cautivarla de una vez un hombre solo, llégase más acaso a la presidencia por cualidades de discreción y medianía que hacen posible el consorcio en la persona discreta y mediana de entidades superiores rivales e intereses diversos, que por cualidades brillantes y agresivas, que excitan celos agudos en los grandes de la fama y de la mente, y hacen menos posible si no imposible en todo, el amigable compromiso de facciones y elementos celosos y varios.

Aunque Butler sabe ver, y verá ahora que el país está descontento de los audaces, pródigos y soberbios republicanos; y que los demócratas, que pudieran sucederles, no se dan prisa a acreditarse de desinteresados, modestos, compactos y probos; y que la república, fatigada acaso de tanto logrero, buscador de oficio, cómplice de contratistas, e instrumento de politicastros, que son plaga que roe a uno y otro partido, tiende la vista colérica en busca de nueva aurora. Y Butler, que está a lo que nace, se pone a que le den de lleno los rayos de la nueva luz. Pero es aún, por lo versátil, acometedor, novador y bullente personaje, más que nacional, pintoresco. Lo que le trae ahora en palmas es su elección reciente, por número oceánico de votos, al gobierno de su pulcro Estado.

Burlan mucho a la apergaminada Massachusetts, de que es Boston cabeza, por haber puesto su gobierno en manos de tan gallardo y resuelto alborotador. Pero Massachusetts no ha tenido muchas veces gobernador tan favorecido de su pueblo.

Parece que es Butler uno de los nobles de la naturaleza, que hace, sin duda, sin respeto a los artificios de sus hijos, sus nobles y sus plebeyos. Son estos nobles aquellas criaturas mordidas del amor de lo perfecto a quienes de amar lo perfecto en arte, les viene delicada aristocracia, y de amar lo perfecto en justicia, les viene generoso amor de pueblo.

Las superioridades se respetan: y la misma superioridad de la preocupación ve como a hermana, en las horas de crisis, la superioridad de arte o justicia. Todo hombre nace rey; la labor está en hallar en sí los útiles con que se hace el trono. Así Butler, que sabe de coro la Biblia y los poetas, y usa ramilletes en el ojal y en su lenguaje, y gasta frac, e ideas de frac, place vivísimamente, por cierto ferviente amor suyo innato a los humildes, en que rebosan todas las naturalezas verdaderamente grandes, a la masa empujadora, radical y votante.

Era de ver Boston el día en que Benjamín Butler puso la mano en la pértiga de roble, de grueso puño de oro, que en Massachusetts vetusto es símbolo de gobierno. Allí placen las ceremonias, la procesión elaborada, la junta de las corporaciones del Estado, la música solemne, el juramento escrupuloso de lealtad a Massachusetts y a la Unión. Año tras año, venía Butler llamando en vano a las puertas de la casa de gobierno. Mas no vence —y esto acaso ha de entristecer a los reformadores de alma mansa y apostólica— sino quien se ama: el desdén de sí, lleva con excepciones raras, al martirio oscuro. Acaso en la baraja de la vida, no son triunfos sino los oros que llevan mezcla de virtud y de ambición.

Ahora «la ola popular», llamada a furia por las últimas prodigalidades y desdenes de los republicanos, que no ven que el pueblo es ola, y la ola agua, y quien pone el pie en ella se va a hondo, trae al vocero de reformas a la casa de gobierno, en el instante en que no parece que haya reforma grave que no esté ya en sazón y a punto de dar mieles.

¡Qué hermoso encrespamiento el de este pueblo, dos o tres meses hace! Parece como gigante dormido, que seguro de su fuerza en la hora dura, no se da prisa a levantarse; mas se levanta, mueve la maza enorme, aplasta al enemigo o al obstáculo y de nuevo duerme. Y en su sueño, oye.

Estos meses han sido aquí teatro de un interesantísimo episodio de la historia del sufragio. No cabe en carta. Arranca de lejos y va lejos.

No hay cosa más escurridiza y vidriosa que la libertad. Dama de gran valer, se enoja de que un solo momento la descuiden. Quiere plática que la entretenga, celo que la estimule, culto que la halague. Todo es análogo en la tierra: en vano se pedirán flores hermosas al floral que cede a la maraña; en vano amor a la mujer de cuyo amor ansiosamente no se cuida; en vano fruto al árbol que se deja a regocijo de gusanos, en vano grandeza y permanencia a la libertad cuyo cultivo se abandona. En el amor del hombre y la mujer, la ternura infatigable y galante es la dote de esencia, que asegura al afecto luenga y sólida vida: en el amor del hombre y la libertad, la fidelidad es la condición del goce permanente de la amada. Pues ¿quién deja a sus criados de servicio el cuidado de requebrar de amores a su dama? Ni ¿qué dama otorga mansamente su ternura a quien desdeña, por pereza o por arrogancia, o por seguridad del amor del que no cuida, la tarea dulce de venir empeñosamente a demandarla? De abandonarse demasiado a la señorial seguridad que da el derecho, viene a los casados la mayor suma de sus males; y de esto mismo vienen sus mayores males a los pueblos.

La libertad ha de ser una práctica constante para que no degenere en una fórmula banal. El mismo campo que cría la era, cría las ortigas. Todo poder amplia y prolongadamente ejercido, degenera en casta. Con la casta, vienen los intereses, las altas posiciones, los miedos de perderlas, las intrigas para sostenerlas. Las castas se entrebuscan, y se hombrean unas a otras.

Tanto gobernó a los Estados Unidos, en años pasados, el Partido demócrata, que no quedó al cabo la Constitución en sus manos sino como un montón de papel arrugado. Los prohombres gloriosos, mantenidos por su buena fama en altos puestos, se habían hecho políticos de oficio. Ayudaban los políticos a los ricos, y los ricos a los políticos. Los poderosos del mercado vaciaban sus mejores bolsas para cosechar votos, ganarse empleados, y favorecer ardides en la hora de las elecciones, a trueque de que los electos favoreciesen luego con sus votos los planes en que cifraban mayores esperanzas de fortuna los ricos mercaderes.

Habían estado los demócratas demasiado tiempo en el poder para que oyesen ya de cerca al pueblo. Y despertó el gigante, y dio con los demócratas en tierra; y en alto con el partido de los republicanos. Estos domaron la guerra civil, hicieron libres a los esclavos, amortizaron una deuda monstruosa, levantaron por sobre su cabeza, humeante aún, pero sonriente y sana, a la república. Republicanos eran los grandes previsores, y los grandes guerreros, republicanos. Ellos, los abogados del pueblo uno y grandioso, los fabricadores de milagros, los amadores vehementes de la humanidad libre. Aún se oye el concierto de alabanzas que se alzó de los grillos de los esclavos negros al caer rotos de súbito sobre la tierra.

Pero la certidumbre de la posesión empezó a deslucir la modestia del triunfo. Los militares desocupados no se resignaban de buena voluntad a dejar de ser personajes nacionales: ni ¿quién se resignaría de buena voluntad, que haya tenido puestos sobre sí los ojos de nación tan grande? Nada embriaga tanto al hombre como sentirse centro de hombres. Le entran pujanzas divinas, y ya no cabe en la piel de un mercader, ni en el blusón azul de un cosechero. La guerra había sido sobrado larga para que los que, como hombres de consejo o de guerrear, no hubieran ya hecho, con descuido de las propias, una profesión del manejo de las cosas públicas. Y como adquirieron fama por aconsejar bien y guerrear bien en la hora de peligro, pareció loable mantenerlos, en la hora del triunfo, en el puesto que honraran cuando era peligroso. Y el gigante, confiado, durmió un largo sueño.

En tanto, con el crédito de la república, se vaciaban, para venir a ella, de trabajadores los países que persiguen y los imperios que oprimen. Todo hombre necesitado es un capitalista. El trabajo no es más que el arte de acuñar las ideas en oro o plata. Toda moneda ha sido primero idea. Por los campos seguros se entraron los inmigrantes impacientes. Vino la sobra del cultivo; volcadas por las manos del hombre, dieron todo su oro las entrañas de la tierra; rebosaban, como carreta henchida, los mercados; los mares eran voceros del gran suceso humano. A la riqueza gigantesca, respondieron empresas gigantescas. Halagados del aura popular, y bien pagados en moneda presente sus servicios de antaño, y desocupados, trocáronse como en una aristocracia los héroes del consejo y de la guerra. Ya no sabían vivir fuera del Senado, fuera del Congreso, de los gobiernos, del ejército, del Capitolio. Habían perdido las artes privadas. Se habían perfeccionado en el ejercicio de las artes públicas. Perder sus puestos hubiera sido perder sus fortunas.

Las masas se disgustaron de tal o cual abusador, y el abusador, que era hombre de pro entre los políticos, pasaba en hombros de sus colegisladores y de los que necesitaban aprovecharse de él en futura legislación, por sobre las masas disgustadas. Los capitales, como todo sobre la tierra, tendían a unificarse. El gobierno, cohonestado por la tremenda guerra civil nacida de exceso en el principio de federación, se iba unificando como los capitales, lo que pareció a poco, en los capitales magnos que se apoyaban en los políticos magnos para ahuyentar la industria menor, insolencia, y en gobierno, tiranía.

Quedaban sin hacer cosas urgentes, de que necesitaba la masa humilde y común. Se hacían a gran costo cosas enormes y no indispensables, que favorecían los proyectos de los potentados de la banca. Era una liga incontestable de los magnates de la pecunia, que ayudaban al partido sospechado en la hora de los comicios, y los magnates de la política, que pagaban en leyes sustanciosas el apoyo de los de la pecunia. Y era otra liga incontrastable de los dispensadores de empleos y la gente empleada. El partido otorgaba el empleo, pero el empleado quedaba siervo del partido. El carro de la elección rodaba sobre ejes de oro. Cada empleado pagaba de su propio salario, que era de dinero de la nación, una cuota cuantiosa, para auxiliar al triunfo del partido que le dio el empleo. De esta ingeniosísima manera, el Partido republicano se había asegurado un triunfo permanente a costa de los dineros de la nación. A los que murmuraban de estos males, se les enseñaba la camisa roja, se les hablaba del peligro de una nueva guerra, ya con los Estados del Sur aún no contentos, ya con un Estado de Europa, que quisiera venir a poner mano en América, ya con otros Estados; se les decía que una nación inmensa necesita un gobierno fuerte; que un poder continental, en suma, tiene que acumular capitales, y atraerse fondos de repuesto, y ganarse la voluntad de las gentes de grandes fondos, para vaciarse en la hora precisa sobre el continente.

Así explicaban en plena paz, el mantenimiento de las contribuciones de guerra; así el exceso innecesario de la colecta de las contribuciones anuales; que en centenar y medio de millones se salió del presupuesto de los gastos. Seguros de su máquina gubernamental, y confundiendo en hora mala el clamor honesto de un pueblo fatigado con grito de gente hambrienta, los políticos se hundieron hasta los hombros en las arcas, y prodigaron sin cordura el rico tesoro, y el amplísimo exceso, en planes de oscuros orígenes, necesidad no visible y honradez dudosa.

Por confianza primero en sus prohombres, por ausencia de interés personal e inmediato en el triunfo de los políticos en lucha; por la innecesidad de trocar por el gobierno del partido que trajo la guerra, dilapidó los dineros públicos y corrompió los empleos, el gobierno de aquel otro partido que dio fin a la guerra, por lo que merecía luego los empleos de la paz, y aumentaba, puesto que bajo su régimen crecían, los beneficios nacionales —y por cierto desgano afeminado— que suele venir de la riqueza, y codeo con gente y pueblo de preocupación aristocrática —de ir a votar a par del pueblo ingenuo, del extranjero recién naturalizado y bien pagado por el voto, o del empleado que, al defender su partido, defendía su hogaza de pan— fueron, en número alarmante, alejándose de las urnas electorales aquellos que se miraban, o sobrado en alto para ejercer tan popular oficio, o sobrado perezosos para ayudar a un triunfo que consideraban seguro, o sobrado impotentes para contrarrestar a un partido que había hallado modo de perpetuarse en el goce del poder merced a los dineros nacionales.

Y disgustaba además hondamente aquella red de la elección, tan bien tejida que no había espacio en ella para el pueblo votante, a quien daban los políticos de oficio de cada partido, juntos en convención preliminar, la lista de los candidatos del partido: y era forzoso votar íntegra y servilmente aquella lista, que no se había tenido modo de ayudar a hacer, ni de objetar, ni de mejorar, o ser tachado de apóstata, el cual dilema, fue también parte grandísima a disgustar del ejercicio del voto a buen número de gente honrada, harto leal para ir contra su propio bando, y harto honesta para votar por candidatos que su buen juicio repelía.

A este mal muy sentido, se unieron este año, como en concreción y cumbre, todos los que minan a un partido que ha estado largo tiempo en posesión de oficio. Ya era escándalo el repartir de los empleos. Con cada ministro se vaciaba y llenaba de nuevo el ministerio; con cada director la casa de correos; cada vencedor traía su séquito y expulsaba al de su antecesor, que a su vez había expulsado el suyo: era como un renuevo de Mario y de Sila. El ignorante que tenía más patrones vencía en la puja por puesto al competente que tenía patrones pobres. Se repartían los más altos empleos como despojos de victoria. Aun dentro del mismo partido, la facción vencedora expelía brutalmente a la facción vencida. Se otorgaban los puestos, no en atención a los merecimientos personales, ni a la probada educación oficial, ni a antecedentes nacionales honrosos, sino en paga de servicios de partido. Al peticionario no se le tenía en cuenta sino al servicio cuya paga pedía.

Lo cerrado y autocrático de las convenciones; lo abandonado y empequeñecido del voto público; la mala práctica de dar a gentes vulgares o no idóneas, en recompensa de servicios al partido del gobierno, puestos que había hecho la nación, seno de todos los partidos, para gentes idóneas; el interés desordenado de los políticos profesionales en conservar, sobre injurias, denuncias y censuras, los puestos en que solían alcanzar más beneficio que honra; la complicidad terrible del empleado que, como siervo de gleba nueva, se hacía siervo del partido que lo empleaba, de miedo de quedar sin pan y carne, y el empleador, que al recibir del empleado dinero para la ayuda de las elecciones, quedaba, por cierta moral lógica que crean las mismas mayores inmoralidades, obligado a conservar en su puesto al que desde su puesto le ayudaba, y a mantener en sigilo sus errores, como mantenía el empleado en sigilo sus cuotas; el desenfrenado empleo, en turbias empresas, o cosas para provecho de una u otra persona, del centenar y medio de millones que al pago de la deuda, o a la rebaja de las contribuciones internas o a la promoción gradual del libre tráfico pudo dedicarse; y la liga íntima, en este y aquel Estado, y esta y aquella casa de legislación, de los legisladores pródigos y los contratistas que partían con ellos

los frutos de su prodigalidad legislativa, juntáronse de súbito, como las olas del mar fiero, que se reuniesen en combate heroico para vencer a las montañas de la costa; y llegada la hora de elección que fue en este noviembre, barrieron, a modo de viento purificador, las urnas pecaminosas de votos republicanos, y con majestuoso y sereno alarde de la magnífica fuerza de la paz, dieron los votos enteros de la nación a hombres nuevos del Partido democrático.

El pueblo fatigado volvió las espaldas a los héroes y a los consejeros corrompidos.

¡Oh! fue cosa magna, que regocija de ser hombre. Es verdad que, dentro del partido mismo republicano, venían de vicio clamando por reformas, pulcros políticos de notable influencia y miembros prominentes del partido, que en la situación corriente de los bandos políticos, viene a ser aquí el partido conservador de otros países.

Los unos, los contratadores, los cobradores de cuotas de empleados, los avarientos más notados, hacían gala de ultraaguilismo, y de extender por sobre gran parte de la tierra las alas del águila; los otros, que son en cierto modo como los caballeros de levita, y no de frac ni de uniforme, de esta política, abogaban noble y cuerdamente por el menester de poner atención en las cosas domésticas, ya que tiene esta nación dominio tan grande; hacían clamor de la justicia de dar los empleos a los probos y de cobrar de menos el exceso cuantiosísimo de contribución innecesaria, y de limitar las contribuciones anuales a los gastos legítimos de la república, y de ir mermando de derechos de entrada a los productos extranjeros, y de robustecer más que de extender las alas del águila.

Estos eran los republicanos de «media raza», como les apodan; los buenos burgueses, que no desdeñan bastante a la prensa vocinglera, a las capas humildes, a la masa deslumbrable, arrastrable y pagadora. Los otros, los imperialistas, los «mejores» —y sus apodos son ésos— los augures del gorro frigio, que, como los que llevaron en otro tiempo corona de laurel y túnica blanca, se ríen a la callada de la fe que en público profesan; los que creen que el sufragio popular, y el pueblo que sufraga, no son corcel de raza buena, que echa abajo de un bote del dorso al jinete imprudente que le oprime, sino gran mula mansa y bellaca que no está bien sino cuando muy cargada y gorda y que deja que el arriero cabalgue a más sobre la carga.

Los de «media raza» tenían el oído puesto al pueblo, que es viento arrollador, del que importa saber adónde va y viene. Y los «mejores» eran, y aún son, los caballeros de la espalda vuelta: por donde les tomó el pueblo colérico, que alzó esta vez el látigo, y les dejó la espalda verde y negra.

Mantenían los «mejores» que la Constitución es ya capa raída, y cosas de otro tiempo, y que un pueblo empujador ha menester de carril por donde echarse, y no de alguacil que le ate los brazos: los de «media raza» que vislumbraron aun en las voces solemnes de Webster el espíritu heroico de los sagrados apóstoles de Filadelfia, y quieren la libertad sencilla, respetadora, magnánima y pura, repetían en diarios y discursos aquellas cosas honradas, límpidas, que se oyeron, como acentos de titanes que hubieran venido a sentarse entre los hombres, en la época suma en que Washington aplacó, Madison preparó, Hamilton hacendó, Franklin aconsejó, y espoleó Jefferson.

¡Qué nombres! ¡Parece, cuando salen de los labios, que se ven surgir de la sombra espléndidas estatuas! Es verdad que era apretada y de pecho a pecho, la batalla de los republicanos de «media raza» y los «mejores», que los unos defendían con tanta firmeza la política pacífica, como con terco brío profesaban los otros la agresiva; que si los amigos de Grant favorecían la centralización en poderes culminantes y absorbentes de los poderes de los Estados —los intereses de los monopolizadores gigantescos, que son ala fortísima de ejército en la gran parcialidad aristocrática que se va ya dibujando; por desdicha grande acaso, en este país— el derecho del partido triunfante de premiar con destinos nacionales méritos de partido, y con aprobaciones benévolas de proyectos innecesarios o fraudulentos a los grandes cómplices de la hora de elecciones —los amigos de Garfield, quien más que a manos de Guiteau, murió a manos de los «mejores» que dejaron caer, con haberlas echado a volar, palabras de fuego en el oído de aquel ente diabólico— defendían con patriarcal llaneza y tesón de Curiacios, la tendencia honradamente conservadora de la Constitución inalterable, la repulsión prudente y fraternal de los desbordes de las muchedumbres deseadoras e ineducadas, la abolición del método impuro de costear las elecciones del partido con las cuotas que, por trata innoble, pagaban los empleados de la nación a sus empleadores, la revisión gradual en sentido librecambista de la tarifa de los derechos de importación, a cuyo sentido el de los monopolizadores es opuesto —y el repartimiento de los empleos públicos entre gentes capaces de bandos diversos, solo por pecados públicos removibles de los empleos— de modo de asegurar el buen servicio de la nación, que no anda ahora bien servida, en vez de dar, como se da ahora, prebenda holgada y canonjial beneficio a los politicastros y gentecilla de su ahíjo.

¿A qué decir que el Partido democrático sacudió a todo brazo cien fustas de fuego sobre los bandos rivales, y los alzaba desnudos en diaria y empinadísima picota, y les hincaba el diente en la más honda entraña? Pero ¿qué es hoy el Partido democrático? En la política práctica, es acaso el partido triunfador; en la política de principios, que no son a veces, y muy comúnmente, más que armaduras que se toman o se dejan, según sean de efecto bueno, o de uso inútil en la batalla popular, el Partido democrático es, en todo momento, todo lo contrario de lo que sea el Partido republicano. Por donde los republicanos yerran, por ahí se están entrando los demócratas; del catálogo de vicios de los republicanos, que son —excepto la tendencia ultraunificadora de éstos— los mismos que dieron en tierra, veinte años ha, con el Partido democrático, hacen los demócratas ahora acta de acusación formidable.

Los republicanos reparten sin decoro, y en pago de servicios privados, los empleos: los demócratas mantienen que los empleos han de repartirse con decoro, y sin poner atención a los servicios privados; pródigos son los republicanos; los demócratas grandes pedidores de todo género de economías.

Magnates republicanos defienden ante tribunales y Congreso a magnates de bolsas y ferrocarriles; los diarios de los demócratas acusan de monstruosas estas ligas de los que hacen las leyes a la orden de quienes van a aprovecharse de ellas, y sacan a la vergüenza los hijos de estas redes invisibles, y cuentan, con ojos de Argos, que ponen súbita claridad de luz eléctrica donde se fijan, los tesoros que han amontonado, con un sueldecillo que va entero a pagar las pieles que cubren los caballos de sus coches, los diputados y senadores amigos de los ricos; y les hacen inventario público de lo que tienen y les suman lo que legalmente han ganado en la vida de políticos a lo que poseían cuando entraron en ella, y les calculan intereses, y sustraen los costos usuales de existencia, y deducen lo que debían tener de lo que tienen y llaman rudamente a la diferencia robo. Pero ¡ay! que donde los demócratas gobiernan, como en Nueva York, muy buenos oficios suelen ser de notorios rufianes; gente mal vista y desdeñada, los que llenan los bancos de alcalde del municipio, la gran suma de empleos, de los capitanes de barrio, que en más tabernas mandan y más votantes juntan; y es toda la vida pública, compra y venta y tráfico. Y más amarillo el mármol de las casas del Estado que los puños de oro cuajados de brillantes que, a manera de cetro de los tiempos, empuñan los magnates republicanos.

Pero a la faz de los grandes pecados nacionales de los republicanos, parecían cosa venial estos pecados locales de los demócratas. Y como de las filas de éstos se erguían también, como sacerdotes puros, ancianos de cabeza blanca, y buen tipo antiguo que quieren echar, blandiendo los libros de Jefferson, Madison y Jackson, como espadas, a los mercaderes de votos de las casas del Estado; como diestramente ha hecho la democracia programa suyo de todos los clamores de la muchedumbre de dinero, disgustada de los abusos descocados y arrogantes de los republicanos, sobre que nunca ha borrado de su programa las grandes voces de reforma radical de las muchedumbres pobres, cuando sonó la hermosa hora del voto, y los robustos guardianes del orden vistieron su mejor levita azul y sus más blancos guantes, y se cubrieron los muros y vidrieras de las casas de votar de pabellones estrellados y de carteles de grandísimas letras, donde parece que batallan encaramados los unos sobre los otros —los nombres de los combatientes— se puso en pie la magnífica nación colérica, votó en masa por los que se yerguen altivos y flageladores en frente de los que la desdeñan, esquilman y desafían, y se sentó, contenta después de una hermosa batalla en que no se había vertido sangre.

Y aquí ya, como que he tenido sobrado tiempo puesto en mí los ojos de mis lectores benevolentísimos, tomo, a modo de quien salta, dejando para luego contar las ramas del árbol, cuyas raíces dejo echadas, los sucesos que han venido tras el magnífico espectáculo.

Los prolegómenos son éstos, necesarios para entender después lo que los prolegómenos engendran. Es verdad que en los toneles de cerveza de las tabernas hierve aquí, con el lúpulo, el voto público; es verdad que tal gañán que gusta de mojarse las fauces en domingo, trueca por aguardiente de maíz, o por una prenda de abrigo o un sombrero, su derecho señorial de ciudadano; es verdad que por los rincones, por los zaguancillos, junto a los troncos de los árboles secos, huronean con ojos de cazadores y pies ligerísimos, mozos listos que cada partido decora con cintas brillantes, y provee de sacos llenos de papeletas para que, a la puerta de las casas de votos, cautiverio del sufragante indeciso, o compren al que tiene aires de venderse, o prometan puestos de alcalde o cosa no menor a cada vanidoso hijo de Irlanda, que viene armado de su voto, como general emperador de Roma de su majestuosa túnica de triunfo.

No hay nada que embellezca como el ejercicio de sí propio. Ni nada que afee como el desdén o la pereza, o el miedo de poner nuestras fuerzas en ejercicio. No hay tirano que afronte a un pueblo en pie. Los pueblos dormidos, invitan a sentarse sobre su lomo, y a probar el látigo y la espuela en sus ijares. Verdad decía yo que era esa campaña de casas de beber, y ese jurar sobre un mostrador de cervecería, como antaño sobre la rama del muérdago o el dolmen galo, fidelidad a tal luciente caballero de la patria, que era acaso un mes antes embajador en Londres o en París, y señor de gran nota y poderío, y ahora tiembla como aire a son de flauta ante la cuadrilla de mozos bebedores de quienes aguarda voto, y salta prestamente el mostrador de la cervecería, se desembaraza de la levita de señor, llena la caja del tabernero de gruesos billetes, y saca de los toneles la cerveza espumosa en vasos que entre jácaras y celebraciones pasea ante los votantes lisonjeados.

¡No valen a veces las alturas el trabajo de subir por sus penosas escaleras! Verdad decía yo que era ese intrigar de los prohombres del barrio, y ese comprar el voto de la gente ruin, y ese deslizar con maña papeletas de un partido en las manos del sufragante poco avisado que intentó votar por otro: pero tales menudencias ante este levantamiento del sufragio, son como hoja de árbol podrido en bosque hondo y solemne. Esta avalancha no cupo en una copa de cerveza. Este derrumbe de gigante no ha sido obra de hormigas. Fue el alarde admirable de un pueblo reflexivo. Fue mar, salido de madre. Fue hecho glorioso.

¡Bienaventurada la tierra donde se libran las batallas de la paz!

Con el año han entrado en sus puestos los nuevos elegidos. El país está en espera. Quiere saber si en la elección presidencial del año próximo votará de nuevo a los republicanos, que lo ofenden con sus alardes de dueñez, desconsiderado empleo de los dineros públicos; gala de tener en poco los clamores populares —cual castellano noble que no cura de ladridos de mastín— y tentativa de gobernación imperial; o si dará su voto a los demócratas, que ofrecen libertar de derechos los artículos de consumo interior de trabas el comercio con pueblos extranjeros, de presión y cabildeo federal el gobierno libérrimo de los Estados, de gastos innecesarios a la nación, y de secuaces de partido las oficinas públicas.

La nación ha abierto a los demócratas este año de prueba. Si muestran ser de ley buena, irán sobre millones de hombros a la Casa Blanca. Pero si no enseñan pecho juvenil, brazo pujante, ropaje austero y mano limpia, se sentará el pueblo sobre ellos; a ver cómo aprovechan del alarmante aviso los republicanos.

Y es de dar gozo esta carrera de hombres. Andan ahora ambos partidos con los brazos repletos de planes de reforma, y a la par descargan sobre las mesas del Congreso ambas fracciones idénticos proyectos, y no duermen de puro miedo de que el rival se despierte más temprano.

Vocero y estandarte de los «mejores» es el presidente Arthur, y su mensaje de año nuevo fue, sin embargo, suma de toda la virtuosa sabiduría de los reformadores de «media raza». Los republicanos hurtan a los demócratas todo su programa; de modo que haya el año próximo razón de reelegirlos, por haber escuchado a tiempo el mandato popular, e innecesidad de elegir a los demócratas por cuanto los republicanos realizaron en leyes, todas sus demandas de mejoras.

El país, alarmado de la concentración del servicio público y aterrado de ver que el poder se le escapaba de las manos —porque el que no trabaja abjura— y el que no cuida su bien, no lo merece —se muestra decidido a poner su servicio en manos nuevas—: y como las manos de los demócratas están tendidas, parece querer dejar caer el servicio público en manos de los demócratas. Éstos, para lograr vida, han menester de servir fidelísimamente al pueblo que se vuelve a ellos. Solo por prometer reformas, están en vísperas de triunfar. Pero como ya el país teme de prometedores, solo por cumplirlas triunfarán. Y de este modo quedan. La nación, que entiende que los demócratas necesitan cumplir sus promesas para mantener el poder, se mueve hacia ellos, interesados en ser virtuosos. Tal va ya estando la virtud, que es necesario ponerla del lado del interés para que venza.

Los demócratas acusan crudísimamente los cabildeos y tretas del grupo de aprovechadores de elecciones en cuyo dominio por arte de utilizar los apetitos humanos, ha caído el gobierno de Nueva York, y hacen, por todo el resto de la república, gala de toda virtud, alarde de respeto a los clamores nacionales, y bandera de toda economía. Y los republicanos esperan que sea en toda la república la democracia como en Nueva York, donde sin tener en cuenta lo que les va en ser virtuosos, se reparte el grupo de logreros que laborea las elecciones en la sombra, por mostradores y lugares malos, y con complicidades y trasiegos feos, los magníficos despojos que en forma de empleos y puestos de rendimiento pingüe, consideran paga natural y permanente de su influencia entre la gente comprable y clase baja y odiadora —que por esto solo de odiar es de veras baja, y sin eso no lo fuera— de esta ciudad monumental y benemérita, donde se amasan panes gigantescos, de que comen en paz todos los hombres; y donde, como en cimientos dignos de él, se asienta, coreado por voces de taller, concierto de labradores y ruidos de alba colosal, ¡el mundo nuevo!

Y ved, ved qué trineo tan bello es este que cruza ahora por la puerta, como presagio de los tiempos buenos. Es nieve y alegría. Bajo los pies, la nieve cruje. En las venas, hínchase la vida. El aire embriaga y remoza. Lo blanco mueve el alma. Son blancos los caballos del trineo, y sus cintas azules; ¡y en él se sientan dos enamorados!

José Martí
La Nación. Buenos Aires, 18 de marzo de 1883

28. Cartas de Martí. Las inundaciones del Ohio. Indiferencia neoyorquina. Cuadro del desastre. Cuadro de los socorros. La batalla de los aranceles. La corrupción política. Abusos del Partido republicano. Tentativas y promesas de reforma. Los magnates del hierro y los magnates del azúcar. Situación de los demócratas. Idéntica inmoralidad de todos los partidos. Primeros anuncios de formación de un nuevo partido. Una caricatura

Nueva York, febrero 21 de 1883
Señor director de *La Nación*:
De grandes desgracias tengo que enviar hoy nuevas a la tierra de los grandes llanos. Jamás manadas de potros, arremolinadas por vientos de tormenta, velocearon con cascos alados y ardientes por las hondas pampas, como las olas oscuras del río Ohio, encabritadas y en despeño, se han derramado ahora

por márgenes y valles, subido sobre cerros, tragado villas, trocado en pretiles bajos torres y campanarios, y sacudido, como los animales monstruosos de otro tiempo, los árboles selvudos a que se abrazaban, las míseras ciudades que han hallado al paso. Todo es luto en las márgenes del río.

No se paran en Nueva York grandes mientes en la bárbara desgracia, y curan más de los lances del proyecto de reformas del arancel de aduanas que ahora aviva esperanzas, desata cóleras, y saca a los rostros de los proteccionistas livideces en el Congreso alborotado, que de la horrendo catástrofe. Pero se ve el aire lleno de rostros afligidos, ojos arrasados de llanto, y manos clamorosas.

Nueva York, con el ruido de la fragua de oro, no oye aún el clamoreo. Estas grandes ciudades bursátiles tienen la prisa, el fervor, la absorción, la indiferencia de las mesas de juego. No hay más batallas para los jugadores que las que va a ganar el rey de copas —ni más inundaciones que las que barrerán la mesa de dineros—: toda la tierra gira con el dado. La más espantable desventura del mundo exterior los halla en estupor lúcido, ebrios de un vapor verde. Si un payaso les pide con la copa del gorro unos cuantos dineros, o una dama de caridad alivio para los pobres, tomarán del montón de monedas, manadas de ellas, sin ver a lo que llenan, ni dar calma a su fiebre, ni quitar ojos de la fragua de oro.

Pero ya en el resto de la nación, y en Nueva York mismo, se juntan grandes fondos. Sobra el dinero juntado. Donde no se ha sufrido, no se ha probado miseria. Cada cuerpo frío, tenía al punto ropas. Cada boca abierta, pan sobrado.

Sacó de pronto el río furias de mar; al golpe de sus aguas, los hielos se descuajaban; los árboles —como hojas— se abatían; de quicio eran arrancadas las aldeas; Luisiana fue arrollada; en Cincinnati, cubrió la ola aleros y balcones. El cielo, negro; el río, tragante; la lluvia, como si el cielo entero se vaciase; las fábricas, vagando por el agua; cuantiosísimos pueblos, sumergidos; por los techos, las gentes aterradas; casas henchidas de gente arrebatadas por las olas, ¡y nunca más vistas! Se oyen gemidos de almas que se van, y voces espantosas. Casas completas flotan, como arcas. Las aguas desembocan a torrentes por las avenidas, como monstruos hambrientos; arrollan carros, vuelcan locomotoras, derriban —cual de naipes-muros—; sacan de asiento casas y almacenes. A veinticinco pies llega el agua en las calles. Los balcones, son puertas. Por las rejas de una prisión, con ojos de Ugolino, asoman los presos míseros, sitiados en la prisión abandonada que el agua asalta y lame, con belfos inmensos. Solo una cosecha se ha salvado en la catástrofe: ¡la de la muerte!

A veces, en las ciudades sumergidas, inundadas las obras de gas, y sombrío el cielo, brillaba, con ese pálido, vívido, misterioso color de la esperanza, un haz de luz eléctrica, encendida para alumbrar el camino a bravos socorredores. Apenas abría el día, las grandes casas públicas llamaban a su seno a todos los desesperados: las escuelas —¡en donde nunca se enseñó mejor!— se hicieron casas públicas. En todas partes, ondeaban banderas con inscripciones de socorro. Por cada casa arrancada, una comisión de alivio. En los edificios salvos, montes de pan, de quesos, de jamones, de buenas ropas; los que dan, alegres; los que reciben, tumultuarios y trémulos: algo como arco iris en lluvia, o Sol después de tormenta. Más bella que la luz del Sol sobre la tierra es la de una buena acción sobre el rostro del bueno. La luz de las buenas acciones se parece a la luz de las estrellas. De los techos cuajados de gente, echan cestos vacíos a los botes de socorro que pasan y abordan los muros, y llenan de pan, de carne fresca, de ropas, los cestos: ¡qué hurra al cesto que sube! Los niños ríen; y se abren los cielos. A poco, damas engalanadas, como buitres dorados, pasean ya, como en carroza, en los botes recios por los lugares del siniestro, que no llamó con su mano mortal a sus moradas, y mozos atrevidos cruzan las calles trocadas en canales, en frágiles balsas, y acá hacen cosa heroica, allá alzan en la punta de un arpón algo que pasa, allá brillan al Sol, como el valor en el peligro.

Ya las aguas bajan; los fondos de alivio suben; los cadáveres vuelven con el receso de las aguas a llamar a las puertas de las casas que habitaron en vida; la legislatura del Estado otorga a las ciudades devastadas créditos lujosos; les llegan por todas vías trenes cargados de socorros: y manos benévolas llaman, con impacientes voces de cólera, a las puertas de las grandes ciudades bursátiles, que vaciarán sin duda, en las manos tendidas, sin quitar los ojos de la llameante fragua de oro, manadas de monedas.

El alma humana toma al cabo las condiciones de los cuerpos con que se roza. Las profesiones se pintan en el rostro. El marino es grande y blando, como las olas de la mar. El contacto de los metales, petrifica. ¡Benditos sean todos los que mantienen luces encendidas en los altares del espíritu! ¡Y perseguidos sean, con látigos de fuego, todos los que apaguen las luces del templo!

Donde Nueva York tiene puestos ahora los ojos, es en Washington. Y no porque el diputado Cox, orador joven, llene de dardos certeros el escudo de sus enemigos; no porque el austero demócrata Randall, caballero de pro, de quien se suele hablar como de candidato grato al país para la presidencia, repita en alta voz a un diputado que le injuria el ¡Be a man! enérgico de Shakespeare; no porque en alegres fiestas, en que suelen brillar magnamente, por luz de hermosura las damas de nuestra América, y por luz de intelecto nuestros enviados diplomáticos, se cierre con brillo el invierno agitado y suntuoso de la corte republicana. En Washington se libra ahora la batalla de los aranceles. En Washington acaba de darse al público el proyecto de tratado comercial con México.

La política es un sacerdocio, cuando empujan a ella gran peligro patrio, o alma grande. Hay criaturas que se salen de sí, y rebosan de amor, y necesitan darse, y traen a la tierra una espada invisible, siempre alta en la mano, que enciende con su fulgor los campos de batalla, mientras viven, y cuando caen en tierra cubiertas de toda su armadura, vuela cual llama azul, al Sol. Pero suele ser villanía la política cuando decae a oficio. Este espectáculo ofrece ahora este pueblo, decidido a sacar de su silla a los augures, y a sentar en su puesto a sacerdotes.

Una palabra pinta la impresión que las últimas elecciones causaron a los republicanos, que se tenían por dueños de la tierra: espanto. En las votaciones de noviembre, el país les azotó las mejillas con las pruebas de sus pecados. Y como dependiente de mercado sorprendido en falta, que teme ya por el puesto que no honra, y anda lleno de susto, procurando halagar al dueño a quien teme, los republicanos se tocaron la frente con ceniza, y ofrecieron penitencia. Se les acusaba de emplear en proyectos innecesarios y fraudulentos el exceso cuantioso de las contribuciones anuales sobre los gastos del año. Se les acusaba de mantener de deliberada voluntad las contribuciones de guerra, los altos derechos de aduanas y los muy crecidos sobre ciertas industrias nacionales, para repletar así, en provecho de cómplices, electores poderosos, y monopolizadores, las arcas del Estado. Se les acusaba de impedir a la gran masa del país la compra a buen precio de los artículos de vida, la cual vendría tras la reducción juiciosa de los derechos excesivos que ahora estos artículos pagan, sin más objeto que el de librar de la competencia extranjera al número escaso de industriales que, merced a los altos derechos, imponen en la nación sus productos inferiores a un precio crecido. Y la acusación fue tan imponente, que la penitencia tuvo que buscar forma sin demora.

Anunciaron, pues, los republicanos que era porción de su programa en la actual campaña del Parlamento rebajar en unos 75.000.000 las contribuciones que ahora paga la nación. Mas como la semilla está en la fruta, está en la esencia del Partido republicano la conservación de los intereses que estas medidas hieren. Lleva el gusano en la médula. El partido está compuesto de los elementos que esas reformas herirían en la entraña. Raro es el representante republicano a quien no ligan, sobre los compromisos generales de su partido con el cúmulo de productores patrocinados con las leyes prohibitivas y el arancel proteccionista, compromisos parciales con los productores de su Estado, que son siempre electores poderosos. La reforma era indispensable: pedirla es mermar, y empobrecer acaso, las industrias protegidas; estaba, pues, cada representante republicano, dispuesto a votar toda rebaja en las industrias extrañas a sus representados inmediatos.

Los magnates del azúcar cuidaban poco del daño que la rebaja de derechos de entrada del hierro extranjero causase a los magnates del hierro, con tal de que no se rebajasen los derechos que gravan el azúcar extranjero, y permiten así la buena venta, en casa del pobre, de azúcar patrio. Pero importaba poco a los magnates del hierro, con tal de que no se permitiese la entrada al hierro de afuera, que los azúcares extraños vinieran a poner en peligro, una vez libres de derechos de introducción, los azúcares del país. Y se presentó en el Senado un proyecto que, con un corte de derechos en el azúcar, cercenaba en unos 20.000.000 los impuestos, con lo que, sin gran riesgo de los magnates del azúcar, se daba, sin embargo, muestra de acatamiento y penitencia al pueblo que se mostró señor colérico y descontento en las elecciones de noviembre.

Pero como el Partido republicano tiene por fibras a todas esas industrias, sin sajarse sus propias fibras no puede sajar hondamente ninguna de esas industrias. Hecha ya una rebaja, no le cabe hacer otra. Y si hace una ya no puede hacer otra, porque el clamor de sus amigos y mantenedores sería mayor que el de sus enemigos clamorosos.

No ceden un ápice los elementos dominantes que mantienen a flote al Partido republicano, en las doctrinas de protección para cuya defensa lo mantienen. Los políticos, bien que cederían, por dar gozo al pueblo, y asegurarse en la silla; pero liga más a los políticos su trato con los electores que al portero romano ligaba a la puerta su cadena de oro.

Los magnates del hierro anunciaron que derrotarían el proyecto de rebaja en los azúcares si, a despecho del vocerío popular y a la faz de la república acusadora, no se garantizaba con un aumento en el impuesto al hierro extranjero, la protección indeterminada a todas las industrias del hierro en los Estados Unidos. Y como unos republicanos no osan favorecer tal medida, los otros destruyen la rebaja proyectada. Los republicanos derrotaron a los republicanos.

Querían provocar a los demócratas, con lo mezquino de sus reformas, a oposición vehemente a los proyectos presentados, con lo que aparecerían ante la nación como incorregibles perturbadores, y los enemigos reales de la mejora intentada por los republicanos; mas los demócratas cuerdos parecían dispuestos a votar el proyecto, que acaso solo para que fuese derrotado sacaron a plaza los republicanos: y como los intereses encontrados de éstos dan ahora en tierra con el proyecto de reforma, viene a volvérseles la daga contra el pecho, y a quedar de nuevo como los burladores de la república, y más defensores de camarillas de intereses personales que de los grandes intereses públicos; y a dejar a los demócratas en limpia fama de apóstoles y ejecutores de la reforma anhelada de aranceles, con cuyo estandarte librarán, sin duda, en las elecciones venideras, gloriosa batalla.

¿A qué contar cosas menudas? Todo apunta al menester supremo: sacar los negocios públicos de manos de los que trafican en ellos. ¿Los demócratas, acaso, luego que triunfen, harán gala mayor de independencia? La virtud es presumible, cuando está del lado del interés, y solo en el ejercicio de la virtud reside el triunfo.

Hay demócratas proteccionistas, y no de poca monta, ni en escaso número. Cunde por fábricas, muelles y minas, que con dejar entrar los productos extranjeros sin derechos, o a bajos derechos, se quedarán sin labor los trabajadores nacionales. Pero como cabe reducción suma en los actuales gastos del gobierno, y hay hoy en las entradas exceso sumo, cortarán los demócratas todo el exceso de las contribuciones que ahora pagan ciertas industrias de la nación, y de otras contribuciones internas, que gravan hoy duramente los artículos de consumo esencial, y librarán de derechos a productos extranjeros que no sean en los Estados Unidos muy fabricados: con lo que el clamor popular quedará oído, servida la preocupación que cunde entre los trabajadores, la vida grandemente abaratada, y el sistema proteccionista en alza por buen tiempo todavía.

Mas así como la oposición va en pareja forzosa con la virtud, suele ir en política, luego que se aseguran los pies en el dominio señorial, aparejada la victoria con el extravío. Y como en esta y en aquella parte suelen los demócratas triunfantes no hacer cosa mejor que los republicanos en triunfo, pudiera acaso, en tiempo no lejano, alzarse hermosa y definitivamente el voto público, y buscar manera de enderezarse y aplicarse por modo limpio y nuevo, que quite de los ojos de sus representantes el peligro de quedarse sin manos con que hacer leyes, por tenerlas arrendadas a los productores poderosos que contribuyen a elegirlos, o de poner la mano en granjerías, tenebrosas defensas, y logros viciosos.

Ya un periódico de caricaturas, que redacta y dibuja gentes de otras tierras, y por eso acaso refleja las de ésta con tal verdad y brío que excita la atención y ha domado a la Fama, pinta ahora —entre gente muerta, o mal herida, o vestida de parches y retazos, o de armaduras flojas y abolladas, que son los partidos viejos— un doncel candoroso y arrogante de franco porte, suelta blusa, ancho calzón y fuerte bota, que con la mano puesta en el arado, mira severamente, como surgido por golpe mágico y soplo puro de las entrañas de la tierra, el horizonte limpio, el campo por labrar, el mundo nuevo. Y llama a este doncel, el «nuevo partido».

Que el sufragio no está en su quicio, lo dicen todas las pruebas. No hay cosa mejor que él; pero puede ser aún mejor que él mismo.

No puede ser representante honrado el que va al Parlamento lleno de gratitudes, y de mercedes recibidas, y de trata tácita o expresa con el cacique que le nombra. ¡Tales siervos no pueden ser los encargados de defender la libertad!

Bien hacer, pues, ciertos prohombres de la mente y de la fortuna que se han congregado en Nueva York para tener puestos los ojos en los negocios públicos; para nombrar candidatos respetables y probados, que no salgan jamás del seno de la congregación; para distribuir la obra de vigilancia en comisiones diversas, que se encargarán respectivamente de examinar los diversos ramos de la administración pública; para arrebatar, en suma, los negocios del Estado de la cohorte de politicuelos de profesión que suele hacer de ellos, como los virreyes de nuestras tierras, encomiendas y mercedes de favorecidos, y volverlos a las manos respetuosas de hombres probos y graves, que defiendan los intereses públicos como el caballero de otro tiempo defendía a su dama, y reciban el cargo de dirigirlos como investidura venerable y como depósito sagrado. Los malos no triunfan sino donde los buenos son indiferentes.

José Martí

La Nación. Buenos Aires, 31 de marzo de 1883.

29. Cartas de Martí. El tratado de comercio entre México y Estados Unidos. Don Matías Romero. El general Grant. Parte oculta del tratado. Las reclamaciones de Estados Unidos en México. Los aranceles de aduana y el proteccionismo. Evarts y Pedro Cooper. La gran biblioteca para artesanos. Asamblea proteccionista presidida por Cooper. William Dodge, su vida y su propaganda por el reposo dominical. Los «self-made men». Muerte de Morgan. John Swinton y su raza, su vida y su oratoria. El presidente del Banco de New Jersey. El calidoscopio de la vida norteamericana. La República Argentina. Don Carlos Carranza

Nueva York, febrero 25 de 1883

Señor director de *La Nación*:

Tanto como el penoso simulacro de reforma que cae encima del Partido republicano que lo proyectó como casco de normando del siglo VIII sobre cabeza de hombre de estos tiempos, preocupa ahora a los Estados Unidos el tratado comercial que tiene en ajuste con México. Se conocieron de tiempo ha, en una aldea maltrecha, don Matías Romero, hombre de hechos y de cifras, y Ulises Grant, que encamina los sucesos de la paz con seguridad y cautela iguales a las que despliega con los ejércitos en guerra.

Como conoce un histólogo un tejido, conoce don Matías Romero la muchedumbre de hechos menudos que contribuyen a la hacienda de su patria. Escribe sin tasa: rumia pensamientos: huronea archivos: se sienta a platicar con labradores: quiebra toda yerba y rompe toda piedra. Haría un elefante amontonando hormigas. No es de los que miran al cielo y sienten en el corazón agitado la mordida sangrienta de lo sublime: es de los que creen que remata el hombre su tarea en la tierra cuando puede sentarse a contemplar el alto montón de su fortuna. Pone, pues, mientes, más que en alardes de sentimientos y lujos de inteligencia, en cosas de bienestar material: y se enamora de cuanto lo asegura.

Grant calla lo que piensa, que no es jamás cosa baldía; y acaso echa en la mente cimientos de poderosísimo palacio, cuando parece que persigue por los aires la vaga columna de humo de su tabaco perfumoso.

De años viene, y no de ahora, el tratado que hoy mismo ha salido a la luz: ajustado, con plenos poderes, por Grant y Romero. Los Estados Unidos abren en él las puertas a los productos naturales de la tierra mexicana, a los cueros de la costa, a los toros de Veracruz, al azúcar de Córdoba y Orizaba, a las maderas ricas de Tabasco, a las riquezas múltiples de Oaxaca, al henequén, de cuyo fruto vive la gente yucateca, al tabaco en rama, que en vano aspira a igualar al dulce veneno de Río Hondo, al esparto y otras materias fibrosas, de que los Estados Unidos hacen papel; al ixtle, variedad pródiga del rico agave, con cuyas hebras se harán, a poco estudio, frescos y fortísimos tejidos; a las frutas, que en aquella tierra bastan a endulzar las penas; al café, que cuando es de Colima, parece néctar, y cuando de Michoacán, parece hachich.

Y México, en cambio, abre sus puertas a cuantos artículos mayores y menores puede necesitar una nación para surgir de súbito aderezada, como del soplo mágico de Mefistófeles surgió galano y gentil el arrugado Fausto. México admitiría, a aprobarse el tratado, maquinaria de todas formas y tamaños, construcciones de ladrillo y de madera, casas completas y cuanto se requiere para hacerlas, vías de ferrocarril y todo lo que en ellas sirve; cuantas maravillas de arte agrícola atesora esta tierra; cuanto aparato de minería puede sacar a los mercados el dormido Eldorado que reposa en las entrañas de los montes de México; tantas cosas, en suma, cuantas bastan para trocar en emporio de industria la enmarañada selva.

Decir más ahora del tratado, fuera prematuro. México exporta poco, y ya tiene mercado para lo que produce y para lo que él, mientras el tratado durase, habría de producir. A los Estados Unidos sobran los productos cuya libre introducción en México se proyecta, y si de traerlos a su suelo sacaría México beneficio, de venderlos fuera del suyo no lo sacarían menos los Estados Unidos.

Contra la introducción libre del azúcar, claman los que en Estados Unidos la elaboran, por creer que el fruto vendría a ruinosa baratura; a lo que responden los amigos del tratado que es tal el monto de azúcar que los Estados Unidos consumen, y tan escasa aún la que produce México, que la entrada libre de ésta, a la par que favorece el cultivo de la caña en México, y asegura en lo porvenir azúcar muy barata a Norteamérica, no alteraría ahora el precio del fruto en los Estados Unidos.

Apuntan duendes de bastidores que va derechamente el tratado —y ésta es idea que prohíjan diarios de Washington y el *Sun* de Nueva York— a proteger, con maña astuta, los intereses valiosos de una de las compañías de ferrocarril americanas que ahora tienden rieles por las soledades de México, y consiste la maña en que, como de ser aprobado este proyecto comercial, queda apenas sin entradas de aduana, salvo en tejidos de Europa y cosas de poca monta, el gobierno de México, se vería éste a poco forzado por falta de dineros, a suspender a uno de los caminos de hierro, por él subvencionado, la suma que el gobierno le acordó, con lo cual vendría el camino abajo, y podría seguir su obra sin estorbos la compañía rival, de que es el general Grant creador conspicuo y miembro conocido.

Y los veedores de mal ven riesgos de reclamaciones futuras de súbditos de este país contra un gobierno a quien, tal tratado como este que se proyecta, ha de dejar sin modo de cumplir, sobre los vastos egresos que su complicado sistema doméstico y peculiares hábitos políticos requieren, las obligaciones crecidas con gente extranjera que movida de un noble afán, a par que del deseo de ganar crédito con un pueblo laborioso fatigado de inútil guerrear, ha trabado el gobierno mexicano.

Aunque a esto paran de lado, y paran bien, los Estados Unidos, mostrando deseo vivo de que una nueva comisión revise la luenga suma de reclamaciones norteamericanas a cuyo pago, pocos años hace, fue condenado México, y devuelva a la república latina lo que, según gentes del caso susurran, fue en cantidad notable concedido con exceso.

No fuera mucho que con México, a quien como mercado para los frutos sobrantes de los Estados Unidos necesitan, y cuyo cultivo de frutas tropicales quieren avivar, para alcanzar así mañana a precios mínimos lo que hoy a precio alto compran de las Antillas y otras comarcas de América, hicieran los Estados

Unidos lo que con el sumiso Japón acaban de hacer, que pagó en otro tiempo a boca de cañón suma cuantiosa por supuestas ofensas, que no parecen hoy tales al gobierno de Norteamérica, el cual devuelve honradamente al Japón, aunque sin los intereses acumulados por suma que se reconoce recibida sin razón, y que el Japón tomó prestada, la cantidad íntegra que pagó más de una decena de años hace a los Estados Unidos.

De aranceles es cuestión, ya en el proyecto de reforma de los republicanos, ya en el de tratado con México. Y no ha habido modo de combate que los proteccionistas no hayan traído a lío para impedir, so pretexto de rebaja de exceso en el cobro de contribuciones, rebaja alguna en los derechos que permiten la producción en Norteamérica de artículos que se fabrican también en el extranjero. Noches hace, ¡qué voz trémula y patriarcal se oía en una vasta sala, colmada de gente! En mármol griego, tajada por mano poderosa, y oscurecida por el polvo del tiempo, parecía tallada la cabeza de un orador proteccionista; era la de Evarta, de lengua diestra, rica y acerada, cortante como ancha hoja de Toledo: y cuando acaba la frase, parece que ha clavado hasta que el pomo choca con el pecho la hoja de la espada.

Mas no era éste el anciano de noventa y dos años, sino otro, de melena luenga, blanca como espuma, de cuerpo endeble, como lleno de espíritu, de barba en halo que en torno de aquel rostro virtuoso parece más que barba vapor de luz. Es Pedro Cooper, cristiano como aquellos de los cinco buenos siglos del cristianismo; como paloma, dulce; como bálsamo, misterioso y fantástico, y de tal vida y bondad, que aun tallado en carne, es ya monumento. En la casa que él levantó, por ciento de millar se cuentan los volúmenes, que en biblioteca rica satisfacen perennemente el ansia de saber de muchedumbre de artesanos: en aulas grandes, se dicen sin cesar por hombres sabios y buenos, cosas de virtud, de política práctica, de arte y de ciencia; en museo permanente exhiben los inventores de todas artes sus novedades y mejoras: y cuando cada sábado, el buen padre de hombres viene, ya a medio caer sobre su báculo, a ver en aquellas salas que abarcan millares, a tanto artesano ansioso y educando pobre a quien da escuela y biblioteca, y pan cuando lo han menester, y mira como a hijos —siéntese a veces correr por la muchedumbre enamorada, que se aparta al paso, un silencio que parece ruido de rodillas, y otras veces— como si los hombres todos hubieran de llegar un día a poner todas sus almas en un solo pecho, un vítor estruendoso y unánime que hace llorar al buen anciano.

Y él presidía aquella junta de proteccionistas, porque su cariño paternal por las gentes de labor, que vuelcan hoy en tiendas, como volcó él un día, cajones y barriles, le da miedos, que acaloran su mente, de que con la súbita entrada de artefactos extranjeros que seguiría, con torrencial empuje, a una legislación librecambista, quedarían los artesanos en facilidad de comprar a menos precio lo que necesitan, mas sin trabajo alguno, por el inmediato perecimiento de las industrias de la nación, para comprar, no ya lo ajeno, sino lo más necesario propio. ¡Oh, era de oírle hablar, defendiendo a la gente de labor con la magnífica angustia de un buen padre que en su lecho de muerte da consejos a sus hijos en peligro!

Y a su lado se erguía otro hombre de recia edad que ya no habla, porque entró en la tierra del silencio, y reposa. Creso no fue más rico que William Dodge. Medía varas de tela y piezas de cinta allá en sus mocedades, cuando era Nueva York corteza de avellanas y daba pasmo ver una carroza por las calles, guardadas en la noche, de fantasmas más que de malhechores, por vigilantes que dejaban caer con mayor frecuencia los párpados que las armas. Era entonces recinto de los nobles el que ahora apenas parece bueno a mercaderes principantes; e iluminó antes de morir la faz la luz eléctrica a aquel que de pequeño voceó bravamente la noche del estreno de la primera luz de gas. Dodge creció luego de traficante en telas a negociador en metales: y de ellos a ferrocarriles, que no dejó jamás correr en domingo, por parecerle bien que se abrieran las puertas de la república a todo extraño necesitado de pan y de libertad, sin la que no se halla sabor al pan más blando, y es el aire del alma, que lo fortifica y abre al vuelo, mas no creía Dodge que fuera buen modo de pagar de los extranjeros esta acogida cariñosa, con la turbación de la paz dominical, de que fue, en práctica y discursos, y en escuelas y leyes, vehementísimo partidario. Tanto temor tenía a las rebeliones que amontonan en el espíritu seis días de yugo, que le parecía aún poco un día de alas. Y con su plática, y su tiempo, y sus dineros, mantuvo y protegió gran número de escuelas de domingo, donde los niños cantan, con lo que ya se purifican y se elevan, y los maestros hablan de virtud, que todavía ampara, cuando no siendo ya un hecho, no ha dejado aún de ser un nombre.

Seducen estas vidas milagrosas. Mueren en palacios reales hombres que nacen en cabañas, o bajo aleros de tejados. Una loba crió a Remo. ¡Mejor nodriza es la dificultad, que cría a estos hombres! En ellos no es la vida reflejo de libros, que hace pálido el rostro, inflama el cerebro y falsea la existencia: ni tradición de familia, que echa al hombre a vivir cargado de cadenas: ni copia de obra ajena, que trueca al vivo en queso redondo vaciado en molde de quesos.

¡Oh, no hay cosa como esta de vivir por sí propio! ¡Oh, no hay crianza como la de esta vida directa, esta lección genuina, estas relaciones ingenuas y profundas de la naturaleza con el hombre, que le dejan en el alma cierto perpetuo placer de desposado, a quien no engañó jamás su amada!

Por eso parecen siempre jóvenes estos ancianos, que comenzaron así la vida: en el campo, rompiendo la tierra: en la ciudad, rompiendo los obstáculos. Nada fortalece tanto como el ejercicio de la fuerza. Nada abona y magnifica el ánimo tanto como el contacto con las fuerzas vivas. Así esos hombres, que han subido de semillejas a copas de árboles, y de lecherillos de cortijo, a dueños de casa real, miran siempre con terneza a todo nuevo cortejador de la fortuna, y ven como cosa propia a la naturaleza, con quien tienen confianza tan estrecha como de hijo a madre; y hechos a soledades inspiradoras, y espectáculos sorprendentes y solemnes, tuercen impávidos los ríos; sacan de su curso, para que muevan semilleros de fábricas, las cataratas del Niágara; copian en sus graneros las más altas pirámides naturales y vuelcan y trastrojan impasibles las altas montañas.

¡Se van, se van los vicios! Ellos son como el ornamento, y la mejor fuente de fuerzas de la vida. ¡Qué ejemplo, un anciano sereno! ¡Qué domador de fieras, todo anciano! ¡Cuán bueno ha de haber sido el que llega a esos años altos sonriendo! Con cada día nacen dos cosas: la luz del Sol, y un árbol de cuasia. ¡Oh, dulzura de los labios, la de aquel que aún tiene los labios dulces después de tanta copa amarga! Otro anciano ha muerto, que venció a la vida desde cuna pobre; que en años sombríos y gigantescos de la rebelión armó dos veces, de cada treinta días, treinta mil soldados; ¡y para aquello fue lícito armar soldados: para limpiar la tierra de ignominia, y cubrirla de hombres! Ha muerto Morgan, gobernador famoso, por honrado, prudente y activo, de Nueva York durante la guerra. Empréstitos, con pedirlos, los tuvo. Engaños, sufrió pocos, y no intentó ninguno. Era hombre de consejo, que oye y no habla. Y fue amigo de Lincoln.

«¡Aquí, aquí: a la plataforma! ¡500 me dan por este buen negrazo! Come poco y trabaja mucho, y ya sabe lo que es mordida de perro»: ¡y a esto seguía —como para prueba de los méritos del esclavo que se remataba— un latigazo! «Aquí, aquí: ¡a la plataforma! ¡ésta es la linda Adelina, que se ve que es muy linda y tiene dieciocho años: le vendimos el hijo, y está sola! ¿Quién me da 900 por la linda Adelina?» Tales gritos se oían en esta tierra por todas partes, en los remates de esclavos en plazas y lugares públicos, cuando Lincoln subió a la presidencia, apóstol de la nueva fe, y sacerdote en templo abierto de los hombres libres.

Y ayer Adelina y «el buen negrazo» u otros como ellos, se reunían en la iglesia de Bethel, a oír a un hombre de aquella vieja raza, que rifle al hombro y pie en la nieve defendió palmo a palmo, al lado de John Brown el ajusticiado, contra las leyes de su patria, a un puñado de negros fugitivos. John Swinton se llama el hombre sencillo y sincero, que en esa lengua troncal y robusta de los que saben de coro, y entienden de propia mente, la Biblia, hablaba ayer a los esclavos de antes, trocados en caballeros y damas de salón, en una iglesia hermosa, de los espantos y glorias de antaño, de los soldados del gobierno, maravillosos cuando defendían la libertad, cobardes como quien batalla contra sí propio, cuando daban caza por las selvas a los esclavos prófugos, y huían a la aparición mera de John Brown cual liebres de mastines; les hablaba John Swinton, estremecido y lloroso, de aquel abrazo que en su camino a la horca dio John Brown a un pequeñuelo negro; ¡y a la verdad, que recordando estas cosas, dan deseos de salir de nuevo por la tierra a andantear hazañas!

Y qué extraña oratoria la de Swinton, famoso aquí, sobre muy respetado, por la evangélica simplicidad de sus creencias comunistas; por su hondo don de ver, y su hábito de callar en tanto que no lo ve todo, de lo cual le viene singular poder cuando habla. Es tipo puro de esta buena raza ¡no de la de entecos barbilindos, que hablan inglés, por no parecer americanos, como aquellos galanes del directorio de Barrás hablaban la lengua de Francia, tan poco tiempo hacía estremecedora y fulminante! Es de la raza buena, llena de tal conciencia de sí, que mira su propia alma como hostia, y comulga directamente con Dios su Señor. Reyes parecen estos hombres pujantes y castos; ríen como niños; pisan como gigantes; desdeñan como hombres impecables; hablan como profetas. Swinton, a veces, arroja frases como artillero balas de cañón. Cuando se enciende en cólera, mueve el brazo de modo que parece que va a lanzar lejos, contra la frente de algún infame, una piedra sagrada.

No es solo su oratoria propia: es la oratoria de los hombres convencidos de su raza. Él es de los que se ven con un martillo, echando abajo, como tablazón podrida, tronos. Mira, como quien hoza. Hay ojos que horadan. Cuando habla, va descorriendo su propio discurso, y anunciando qué parte de él viene, como enseñador de panorama que describe al público sus vistas. Nosotros cubrimos el andamio, y hallamos gozo en este arte. Él desdeña el arte, y deja desnudo el andamio. El encanto de la primicia estuvo casi siempre reñido con las proporciones amaneradas de la cultura. ¡Por eso anhelamos vivir de origen, en estos tiempos desquiciados en que desfallecemos de copia! La vida nos llega ya recalentada y deforme, ¡y morimos a veces sin haber tenido tiempo para hallarnos a nosotros mismos!

Pocas horas hace, parecíame ver en torno mío, el sicomoro bíblico; y en el hueco del tronco, al juez de barba blanca, y en torno, tras el reo, aquel pueblo de túnicas sencillas, desnuda la cabeza y baja, el alma trémula.

—«Acusado —decía, toda llena de lágrimas la voz, un juez puro a un hombre venerable, bien poblado de canas: nunca cayó sobre la justicia más amargo deber— todos te hemos conocido, y saludado, y amado: eras el bienvenido en nuestras casas, y como el mejor de toda la ciudad; pero has faltado a la confianza que en ti pusieron tus conciudadanos; has empleado en usos frívolos los depósitos que tantos trabajadores pusieron en tus manos y yo te condeno, presidente del Banco de New Jersey, a diez años de trabajos forzados.»

¡Sollozaba el hombre canoso como un niño!

¡Mundo breve esta tierra! De una parte, en baile suntuosísimo, mézclanse a Orión resplandeciente y a Sagitario flechador la Perricholi y madame l'Archiduc; y en una cuadrilla, escondida entre las trenzas, luz astral misteriosa, danzan, en negros vestidos sembrados de estrellas, las constelaciones resplandecientes, mientras que en otra, donceles de hogaño, puestos en hondas botas, veste y calzón de lana y capa corta, cruzan elaboradas salutaciones con damiselas de saya breve, manga cerrada al puño y alta gola, y lindo modo de peinar el cabello, cogido bien en lo alto de la cabeza, como si no se hubiera de desfigurar con afeites parte tan noble, en lo que imitan las niñas del baile a las doncellas cuáqueras de antaño. Y de otra parte, hombre salvaje, de barba crespa y torcida, como nido de sierpes, el cuerpo mal envuelto en cuero de caballo, ágil como tigre, torvo y feroz, aparece en las calles de Atlanta, devorando a mordidas ansiosas un conejo recién muerto. La muchedumbre alborotada le persigue, y él a saltos la burla. Le echan un lazo como a bestia, y él lo esquiva, arrástrase velozmente por la yerba, y entra al bosque, su reino sombrío.

Hubo en tierras de Cuba un magnífico semisalvaje, que comía peces y todo género de carnes crudas, que no conoció la obra de las leyes, y ni acató ni violó jamás ninguna; que dio un hijo a la tierra, a su pueblo un soldado; y a una mano impía que no lo preservó, su vida en un libro; que huía, llegada la noche, de las moradas de los hombres, cual noble ciervo de traidora trampa; y decía en altas voces que iba en busca de su «palacio azul»; que amó a los niños y a su caballo, y odió a los malvados; que se prendó una vez de dama altiva, y abatió un toro, le arrancó el corazón, clavó en él un cuchillo, y envió el presente a la dama como palabra de su amor: ¡madrigal homérico!

¡Oh! Cuán ricas enseñanzas, en toda ciencia y en la suma histórica, arrancan de este pueblo, donde en un mismo día abarcan los ojos un paisaje vaporoso de Corot y el salvaje de Georgia; colérica muchedumbre que asalta una cárcel y fuerza al preso a quien reclama enfurecida, allá en pueblo lejano, a sacarse de un tajo de cuchillo la vida por la garganta, y jueces indomables que traen a escrutador y cerrado proceso los fraudes de altos administradores de correos que suponían en curso rutas nunca abiertas, para obtener de este modo del erario, representado en ellos mismos, sumas ponderosas. Aquí se coge la flor de la selva y se respira el vapor del antro. En esta colosal redoma, por maravillosa alquimia se renueva la vida.

¡Bien sé yo que la tierra adonde te envío, ¡oh mi carta enojosa! ve delante de sí las grandezas y glorias que ve ésta! ¡Bien sé yo que en amar la aventaja y en riquezas la iguala, y en entusiasmos generosos de nadie va en zaga! ¡Bien sé yo que es cantar de la nueva épica, que ya no se alimenta de altos muros ferrados, ni sombrías barbacanas, ni ensangrentadas hachas de armas, ni de desposadas de pechero, ni de cabezas de infieles, sino de llanos verdes y valiosos, cuajados de hombres libres, de terrones desmenuzados por el arado, de bestias vencidas! Maravillas me contaba hace un instante, con su palabra que rebosa amores por el suelo patrio, el caballero recién venido, verdadero hidalgo bonaerense, don Carlos Carranza. Quien ama así a nuestra América merece bien la estima singular en que los del solar propio y los del extraño le tienen en ésta. Oyéndole sus fervorosas historias patrias se ven horizontes encendidos, cumbres nuevas, perspectivas mágicas. Somos jóvenes, y si no hacemos cuanto la naturaleza espera de nosotros, ¡seremos traidores!

José Martí

La Nación. Buenos Aires, 1 de abril de 1883

30. La cuestión arancelaria. La importantísima cuestión sobre aranceles está aún pendiente

Las discusiones, prolongadas en ambas Cámaras hasta el fastidio, solo han dado por resultado hasta hoy, último día de febrero, en que entran en formas nuestras columnas, el nombramiento de una comisión de conferencias para atender a este asunto que mantiene en suspenso todo el movimiento industrial y comercial del país. Inútil sería que comunicáramos a nuestros lectores el mismo cansancio que hoy experimenta el pueblo americano, tratando de seguir paso a paso los acalorados debates, las sordas maquinaciones, las tergiversaciones y trabajos de zapa, en la lucha incesante en que están empeñados los dos principios económicos rivales: el proteccionismo y el librecambio; lucha que hace aún más agria el elemento político, que sin presentarse francamente en la arena del debate, dirige desde la sombra las opiniones. Bastará, pues, manifestar que el Congreso cierra sus sesiones el 4 del entrante marzo y que las horas de que puede disponer para resolver cuestión tan importante, están contadas.

Parece que los intereses del hierro de la Pennsylvania y los de la lana de Ohio son las causas principales de los trastornos y dilaciones hasta hoy ocurridos; pero puede asegurarse que el elemento proteccionista en general ha dominado, domina y dominará la situación. Los partidarios de este sistema pretenden con soñada supremacía —que si no fuera perjudicial a la par que ridícula, podría ser soportable— representar la voluntad, en mayoría inmensa, de los cincuenta millones de habitantes que componen el pueblo americano. Este sacrificio, sin embargo. de las grandes masas populares al egoísmo de contadas clases privilegiadas, no es la voluntad de la nación; de lo que suceda no tendrá el pueblo nada que reprocharse. Además de estar proclamado el sentimiento general por casi todos los órganos de la opinión pública, citaremos la reunión que tuvo lugar hace poco en Cooper Institute, para protestar enérgicamente contra el espíritu ultraproteccionista que se cierne hoy, como el genio de la devastación, sobre las Cámaras americanas.

Varios y expresivos fueron los discursos pronunciados en esta reunión popular, compuesta de gran número de industriales, comerciantes y personas pertenecientes a todos los ramos del tráfico y a todas las clases sociales. Allí se pidieron en coro materias primas baratas para poder luchar contra las manufacturas extranjeras; mejora en que está interesado el obrero como el que lo emplea; allí se hizo ver que no se ignora que el carecer hoy de estas ventajas se debe a que las industrias más antiguas que las de fundación reciente, obtienen con su influencia y su fortuna, derechos protectores exorbitantes sobre los artículos que justamente necesitan como materias primas para sus trabajos las industrias americanas. Allí se hizo oír la voz de la verdad, desnuda de adornos retóricos, concisa, franca y leal, para manifestar que el pueblo sabe que se le obliga a pagar $50 por un vestido que podría venderse por $25 o $30 si no existiera un derecho ruinoso sobre el paño.

Por último, se adoptaron resoluciones, tales como la de no pretender nada que fuera opresivo para una clase cualquiera; pedir una escala de derechos que hiciera justicia a todos los intereses; oponerse a la prohibición en un sentido cualquiera; protestar contra toda legislación que tienda a impedir que las materias primas empleadas en las fábricas americanas, puedan adquirirse ventajosamente, único medio de poder competir con Europa en el comercio del mundo.

Más podríamos decir, para demostrar palpablemente la verdadera opinión del pueblo americano, y los pocos prosélitos con que ya, por fortuna, cuenta el proteccionismo; pero debemos utilizar el espacio de que podemos disponer para bosquejar, aunque a grandes rasgos, la situación a que hoy puede quedar reducido el industrioso pueblo americano, gracias a este ruinoso sistema.

Dijimos que queda a las Cámaras americanas, o mejor dicho a la comisión de conferencia nombrada, horas contadas para resolver; y de esta premura de tiempo, resultado de la pérdida de largos días lastimosamente empleados en estériles debates, pueden resultar dos cosas a cual más perjudiciales para la industria y para el comercio de los Estados Unidos, y por consecuencia de todas partes, por ese encadenamiento de intereses que cada vez es más general entre este inmenso mercado y los del resto del mundo. O bien deja la comisión de conferencia nombrada las cosas tal como hoy están hasta la próxima reunión del Congreso, a fines del año; o bien resuelve, tratando de equilibrar las opiniones del Senado y de la Cámara, y por tanto, desatendiendo a los intereses del país en general. En uno u otro caso, sería necesario someterse a una situación que en poco tiempo vendría a ser insostenible.

Si nada se resuelve, continuará la enorme presión que hoy paraliza todos los elementos de producción, hasta la reunión del nuevo Congreso, y el movimiento del año actual, que aún podría ser de prosperidad para todos, quedaría estacionario.

Además, no será posible prolongar con buenos resultados, la incertidumbre en que están todos. La paralización de ramos de importancia de la industria, la desanimación y desconfianza que reina en los círculos comerciales; las quiebras consiguientes a este estado de cosas, indican claramente que la ansiedad general no podría tolerarse mucho tiempo. Lo que pase exige pronto y eficaz remedio; esta situación de espera, no podría prolongarse un año más. Lo que hoy puede pasar como un simple resultado del descontento general, podría mañana tomar un carácter más crítico y amenazador, y producir una de esas crisis económicas de las más serias proporciones.

En muchas partes del país, varias manufacturas han reducido sus trabajos, y a éstas seguirán otras. Estimulados los fabricantes por un arancel ciegamente proteccionista, han multiplicado enormemente la producción, y en la actualidad el consumo del país no será bastante, a menos que una confianza general vuelva a equilibrar todos los intereses. Con el aumento de exportación solo podría contarse a condición de que el fabricante disminuyera sus precios; de otro modo, los mercados extranjeros no abrirán con más franqueza sus puertos a las producciones que en el país rebosan.

No querríamos recargar de sombras el cuadro que presentamos, pero la situación es tal como la indicamos. Para formar idea de los resultados que da la incertidumbre por que atraviesan todos, baste saber que las transacciones comerciales hechas en una de las pasadas semanas en Nueva York, han tenido una disminución de más $500.000.000 comparadas con las de igual semana en febrero de 1882.

Si, por el contrario, se adopta un nuevo arancel, resolviendo precipitadamente, sin tener en cuenta lo que exige la opinión pública y solo atendiendo a los intereses privados de clases privilegiadas, que son las que hoy dominan la mayoría del Congreso, el descontento será tal, y tan tirante la situación, que al fin será necesario anular lo acordado para emprender nuevos trabajos al fin del año, o convocar el Congreso a sesión extraordinaria. En uno y otro caso, sin embargo, la situación será la misma, y el estado de incertidumbre quedará prolongado.

Mucho nos alegraría equivocarnos, pero de no resolverse la cuestión de aranceles satisfactoriamente, lo que dudamos, por las razones que llevamos expuestas, el comercio y la industria norteamericanos recibirán un rudo golpe, del que solo podrán reponerse en el transcurso de muchos años.

La América. Nueva York, marzo de 1883

31. En comercio, proteger es destruir. Un caso concreto esclarece más una cuestión dudosa que complicados razonamientos

Las doctrinas del librecambio, traídas de nuevo a discusión reciente con motivo de la revisión proyectada en los impuestos, acaban de recibir formidable prueba en uno de los hechos que han surgido de la discusión.

Alarmado el Partido republicano por la súbita derrota que sufrió en las últimas elecciones, y por el clamor de economías en los gastos públicos, rebajas en las contribuciones innecesarias, y honradez en el nombramiento de los empleados, clamor que cundió por toda la nación, y por las mismas filas de sus partidarios, se decidió a presentar en la actual sesión del Congreso algún proyecto de reformas, que sin dañar grandemente el conjunto del sistema proteccionista, en cuyo sostenimiento están ligados los magnates del caudal y los de la política republicana, hiciese sentir sin embargo, algún alivio real a la nación, y diera ocasión a los republicanos de presentarse en las elecciones próximas como campeones de la rebaja de derechos. Pero apenas se presentó el proyecto de reformas, comenzaron a ponerse por sobre el interés general del partido, los intereses y compromisos especiales de determinados grupos de él y de conocidos caudillos de la opinión en el Parlamento. Todas las industrias protegidas se alarmaban por igual, a cada tentativa de infiltrar en la legislación, con una rebaja cualquiera de derechos en algún artículo, la tendencia librecambista. Y como se sienten aún dueños del Congreso a cuya formación han ayudado con su influencia en las localidades, y con sus subvenciones en los momentos de la lucha eleccionaria —ejercen tiránicamente, y con esa prodigalidad que distingue a los comerciantes por quebrar, que se esfuerzan por parecer ricos, y a los reyes por caer, que se esfuerzan en parecer fuertes— toda la autoridad de que disponen sobre notorias cabezas del partido a quienes les ligan compromisos y afectos estrechos, y sobre representantes que, en gran número de casos aunque lo parecen de una localidad determinada, lo son solamente de la industria poderosa cuyos caudales e influencia aseguraron su elección. En otros países, como en Francia, en estos tiempos de creación del nuevo Estado de rehervimiento de la vida humana, y de confuso ardor de pueblos nuevos, los diputados son los siervos de las pasiones e intereses locales de sus electores: en los Estados Unidos, los representantes suelen ser los siervos de las empresas colosales y opulentas que deciden, en pro, o en favor, con su peso inmenso en la hora del voto, la elección del candidato.

Solicitado a la vez por intereses tan varios, ciegos, alarmados y despóticos, el Congreso no ha podido venir a un acuerdo en el proyecto de reformas. Y es lo curioso que, con el peligro de perder sus fueros, los explotadores de las industrias que llaman nacionales, han querido reforzarlos, y, so pretexto de rebajas insignificantes, han pedido en realidad en casi todos los casos gravámenes mayores que los que ya estorban la introducción de los artículos extranjeros.

En cada caso ha sido demostrado por los abogados de la fe librecambista la injusticia moral y el daño pecuniario de obligar a una nación tan vasta como ésta a vivir estrechamente y a gran costo, por el mero beneficio del escaso número de capitalistas y trabajadores que se ocupan en la producción en territorio nacional a precios altos, de artículos imperfectos, que toda la nación podría comprar perfectos a precios bajos, traídos del exterior. En cada caso se ha demostrado que no debe mantenerse a un pueblo, y a un pueblo de elementos tan robustos, vehementes y heterogéneos como éste, en el cultivo de industrias que, a pesar de oprimir el país con sus grandes privilegios, no pueden mantenerse por sí propias, lo cual causará el día del descubrimiento del fracaso, que al cabo ha de venir, terrible suspensión de la actividad nacional, y gran ira en los ejércitos trabajadores.

Pero en ningún caso quedó más en relieve la falacia de los argumentos proteccionistas, que en el proyecto de aumentar los derechos de introducción que ya pagan las maderas extranjeras. Como herida en la médula, se ha levantado la nación. El riesgo saltó al punto a los ojos, y apenas hay hombre de prensa o de política que ose negarlo. Ya se ha hecho bandera del peligro. En uno y otro diario tropiézase todos los días con este aforismo: «La imposibilidad de introducir maderas extranjeras significa la destrucción de nuestros bosques». Y es obvio que la destrucción de los bosques significa a la larga, y fatal e irremediablemente, el raquitismo futuro de la tierra, y el empobrecimiento agrícola del país. ¡Cómo suspira ahora España por los bosques que dejó cortar en mal hora a leñadores ignorantes! ¡Cómo perecen sedientos los frutos de sus campos! ¡Cómo demandan en vano la lluvia prolífica sus montes mondos, secos y escuetos! Y en México, el Estado de Tabasco, tan rico aún en valiosísimas maderas, ¡cuán pronto vendrá a ruina, si no se da sin demora, y con cuidado absorbente, a preservar sus hondos y magníficos bosques de cortes en estación inoportuna y sin la resiembra consiguiente! Y en todas partes donde se esté cometiendo igual error, se harán luego en vano por remediar la pobreza nacional inútiles esfuerzos.

Esto acontecería naturalmente en los Estados Unidos, si, amontonando derechos de entradas sobre las maderas extranjeras, hubieran de acudir a las de los bosques del país todos los empeñados en las portentosas empresas de fabricación, que improvisan aquí cada día ciudades nuevas, o reconstruyen las viejas sobre sus quicios. Se caería en el error de creer que esos bosques macizos y solemnes, maravilla de la naturaleza, no habrían de acabarse jamás. Se arruinarían los árboles, cortándolos fuera de época. Se burlarían las leyes de la resiembra, difíciles de hacer cumplir en la soledad de las selvas, por lo que se han burlado en todas partes. El estímulo de la gran ganancia cerraría los ojos al gran peligro. Y a la larga, en días tristes, quedaría la tierra seca, los plantíos enfermizos, y la agricultura en ruina.

Pues así se atrofia la vida nacional con las ligaduras del proteccionismo.

La América. Nueva York, marzo de 1883.

32. Carta de Martí. Suma de sucesos. Los trabajadores: sus fuerzas, sus objetos, sus caudillos, europeos y americanos.

Honores a Karl Marx, que ha muerto. Baile de trabajadores. De lo que se habla en el mentidero neoyorquino. El romántico Butler. Esgrima de cuaresma; homilías y contrahomilías; fray Luis de León y Jorge Sand. Condición y puesto legítimo de la mujer en el mundo moderno; las universidades y las mujeres. Un baile famosísimo. Tentativa, no aplaudida, de creación de una aristocracia. Convencionales en la tiniebla

Nueva York, 29 de marzo de 1883

Por tabernas sombrías, salas de pelear y calles oscuras se mueve ese mocerío de espaldas anchas y manos de maza, que vacía de un hombre la vida como de un vaso la cerveza. Mas las ciudades son como los cuerpos, que tienen vísceras nobles, e inmundas vísceras. De otros soldados está lleno el ejército colérico de los trabajadores. Los hay de frente ancha, melena larga y descuidada, color pajizo, y mirada que brilla, a los aires del alma en rebeldía, como hoja de Toledo, y son los que dirigen, pululan, anatematizan, publican periódicos, mueven juntas, y hablan. Los hay de frente estrecha, cabello hirsuto, pómulos salientes, encendido color, y mirada que ora reposa, como quien duda, oye distintos vientos, y examina, y ora se inyecta, crece e hincha, como de quien embiste y arremete: son los pacientes y afligidos, que oyen y esperan. Hay entre ellos fanáticos por amor, y fanáticos por odio. De unos no se ve más que el diente. Otros, de voz ungida y apariencia hermosa, son bellos, como los caballeros de la justicia. En sus campos, el francés no odia al alemán, ni éste al ruso, ni el italiano abomina del austríaco; puesto que a todos los reúne un odio común. De aquí la flaqueza de sus instituciones, y el miedo que inspiran; de aquí que se mantengan lejos de los campos en que se combate por ira, aquellos que saben que la Justicia misma no da hijos, ¡sino es el amor quien los engendra! La conquista del porvenir ha de hacerse con las manos blancas. Más cauto fuera el trabajador de los Estados Unidos, si no le vertieran en el oído sus heces de odio los más apenados y coléricos de Europa. Alemanes, franceses y rusos guían estas jornadas. El americano tiende a resolver en sus reuniones el caso concreto: y los de allende, a subirlo al abstracto. En los de acá, el buen sentido, y el haber nacido en cuna libre, dificulta el paso a la cólera. En los de allá, la excita y mueve a estallar, porque las sofoca y la concentra, la esclavitud

319

prolongada. Mas no ha de ser —¡aunque pudiera ser!— que la manzana podrida corrompa el cesto sano. ¡No han de ser tan poderosas las excrecencias de la monarquía, que pudran y roan como veneno, el seno de la libertad!

Ved esta gran sala. Karl Marx ha muerto. Como se puso del lado de los débiles, merece honor. Pero no hace bien el que señala el daño, y arde en ansias generosas de ponerle remedio, sino el que enseña remedio blando al daño. Espanta la tarea de echar a los hombres sobre los hombres. Indigna el forzoso abestiamiento de unos hombres en provecho de otros. Mas se ha de hallar salida a la indignación, de modo que la bestia cese, sin que se desborde, y espante. Ved esta sala: la preside, rodeado de hojas verdes, el retrato de aquel reformador ardiente, reunidor de hombres de diversos pueblos, y organizador incansable y pujante. La Internacional fue su obra: vienen a honrarlo hombres de todas las naciones. La multitud, que es de bravos braceros, cuya vista enternece y conforta, enseña más músculos que alhajas, y más caras honradas que paños sedosos. El trabajo embellece. Remoza ver a un labriego, a un herrador, o a un marinero. De manejar las fuerzas de la naturaleza, les viene ser hermosos como ellas.

Nueva York va siendo a modo de vorágine: cuanto en el mundo hierve, en ella cae. Acá sonríen al que huye; allá, le hacen huir. De esta bondad le ha venido a este pueblo esta fuerza. Karl Marx estudió los modos de asentar al mundo sobre nuevas bases, y despertó a los dormidos, y les enseñó el modo de echar a tierra los puntales rotos. Pero anduvo deprisa, y un tanto en la sombra, sin ver que no nacen viables, ni de seno de pueblo en la historia, ni de seno de mujer en el hogar, los hijos que no han tenido gestación natural y laboriosa. Aquí están buenos amigos de Karl Marx, que no fue solo movedor titánico de las cóleras de los trabajadores europeos, sino veedor profundo en la razón de las miserias humanas, y en los destinos de los hombres, y hombre comido del ansia de hacer bien. Él veía en todo lo que en sí propio llevaba: rebeldía, camino a lo alto, lucha.

Aquí está un Lecovitch, hombre de diarios: vedlo cómo habla: llegan a él reflejos de aquel tierno y radioso Bakunin: comienza a hablar en inglés; se vuelve a otros en alemán «¡da! ¡da!» responden entusiasmados desde sus asientos sus compatriotas cuando les habla en ruso. Son los rusos el látigo de la reforma: mas no, ¡no son aún estos hombres impacientes y generosos, manchados de ira, los que han de poner cimiento al mundo nuevo! ellos son la espuela, y vienen a punto, como la voz de la conciencia, que pudiera dormirse: pero el acero del acicate no sirve bien para martillo fundador.

Aquí está Swinton, anciano a quien las injusticias enardecen, y vio en Karl Marx tamaños de monte y luz de Sócrates. Aquí está el alemán John Most, voceador insistente y poco amable, y encendedor de hogueras, que no lleva en la mano diestra el bálsamo con que ha de curar las heridas que abra su mano siniestra. Tanta gente ha ido a oírles hablar que rebosa en el salón, y da en la calle. Sociedades corales, cantan. Entre tanto hombre, hay muchas mujeres. Repiten en coro con aplauso frases de Karl Marx, que cuelgan en cartelones por los muros. Millot, un francés, dice una cosa bella: «La libertad ha caído en Francia muchas veces: pero se ha levantado más hermosa de cada caída». John Most habla palabras fanáticas: «Desde que leí en una prisión sajona los libros de Marx, he tomado la espada contra los vampiros humanos». Dice un Magure: «Regocija ver juntos, ya sin odios, a tantos hombres de todos los pueblos. Todos los trabajadores de la tierra pertenecen ya a una sola nación, y no se querellan entre sí, sino todos juntos contra los que los oprimen. Regocija haber visto, cerca de lo que fue en París Bastilla ominosa, seis mil trabajadores reunidos de Francia y de Inglaterra». Habla un bohemio. Leen carta de Henry George, famoso economista nuevo, amigo de los que padecen, amado por el pueblo, y aquí y en Inglaterra famoso. Y entre salvas de aplausos tonantes, y frenéticos hurras, pónese en pie, en unánime movimiento, la ardiente asamblea, en tanto que leen desde la plataforma en alemán y en inglés dos hombres de frente ancha y mirada de hoja de Toledo, las resoluciones con que la junta magna acaba, en que Karl Marx es llamado el héroe más noble y el pensador más poderoso del mundo del trabajo. Suenan músicas; resuenan coros, pero se nota que no son los de la paz.

Otro día, vuelven en decenas de miles. Quieren tener diario suyo, y se dan bailes, para ayudar a fundarlo con sus productos.

¡Buenas mujeres! Allá han ido con todos sus pequeñuelos: ¡qué alegres están sus hombres, que siempre están tan tristes! Y luego, de noche, y con los trajecitos de bailar, ¡no se ven la color enfermiza y las mejillas hundidas de los niños! El aire, cargado de salud, suele estar lejos de donde los trabajadores

viven. Millones acaba de dejar el ex gobernador Morgan, a sociedades de teología y a seminarios; ¡pues más valiera que empeñarse a forzar en los hombres
la fe en el cielo, crearla en ellos naturalmente dándoles la fe en la tierra! Y ha
dejado Morgan muy buenas sumas a las casas en que ayudan a los enfermos,
a los ancianos, a los niños y a los pobres: ¿no dejará alguna para ayudar a
hacer casas con aire y luz a los que al cabo, de vivir en las sombras, llegan
a sentirla en el alma, y a hacerla sentir? Estas ciudades populosas, que son
graneros humanos, más que palacios de mármol, deberán erigirlos de ventura:
y no acumular las gentes artesanas en pocilgas inmensas, sino hacer barrios
sanos, alegres, rientes, elegantes y luminosos para los pobres. Ya son el aseo
y la luz del Sol, para ellos desusada elegancia; pues sin ver hermosura ¿quién
sintió bondad? ni sin sentir la caridad ajena ¿quién la tuvo? ¡Aleje de la cabeza
de otros la tormenta el que quiera alejarla en la suya! ¡Si los vierais, ahora que
llegan los meses de verano, entrarse en bandadas, llenos los brazos de las
madres de hijos pálidos y moribundos, por los vapores de paseo en que alguna
cofradía o persona amorosa les permite cruzar de balde el río! ¡Es de morderse
los labios de cólera, de no andar por toda la tierra paseando infatigablemente
el estandarte de su redención!

Pero la ciudad no habla mucho de estas cosas. Ve cómo no cejan en su
lucha, y andan a quien reforma más, y más deprisa, por no ser tachado de poco
reformador, demócratas y republicanos. Dicen de Butler, el brillante gobernador de Massachusetts, que es como águila fuerte, que hace estremecer
el árbol en que se posa: todos los abusos del Estado, como fruta pasada de
sazón, están viniendo a tierra al golpe del águila: es un gobernador ubicuo,
insomne, omnipresente, alarmante: ve los pliegues de las conciencias y toda
cosa bellaca en leyes, contratos o cuentas. De un caballero de España cuentan
que halló gozo en echar entre sus convidados un novillo gentil de su ganadería,
y están los empleados de Massachusetts como los convidados del caballero
de España: dícelo y hácelo todo de modo gallardo, súbito y nuevo, y en el obrar
es tan seguro como en el habla pulido y cuidadoso: es un romántico en el
gobierno: sacude el polvo del Estado, como la Francia joven de 1830 sacudió el
polvo de las academias. La ciudad habla de la suma crecida que ha juntado el
Herald para beneficio de los desventurados de Ohio, y es cosa que da gozo ver
cómo, poniendo en junto sus óbolos humildes, han dado tanto y con más prisa

los trabajadores de las fábricas del Estado, que sus gentes de marca y poderío. Habla de un caballero de iglesia, que trazó tal pintura en sus conferencias de cuaresma de las damas de moda, y de su vida, y redujo a tan cerrados límites la vida femenil que si en lo de las damas de moda halló justo aplauso, en lo de echar de nuevo a las mujeres a ruecas ya conventos ha movido en su contra a clérigos y seglares. Rezadora y hermana de la Merced quiere el reverendo a la mujer. «¿Y la vida? le responde con voces inspiradas desde un púlpito una mujer elocuente: ¿la vida inevitable e implacable, que la obliga a ser trabajadora o a ser impura? ¿Y tanta huérfana, y tanta viuda, sola en esta muchedumbre de gentes, que como viento del desierto la arrastra y la ahoga?» «Y esta mente mía, que abarca lo que abarcas; y este corazón mío, más tierno que el tuyo —y este desdén mío, que condena tantas veces los gustos y prácticas bárbaras de tu sexo— ¿habré de sofocarlos como crímenes, cuando son poderes que me dio la naturaleza?» Así increpa al reverendo otra dama enojada: «¿Para qué priváis de parte real en vuestras ganancias, si en nada las emplearemos peor que en pagar 10 pesos, como los hombres pagan por ver cómo dos peleadores de oficio, o caballeros de ciudad, o estudiantes de alto colegio, se hinchan a golpes el rostro, y con rabia y pujanza de fieras se derriban y revuelcan por la tierra?». Esto dice otra; y un clérigo dice esto: «¡Santas! ¡Hermanas de la Merced! Mujeres de rezo: el siglo XIX tiene fuera de los conventos mejores santas: santa es María Carpenter, que empleó sesenta años de su vida en educar a los niños de las calles de Londres: y no hay rezadora de las que hermosean las ventanas de cristal de vuestra iglesia de cuyo rostro emerja más radiante luz que del rostro, empapado de amor, de María Carpenter». Una ardiente reformadora recuerda cómo el rector Wosley, de la Universidad de Yale, favorece la creación de una convención de mujeres, que estudie y decida la ley de divorcio; y mantiene, con agudísima sátira, sazonada de burlas oportunas a los errores de los hombres en el gobierno, que los consejos de educación, las casas de policía, y los puestos todos del Estado, de que el hombre ambicioso y desamorado cuida mal, estarían mejor en manos de mujeres, en quienes el desarrollo de la razón no ahogará la ternura: que es en verdad gran dote de gobierno.

A punto viene, en medio de estos clamores, la decisión de la Universidad de Columbia de este Estado de Nueva York. No se atreve a abrir sus cátedras a la par a hombres y mujeres, porque aunque dicen que la Universidad de

Cambridge las ha abierto en Inglaterra, no es verdad que las jóvenes estudiantes se hayan aprovechado de la concesión, sino que estudian en el colegio afamado de Girton, que las prepara, como a los estudiantes varones, en todo arte y ciencia, sin que Cambridge les dé luego más que tribunales de examen, grados y títulos. Y esto ofrece ahora la Universidad de Columbia, y recomienda la creación de un colegio semejante al de Girton.

¡Acaso se yerra: acaso, en estas naciones en que el exceso de población, o de ánimo interesado en los hombres, acarrea estos mismos problemas, el único modo de salvar a las mujeres de los apetitos que engendran sus condiciones exteriores de hermosura, sea el de inspirar a los hombres, con el continuo trato, y el comercio intelectual, amor por otras más nobles y duraderas condiciones! Se está aún en la primera letra del abecedario de la vida. Se hace hasta hoy de un capricho de los ojos, exaltado a necesidad del alma, confundido oscuramente con ella por la generosa y enaltecedora fantasía, ley de toda la existencia. Y no se mire con ojos aviesos este encallecimiento del alma femenil, que esto es, y no menos, la existencia viril a que la necesidad de cuidar de sí, y de defenderse de los hombres que mudan de apetito, la lleva en esta tierra. Vale más su encallecimiento que su envilecimiento. Y hay tanta bondad en las almas de las mujeres que, aun luego de engañadas, de desesperanzadas, de encallecidas, dan perfume. Toda la vida está en eso: en dar con buena flor. En esta ciudad grande, en donde la mujer ha de cuidar de sí, y salvarse del lobo, y de los de la vida, ha de hacerse piel fuerte que la ampare, y aprender toda ciencia o arte que quepa en su mente, donde caben todas y le dé modo honesto de vivir. La impureza es tan terrible que no puede ser jamás voluntaria. La mujer instruida será mejor pura. Y ¡cuánto apena ver cómo se van trocando en flores de piedra, por los hábitos de la vida viril, estas hermosas flores! ¿Qué será de los hombres, el día en que no puedan apoyar su cabeza en un seno caliente de mujer?

Pero abrió esta semana un suceso que venía siendo comidilla de la prensa un mes ha, y de las casas, y de los clubs, como si fuera acto simbólico y típico, en cuyo acaecimiento estuviese algo de la vida nacional. De sus generales se envanecía Roma: y los Estados Unidos de sus ricos. Pero no los levanta sobre el pavés, sino que a la par que los reverencia, los moteja. Los admira, mas los ve como usurpadores y temporales ocupantes de la riqueza pública; lo que acontece en mayor grado, cuando la riqueza de un hombre o de una familia toma tamaños de riqueza de nación. El ojo popular, que ve los hechos gruesos, se vuelve con cólera contra los que, en la misma noche en que dos desventurados, transidos de hambre, son presos en el rincón de una iglesia, en torrentes de luz y perfumes giran, cuajados de rosas de oro y de diamantes, y enjoyados como silla de caballo persa, haciendo alarde ostentoso de la riqueza que se les desborda de las arcas. Ancha es la Quinta Avenida, y como calle imperial. Bórdanla palacios, que ya tímidamente remedan las portadas suntuosas y lóbregas de las casas ducales de Venecia, y las torrecillas de las abadías góticas; ya balcones del Louvre, barbacanas de castillo feudal o minaretes árabes. Paseo es la rica calle durante las horas de la tarde, y morada buscada y valiosa de gentes opulentas. Da carta de nobleza neoyorquina la Quinta Avenida. Realzando con los vestidos estrechos los miembros fuertes, pasean allí sus cabezas célticas, y la medalla del club rico que les cuelga al pecho, los galanes desocupados, aunque éstos no son muchos, que aquí el trabajo es ley. Y quien no lo tiene, lo finge de vergüenza de parecer que no lo tiene. Pero las damas llenan la calle, cargando en los brazos, nacidos por cierto a más nobles y dulces empleos, unos perrillos de luengo pelo y cabeza espantable, que ahora andan en boga. Son damas de hermosura peregrina, mas no animan la calle solemne. Mueven el alma a grandeza el vasto espacio, el imponente y sombrío caserío, la regia calma.

Allá, cerca de catedral ambiciosa, que copia en vano la de Milán soberbia, desafío afortunado del hombre a su Creador, se alza, ahogado por casas pardas y sombrías, un palacio risueño, que tal parece de encaje menudo. En macizas paredes, severas ventanas. En todas, pinturas, esculturas. La piedra, cincelada. El techo, recogiéndose en pirámide, remata en torrecilla aguda y graciosa. Y de la puerta al techo, todo es calado, esculpido, sacado en relieve, acariciado, bordado. Domina allí la gracia, que es la mejor especie de hermosura. No hay casa más hermosa en esta tierra, y en ella vive un Vanderbilt. Tal es, que cuando, al pasear entre las maravillas de su interior caen los ojos sobre un gracioso retrato de la «Castellana», de mano de Madrazo, no parece lienzo allí traído, sino como parte de la casa misma, luminosa y esbelta. Sacude al Sol Madrazo sus pinceles, y pinta luego con estos colores. En tal palacio, entraba por entre muros de ujieres, este Lunes de Pascua, la gentileza neoyorquina, y no hubo nunca en corte ansia mayor por baile de monarca, que la de la gente de Nueva York por el de Vanderbilt: es ley que en ciudad donde se tiene en mucho la riqueza, se vea como a cosa real el baile con que abre su palacio el monarca de los ricos. ¡Qué contar de antemano los lujos de la casa, y el precio de las joyas, y el de los vestidos, y el de los vinos que habrían de beberse, y el de los más menudos aditamentos de noche de baile! ¡Qué cuchichear millones! ¡Qué aquilatar diamantes! ¡Qué publicar los precios de las telas! Y así llegó la noche suntuosa. Todo era en los barrios ricos curiosidad y movimiento. Parecía fiesta de todos, y no de uno. Vaciábanse en la rica puerta carros de flores. Sentíase a veces en torno de la casa ese silencio que inspiran los monumentos. Ya al caer del crepúsculo veíanse brillar, a través de los cristales de los coches que andaban de una y otra parte velozmente, cazoletas de espadas, collares de altas órdenes, lucientes ferreruelos.

Las diez eran dadas, y toda era luz la casa de las maravillas. Mil carruajes se detenían a sus puertas. Saltan de ellos monarcas, caballeros, duques, antiguos colonos. Un torero ayuda a bien bajar a una escocesa. De su marco parecen salidas, para entrar por aquel corredor majestuoso, de muros de rica piedra, y de robles de menuda talla artesonado, princesas de Van Dyck, duquesas de Holbein, damas de Rubens. Contienen mal el asombro que la casa inspira. Cuanto ven, está esculpido, dorado, cincelado. Cuanto pisan, es piedra tal, que vale más que oro. En lo inmenso se piensa, y en templo majestuoso, cuando se sube la ancha escalinata, que aún revuela al tercer piso por bajo un arco altivo que la agiganta y ennoblece. Gimnasio llaman a la sala vasta donde, entre la curiosa muchedumbre, se juntan las cuadrillas de honor que han de guiar la procesión y romper el baile. ¡Oh, qué curiosa, esa cuadrilla de damas y caballeros montados en caballos que parecen reales, con largas mantas que ocultan los pies de los bailadores, y cubiertos de pieles verdaderas y de crines que poco ha estaban vivas, la cual cuadrilla va a bailarse en memoria de las fiestas de corte! Llevan los jinetes casacas rojas de caza, y veste y medias de raso blanco, y calzón amarillo, como los caballeros de cacería en tiempos de Luis XIV, y ¡qué bordadas van las sayas blancas de las amazonas, y cómo las realza la chaquetilla roja! ¡Cuán brillante esa otra cuadrilla, que es la de Opera Bufa! Esta es Scopolette que da la mano a monsieur le Diable y allí van Angel Pitou y la Perricholi, y madame Angot y le Petit Duc! ¡Y esos otros que se han vestido de deslumbrante moaré blanco, y de aquel traje de alba seda, empolvada peluca y blanco narciso en el ojal, a uso de caballero de la antigua corte alemana, para parecer porcelana de Dresde, cuya marca famosa llevan bordada en el vestido! ¡Qué ingeniosa la cuadrilla de las estrellas: llevan colores pálidos, blanco, azul, malva delicado y sutil amarillo! Y ya se mueven: ya va, tras las cuadrillas, el séquito opulento. Apenas se habla; los ojos cuentan más que miran. Todos parecen allí trenes cargados de rica joyería, duques de Buckingham. ¿Qué maravilla más, la casa o la riqueza de los huéspedes? Ya llegan, en tanto que afuera la gente ansiosa se agolpa a las balaustradas, al noble salón que parece nacido de las manos creadoras de Pedro Lescot. De fuera hace pensar el palacio en los albañiles de Estrasburgo, y en el Bernini y en Juan Goujon, esta sala que llaman de Francisco I, arrogante como el rey caballeresco, cubiertas las paredes de tallados muy ricos de nogal de Francia y rojo terciopelo, y chispeando allá en el fondo monumental chimenea hecha como para calentar a reyes gigantes.

De un castillo de Francia fue traída la ornamentación de esta otra sala, en que el séquito entra ahora, toda vestida de roble dorado, por los amores de Psiquis y Cupido —que Brandy pintó en el techo— presidida, y ligera y graciosa, como aquel tiempo criminal y amable de olvido y devaneo. Y ya en el comedor, no tiene coto el asombro. Piso y techo son de roble, con revueltos y varios dibujos: y en fajas van vistiendo las paredes roble de talla exquisita, tapices de flores de oro, cornisa de rara piedra de Caen, y luego en lo alto, como borda cerrada galería la sala de embajadas de la Alfajería de Zaragoza, caliente aún de miradas de mora y amores de reyes, extiéndese franja ancha de coloreada cristalería, que hace del comedor como cesto bordado de flores colosales, o nido de luz, o inmenso joyero. Y de la gran ventana de cristales, que ha pintado Oudinot, vivos resaltan, cual si desde sus estribos cincelados recibiesen corte, Enrique VIII y Francisco I, que a la cabeza de séquitos fastuosos, cruzan las manos reales en el campo del Manto de Oro. Y, ¡qué palmas por toda la casa! ¡Qué rosas que hacen pensar en la Rafflesia Arnoldis, que es flor gigantesca, de Java y Sumatra! ¡Y cómo se encarama, por las paredes del gimnasio, ya poblado de mesas de cenar, al rumor de las fuentes, por entre la rosa Jacqueminot, de oscuro carmesí, y la María Vassey, que es rosa nueva, la buganvilla de flores encarnadas, cubana enredadera!

Ya pasean todos por la casa, de brazo y cuchicheo; el señor de ella, que va de duque de Guisa, lleva del brazo —¡oh cosa bella y novísima!— a la luz eléctrica. De raso blanco es el vestido de la dama, mas todo, como su cabello, de brillantes cuajado. ¡Dejad que pasen reyes y pastoras, que son cosa vieja, mas no sin observar cómo van Francisco I del brazo de don Carlos, que le muestra orgulloso su hoja verdadera de la fábrica antigua de Toledo, y cuán amigas andan riendo gozosamente María Estuardo, que es esta vez Cristina Nilsson, e Isabel de Inglaterra!

Ese que pasa haciendo galas marciales, lleva el traje con que paseó su bravo abuelo aquel otro baile famoso que dio Nueva York al marqués de Lafayette, que fue noble de veras, pues fue tierno. Y aquella acaba de saltar de una góndola negra de Venecia, y tal parece que lleva al cuello los ricos encajes, y en la cabellera suntuosa la matizada joyería de la mujer de Marino Faliero. Aquí viene el hijo del duque de Morny, que vio hace poco, en su casa de París, sereno como la estatua del vicio, caer muerta a sus pies una criatura ardiente y delicada, a la muy bella mademoiselle Teyghine, y ahora danza, sin miedo de sombras ni cuidados, en su lindo vestido de caballero de Luis XV. Un charro mexicano pasea airosamente a la Música, que se lleva tras sí todos los ojos: viste la Música traje de raso rojo que le cae sobre saya de raso blanco, franjada a modo de pauta, de anchas listas de terciopelo negro, y sobre el peto, en una faja de éste, lleva bordadas en oro las notas de la escala: lindo gorrillo de seda roja, todo bordado de instrumentos de oro, le recoge todo el cabello. Ahora se sienta en vieja silla de cuero de Córdoba, estampado de escudos reales, un abogado de Nueva York que bien lo pudo ser de corte, por las gracias de su palabra y amena cultura: es Chauncey Depew, orador de nota, defensor probado de esta casa de ricos, que ha llevado al baile el traje de los viejos Knickerbockers que sienta a caballero grave: calzón y chupa son de terciopelo negro: de raso pálido bordado de rosas el luengo chaleco, realzan encajes por cuello y bocamangas, y ciñen al empeine los negros zapatos dos broches de gruesos brillantes. ¡Oh, quién cuenta la gente innumerable! Este último es Abraham Heritt, rico piadoso y orador de fama, que viste de rey Lear, y lleva del brazo a esta niña agraciada, a cuya pálida hermosura sientan bien el casco luciente de finísimo acero, y la cota de malla de plata trenzada de la radiosa Juana de Arco.

Y ya sale el correo, y aún se habla del baile: mas no de sus donaires y discreteos, ni comedias de amores, a la sombra de palmas y entre perfumes de

rosas enredadas, ni de las réplicas vivaces que el borgoña generoso enciende, y dora el champán bueno; ni de esas gratas y amenas locuras que luego de los bailes animados revolotean en torno de la frente, cual lindas mariposas de colores, o besos fugitivos. Háblase del baile cual si hubiera sido gigantesco paseo, o muestrario de prendas, o certamen de joyas, o sondeo de arcas. Tal parece que fue procesión muda, que cenó cena recia, se movió pesadamente, y volvió torva. Quien lee en los diarios las notas del baile, lee cuentos de escenario, mas no de alma. Y ha caído la fiesta como en hueco, y empiezan a decir que sientan mal, en estos tiempos de cólera y revuelta, y muchedumbres apetitosas y enconadas, muestras tales de lujo desmedido y gracia en trajes, que los tristes no entienden, ni la época seria lleva bien, ni convienen a país republicano, ni olvida ni perdona aquel ejército que adelanta en la tiniebla, en que capitanean a los hombres de corazón henchido y frente estrecha aquellos de frente ancha y miradas de hoja afilada de Toledo. Y es que se dio el baile como enseña de riqueza; y como a golpe en el rostro lo han tomado las gentes envidiosas, miserables y descontentas: ¡aún no se ha levantado de sus sesiones la convención francesa! Pero aquí está sentada a su lado la cordura.

José Martí

La Nación. Buenos Aires, 13 y 16 de mayo de 1883

33. Carta de Martí. Primavera. El centenario de Washington Irving. La obra de Irving. Cosas de hace cien años. Un centenario histórico. Newburgh en regocijo. Washington. La agitación irlandesa. Los irlandeses en los Estados Unidos. Parlamento irlandés. En Filadelfia. Sensatos e insensatos. La guerra de explosión. Suma de historia actual. Pánico en Londres. Indignación en Nueva York. Caso internacional. Nueva Liga irlandesa. La madre de Parnell

Nueva York, 1 de mayo de 1883

Señor director de *La Nación*:

Este es mes apacible. A los calentadores de vapor suceden las fuentes; como enfermos a quienes retorna la salud, se cubren de delgados hilos verdes las ramas de los sauces; no plumas opulentas, sino ligeras y gallardas motas de seda adornan los sombreros de las damas; salen de sus prisiones de cristal los perfumosos jazmines de la Arabia y las pálidas hortensias; las mañanas parecen arpas; se llenan de oro las arcas del alma; ¡es primavera! Sonríen los infelices, los ancianos se yerguen, y los niños triscan.

Ni ha habido en los sucesos del país vientos de invierno. Con las crudezas del frío, se adormecen las iras que él agrava. Ya no es miseria, sino salud, para los hijos de los pobres andar con los pies desnudos por sobre las aceras; ya se entra de la calle, por las ventanas abiertas, coloreando flores y animando vidas, el aire nuevo, y los enfermos bendicen a la Providencia, que adormece con el aroma de sus flores a la muerte avara.

De un hombre primaveral celebraron a los comienzos del mes el centenario. Algunos viven como aquel Koboldt travieso y diabólico de la fábula alemana, con un cuchillo clavado en el costado; otros viven, como Washington Irving, sentados en divanes. Para unos, el genio es diente que clava, ahonda y desgarra, diente famélico: para otros, el genio es el beso de una perpetua Margarita, que no ha matado nunca a su hijo.

Washington Irving nació de casa hidalga, que ilustró con la señorial llaneza, patriarcal majestad y fecunda y amena imaginación que hermosean su vida. Tuvo pesares como hormigas, y gozos como montes. De abogado, perdió pleitos; de mercader, perdió onzas; pero aquéllos y éstas ganó en caudales con los hijos risueños y bien nacidos de su ingenio, ya el retozón Salmagundi, famoso periódico de reír en que sacó a burlas, y —mantuvo en risas, la que era en aquellas edades—, aldea de gente buena y avisada, más que ciudad de Nueva York —ya la vida de Washington, que se lee por todos los ámbitos en que resuenan palabras humanas— y que resplandece como el héroe que pinta. Algunos hombres dejan tras de sí cascadas de fuego, y rota la tierra, y hecatombes hirviendo: de otros brota luz de Luna.

Este centenario de Washington Irving, que han celebrado con amor las gentes de letras y las de las cercanías de la histórica casa en que palidecieron las flores de su fantasía y las de su vida, ha sido el centenario de la independencia de la literatura americana.

Como en sermones, malos romances y reales pragmáticas aprendíamos a leer los colonos de la tierra hispana, los de ésta soltaban los ojos enamorados siempre de las maravillas, detrás de los pasmosos caballeros del rey Arturo,

o los melosos madrigales, o los amadores de novela que entretenían el ocio inglés.

Y Washington Irving sacudió con mano robusta el árbol patrio, cuajado de frutas, y en bandeja de labor de Europa, recamada de esmaltes de Persia y embutidos arábigos, ofreció al paladar cansado de Inglaterra y al ansioso de América, las frutas nuevas. Por lo que tiene color homérico y tono primaveral, como quien ve con ojos claros lo no visto, o huella con pie desnudo de calzados de ciudad la selva virgen, o aparta bravamente los cristales de varios colores que para mirar la naturaleza le ofrecen los hombres, y los echa a todos en tierra de un revés, y mira por sí.

Como que tuvo alma vehemente y sensible, la dio a sus creaciones: solo va al alma lo que nace del alma. Y como que sobre ser culto y rendido galán de la hermosura, que refleja en los que la aman, fue feliz, no saltaba su estilo de su pluma, pulido como acero de batalla, o abollado como casco de combatiente, o roto en trizas, sino límpido, como un amor dichoso.

La frase coloreada y opulenta, como mañana de bosque continental a Sol tranquilo, imponía majestad, y se deshacía en colores.

Le encomiendan que descifre en archivos de España pergaminos roídos, y escribe la Vida de Cristóbal Colón con que el hombre de una nación salvó, por su calor humano y compenetración con lo grandioso, los lindes de su patria y los de la Fama. Ve por entre los sutiles encajes de piedra del balcón de Lindaraja, surgir a los clamores de la mente, que la quieren viva, aquella egregia mora, como toda hermosura, urna de vida; y cual si el viento del desierto, que arrebata por sobre el lomo de los camellos ondas de arenas de oro, batiese súbitamente su frente maciza de hombre norteño, escribe los encomios de la Alhambra, y sus sueños de moros y de moras, como si no fuese de acero inglés, sino de ave del Paraíso, la pluma del poeta.

Nació Washington Irving en tiempos buenos: cuando nacía la libertad. Sus pañales fueron los de la república, y en la frente del niño recién nacido dieron los aires frescos de aquel pueblo nuevo.

Por esto se celebrarán a poca distancia, el centenario de Washington Irving en «Sunnyside» —del lado del Sol— como él llamó a la vasta casa que le dio techo en sus postrimerías y el centenario de aquel día de gozos, en que todos los menestrales vistieron su mejor calzón de cuero y su chupilla roja, y no hubo barbilindo que no sacase a la luz su gran chupa de paño, de puños colgantes, ribeteados de plomo, porque Washington proclamó en Newburgh que cesaban las hostilidades entre los ingleses acorralados y los colonos vencedores.

No abrieron aquel día los correos curiosos, como tenían de uso en sus monótonas jornadas, las cartas que llevaban por los rudos caminos a las ciudades ansiosas la buena noticia; ni en aquellos graves porches, rodeados de asientos de madera, en que los hijos de los sencillos fundadores se juntaban, a la caída de la tarde, a discutir con los «hermanos legos» pasajes de las Escrituras, o a poner coto a las compañías de pequeñuelos que andaban en riñas, por sobre cuál había llevado cestos más lindos a coger fresas, ni se habló aquella tarde de los matrimonios cercanos de los niños y niñas de esta o aquella compañía, ni del tiempo lejano, en que las vacas de la ciudad se volvían solas, a las campanas de la tarde, del prado común; ni de aquellos santos solterones, que vivían ejemplarmente, daban consejos bíblicos para esta vida, y se reunían, jubilosos como mancebos, a hablar de las venturas de la otra: sino que fue toda ciudad donde se supo la noticia, collar de luces y asta cuajada de banderas.

Todavía se levanta, testigo recio y venerado de aquellas pláticas, usos y emociones de hace cien años, la casa legendaria, asiento un día de aquel hombre magnánimo que tuvo siempre su alma en paz en medio de los furores de la guerra. ¡No es grande el que se deja arrebatar por la vida, sino el que la doma! ¡No el que va, palpitante y rugiente, por donde sus pasiones, o las ajenas, lo empujan, sino el que clava los pies en medio de la vía, y enfrena a los demás, y a sí propio, y ve —como por sobre dosel— sus pasiones domadas!

¡Y este Newburgh de ahora parecía estar oyendo aquellas sabias palabras, que como agua serena de próvida fuente caían siempre de los labios de Washington! ¡Decid que está enfermo de muerte el pueblo que no cultiva filialmente los laureles que dan sombra a la tumba de sus héroes! El que no sabe honrar a los grandes no es digno de descender de ellos. Honrar héroes, los hace.

Todo fue fiesta el pueblo y el campo vecino: toda ventana, pabellón; todo brazo de hierro, lámpara de colores; y el aire, de tantos fuegos artificiales, danza de estrellas. ¡Y en los banquetes, cien años después del día glorioso, todas las copas hervían llenas, y se vaciaban al son de himnos en honor de Washington!

Así celebran ahora el nacimiento de este pueblo —mientras, presididos por el busto del héroe sereno, se juntan en Filadelfia, dando ejemplo a los pueblos cobardes, que tienen regados por la tierra, avergonzados de no poder ser libres, sus hijos silenciosos y macilentos— centenares de diputados irlandeses, venidos, como en elección parlamentaria, en nombre de las populosas comunidades de los hijos de Irlanda, que pululan en los Estados Unidos, para mostrarse a Inglaterra todos juntos, tendidas las manos repletas de oro que el trabajo amontonó en sus arcas, para ayudar, con el calor de su palabra, con las arremetidas de sus hombros, con sus anatemas fustigantes, con sus cuotas cuantiosísimas y permanentes a los indómitos y cuerdos caudillos, que a los lados de Parnell, se han cruzado de brazos, pálidos y resueltos, ante el león británico.

Encadenó Inglaterra a Irlanda; y ahora, ¡por súbito castigo, se ha trocado en melena de cadenas la cabellera con cuyas sacudidas solió poner espanto al orbe! Pueblo que ata a sí pueblos esclavos, vivirá perpetuamente atado a sus esclavos, y no podrá vivir por sí, sino muriendo, y dando en tierra a cada sacudida de los pueblos siervos, hasta que las fuerzas se le postren, o las ligaduras salten.

Toda Inglaterra tiembla. El dolor, que engendra hijos gloriosos, engendra, en sus horas de locura, fanáticos y abortos. Con cada virtud que luce, se encienden todos los vicios que la combaten. Con cada esperanza que alborea, rompen la sombra todos los obstáculos que pueden ahogarla. Parece la vida una caza perpetua, fatigosa, implacable, frenética, de las virtudes que desmayan y la traílla de satanes diputados a estorbar su triunfo. Cuando la tierra irlandesa, reposada ya del esfuerzo en que dio luz a O'Connell, calentó en una parvada de jóvenes ilustres los fuegos de la elocuencia, y el hambre de libertad, y envió a sus nuevos prohombres al Parlamento inglés, a recabar leyes benévolas, o a mostrar a un dueño tiránico cómo puede un esclavo impaciente turbar el sueño a su señor —al calor de los gloriosos jóvenes, que quieren que en la petición de sus derechos se prepare su pueblo ignorante para gozarlos, y no fían en revuelta de armas hasta que no sea completa la de las voluntades— se levantaron sectas múltiples de aquel lado del mar y de éste, y retoñaron, mas ya desasidas de su árbol, un día corpulento, las ramas fenianas.

A la vez que los apuestos lidiadores ganaban increíbles batallas en el Parlamento, y los radicales de Inglaterra temerosos de los frutos preñados de sangre que da el odio —favorecían las bravas tentativas, las tercas contiendas; los fríos incontrastables, las embestidas robustas de los mantenedores de la reforma agraria de Irlanda, y la devolución del hombre a sí— se templaba en la fragua encendida el acero que había de dar muerte al gobernante liberal que a los irlandeses enviaba Inglaterra.

Y cuando, merced a la suprema dueñez de sí que avalora el carácter férreo del jefe de los reformadores, Carlos Parnell, parecía con su lealtad decorosa y su ejemplar prudencia haber reconquistado para Irlanda aquellas simpatías fervientes que la abandonaron de súbito cuando vieron su mano teñida de sangre, salta hecho añicos un muro del palacio en Londres, vocéase que sordos trabajadores serpean, cargados de dinamita, por las entrañas de la ciudad, descúbrense en los umbrales del Parlamento y de edificios notables bultos mortíferos, que hubieran dado de tierra con palacios y abadías, y sorpréndese, en el fondo de una casa, cuya muestra reza que allí venden papeles de entapizar, a un puñado de hombres altivos y sombríos, que manchado el rostro de la greda que impide la explosión, y las fatídicas manos llenas de la nitroglicerina que con la greda deja hecha la dinamita, amasaban sin miedo y sin remordimiento, como guerrero necesitado que hace pólvora, las armas de la nueva guerra. Al espectro de la muerte, se levanta, como un reflejo suyo, la traición: no habían dormido aún en la almohada de la cárcel, y ya tocaban a la puerta de los fiscales las denuncias.

Las revelaciones pasman. Los asombros hormiguean. Un ejército entero puebla a Londres. Las sombras parecen haber vaciado sobre Inglaterra todos sus hijos. Cada hora revela un riesgo nuevo. No de Irlanda pobre, sino de los irlandeses ricos —y de todos los irlandeses—: de los Estados Unidos vienen esos caudales que acallan el hambre de los campesinos expulsados de sus chozas, mantienen en viaje escuadrones de agentes, y sustentan la fábrica sombría, donde se elaboran los medios de destruir en una noche colosal a Londres.

Esto dicen los diarios, repiten los diputados, proclama toda la ciudad. Cuentan de un club de invencibles, que cree que el puñal es arma lícita, y la grieta del innoble acechador, ¡cuna digna de la libertad! Cuentan de los diarios irlandeses que en los Estados Unidos publican los abogados de la guerra por la dinamita, para la cual celebran juntas, ¡que entonan loas, distribuyen soldados, acumulan públicamente fondos!

Vuela odiado el nombre de O'Donovan Rossa, feniano famoso un tiempo, cabeza ahora de los guerrilleros irlandeses, capitán de gente burda, que se hace amar de ella, y mueve con grande arte sus pasiones, en tanto que con áspera lengua, hablando a un noticiero de periódico, declara que hace bien a los hombres quien abrevia las guerras, y a su pueblo quien espanta y aloca al enemigo de su pueblo, y anuncia, frente al pasaporte de destierro que le cerró las puertas de la patria, que a esta declaración de guerra a él, responde él declarando la guerra a la Gran Bretaña.

Dicen por todo Londres que los temibles miembros del Clan-nagael tienen jurada la independencia de los irlandeses; que están repletas las bolsas de las asociaciones de Irlanda en los Estados Unidos, empeñados en la nueva guerra inicua; que gran parte del pueblo irlandés que ha hallado asilo en América, favorece los planes odiosos de los que creen que escribe bien el acta de nacimiento de un pueblo un puñal tinto en sangre, y que Irlanda se levantará sin pecado y con gloria de un haz terrífico de ruinas y cadáveres.

No se habla, pues, en Nueva York, ni de Salvini, que aterra; ni de la Patti, a cuya voz, mudos de asombro, y bañados de lágrimas, sienten plegarse sus almas los hombres, como alas de ave, o abrirse, como cáliz de flor; ni de la Langtry, mujer de armoniosísima belleza, cuyas miradas profundas, ansiosas, abrasantes, hacen pensar en el beso-fuego de un arcángel; ni de la Nilsson, cuya voz se eleva, como un halcón canoro, en busca de aves ignoradas. Se habla solo del Club de la Esmeralda, del que cuentan que envió a Inglaterra doctores y hombres de amasar a la fábrica de dinamita; se habla de salas tétricas donde conciertan asesinatos y explosiones grupos de irlandeses fanáticos; se habla de O'Donovan Rossa, de quien dicen que sabe en qué mano están juntas las riendas que guían a estos poderes de la sombra.

Óyense de todas partes, como puñados de cieno que buscan rostro, anatemas enérgicos a estos recursos bárbaros: léese con extrañeza el artículo de cabeza del diario de la amena vida social, de Nueva York, el cual artículo, en lengua muy culta, mantiene que de la agitación de la dinamita y de su uso, quedará luego mayor respeto de las abusadas de los hombres a sus abusados, sin que deba ser visto hoy el nuevo agente de guerra sino como la pólvora de los desheredados, y el medio único que un pueblo oprimido tiene para hacer temblar a su opresor poderoso.

Niegan a una todos los diarios —aunque encendidos en ira contra los conspiradores— el derecho de Inglaterra de exigir a los Estados Unidos mayor acción en contra de los irlandeses que desde América alientan la guerra de explosión, que la que Inglaterra se decidió a ejercer a pesar del clamor urgente de toda Europa, contra Simón Bernard, cómplice de Orsini.

Y como para sofocar la indignación americana y arrancar de los brazos de los fanáticos que la ahogan a la patria, reúnense, con gran alarde y en número cuantioso, en Filadelfia, los delegados de las innúmeras asociaciones irlandesas de los Estados Unidos, para decir en alto, y a todos los vientos del orbe, que la libertad no es hija del crimen, que los patriotas irlandeses repudian a los que amasan con barro armas de muerte en la tiniebla, que los fanáticos no son el cuerpo de ejército de la Reforma, sino sus buitres, y que en centenares de miles, y con todo el fervor, y los ahorros todos de ellos, la Liga agraria irlandesa de los Estados Unidos, y cuantas sociedades se le asemejan, se convierten espontáneamente en una sola formidable asociación, que acepta en su gobierno y objetos las declaraciones de la Liga nacional irlandesa que acaudilla en su patria Carlos Parnell, con el propósito de arrancar al Parlamento inglés, por vías legítimas y jamás penables, el alivio del hambre, la distribución justa de la tierra, y la gerencia de los negocios propios, sin lo que no calma sus cóleras Irlanda. ¡Y ved toda esa imponente cohorte de hombres! Se apasionan, se increpan, se abrazan, se atacan: cubren de aplausos ensordecedores los nombres de los caudillos de la reforma agraria; y cuando sube a la plataforma de la presidencia de la convención, débil, vestida de negro, la madre de Parnell con el luto de su hija Fanny, que dio el cuerpo a la tierra y el alma a Irlanda, humíllanse las iras, pónense en pie los diputados, arrancan para enviárselas las flores que decoran el salón, prorrumpen en unánime hurra, mientras que ella se desata en lágrimas.

José Martí

La Nación. Buenos Aires, 16 y 17 de junio de 1883

34. Cartas de Martí. La nueva Liga irlandesa. Primavera. Partida de actores. Los chinos y el opio. El morfinismo de las elegantes. Los policías voluntarios y los periodistas. Irlandeses contra chinos. La vida yanqui. Sucesos del mes. Rápida enumeración. La nueva Ley de empleos. El puente de Brooklyn

Nueva York, 14 de mayo de 1883

Señor director de *La Nación*:

Está Irlanda de gozo, porque sus hijos prósperos, que en centenares de miles pueblan los Estados Unidos, cruzado el pecho de la banda verde, y puesta la mano generosa en la llave de las arcas, han jurado en la Convención de Filadelfia a la madre de Parnell que coronaba, al son del arpa de Erin, de grandes rosas el busto de Washington, unirse en masa a la admirable y sagaz Liga irlandesa. David que ha puesto el guijarro en medio de la frente del Goliat británico.

Naturaleza está de risas, y todo es viola, lirio y margarita; y en los rostros, alegría; y en los campos, fresas. Los muelles, llenos de fervorosos caballeros que abrazan a Salvini, que se embarca; a la Nilsson, cargada de honores presidenciales, vía de Europa; a la Patti, que no debiera irse nunca, ¡y se va! Están de huelga los cigarreros; de plácemes, los reformadores; de sosiego, que no es más que velada de armas, los políticos; de mala hora, los chinos infectos, a quienes sus mismos compatriotas honrados persiguen, porque saben de artes abominables y espantosas, y de humos de yerba, y opio hediondo, que llenan el espíritu de miasmas, los ojos de miradas lodosas, las manos de temblores.

Y se sabe que dan dulces de opio a las niñas, que al cabo gustan de ellos, y van a pedirlos, hasta que caen como flores en fango, en torno de una pipa que nunca se apaga, sobre la tarima del tétrico garito. Y la policía, que sabe de cerrar los ojos, y de volver la espalda, y padece de gota serena, porque tiene los ojos abiertos y no ve, deja el garito encendido, las niñas ebrias, y rico y libre al chino mefítico: pero gallardos mozos de las cercanías del barrio oscuro, donde es fama que, camino de las cuevas de opio, bajan de ricos coches suntuosas mujeres, se han puesto detrás de un cura católico que los excita a cegar la fuente de veneno recién abierta; y en la callejuela nauseabunda, donde gran número de chinos viven, no hay esquina sin patrulla de policía voluntaria, ni chino a cuyos talones no vaya atado un periodista.

¡Oh, el periódico! ¡Iente inmensa, que en este siglo levanta y refleja con certidumbre beneficiosa e implacable las sinuosidades lóbregas, las miserias desnudas, las grandezas humildes, las cumbres resplandecientes de la vida! Cazadores están pareciendo ahora los periodistas: azuzan a los policías de ojos perezosos, los encarnecen, los empujan a las puertas por donde se entra a la casa de opio, sorprenden a las pobres mozas de trabajo, que con los ojos opacos y gruesos, los cabellos pastosos y desordenados, y las pálidas mejillas salpicadas de rosetas cárdenas, el vestido mísero torcido en arrugas, vienen de vaciar en las manos del chino, en pago de la negra pipa de opio, que las lleva a otros mundos, la porción de jornal que espera en vano, con sus manos sin carne, la madre afligida. ¡Allá va el periodista, tras de un coche que pasa con lacayo y librea, lleno de damas ricas que buscan la casa odiosa, a que el opio las llama, y al verse vigiladas huyen velozmente! ¡Allá trae de la mano a una niña de trece años, que sale tambaleando, lívida y trémula, de una cueva de chinos! La ciudad no reposa: es formal la batalla: se corre el riesgo de que irlandeses y otras castas, movidos de odio al chino sobrio que en el mercado de trabajo les saca codos y puede dejarlos sin labor, de puro abaratarla, exageren el mal que el vicio del opio hace en las clases pobres, a cuyas jóvenes ya cautiva, y en las altas, que tienen en los barrios ricos tarimas recamadas, donde fuman de tarde a mañana, y el día después a veces, el veneno que de la taza de porcelana les lleva a los labios una pipa de oro. Pero este pueblo, implacablemente sensato, estrujará de una puñada a esos gusanos que le andan en la entraña; y pondrá por su cabeza, como Panza a los que creía dignos de estima, a esos otros chinos avisados, aseados, ligeros, que toman, mientras barnizan cuellos y bruñen pecheras, lecciones de una maestra de leer, y cuelgan las paredes de frases de la Biblia, que en verdad es libro que, en cosas de alma, dijo todo; y leen cada sábado, detrás de las cortinas rojas que ponen como de muestra a sus lavanderías, el periódico chino que en papel amarillo saca a luz de las prensas el diestro Fom Ling-Cho, mozo de letras, que suele tener mesa y paga buena en los diarios cristianos.

Pero apenas hallan tiempo los ojos de leer, ni los oídos de tomar al paso los hechos de esta vida singular, que tiene los pies en la edad de piedra, el pecho acorazado de oro, sobre las selvas la mano velluda, y la cabeza coronada de rayos, rompiendo, como Sol que asciende, el sonoro taller de la Creación. Percíbense aquí, a la vez, brutalidades patriarcales y exquisitos aromas del espíritu; juicios que parecen tramados a la sombra de la horca del feudo, y sueños que parecen sorprendidos, a modo de mensajeros extasiados, en los aires de un mundo que viene.

Ante mí están, en largos hilos de letra menuda que extiendo y revuelvo, los sucesos del mes buscando forma. Este es un miembro del Congreso, que de vuelta de hablar por la patria, mató a un menguado que le sacó su mujer a villanías; y los pueblos de su comarca se sientan torvos delante de los jueces, porque no quieren que el diputado quede preso, sino celebrado y libre.

Este ¡oh espanto! creía hace tres años en el advenimiento del nuevo Mesías; y para dar fe de su creencia y de su certidumbre de que Dios volvía a la tierra precedido de milagros, a la luz de una lámpara que a la cabeza de la cuna tenía en alto la madre, clavó el puñal en el pecho de su propia hija, y llamó a sus vecinos a anunciarles que resucitaría al tercer día; el padre ahora se mesa los cabellos y se maldice, y no habla sino con lágrimas; y no quiere el jurado tenerlo por loco.

Esta es la señora Marta Lamb, que dirige, con aplauso de sabios, el *Magazine of American History*, donde un caballero Shea, que sabe de vejeces, ha reanudado, en pro de Santa Isabela, la querella de dominicanos y españoles sobre qué baúl de cuero o urna de piedra guarda los restos de Cristóbal Colón, ¡que halló la tierra buscando el cielo!

Este es un libro nuevo, que cuenta la vida, demasiado apacible de William Cullen Bryant, que fue poeta, blanco poeta, al modo cómodo de Woodsworth, no como aquellos otros infortunados y gloriosos, que se alimentan de sus mismas entrañas. Este es otro libro, donde hablan alternadamente en cartas, Carlyle, en quien la magnitud excelsa de la inteligencia llegó a suplir a veces el amor, que como de tierra fría y breñosa, había huido de su ingrato corazón, y Emerson, en cuya frente pálida, alta, cerrada por ambas sienes, como por vastas paredes, lucía el fuego eterno.

Miríadas cuentan estas columnas de papel, que como alas de la memoria, ahora revuelvo.

Ya es la ciudad de Dodge amotinada, como Cartago en tiempos de tropas de merced, o ejército de electores de Alemania cuando el segundo Felipe; que es Dodge ciudad de viciosos, y de tabernas y garitos, cuyo mayor es gran rufián, que, apenas venció las elecciones, juntó a los bravos de mina y de manadas que pasean las tierras del Oeste, de ganaderos y buscadores de metal, y echó de la ciudad a sus rivales que le estorbaban en comercio, puso los fusiles cargados al pecho de los abogados que venían a defender a los presos, y sitió, porque trajeron auxilio, los trenes que llegaban a la villa: a tiempo que en Washington, el presidente, que discretísima persona, promulga —demasiado tarde ya para que sirva de bandera útil al Partido republicano— la ley que arranca de las manos de los dadores de oficios públicos, el poder corruptor que se entraba ya, como sutil veneno, por las entrañas del sufragio.

¡Oh, qué catástrofe, si se probara que los hombres, abandonados a la libertad, volvían voluntariamente a la tiranía! Mas no: no bien sintieron que se les aflojaban las riendas en la mano, las empuñaron con majestuosa fiereza, y miran en su torno pujantes y retadores, como buscando a osado vil que acometer.

Aquí se lee que un amador entristecido, a quien su dama escribió cartas y versos tiernos, que luego olvida, entabla querella ante el juez contra su dama, porque, con su abandono, ha quebrantado su corazón, cuyo quebranto estima en $10.000; y ahí se lee que una dama recaba $10.000 de su galán, porque enojado de que su prometida gustase de ir en compañía diversa, aunque lícita, a saraos y teatros, dio por finado el «compromiso» que aquí precede a las bodas, en lo que ha declarado el juez que no es causa de dar fin al comprometimiento amoroso el que la prometida dance en fiestas ni salga de teatros en brazos ajenos: lo cual celebra esta dama casándose con uno de aquellos de quienes su amante celaba.

Allá cavan al fin, en lo hondo del mar, la piedra en que ha de encajar el cimiento de la estatua de la Libertad, digno guardián de la ciudad titánica que ha doblado seis veces sus hijos en un siglo, y en cuarenta años ha sacado de 312.000 hombres, 12 millones de hombres, y como ave tallada en montaña que empollara nidos, se saca a cada aurora de bajo de las alas palacios descomunales y opulentos.

¡Qué espectáculo tan vario a la sombra de estas potentes alas!

Cohortes de trabajadoras, alzadas en huelga, celebran con palmas y vítores al mal mozo cigarrero que de una pedrada rinde moribundo ir un empleado leal de la cigarrería venido a poner paz entre la turba, ganosa de más sueldo.

Apretados en vasto salón los irlandeses, proponen que todo irlandés jure que no ha de llevar a su boca, ni tocar con su mano, ni poner sobre su cuerpo durante un año objeto de comer, beber, trabajar o vestir que haya salido del suelo o de los talleres de Inglaterra.

Ciudadanos severos acusan ante el gran jurado a famosos capitanes de la policía de que dejan a sabiendas, porque cobran el barato de ellos, abiertos de noche y día de fiesta, rincones de beber, y cuevas de juego.

Desde la nave de la iglesia, a tiempo que sube las escaleras del altar para besar su libro de oro, una mujer airada acusa con voces tonantes de osadías seculares al sacerdote.

Tras de un hombre que va riendo al cadalso, otro, que arrebatado por ujieres y alguaciles, clava las uñas, casi arrancadas de las manos en el frenético intento, a los bordes del manto de la vida, que mira gozosa e impasible la alegre función humana, ahora en gala camino de los campos, luciendo en florecidos estandartes los colores de mayos y de abriles.

Lindas damas, que en suntuosas comidas se despiden de las alegrías embriagadoras del invierno, adornan sus sombreros de pompones amarillos, y en sensato traje estrecho, que dibuja sin exceso ni alarde las armoniosas formas femeniles, viajan —como mariposas que van a abrir las alas— por los pueblos vecinos, en busca de una tienda de verano, que el mar corteje, tendiéndole sus olas a la falda, cual gigantesco enamorado andaluz que echa su capa por el suelo al paso de su dama, o que el verano cuelgue de enredaderas de jazmines, que crecen bien en la sabrosa y regalada sombra del monte.

Otras damas, frenéticas, remontan sus joyas, para que parezcan nuevas, y den celos; desdoblan sus encajes venecianos, porque ni en tierras europeas ni en éstas va a haber este verano, para las damas, cosa de más precio que los encajes; abren palpitantes los cuidados estuches en que les vienen de Francia las sedas ligeras, los tules nubosos, las modas risueñas —y gastan de antemano, con las ansias del deseo, la vida nueva que la playa del mar o el sosiego del campo devuelven a los miembros, que salen del invierno de ciudad, en las calles, fangoso; en los salones, agitado, danzador, glotón, febril— como naranja chupada por un colosal don Juan hambriento.

Pero son dos los sucesos mayores de este mayo: uno, una ley; otro, pasmosa maravilla. ¡El escudo de la tierra debía ser una mano de hombre! ¡Oh, palmas de manos pequeñas, que muestran al Creador como derecho a sentarse a su lado, estas torres del puente de Brooklyn!

La ley también es magna. Antes —¡quién sabe por cuánto tiempo aún, a pesar de la ley!— el que más votos cazaba mayor prebenda obtenía; y quien sacaba en hombros un diputado difícil, ya quedaba con ambas manos puestas sobre las arcas del tesoro. Portero hay de ayuntamiento que fue pugilador de fama, que en una hora de votos apretados llevó a las urnas una cohorte de púgiles, por lo que le dieron después en premio la portería; de archivero se sabe que no lee; de médico de hospital que solo lo es de elecciones; y de estenógrafo que jamás probó sus manos en el arte noble de acompañar en su vuelo espléndido a la palabra humana, ¡la gentil señora! Ni había modo de sacar de las casas del poder al partido victorioso, que costeaba suntuosamente las elecciones, y vencía con el peso de los votos venales el de los votos puros, merced a las cuantiosas cuotas que de barrendero a presidente, so pena de perder su puesto público de presidente o barrendero, exigía el partido voraz.

La ley nueva va encaminada a hacer imposibles tales escarceos del voto, y mercadeos de la vergüenza, y premios inmerecidos de servicios personales, y dádiva de empleos en pago de astucias de día de votos, o de promesas de barrio, o de traiciones a bando enemigo.

La ley es imperfecta, corro ley de transacción. Apunta el deseo, que no realiza, de convertir en carrera aparte el servicio público. Ya no será libre el poder de nombrar empleados, sino que habrá de elegirlos el que los haya menester del cuadro de opositores competentes que le ofrezca el tribunal de exámenes. Cual persona aspira a un puesto público, dirige su demanda a la comisión de servicio civil, si desea puesto, en ministerio alguno; al secretario de correos, si en correos quiere servir; o al jefe de la aduana en que pretenda empleo. Llegada la época de exámenes, ha de probar que sabe ortografía, y escribir buena letra, y copiar. Lo examinarán en fundamentos de aritmética, fracciones, tanto por ciento, intereses, descuentos y nociones de teneduría de libros y de cuentas. Ha de demostrar que es dueño de su lengua, y puede decir en ella correctamente lo que piensa. Y ha de saber, aunque en bosquejo, la geografía e historia de la nación, y este modo sencillo y solemne, con que, sin sacudidas ni rivalidades enconosas, se gobierna el pueblo norteamericano. El tribunal de exámenes gradúa los conocimientos del candidato, y ninguno quedará en lista de oficio, si no obtiene un 65 % como tipo menor de la suma de sus grados en las diversas materias del examen. Es válido el examen por un año, al fin del cual, los nombres de los nuevos vencedores llenan las listas.

Del grupo de opositores que el tribunal de exámenes ofrece al magistrado que necesita proveer un empleo, el magistrado escoge, pone a prueba por seis meses al escogido, y al cabo de ellos, o por incompetente lo rechaza, o por capaz lo acepta, sin que quede, como antes, vendido y suspenso al poderoso que le ungió con el empleo, ni con miedos de perder su pitanza si no da porción de ella al partido que lo nombra, porque esta ley prohíbe, so penas graves, a los cabezas de los partidos que exijan contribuciones a los empleados, y a éstos que las paguen, y empeña promesa de amparar a los que se vieren solicitados, y de castigar al empleado que dé cuota o al partidario que la exija; ni vendrá, luego de sendos años de servicio, un lindo caballero, amigo de amigos, a sentarse por sobre las canas de un envejecido servidor, sino que la promoción de empleados se regulará, como los primeros nombramientos, en libre y abierto certamen, sin que haya más título privilegiado que el de haber perdido un brazo o una pierna o un tajo de cráneo en defensa de la patria.

Pero ¿por qué limpian los soldados urbanos sus almetes, y aquéllos peinan con esmero los penachos de sus cascos, y éstos sacuden al Sol, rica de botones de oro, su casaca azul? ¿Por qué en las casas todas, como si la ciudad tuviera un invitado, que se sentara a la vez en todas las mesas, no se habla más que del invitado misterioso? ¿Por qué se nota en la ciudad entera, en los rostros mismos de los hombres, súbita virilidad y expresión de fuerza, como si les viniera del reflejo de un poder ciclópeo? No hay bandera que ya no esté buscando el asta; ni farolillo de colores que no aguarde ya luz, ni palabra que no sea de admiración y de piedad para un hombre encorvado, ya enjuto, de ojos vibrantes a la par que dulces, con ese brío de las almas bravas, que han puesto mano al cielo, y esa tristeza tierna y desconsolada que viene del contacto de las grandes fuerzas; no hay ojos que no busquen, en el rincón de una ventana saliente, que se empina sobre una altura de Brooklyn, al ingeniero enfermo y melancólico, que recogiendo y ahilando cada mañana los retazos de su vida, que parecían desasirse de él con desprendimientos eléctricos, con la una mano sujetaba, como mendigo sus harapos sueltos, los restos de su existencia, y con la otra trazaba, en montes de papel, el modo de levantar sobre las aguas montes de piedra.

Era Washington Roebling, a quien sacaron un día moribundo del cajón mefítico que había de sustentar, desde su cueva tallada en la roca a ochenta pies bajo la faz del agua, las portentosas torres de granito que a los 276 pies de altura se interrumpen en cima graciosa para que por sobre ellas corran los cables suspensores de 1.595 pies, con dieciocho dientes de hierro, sujetos bajo una lámina de acero por hercúleos cerrojos, sobre cuyas raíces se levanta colosal mampostería, como para que tales hilos soporten la aérea calzada de hierro, que con su pavimento complicado, su doble vía para carruajes, su vía central para peatones, su ferrocarril de ida y de vuelta, pesa 8.120 toneladas.

El hombre enfermo es Washington Roebling, a quien el hablar fatiga, y el mirar ofusca, y el andar postra, víctima ya perpetua de ese mal venenoso que a manera de venganza del misterio vencido, disloca y pudre los gérmenes de vida en quien desciende, en una lóbrega cueva de madera que llevaba ya a su espalda el cimiento de la torre ponderosa, a conquistar, capitaneando los soldados del cerebro, una ley más del universo.

De Roebling, que no puede leer ni conversar, que da sus órdenes a trozos, porque su extraño mal le tortura cruelmente apenas habla, de Roebling han surgido esos cables tendidos por sobre las torres, cada uno de los cuales aprieta bajo su corteza de alambre diecinueve hilos tamaños, que cada hilo alcanza un millón de pies que va y viene de una a otra raíz del puente, sin quebrarse ni torcerse nunca, 278 veces. De Roebling, como vapor acaso de la suave música con que en los primeros años de su enfermedad solía templar en el violín sus males, surgieron esas torres corpulentas, que los arcos del Puente de Gard no igualan en gracia, y la Gran Pirámide de Egipto solo vence en altura: ¡la naturaleza es brazo de la idea! Y ya la grande obra está acabada: ya levantan sobre los bordes del camino farolillos graciosos; ya pasan por bajo el arco central del puente que se eleva a 135 pies, los más altos buques, ya, desde su altura de 108 pies, se levanta del medio de las torres hacia el centro la armazón del piso a unirse con los cables que cuelgan de las cimas de granito como un arco iris

vuelto, y se entran de uno y otro lado del río, por Nueva York y por Brooklyn, a morder, bajo su pesadumbre de mampostería, la tierra a 930 pies de cada margen.

¡Y aquellos arcos parecen montañas vacías! Y cuando entran en los costados de ambas ciudades, ya parecen, cercados de casas envidiosas y edificios raquíticos, montañas arrodilladas. A los monumentos hace falta, como a los hombres extraordinarios, espacio limpio en torno. Las casas pequeñas, los carros que pasan, los hombres que vocean, distraen los ojos —puertas de monumentos interiores— de la masa empinada e imponente. Las casas de habitación, que por una y otra margen rodean el puente colgante, roen los pies e hincan de rodillas a esas fábricas ciclópeas, ¡casas del tiempo!

¡Oh! ya viene, ya viene el día de la fiesta. ¡Han querido trabajadores indiscretos e irlandeses odiadores, impedir que el puente se abriese al público entre bosques y mares de fuego, y ruido de campanas, tambores y cañones, y flamear de banderas y de almas, el 24 de mayo, porque es día en que Victoria, reina de Inglaterra, de Irlanda odiada, cumple años! ¡Mas no ha sido homenaje de este pueblo, sino coincidencia! Indiscreción hubiera sido procurarlo: ahora, descortesía dejar de hacerlo. Se abre el puente el día 24; y lo veremos todo: y palparemos todo desde el cable que muerde la tierra, sube a 279 pies, baja a 185, vuelve a subir a 279, y, como monte que camina, entra rompiendo la ciudad, en Brooklyn, y se clava cerca de su plaza mayor, hasta la bandera del tope, que parece avisar ya al cielo que el hombre anda cerca de él.

Iremos a la fiesta.

José Martí

La Nación. Buenos Aires, 20 de junio de 1883

35. El puente de Brooklyn

Palpita en estos días más generosamente la sangre en las venas de los asombrados y alegres neoyorquinos: parece que ha caído una corona sobre la ciudad, y que cada habitante la siente puesta sobre su cabeza: afluye a las avenidas, camino de la margen del río Este, muchedumbre premiosa, que lleva el paso de quien va a ver maravilla: y es que en piedra y acero se levanta la que fue un día línea ligera en la punta del lápiz de un constructor atrevido; y tras de quince años de labores, se alcanzan al fin, por un puente colgante de 3.455 pies, Brooklyn y Nueva York.

El día 7 de junio de 1870 comenzaban a limpiar el espacio en que había de alzarse, a sustentar la magna fábrica, la torre de Brooklyn: el día 24 de mayo de 1883 se abrió al público tendido firmemente entre sus dos torres, que parecen pirámides egipcias adelgazadas, este puente de cinco anchas vías por donde hoy se precipitan, amontonados y jadeantes, cien mil hombres del alba a la medianoche. Viendo aglomerarse a hormiguear velozmente por sobre la sierpe aérea, tan apretada, vasta, limpia, siempre creciente muchedumbre —imagínase ver sentada en mitad del cielo, con la cabeza radiante entrándose por su cumbre, y con las manos blancas, grandes como águilas, abiertas, en signo de paz sobre la tierra— a la libertad, que en esta ciudad ha dado tal hija. La libertad es la madre del mundo nuevo, que alborea. Y parece como que un Sol se levanta por sobre estas dos torres.

De la mano tomamos a los lectores de *La América*, y los traemos a ver de cerca, en su superficie, que se destaca limpiamente de en medio del cielo; en sus cimientos, que muerden la roca en el fondo del río; en sus entrañas, que resguardan y amparan del tiempo y del desgaste moles inmensas, de una margen y otra, este puente colgante de Brooklyn, entre cuyas paredes altísimas de cuerdas de alambre, suspensas —como de diente de un mamut que hubiera podido de una hozada desquiciar un monte— de cuatro cables luengos, paralelos y ciclópeos —se apiñan hoy como entre tajos vecinos del tope a lo hondo en el corazón de una montaña, hebreos de perfil agudo y ojos ávidos, irlandeses joviales, alemanes carnosos y recios, escoceses sonrosados y fornidos, húngaros bellos, negros lujosos, rusos de ojos que queman, noruegos de pelo rojo, japoneses elegantes, enjutos e indiferentes chinos—. El chino es el hijo infeliz del mundo antiguo: así estruja a los hombres el despotismo: como gusanos en cuba, se revuelcan sus siervos entre los vicios. Estatuas talladas en fango parecen los hijos de sociedades despóticas. No son sus vidas pebeteros de incienso: sino infecto humo de opio.

Y los creadores de este puente, y los que lo mantienen, y los que lo cruzan parecen, salvo el excesivo amor a la riqueza que como un gusano les roe la magna entraña, hombres tallados en granito, como el puente. ¡Allá va la estructura! Arranca del lado de Nueva York, de debajo de mole solemne que cae sobre su raíz con pesadumbre de 120.000.000 de libras; sálese del formidable engaste a 930 pies de distancia de la torre, al aire suelto; éntrase, suspensa de los cables que por encima de las torres de 276 1/3 pies de alto cuelgan; por en medio de estas torres pelásgicas que por donde cruza el puente miden 118 pies sobre el nivel de la pleamar: encúmbrase a la mitad de su carrera, a juntarse, a los 135 pies de elevación sobre el río, con los cables que desde el tope de la torre en solemne y gallarda curva bajan; desciende, a par que el cable se remonta al tope de la torre de Brooklyn, hasta el pie de los arcos de la torre, donde ésta, como la de Nueva York, alcanza a 118 pies; y reentra, por sobre el aire con toda su formidable encajería deslizándose, en el engaste de Brooklyn, que con mole de piedra igual a la de Nueva York, sajado el seno por nobles y hondos arcos, sujeta la otra raíz del cable. Y cuando sobre sus cuatro planchas de acero, sepultadas bajo cada una de las moles de arranque, mueren los cuatro cables de que el puente pende, han salvado, de una ribera del río Este a la otra, 3.578 pies. ¡Oh, broche digno de estas dos ciudades maravilladoras! ¡Oh, guión de hierro, de estas dos palabras del Nuevo Evangelio!

Llamemos a las puertas de la estación de Nueva York. Millares de hombres, agolpados a la puerta central nos impiden el paso. Levántanse por entre la muchedumbre, cubiertas de su cachucha azul humilde, las cabezas eminentes de los policías de la ciudad, que ordenan la turba. A nuestra derecha, por la vía de los carruajes, entran carretas que llevan trozos de paredes y columnas; carros rojos del correo, henchidos de cartas; carrillos menguados, de latas de leche; coches suntuosos, llenos de ricas damas; mozos burdos, que montan en pelo, entre rimeros de arneses, sobre caballos de carga que en poco ceden al troyano; y lindos mozos, que en nerviosos corceles revolotean en torno de los coches. Ya la turba cede: dejamos sobre el mostrador de la casilla de entrada, un centavo, que es el precio del pasaje; se ven apenas desde la estación de Nueva York las colosales torres; zumban sobre nuestra cabeza, golpeando en los rieles de la estación del ferrocarril aún no acabado, que ha de cruzar el puente, martillos ponderosos: empujados por la muchedumbre, ascendemos deprisa la fábrica de amarre de este lado del puente. Ante nosotros se abren cinco vías, sobre la mampostería robusta comenzadas: las dos de los bordes son para caballos y carruajes, las dos interiores inmediatas, entre las cuales se levanta la de los viandantes, son las ida y venida del ferrocarril, cuyos amplios vagones reposan a la entrada: como a los 700 pies la mampostería cesa, y empieza el puente colgante, que los cuatro cables paralelos suspenden, trabados a los eslabones de hierro, que cual inmenso alfanje encorvado con la punta sobre la tierra, atraviesan la mampostería, como si tuviera el mango al río y el extremo a la ciudad, hasta anclar en el fondo de la fábrica. Ya no es el suelo de piedra, sino de madera, por bajo de cuyas junturas se ven pasar como veloces recaderos y monstruos menores, los trenes del ferrocarril elevado, que corren a lo largo de esta margen del río, a diestra y siniestra. Y por debajo de nuestros pies, todo es tejido, red, blonda de acero: las barras de acero se entrelazan en el pavimento y las paredes que dividen sus cinco anchas vías, con gracia, ligereza y delgadez de hilos; ante nosotros se van levantando, como cortinaje de invisible tela surcada por luengas fajas blancas, las cuatro paredes tirantes que cuelgan de los cuatro cables corvos. Parecen los dos arcos poderosos, abiertos en la parte alta de la torre, como las puertas de un mundo grandioso, que alegra el espíritu; se sienten, en presencia de aquel gigantesco sustentáculo, sumisiones de agradecimiento, consejos de majestad, y como si en el interior de nuestra mente, religiosamente conmovida, se levantasen cumbres. El camino de los pedestres, ya bajo la torre, se abre, al pie del muro que divide los dos arcos; lo ciñe en cuadro; vuelve a juntarse, entre la colosal alambrería que en calles aparejadas, colgada de los cuatro cables gruesos, desciende en largas trenzas, altas como agujas de iglesia gótica junto a la torre, más cortas a medida que la curva baja hacia el centro del puente, y al fin, en el centro, a nivel de éste. Y el puente —encumbrado en su mitad a 135 pies, para que por bajo él, sin despuntar sus mástiles ni enredar sus gallardetes, pasen los buques más altos— comienza a descender, en el grado mismo en que su mitad primera asciende: la imponente cordelería, que antes bajaba, ahora en curva revertida, se encumbra a la cima de la segunda torre; el camino, al pie de ésta, se reabre en cuadro, como al pie de la torre de Nueva York, y se recoge; bajo sus planchas de acero silban vapores, humean chimeneas, se desbordan las muchedumbres que van y vienen en los añejos vaporcillos, se descargan lanchas, se amarran buques: la calzada de acero, cargada de gente, se entra al cabo por la de mampostería que lleva al dorso la fábrica de amarre de Brooklyn, que, sobre sus arcadas que parecen montañas vacías, se extiende, se encorva, sirve de techumbre a las calles del tránsito, bajo ellas semejantes a gigantescos túneles, y vierte al fin, en otra estación de hierro, a regarse hervoroso y bullente por las calles, la turba que nos venía empujando desde Nueva York, entre algazara, asombros, chistes, genialidades, y canciones. Regocija lo inmenso.

Pero quedan siempre delante de los ojos, como zapadores del universo por venir, que van abriendo el camino a los hombres que avanzan, aquellos cuatro colosales boas, aquellos cuatro cables paralelos, gruesos y blancos, que, como serpiente en hora de apetito se desenroscan y alzan el silbante cuerpo de un lado del río, levántanse a heroica altura, tiéndense sobre pilares soberanos por encima del agua, y van a caer del lado opuesto. Y parece que los pies quedan pisando aquella armazón que semeja de lejos sutil superficie, y como lengua de hormiguero monstruoso; y es de cerca urdimbre cerradísima, que a los cables solo fía su sustentamiento, y a las cuerdas de acero que en forma de abanico bajan en cuatro paredes, cruzándose con las de tirantes verticales de cada uno de los lados de las torres. ¡Y se mecen, a manera de boas satisfechos —sobre la plancha cóncava en que en el agujero en que atraviesan lo alto de las torres descansan sobre ruedas— los cuatro grandes cables, como alambres de una lira poderosa, digna al cabo de los hombres, que empieza a entonar ahora sus cantos!

Mas ¿cómo anclaron en la tierra esos mágicos cables? ¿Cómo ¡surgieron de las aguas, con su manto de trenzas de acero, esas esbeltas torres? ¿Cómo se trabó la armazón recia sobre que pasean ahora a la vez, cual por sobre calzada abierta en roca, cinco millares de hombres, y locomotoras, y carruajes, y carros? ¿Cómo se levantan en el aire, susurrando apenas cual fibra de cañas ligeras esas fábricas que pesan 8.120 toneladas? Y los cables ¿cómo, si pesan tanto de suyo sustentan el resto de esa pesadumbre portentosa?

Pues esos cables, como un árbol por sus raíces, están sujetos en anclas planas, por masas que ni en Tebas ni en Acrópolis alguna hubo mayores: esas torres, se yerguen sobre cajones de madera que fondo arriba fueron conducidos, con los cimientos de la torre al dorso, hasta la roca dura, setenta y ocho pies más abajo de la superficie del agua: y esos cables no abaten con sus cuerdas ponderosas las torres corpulentas, sino que del repartimiento oportuno de sus hilos y la resistencia, apenas calculable, que le viene de sus amarras, soporta la colgante estructura, y cuanto el tráfico de siglos, con su soplo febril, eche sobre ella.

Y ¿qué raíz ha podido asegurar a tierra esa gigante trabazón, pasmo de los ojos, y burla del aire? ¿Qué aguja ha podido coser ordenadamente esos hilos de acero, de 15 1/4 pulgadas de diámetro, y en los extremos anudarlos? ¿Quién tendió de torre a torre, sobre 1.596 pies de anchura, el primer hilo, 5.000 hilos, 14.000 millas de hilo? ¿Quién sacó el agua de sus dominios y cabalgó sobre el aire, y dio al hombre alas?

Levanten con los ojos los lectores de *La América* las grandes fábricas de amarre que rematan el puente de un lado y de otro. Murallas son que cerrarían el paso al Nilo, de dura y blanca piedra, que a noventa pies de la marca alta se encumbran: son muros casi cúbicos, que de frente miden 119 pies y 132 de lado, y con su enorme peso agobian estas que ahora veremos, cuatro cadenas que sujetan, con treinta y seis garras cada una, los cuatro cables. Allá en el fondo, del lado de atrás más lejano del río, yacen, rematadas por delgados dientes, como cuerpo de pulpo por sus múltiples brazos, o como estrellas de radios de corva punta, cuatro planchas de 46.000 libras de peso cada una, que tienen de superficie dieciséis y medio pies por diecisiete y medio, y reúnen sus radios delgados en la masa compacta del centro, de dos y medio pies de espesor, donde a través de dieciocho orificios oblongos, colocados en dos filas de a nueve paralelas, cruzan dieciocho eslabones, por cuyos anchos ojos de remate, que en doble hilera quedan debajo de la plancha, pasan fortísimas barras, de siete pies de largo, enclavadas en dos ranuras semicilíndricas abiertas en la base de la plancha. Tales son de cada lado los dientes del puente. En torno de los dieciocho eslabones primeros, que quedaron en pie, como lanzas de doce y medio pies, rematadas en ojo en vez de astas, esperando a soldados no nacidos, amontonaron los cuadros de granito, que parecían trozos de monte, y a la par que iban sujetando los eslabones por pasadores que atravesaban a la vez los treinta y seis ojos de remate de cada dieciocho eslabones contiguos trenzados como cuando se trenzan los dedos de las manos —y que a quedar sueltos hubieran girado unos sobre otros como sobre un eje común las dos alas de una bisagra— inclinaban hacia el río, en la curva interior del alfanje, con la colocación de las piedras invencibles, cada doble hilera de eslabones nuevos, hasta que al avecinarse ya a la altura, por donde habían de entrar a enlazarse con la complicada cuádruple osamenta los cuatro cables, la doble hilera se duplica, las dos camas de eslabones se truecan en cuatro; las dieciocho barras son ya treinta y seis; los dos pasadores paralelos, que a tramos diversos e iguales, como anillos de serpiente chata que anda, han venido asegurando la doble cadena, se convierten en cuatro, y cada uno de estos pasadores, bastante a ser mástil de barco o columna de iglesia, sujeta a la vez atravesando dieciocho ojos, los nueve en que rematan los eslabones de cada una de las cuatro hileras, y nueve ojos de nueve de los hilos de cada cable, que tiene diecinueve hilos, cada uno de los cuales se abre en dos a cada extremo para ajustar —como cuña entre las dos porciones del cuerpo que rompe— entre los ojos de dos eslabones contiguos, con lo que quedan por los cuatro mismos pasadores paralelos unidos en cuatro camas superpuestas e idénticas, los treinta y seis extremos de cada cadena de anclaje y los treinta y seis extremos de cada cable. Esas cuatro dobles médulas de hierro, hasta veinticinco pies de lo alto del muro que da al río, en que ya el cable entra en el muro, atraviesan esos dos cuerpos monstruosos de granito, médulas que remata luego armazón intrincada de nervios de acero, por ser ley, que anuncia lo uno en lo alto, y lo eterno en lo análogo, que todo organismo que invente el hombre, y avasalle o fecunde la tierra, esté dispuesto a semejanza del hombre. Parece como si en un hombre colosal hubiera de rematarse y concentrar toda la vida.

De madera es, de madera de pino de Georgia, que debajo del agua ni el oxígeno alcanza ni el tedero roe, el sustento de ambas torres. Caisson lo llaman en francés y en inglés, y es invención francesa. Es caja inmensa, vuelta del revés: la boca, abajo; el fondo, arriba; y sobre el fondo que le sirve de tapa, veintidós pies de planchas de pino, cruzadas en ángulo recto sujetas al techo del cajón por tornillos gruesos como árboles, y retorcidos y agigantados, como debe ver, en su cerebro encendido, sus ideas un loco; y de madero a madero, abrazaderas de hierro; y en las junturas, alquitrán y materias adherentes y durables. ¡Oh! bien merecen estas cosas que asombran, que bajemos por el pozo forrado de hierro, contra entrada de aire, que desciende de lo alto del cajón, por entre los lienzos de pino, al cajón hueco, también de hierro contra aire, forrado de hierro de caldera, y cuyas paredes, de hierro calzadas, van en lo interior disminuyendo, para dejar mayor espacio a los excavadores, desde ocho pies con que junto al fondo que hace de techo comienzan, a ocho pulgadas. Ya flota la estructura corpulenta, con su margen de once pies, entre la triple empalizada, que, en el lugar mismo en que ha de alzarse la torre, le han fabricado los ingenieros; ya comienza a hundirse, al peso de los primeros trozos de granito que le echan al dorso; ¡ya baja! ¡ya baja! Por las canales de aire, introducen en el cajón el aire comprimido, ante el que huye, no sin grandes luchas, titánicos saltos a quinientos pies por sobre los pozos, tonantes rugidos y mortíferas rebeldías el agua vencida. Ni silbar pueden los hombres que trabajan en aquella hondura, donde está el aire comprimido a 32 libras por pulgada cuadrada: ni apagar una luz, que de sí misma se reenciende. Del pozo de hierro por donde bajan los excavadores al húmedo hueco del cajón, dividido para mejor sustento por seis tabiques, donde los excavadores trabajan —los hombres pasan, graves y silenciosos a su entrada, fríos, ansiosos, blancos y lúgubres como fantasmas a su salida, por una como antesala, o cerrojo de aire, con dos puertas, una al pozo alto, otra a la cueva, que nunca se abren a la par, porque no se escape el aire comprimido, sino la de la cueva para dar entrada al bravo ejército cuando la del pozo se ha cerrado ya tras ellos, o la del pozo, para darles salida, cuando dejan ya cerrada la de la cueva—: ¡ved cómo bajan por cuatro grandes aberturas al fondo de la excavación las dragas sonantes, de cóncavas mandíbulas, a buscar al fondo de los pozos —abiertos a hondura mayor que el nivel del agua, por lo que el agua sube en ellos a nivel— el lodo, la arena, los trozos de roca, que en incesantes paletadas echan en los pozos los excavadores, para que luego, al encajar, con ruido de cadenas, sus fauces abiertas en la abertura profunda la draga famélica, las trague, cerrando de súbito los maxilares poderosos, y las saque, cajón y torre arriba, al aire libre, y las vuelque en las barcas de limpieza! Ved como a medida que limpian la base aquellos heroicos trabajadores febriles, en cuyo cerebro hinchado la sangre precipitada se aglomera, van quitando alternativamente las empalizadas que colocaban ha poco bajo los tabiques de la extraña fábrica, y, con este sistema de escalones, dejando caer sobre las empalizadas que quedan la torre que, sin el apoyo de las que le quitan, pesa más sobre las restantes, y baja, y reponiendo sobre el terreno nuevamente limpio las que quitaron, para apartar enseguida las que dejaron antes, al separar las cuales la torre baja otra vez sobre las nuevas. Ved como expulsa el agua, y calva ya la roca, echan los hombres entre ella y el tope del cajón 8.000 tonela-das de cemento hidráulico, masa que, celoso de la naturaleza que creó breñas duras, ha inventado el hombre. Así a flor siempre de agua, construyeron, sobre el cajón que con su entraña de hombres se iba hundiendo, la torre que con su pesadumbre de granito, se iba levantando. Y luego, con pescantes potentes, alzaron hasta 300 pies las piedras, grandes como casas, que coronan la torre. Y los albañiles encajaron en aquella altura, como niños sus cantos de madera en torre de juguete de Crandall, piedras a cuyo choque ligerísimo, como alas de mariposa a choque humano, se despedazaban los cuerpos de los trabajadores, o se destapaba su cráneo. ¡Oh trabajadores desconocidos, oh mártires hermosos, entrañas de la grandeza, cimiento de la fábrica eterna, gusanos de la gloria!

¿Y los cables, los boas satisfechos? ¿Qué araña urdió esta tela de margen a margen por sobre el vacío? ¿Qué mensajero llevó 20.000 veces de los pasadores del amarre de Brooklyn las diecinueve madejas de que está hecho cada alambre, y los 278 hilos de que está hecha cada madeja, a los pasadores del amarre de Nueva York? Una mañana, como galán que corteja a su dama, un vapor daba vueltas al pie de la torre de Brooklyn: ¡arriba va, lentamente izada, la primera cuerda! móntanla sobre la torre: sujétanla a la fábrica de amarre; arrástrala el vapor hasta el pie de la torre de Nueva York; izan el otro extremo; pásanlo por la otra torre; fíjanlo al otro amarre: del mismo modo pasan una segunda cuerda: juntan en cada amarre, alrededor de poleas movidas por vapor, los extremos de ambas cuerdas, y ya queda en perpetuo movimiento circular la gloriosa «cuerda viajera». Sentado en un columpio, que cuelga de una carrucha fija a la cuerda que la máquina de vapor pone en movimiento, cruza el primero —entre estampidos de cañones, silbos de locomotoras, flameos de banderas y hurras de centenares de miles de hombres— Farrington sin miedo, cabeza de mecánicos. Luego montan sobre la viajera, alzadas en brazos de hierro, una rueda de madera acanalada, en que engarzan el alambre, bien mojado en aceite de linaza para evitar el moho, y después bien seco que en ocho grandes ruedas, dos al pie de cada cable, tienen enredado, en extensión de dos millas, igual a cincuenta y dos rollos, alrededor de cada rueda: ¡allá va la carrucha, hormiga trabajadora, de un cabo a otro del puente, con su doble hilo de alambre! Llega, la acarician, desengarzan el hilo, y lo reengarzan en torno a una gran herradura de hierro de borde estriado, molde provisional del que sacan luego el cable para engastarlo en el último pasador de la cadena: vuelve vacía, chirriando y castañeteando, la carrucha al otro extremo: ajustan, con grandísimas labores, desde los amarres y lo alto de las torres la longitud diversa, que por quedar cada hilo a altura diversa en la madeja, ha de tener cada hilo: ¡allá va de nuevo la carrucha; la aguja redonda, que ha cosido el cable! ¡allá va 139 veces, en que deja 278 hilos! Y ya está la madeja, que de alambre forran, como las dieciocho más que hacen, a un mismo tiempo para cada uno de los cuatro cables: y ya hechas, apriétanlas con grandes abrazaderas; ajustan más aún las diecinueve madejas, en que los hilos yacen unos al lado de otros, y no trenzados; ciñen con medios cilindros, bien apretados, el cable; y sobre una especie de balsa ambulante que del mismo cable cuelga, van, tejedores del aire, los forradores, envolviendo la masa circular con alambre, que una sencilla máquina, semejante a una rueda de timón, que lleva el alambre enrollado en un carretel, va dejando salir en espiral: y, ya el boa bien vestido, lo posan en su plancha acanalada que, sobre ruedas corredizas, para que el cable pueda extenderse y encogerse, y no dañar la fábrica con su peso, lo espera en la cumbre de la torre.

De los cables cuelgan, sujetos de bandas de hierro, los tirantes trenzados, 208 en cada cable: de los tirantes, las planchas horizontales que sustentan el pavimento, y las seis paredes verticales de alturas diversas que las cruzan, y listones de acero de pared a pared, y listones diagonales, sobre cuya armazón se extienden, en gruesa lengua de 3.178 pies de largo y ochenta y cinco de ancho, las cinco calzadas, de diecinueve pies de ancho las de carruajes; las del ferrocarril, de quince y medio; y dando vista a islas como cestos, a ciudades como hornos, a vapores que parecen, por lo avisados, ruidosos y diestros, mensajeros parlantes, y hormigas blancas que se tropiezan en el río, cruzan sus antenas, se comunican su mensaje y se separan, dando vista a ríos como mares, empínase en el centro, como cresta de dieciséis pies de ancho, el camino de las gentes de a pie que desde que abrió puertas el puente, cruzan, apretándose a veces en masas enormes, para dar salida a las cuales hay que alzar las barandas del camino, dos formidables y nunca enflaquecidas hileras de viandantes.

Ni hay miedo de que la estructura venga abajo, porque aun cuando se quebraran a un tiempo los 278 que de cada cable la sostienen, bastaría a tenerla en alto, con su peso y el del tráfico, la ramazón de tirantes supletorios que, a modo de tremenda mano abierta, de delgada muñeca, baja, casi hasta la mitad del cable por cada lado, del tope de cada torre. No hay miedo de que se mueva la estructura, ni que la sacudan juegos de aire ni iras de tormenta; porque por su base la muerden las torres con dientes de acero, y para que el viento mayor no la conmueva, los dos cables de afuera se encorvan hacia adentro al ir tocando la mitad del puente, y los dos de adentro se doblan hacia los de afuera, con lo que se hace mayor la resistencia. No vendrán, no, los aires traviesos a volcar carros sobre el río, porque los bordes del puente se levantan a ocho pies de alto y entre las vías de carruajes y las del ferrocarril está tendida, para sujetar los empujes del viento, red de fuertes alambres. Ni hay riesgos de que los cables se quebranten, que nunca vendrá sobre cada uno de ellos peso mayor de 3.000 toneladas, y está hecho para sustentar, con sus 294 brazos, 12.000. Ni se torcerá, astillará o saltará el puente, cuando el calor de estío lo dilate, como al rol de amor el espíritu, o el rigor del invierno lo acorte; porque esta quíntuple calzada está como partida en dos mitades, para prevenir el ensanche y el encogimiento, por medio de una plancha de extensión, en el punto medio de la vía, cuya plancha, fija en el extremo de una de las porciones, empalma sobre junturas movibles con el extremo de la porción segunda. Y cuando al pie de una de las torres se amontonan en bloqueo sin salida, millares de mujeres que sollozan, niños que gritan, policías que vocean, forcejeando por abrirse camino, se mueven señorialmente, como gigantes que saludan, un ápice apenas los cables en sus lechos corredizos en lo alto de las torres.

Así han fabricado, y así queda, menos bella que grande, y como brazo ponderoso de la mente humana, la magna estructura. Ya no se abren fosos hondos en torno de almenadas fortalezas; sino se abrazan con brazos de acero, las ciudades; ya no guardan casillas de soldados las poblaciones, sino casillas de empleados sin lanza ni fusil, que cobran el centavo de la paz, al trabajo que pasa; los puentes son las fortalezas del mundo moderno. Mejor que abrir pechos es juntar ciudades. ¡Estos son llamados ahora a ser todos los hombres: soldados del puente!

La América. Nueva York, junio de 1883

36. Cartas de Martí. Gozos de colegiales. Harvard. Ben Butler. Guerra contra indios. Simulacros de la milicia. Campamentos de verano. Un periódico del día. Edison

Nueva York, julio 2 de 1883

Señor director de *La Nación*:

¡Oh, los colegios! No dan clases ahora, sino músicas. Ved cómo llevan aún en el rostro esos pulidos mozos aquella ansiosa melancolía de los discípulos delicados de Platón. Aristóteles, se empieza a ser a los treinta años; pensad mal, de quien ya no es Platón cuando cuenta veinte. Y vale más ¡por Dios que vale más! ser desterrado de Siracusa que echarse sobre los hombros el manto de púrpura del vicioso Alejandro.

Commencements llaman aquí los colegiales a estos días de fiesta. Tienen sus ceremonias candorosas que les vienen de antaño, como a los estudiantes alemanes, y a que ponen puntillo en ser fieles: en este colegio se ha de decir, en tal traje un discurso chistoso; en aquél, los de la clase graduada han de entregar la pipa de la clase a los noveles que vienen a tomar sus puestos.

Duran las fiestas días y noches, que para el alma del recién graduado sin alba y sin crepúsculo parecen, y día todas, como aquella noche de amor inolvidable que gozó el rey Amasis.

Unos van en procesión por las calles del lugar creado bajo las alas del colegio, hasta el teatro por estas ceremonias consagrado: otros, luego que cierran sus exámenes, puesto que saben de Teócrito, hacen de él, y danzan sin fatiga con las zagalas del contorno; otros, a la sombra de robles eminentes, rompen en lágrimas y aplausos al ver venir, del brazo de sus hijos, al sabio moribundo que aún les calienta, con el fuego de su alma que se escapa, el corazón, a que espera a las puertas del colegio la severa vida; otros, apesarados de súbito, van, porque así lo quieren la costumbre y el cariño, a despedirse de las amplias aulas donde fueron venturosos: ¡tristeza formidable, decir adiós al colegio! ¡Se siente ya sobre el hombro la garra del león que no perdona! ¡se ve venir, arrebujado en nube negra, el huracán tremendo! Parece como que de repente cae sobre los hombros el peso de la vida.

Pero son mozos, y no les van bien en la frente las caléndulas: ya vuelven del jardín con las manos llenas de miosotis y rosas salomónicas: ya asoman por entre los arbustos cargados de azahares pálidos, como alegres, como si presintieran que era la última vez que habían de estarlo plenamente.

Van de paseo a otro colegio de mujeres, donde éstas son nutridas de ciencia sólida, y una señorita lee entre plácemes una plática buena, que es de pensar aunque parece de reír, puesto que lo anuncia el programa del colegio como

356

un discurso que lleva este lema no donoso: «Pan y mantequilla». Esta acaba: y otra vestida de blanco, luciendo etérea hermosura, cabellos del sedoso tinte de hebra de mazorca nueva, y ojos grandes y húmedos, lee su obra premiada, en que ensalza con loa calurosa el menester de tener fe en Dios, en los demás, y en sí.

Y a poca distancia, en otro colegio, un orador de fama, que por honrado y elocuente le mantienen, describe con calor de mancebo, que no se extingue jamás por completo en las almas grandes, las fuerzas maravillosas de la naturaleza.

Pero la fiesta magna ha sido en la Universidad de Harvard.

Ya han pasado las regatas entre estas y aquellas clases de unos y otros colegios; que la mente ha de ser bien nutrida, pero se ha de ver de dar, con el desarrollo del cuerpo, buena casa a la mente. Así como el bambú, más lleno de rumores que de frutos, crece en hojas inútiles que dan con él en tierra, así el hombre en quien no anda aparejado, con sólido pensar, sólido cuerpo. No se ha visto palacio bien seguro sobre cimientos de arena.

Ya han pasado las justas de jóvenes remeros, en que los más ágiles del Colegio de Columbia han vencido esta vez a los más recios de Harvard. Ya se han dado a los vientos las canciones del año y los discursos.

Ya viene de Boston, cubierto por colosal sombrero de Panamá de cinta negra, y seguido de su cohorte de lanceros de casaca roja, el afamado Butler.

Los capitanes del colegio, que son republicanos, y ven mal que con mano victoriosa los haya dejado sin capa y en mala figura ante su pueblo, este gobernador brioso, negáronse este año a darle en ceremonia pintoresca de legendaria usanza, el grado de honor de doctor en leyes con que acostumbra la universidad regalar a los gobernadores del Estado. Pero la gente moza de lenguaje, que gustan siempre los mozos de hombres de lengua brillante y mano inquieta, se pusieron del lado de otros capitanes sensatos que como gloriosa satisfacción, llamaron a Butler, odiado por todos los que ostentan fraude y mácula, a presidir la fiesta de grados, y la mesa ya de siglos famosa de curso nuevo. Muchos detalles cansarían. El gobernador cruzó la ciudad entre bravos.

Águila de años, mas no vieja, parece Ben Butler, y aunque no las ha menester, por tenerlas propias, las del sombrero le fingían anchas alas. Pero oídle ahora, luego que ha hecho reír a sus convives, que cuidan más esta vez de los manjares de la mente, que del humeante puerco con judías de que hace gala Boston, oídle luego que abre su plática con esos gracejos sin los cuales no parece aquí discurso bueno, ni orador genioso, ni ceremonia completa; oídle hablar casi con lágrimas de los tiempos de la guerra enconada con el Sur, en que Harvard tenía pocos alumnos, porque los niños... los niños estaban tristes porque veían pensativos a sus padres; y los jóvenes... los jóvenes estaban en la guerra.

Y a fe que mientras hay que guerrear, en la guerra deben estar todos los jóvenes.

De ejercicios están ahora los colegios, y la milicia ciudadana. De guerra un general que caza indios, y se entró por sobre tratados y fronteras en tierra mexicana, a sitiar a los apaches; que se ha traído en racimos, más torvos que sumisos, a la cola de su caballo, de lo cual no hablan bien diarios sensatos, que aconsejan a México que cuide de mejor modo sus fronteras; y de simulacro de guerra andan los jóvenes de la milicia ciudadana. Era antes aquí gala ser bombero, y por sacar a una niña en los brazos de las llamas, moría alegre un hombre. Y es gala ahora ser soldado, y en estos meses en que la tierra reverdece, los ríos se enguirnaldan y las almas enfloran, van de faena militar los jóvenes, a dar ficticio empleo, para que luego no les sorprenda el verdadero, a sus lucientes armas de combate. Les regocija el cambio ameno.

El escritorio decae. El campo nutre. No parecen compañías de soldados, sino bandas de presos alegres que gozan, entre pájaros y cervatillos, de sus primeros días de libertad. En la ciudad el aire espeso, la vida monótona, el quehacer rutinario, no les invitan a salir de sus casas temprano. En el improvisado campamento, no bien asoma el Sol por la cresta del cerro vecino, ya están tomando los alegres milicianos sus seis onzas de pan y su café, y vístense de batalla; allá una compañía se adiestra en el manejo de los rifles; allá la otra, fingiendo que le viene encima, arrebatada carga de caballería, hinca la rodilla en tierra, eriza las afiladas bayonetas, pega a la culata del rifle la mejilla y dispara con cápsulas inofensivas. Paso de ataque se oye a la entrada de aquel bosque, ruido de graneada mosquetería se repercute de sus troncos recios al llano y a las lomas: éntranse bravamente por la arboleda envuelta en humo espeso los asaltantes; ¡paso de gala y hurra! «¡paso de vencedores!».

¡Mas, oh, que suenan risas! —y salen de entre los troncos los prisioneros valerosos— que son damas. Bailes y honesta huelga acaban en el campamento siempre el día. Mas en el resto de la noche, no en voluptuosa pluma duermen, en que no debieran dormir jamás los hombres, sino en lona dura, que aún es blanda para cuerpos viriles. ¡No sé qué tiene la tierra, que invita a dormir sobre ella!

Y éste es el mes. En la naturaleza, en los colegios, en los pueblos de baños, en los campamentos de jóvenes ricos, dados a veces —con verdadera mengua— a vestirse de bailarines y payasos, en los campos de las carreras, donde a suntuosas damas que las ven desde elegantes coches se juntan montón ávido de burdos apostadores, que al caballo juegan, como a la ruleta o al dado; en los amplios circos, donde, acumulando ganancias y vítores, juegan con brazos desnudos y ágiles, los favoritos de la ciudad a la pelota; en los carros urbanos que rebosan gente; en las terrazas cálidas, que esparcen aromas, todo es flor y pompa.

Si se toma un diario, se ve que la vida ofrece señales graves de desarrollo anormal y a veces monstruoso; que las pasiones que esperaban antes para hacer presa del pecho, a que estuviese maduro, ahora encuentran albergue, en ocasiones tenebroso, en el pecho de los niños. Se ve que, así como la larga posesión quita el sentido, la larga ausencia de él lo vuelve, y enfrente de los republicanos que se desbandan, y se dan con manos torpes golpes sendos, los demócratas se agrupan en torno a una bandera común y sabia: y puesto que entienden que sin tarifa de aduana, no podrían pagar los Estados Unidos su deuda, sofocan sus anhelos librecambistas, y abogan solo por tarifas moderadas, con lo cual burlan a los republicanos asustados, que ven cómo no pueden pasar plaza ante el país de defensores únicos del proteccionismo. Y se ve en el periódico que todo son empresas para sacar los telégrafos de los techos, y los hilos de luz eléctrica de sus eminentes postes, y caen sobre el mercado como gotas de fuego en que se rompe aérea estrella pirotécnica, múltiples compañías de telégrafos y alumbrado subterráneo.

Y de vez en cuando, mientras que limpian en las casas para colgarlas el día 4 de julio las lindas banderas, y los niños acumulan sus ahorros para trocarlos por cohetes; y los hombres se aprestan en el famoso día a ser niños, se ve cruzar en humilde carruaje a un hombre de cutis liso y blanco, ojos ansiosos, que saltan en chispas, azules, dulces; rostro abstraído y como de quien mirase egregios mundos y por sobre él una misteriosa palidez astral. Es dantesca figura, que cruza como un símbolo la tierra: es Edison.

José Martí

La Nación. Buenos Aires, 14 de agosto de 1883

37. Cartas de Martí. La vida neoyorquina. Pompas de estío. Galas del mes de junio. Voluntarios neoyorquinos. Los colegios y fiestas. Enseñanza clásica y enseñanza científica. Luz eléctrica. El cónsul argentino y la luz. Edison. Recuerdo de Catamarca en el Sun

Nueva York, julio 8 de 1883

Señor director de *La Nación*:

La vida en Venecia es una góndola; en París, un carruaje dorado; en Madrid, un ramo de flores; en Nueva York, una locomotora de penacho humeante y entrañas encendidas. Ni paz, ni entreacto, ni reposo, ni sueño. La mente, aturdida, continúa su labor en las horas de noche dentro del cráneo iluminado. Se siente en las fauces polvo; en la mente, trastorno; en el corazón, anhelo. Aquella calma conventual de las ciudades de la América del Sur, donde aún con dedos burdos pasa las cuentas de su rosario, desde su ermita empinada, el padre Pedro, en esta tierra es vida. Se vive a caballo en una rueda. Se duerme sobre una rueda ardiente. Aquí los hombres no mueren, sino que se derrumban: no son organismos que se desgastan, sino Ícaros que caen. No se ven por las calles más que dos clases de hombres: los que llevan en los ojos la pupila sin lustre de la bestia domada, hecha al pesebre, y los que abren al aire encendido la pupila fiera de la bestia indómita, el manso ejército de los resignados, vientre de la humanidad, y el noble ejército de los acometedores, su corazón y su cabeza.

Y si en ningún mes se reposa, en este de junio, mes de aves y de madreselvas, y de sacar nidos, se amanece en una barca, cuya blanca vela tiñe la aurora de color de rosa; se almuerzan fresas en un campamento de estudiantes, que disputan o reciben premios; se divierte la tarde bajo un parasol rojo, viendo al jinete que cae, al apostador que murmura, a la batalla frenética de los caballos corredores, a la yegua de Vanderbilt que trota una milla en dos minutos y quince segundos; y se acompaña a la tierra en su giro a la sombra, al compás de los atambores melancólicos de los soldados de ciudad que hacen en estos días ejercicios de campaña; y se consume la noche, cual cera en torno a pabilo, en baile ardiente y loco, trabado a sombra de árboles o discretas techumbres de vastos corredores, entre estudiantes satisfechos y soldados novicios, y damiselas lindas que no saben que tienen semilla amarga los manzanos de oro.

¡Oh, los colegios! Ved cómo se abren en verano como las rosas. Os digo que el invierno es la estación de los búhos. Solo el calor del Sol engendra héroes. Parece aquí la tierra en estos meses, no cuando agosto quema, sino cuando junio sonríe, inmensa flor que a recibir el Sol, su novio, abre los brazos múltiples. Todos parecen dichosos. En el invierno, se gruñe. En junio, el padre es más amante; más cortés el esposo; el niño, más gentil; más galana la dama; el decidor más ameno; el tétrico, locuaz; azul el mar y el alma. Las casas se vacían; los buques se dan a la vela; los paseos se repletan. Los sombreros de colores de las mujeres parecen como sobre rosales coronados de una alegre flor, traviesa mariposa. Estas ricas mañanas, en que la atmósfera se colora de una blanda tinta de espiga madura, convidan a tender al aire las manos abiertas para coger en ellas el oro ambiente que todo lo penetra y lo abrillanta.

Ni ¿por qué he de hablar de otra cosa, si toda la ciudad es ahora doncella de paseo, que no quiere saber que se viene del llanto, y se va al llanto, sino que vive en el estío caliente, y trisca y goza? Tierra más limpia que ésta, no ha de hallarse. La sala más pobre toda llena de anuncios de colores, ramilletes de cartón, y lazos de cinta, parece, al vérsela de súbito, más que pobre sala, templo. La ventana más ruin tiene un clavel, y la moza más pobre, que va de mañanita a echar tinta a las prensas, rizar plumas o envolver cigarros, tiene su traje de color de crema y su mantilla azul. Y el pobre mozo que viene de enfrenar caballos o de mover ruedas de hierro, se quita, al oscurecer, sus ropas de labor, se embona las de fiesta, y va de gala, con su niña al brazo, camino de la plaza o los jardines. El hombre gusta de ir donde la naturaleza se extiende y se evapora.

Mes de junio, mes de ceremonias de colegios; de carreras de caballos; de regatas de botes y buquecillos de paseo; de lances de pelotas y boliches; de probar, en improvisados campamentos, el peso de las armas de la guerra, y el sabor de los manjares de batalla.

Los hombres no debían tener jamás en sus hogares estatuas de Venus, ni copias tentadoras de Pomona: debiera todo hombre clavar, como el Segismundo de La vida es sueño, junto a su cama de dormir, el vestido de pieles con que vivió condenado en la montaña. El licor de risas, laxa. Debe prepararse a todo hombre a la batalla, a la privación, a la desgracia. Pues ¿no se nota que un hombre no es nunca completamente grande sino cuando es desventurado? La felicidad constante aniña y debilita.

Hacen bien los soldados voluntarios de Nueva York, en ir de té y pan sobrio, a dormir sobre lona bajo la tienda de campaña; a levantarse con el Sol, que es sentirse rey, e inundado de místicas ternezas; a aprender el manejo de las armas, no ¡por Dios! para volverlas contra pueblos hermanos e indefensos, sino para clavarlas en la frente de quien, pensando en hacer de nuevo esclavos a los hombres, deshonrase la frente humana. ¡Oh, qué gran tiempo! Ya parece que el hombre está despierto.

Lindos están ahora los patios de los colegios. Todos inauguran, antes de devolver sus educandos a sus casas, a que remen, en lo que hacen bien; a que cacen, en lo que hacen mal, a no ser que cacen zorras o lobos; a que naden, hablen de amores, dancen y corran; todos inauguran sus clases estos días y reparten sus premios, distribuyen sus grados, convocan a sus amigos, celebran sus fiestas.

¡En esta tierra, los colegios son tan antiguos como las iglesias! Quien dice Harvard, que es el colegio magno de Massachusetts y como el Oxford de la América del Norte, dice palabra mágica, que abre todas las puertas, lleva de mano a todos los honores, y trae perfume de años. Quien dice Yale, sabiduría dice, que da tinte de cana a los cabellos rubios de sus jóvenes doctores.

¿Quién enumera aquí colegios? De uno se dijo que había contado los sueños de las mujeres de un harén; y de otro los del espíritu de un héroe encadenado, y se les tuvo por grandes contadores: mas estos que tanto contaron, no podrían contar los colegios de los Estados Unidos. Abrid ahora un periódico de letra menuda que cuenta los regocijos de las escuelas en este buen mes del año: para admirar sobrará el corazón; pero de leer nombres diversos se cansan los ojos.

Y no se diga que no pueden estos colegios ser mejores, que pueden serlo; mas no ha de negarse que ya tienen alzada la podadera, y están podando del enteco árbol clásico, bueno para que crezca, como planta curiosa y benemérita, en los invernaderos, todas las ramas torcidas y hojas secas que impiden que por las anchas venas corra sin traba el jugo humano.

Puesto que se vive, justo es que donde se enseñe, se enseñe a conocer la vida. En las escuelas se ha de aprender a cocer el pan de que se ha de vivir luego. Bueno es saber de coro a Homero: y quien ni a Homero, ni a Esquilo, ni a la Biblia leyó ni leyó a Shakespeare, que es hombre no piense, que ni ha visto todo el Sol, ni ha sentido desplegarse en su espalda toda el ala. Pero esto han de aprenderlo los hombres por sí, porque se enseña de suyo, y enamora, y no se ha menester maestro para las artes de gracia y hermosura. Y es bueno —por cuanto quien ahonda en el lenguaje, ahonda en la vida— poseer luces de griego y latín, en lo que tienen de lenguas raizales y primitivas, y sirven para mostrar de dónde arrancan las palabras que hablamos: ver entrañas, ilustra.

Pero puesto que la tierra brota fuerzas —más que rimas, e historietas que suelen ser patrañas, y voces sin sentido, y montones de hechos sin encadenamiento visible y sin causa— urge estudiar las fuerzas de la tierra. Que se lea, cuando el Sol es muy recio, la Biblia; y cuando el Sol ablanda, que se aprenda a sembrar racimos de uva como aquellos de Canaán, que con su peso anonadaban a los hombres.

Como quien vuelve del revés una vaina de espada, se ha de cambiar de lleno todo el sistema transitorio y vacilante de educación moderna. Mas, no habrá para pueblo alguno crecimiento verdadero, ni felicidad para los hombres, hasta que la enseñanza elemental no sea científica: hasta que se enseñe al niño el manejo de los elementos de la tierra de que ha de nutrirse cuando hombre; hasta que, cuando abra los ojos para ver un arado, sepa que puede uncirlo, como un buey en otro tiempo, ¡un rayo! Que de aquí a poco, la electricidad moverá arados. Asombra que con tanto hombre que junta polos y saca fuerza de ríos y cascadas, no se haya pensado aún en uncir al yugo, en vez de una criatura viva que padece, un acumulador de Faure.

¡Hermosa luz eléctrica! ¡Bien hacen, puesto que es ley que vayan juntos análogos símbolos, en iluminar con la luz de los astros el puente de Brooklyn! Entrar por aquellas aéreas avenidas, cuando todo reposa, y con la suave luz de las estrellas brillan sobre los sutiles cordeles de alambre las lámparas eléctricas; dormidas, como dos ejércitos, las dos ciudades; el cielo, encendido; en calma el río solemne; y en torno, el aire blando iluminado, como con reflejos de alas de ángeles —la mano estremecida y respetuosa despoja del sombrero la cabeza, y aunque el estático cuerpo quede erguido— se siente que se ha caído de rodillas.

Apenas amanece suenan golpes de azada por las calles. Se interrumpen los cavadores, para dejar camino a una columna corintia que pasa; siguen tajando ancha veta en el piso: y reposan de nuevo, porque sobre ruedas corpulentas, está pasando una casa. Y vuelven a cavar, a abrir el lecho al tubo recio que ha de regar por bancos y oficinas, bolsas que dan miedo, asirios edificios que ponen asombro, y teatros e iglesias, la luz eléctrica. Ya es la de Brusch, cuyo brillo excesivo y penetrante no ofusca a veces la aparición de la aurora; ya la de United States, que se abre en dardos; ya la más suave, dócil y coqueta de Edison, que por barata y segura prospera, y me dicen que el brioso cónsul de la república Argentina, el caballero Carranza, intenta llevar ahora en sus esbeltos y menudos aparatos, a la pujante ciudad de Buenos Aires.

Da gozo ver cómo celebran a la ciudad del mediodía las gentes del Norte: días hace decía un diario, el *Sun*, el gran diario del cultísimo Dana:

«No miréis, si queréis ver racimos como maravillas, y cepas como robles, a California; mirad a Catamarca, que la vence y que crecerá pronto en manos de aquellos hombres industriosos.»

José Martí

La Nación. Buenos Aires, 15 de agosto de 1883

38. Libertad, ala de la industria

Sin aire, la tierra muere. Sin libertad, como sin aire propio y esencial, nada vive. El pensamiento mismo, tan infatigable y expansivo, sin libertad se recoge afligido, como alma de una niña pura a la mirada de un deseador de oficio: o se pone albayalde y colorete, como un titiritero, y danza en el circo, entre el befador aplauso de la gente. Como el hueso al cuerpo humano, y el eje a una rueda, y el ala a un pájaro, y el aire al ala, así es la libertad la esencia de la vida. Cuanto sin ella se hace es imperfecto, mientras en mayor grado se la goce, con más flor y más fruto se vive. Es la condición ineludible de toda obra útil.

Esto, que en todo es cierto, ¿cómo no ha de serlo en el comercio y en la industria?

Declamar, es echar gas al aire. Nada enseña tanto, ni prueba mejor, que un caso concreto.

Se han vendido estos días en remate en Nueva York los géneros de algodón sobrantes de la estación anual de consumo, por valor de 4.000.000 de pesos. Y se han vendido a precios de ruina, a un 25, a veces a un 50 % menos que los precios de fábrica.

¿Cómo? se preguntan todos con asombro. ¿Están averiados los géneros? ¿O son de pobre condición? ¿O están fuera de moda? ¿O hay alguna causa financiera extraordinaria, algún pánico en el ramo, que explique la venta?

Nada hay extraordinario: es la situación anormal en que el mantenimiento de la tarifa proteccionista mantiene normalmente a las industrias del país.

¿De qué sirve a las inmensas fábricas su capacidad de manufacturar maravillosa suma de géneros? ¿A dónde los envía luego, luego que está satisfecho el consumo interior, único en que los productos nacionales pueden luchar —por lo alto de los derechos de importación de los artículos extranjeros— con los géneros rivales? ¿Qué hacen los fabricantes con los productos que sobran, que el país ya provisto no necesita, y que no puede enviar afuera? ¿A qué mercado podrán ir a competir los productos norteamericanos caros, hechos con materia prima extranjera importada bajo fuertes derechos, y con maquinaria cara, por gravar la tarifa a la entrada en el país el hierro con que se construye, y con salarios caros, por haber de serlo, para que el trabajador pueda afrontar la general alza de precio en que por natural consecuencia, se mantiene todo en un país proteccionista; a qué mercado podrán ir a competir estos productos, con los elaborados en países donde ni la materia prima paga tan exorbitantes derechos, ni el hierro de que se hacen las máquinas padece tan recios gravámenes, ni los salarios, por la baratez general de los artículos de consumo, montan a tanto?

No pueden ir a competir los productos de un país que mantiene la tarifa alta, con los de países que la han rebajado, y reducido a la suma necesaria para pagar los gastos nacionales, a prorrata con los demás ingresos.

El sobrante, pues, de los artículos de fabricación nacional tiene que imponerse al consumo interior. Pero como éste necesita menos de lo que en el interior se produce, él es el que se impone a los productos, que se ven forzados a tentar con una ruinosa baratura en los precios a un mercado que no necesita lo que le ofrecen ni puede colocarlo al detalle a precios normales.

De ahí esa venta enorme de géneros de algodón por 4.000.000 de pesos.

Cuanto entra en la fabricación de los géneros de algodón, paga derechos altísimos: se repletan las fábricas de productos invendibles: se queda irremediablemente el obrero sin obra, por cerrarse el mercado a sus productos.

Si pudieran entrar libres de derechos, o con derechos legítimamente fiscales, los elementos de la producción, ésta podría hacerse de mànera que, costando en la nación misma menos, lo cual para el obrero equivale a un aumento en el salario, pudiera luego ir a rivalizar con los productos similares en mercados extranjeros, lo cual significa para el obrero ocupación constante.

A nadie daña tanto el sistema proteccionista como a los trabajadores.

La protección ahoga la industria, hincha los talleres de productos inútiles, altera y descalabra las leyes del comercio, amenaza con una tremenda crisis, crisis de hambre y de ira, a los países en que se mantiene.

Solo la libertad trae consigo la paz y la riqueza.

La América. Nueva York, septiembre de 1883

39. Cartas de Martí. Crucifixiones. Demencia religiosa. Tiempos medios y nuevos. Cómo se caza ahora la zorra. Caballeros de bolsa. La bolsa. El verano sagrado. Sus fiestas, sus inspiraciones. Coney Island: la isla de gozos, corridas, músicas, ferias, baños. Se mueren los niños. Caza de búfalos en la ciudad. Selva y locomotora. Congreso a la sombra de los árboles. La convención de la fe. La convención de los librepensadores: su credo, sus sacerdotes, sus oradores, sus métodos, sus demandas

Nueva York, septiembre 1 de 1883

Señor director de *La Nación*:

Lleva este correo convenciones, cazas de zorras, crucifixiones, sangrientos boxeos, emplumamientos, millaradas de gente de rodillas a la sombra de los árboles, vapores como pueblos, cabalgatas como comedias, un arzobispo galán, que viene de Londres a rebañar damas, un hosco reverendo que invita a su ciudad a que mire con ojos grandes en las artes malas con que se entran por las artísticas almas femeniles los sonrosados arzobispos: en suma, lleva este correo sentada en la falda cómodo de la libertad siempre serena, a la maravillosa vida.

Y se detiene el pensador, y se pregunta: Pues, ¿a qué pasan los siglos, si el bárbaro Silvestre Knobb —como Abraham bárbaro, oveja fiera, sombrío ejemplo de la bestia humana— ata en una cruz que ha hecho de árboles de su heredad a su propio hijo, y mientras le hunde en el pecho la rodilla porque no rebote, con un clavo de gruesa cabeza le fija la mano al madero, ensangrentado; y amarra luego a su hija Mimie a un haz de leños, que a poco es pira humeante, que lame y plaga de úlceras el cuerpo virgen que el padre insensato, enardecido por las pláticas de ese Ejército de Salvación que anda en moda ahora, ofrece a un Dios horrible, fantasía burda sangrienta de los pueblos en cuna y de los hombres ignorantes?

¡Tantos dioses han puesto los hombres en el cielo, como fases, estados y accidentes ofrece su historia! Pensando en el Espíritu Creador, ¡se sienten mares, y surgir solemnemente ponderosas montañas en el cráneo: y pensando en los dioses religiosos, se ven puños cerrados, ceños boscosos, mazos tintos en sangre, y hormigas.

¿A qué, se pregunta el pensador, pasan los siglos, si Freeman, a la luz de la bujía que su mujer sostiene a la cabecera de la linda cuna, mata en nombre de Dios a su única hija; si la mujer de Pensilvania, para purificarse de pecado, pone las palmas de la mano de su pequeñuela sobre un hierro encendido; si los dos Hicks sujetan en un haz a todos sus hijos, para irlos clavando en una cruz que con mano segura han ido haciendo de árboles frescos el padre y la madre?

Y es que dondequiera que nace el hombre, y en cualquiera época y ambiente de civilización en que aparezca, tiene mientras no lo afinan siglos sucesivos e infusión de razas viejas, la credulidad y necesidad del milagro de la infancia, la crueldad y temblor supersticioso de las razas vírgenes, los acometimientos y las brutalidades de la aún no olvidada fiera. ¿Qué es pecho humano, sino suma de todo ser viviente, y junta de todas las formas del universo, y prodigiosa sementera de donde, a quererla regar el agua desconocida, surgiría en todas sus vestiduras y encarnaciones la naturaleza? Y está el progreso del hombre en ir matando fieras.

¡Oh, no pasan en vano los siglos! ¡Qué crónicas aquellas, si hubiesen sido escritas las de los días menudos, de garra roja y boca de horca, de los tiempos medios! De mañana, era el obispo que se entraba caballero en un caballo negro por entre la grey afinojada, sacudiendo en la corva del cayado la cabeza del conde enemigo; de tarde era el ferrado castellano, jinete en arnesado bridón nuevo, a quien había de echar sobre la arena, sin más escudo que el vello de su pecho, ni más arma que un palo quebradizo, el villano que motejaba a su señor de robo de honra la otra felonía; de noche era el mancebo enamorado que echaba peña abajo el cuerpo triste, antes que ver cómo se entraba por sus puertas, y cabalgaba en su lecho nuevo de marido, el áspero mesnadero que de noche batía palomas, y de día lobos y zorras: ioh, vil poesía, que aún parece digna de loa, y repleta de gracias, a poetas seniles y enfermizos, castigados con la dote funesta de amar fervientemente lo pasado!

¡Y ahora también cazan zorras en Newport, que es gran ciudad de baños; pero como en circo, y por ganar fama de buenos montadores, y por que los vean las gentes, que enfilan a los bordes del puesto de la caza, y aplauden como en títeres o pantomima rabelesca, a los corredores de bolsa, sacerdotes desocupados, hongos de sala, abogados en huelga, y burdos neorricos que, como quien sienta plaza de nobleza, profanan los días hermosos del verano de América con menguadas parodias de los divertimientos de los bosques y terratenientes de Austria selvosa y feudal Inglaterra! Damas y caballeros, de azul o verde aquéllas, y éstos de casaquín rosado, que pareciera coraza teñida en burlas al bravo san Huberto, galopan y escapan por sobre el césped, tráganse arroyos, trasponen vallas, vuelan sobre cercas, azuzan a los mastines —que poco antes vinieron en carro cubierto, porque no se cansasen, al lugar de la junta— acorralan en un recodo de ramas secas a la azorada bestia, remátanla en presencia de las damas, y a quien saltó mejor le dan el rabo, y a quien corrió en línea derecha tras la zorra, la cabeza, y este cuarto y aquel del animal a quien ha ennoblecido la casaca rosa con mayor prohombría.

Mas es de ver este caballero que se para, todo galán en sus arreos de cinegeta más cerca aún de la ciudad suntuosa que del bosque por donde baten a la zorra, a recibir una cubierta cerrada de manos del mozalbete mensajero, de uniforme azul con botones dorados, que viene como montado en soplos, a traer al caballero el telegrama que para él llega. ¡Es la bolsa que sube! ¡Es el ferrocarril en que tiene su fortuna que baja! ¡Es la especulación, la zorra nueva!

¡Y qué mal que le sienta al moderno cabalgador en esta ansiosa batida la casaca rosada! Desvístesela: da a un caballerizo el corcel de la fiesta, monta en la locomotora, digno caballo de los hombres nuevos; apéase en la bolsa, que parece presidio, toda llena de hombres de color cetrina, y miembros pobres, como de quien no saca sus dineros de las fuentes sanas y legítimas de la naturaleza, sino de sombríos y extraviados rincones: vende y compra: grita y le gritan: manotea, como gañán que riñe: va de este lado y aquel, empujado por salvaje ola humana: con carcelarios himnos corean los negociantes frenéticos las grandes noticias de alza y baja; como traviesos gorrioncillos cuando comienza a caer la lluvia, agrúpanse en los corredores y dan voces cuando arrecia el ruido, los niños recaderos, pobres pájaros de nido podrido. Y en una vuelta de aquella bolsa elíptica, acaso queda en miseria, porque el río Denver baja y el Pacífico del Norte sube, el galán de rapada cabeza y atildado mostacho que poco antes movía apetitos de bellas cazadoras y lucía hinchadas riquezas en la ciudad de los palacios a orillas de la mar que nutre y embalsama.

Y así se mezclan aquí —porque no sin intención las pongo juntas, para que como son se vean— las primerías feroces de la vida virgen, las parodias pueriles de la vida monárquica, las convulsiones aceleradas de la vida moderna. Así corren mezclados estos meses: con botas de exploradores de las selvas llaman todavía a las puertas de estos veloces edificios —que por lo frágiles y mudables, parecen espuma parda o encarnada—; los esposos membrudos de las desentendidas hermosuras que en salones colgados de tapices de Aubusson y de Persia, reclinan, a la lumbre misteriosa de vénetas lámparas, en cojines de raros relieves sus espaldas sedosas.

¡Oh, sagrado verano, estación de poetas y de héroes, de amores que fecundan, viajes que fortifican, canciones que aletean, cielo que protege, estrellas que hablan! ¡Oh estación de desborde y alegría, que echa de la ciudad, como de cárcel, y llena de buscadores de placer los vapores de ríos y ferrocarriles, las claras playas, bordadas de hoteles, los afamados manantiales entre montañosos edificios sofocados, y los discretos retiros, abiertos en lejanas y fragantes selvas! ¡Oh verano, día del Sol, padre de emociones, de movimientos y de ideas! Como se dan a la libertad los pueblos oprimidos, así a la luz los pueblos invernosos. Verano no es el de Nueva York: es fiebre. Tras él, no hay bolsa llena, ni corazón sin rocío, ni cuerpo sin apetito de reposo. Vanse las gentes por campos y por ríos sorbiendo aire, como quien sorbe vida: todo es pareja, aurora y amorío. Aun la noche es alba. Los hoteles, campamento; las playas hervideros; los ferrocarriles, boas repletos, jamás desocupados; no cierra la ciudad de día ni de noche sus fauces de muelles.

Coney Island, vertedero veraniego de Nueva York, isla de baños no es, ni sus hoteles lo son, que aquellos baños parecen ejércitos moisíacos o ríos; y aquellas cocinas, estómago de monstruo; y la isla entera con sus tres pueblos vecinos, gigantesca copa de champaña, en cuya hirviente espuma descuaja el Sol alegre sus múltiples colores. ¡Ay! allá en la ciudad, en los barrios infectos de donde se ven salir por sobre los techos de las casas, como harapientas banderas de tremendo ejército en camino, mugrientas manos descarnadas; allá en las calles húmedas donde hombres y mujeres se amasan y revuelven, sin aire y sin espacio, así como bajo la superficie de las raíces se desenvuelven pesadamente los gusanos torpes y deformes en que se va trocando la vida vegetal; allá en los edificios tortuosos y lóbregos donde la gente de hez o de penuria vive en hediondas celdas, cargadas de aire pardo y pantanoso; allí, como los maizales jóvenes al paso de la langosta, mueren los niños pobres en centenas al paso del verano. Como los ogros a los niños de los cuentos, así el *cholera infantum* les chupa la vida: un boa no los dejará como el verano de Nueva York deja a los niños pobres, como roídos, como mondados, como vaciados y enjutos. Sus ojitos parecen cavernas; sus cráneos, cabezas calvas de hombres viejos; sus manos, manojos de yerbas secas. Se arrastran como los gusanos: se exhalan en quejidos. ¡Y digo que éste es un crimen público, y que el deber de remediar la miseria innecesaria es un deber del Estado! A veces, una barca compasiva lleva a una playa vecina a buscar aires, a costa de algunas buenas gentes, a un centenar de madres: ¡oh pobres niños! parecen lirios rotos, sacados del cieno. Las casas, son caras; las madres, ineducadas; los padres, dados a ver boxear y a beber; las industrias, pocas para los industriales; las fábricas, que padecen de plétora de productos, no han menester de nuevos fabricadores; la tarifa prohibitiva, que produce salarios ficticios altos, carga de tal modo las materias primas que, provisto el consumo doméstico, las manufacturas no pueden salir a batallar en otras tierras con los productos más baratos rivales. Y así de sus propios errores, y de la dureza e indiferencia de los acomodados, se aíslan; aíran, disgustan y envilecen los pobres; y de padres sombríos, y de aire fétido, se mueren los niños.

Coney Island, en verano, es como una almohada de flores en que reclina la ciudad a cada tarde su cabeza encendida, donde golpea el cerebro hinchado. De los libros de comercio, se va a los muelles que llevan a Coney Island. Minutos tiene cada hora no más que vapores. ¡Qué gozo de los ojos, el de ir encontrando por el río, como sus nobles dioses seculares, majestuosos vapores blancos; el de no ver en el doble animado camino de agua y tierra, ni playa desaseada, ni mugrientas aldeas, ni abandonados y sombríos caminos! ¡Qué fortaleza y dignidad ponen en el carácter, el río ancho, el cielo vasto, el campo cultivado, el ferrocarril alado, las ciudades limpias! ¡Qué saludable comercio, luego de los menudos y dolorosos de la vida diaria, el del hombre y la naturaleza!

En Coney Island se vacía Nueva York: de día, es inmensa feria; de noche, tal parece que se dieron cita todas las estrellas en un lugar del cielo, y desgajadas cayeron de súbito en tres cestos gigantes de luces sobre la isla. ¡Hoffman alegre! De un pueblecillo a otro, ferrocarriles; a la margen del mar, ancha calzada; por sobre los bordes de las olas, otra vía férrea; en columnas de hierro por el aire, otra. Frente a cada hotel, cobijada por grandísima concha, ora suena a Lohengrin, ora remeda llanto de chicuelos o cacarear de gallinas, con gran aplauso de la gente burda, una ruidosa orquesta: con cañones a veces se acompañan, y otras, con yunques. ¡No me parece mal esta última música! Y cada pueblecillo de los tres de la isla, que lo es de hoteles y de gente que pasa, vocea, atrae, salpica, aturde, desperdicia colores, se disloca. En torres azules, banderas alegres; por sobre las húmedas blancas arenas, clamoreando de júbilo, recogidos los trajes alados, buscan las olas y las huyen, millaradas de niños, con los pies desnudos: bajo un paraguas rojo hacen recodo, como si a sí propios no se vieran, dos amantes joviales; de cómicos bañistas ríen en la repleta baranda, los espectadores perezosos.

Esta máquina es de hacer seda; ved el hilo, ved la trama, ved el coloreo, ved el estampado, ved ya el pañuelo, que a nuestros ojos hacen, y os dan por unos reales. Este que da voces y alza manos, llama a los que pasan a que vean cómo tiene anillos de plata en los dedos de los breves pies, y de rica y no desairada labor de filigrana de oro cubiertas las orejas, una linda manceba de Madrás, de negra tez, contorneadas formas, joyante y lacia cabellera, y tierna mirada. En aquel chiribitil pintado, saca una flaca moza de una maquinilla —¡oh mala caricatura de la gitana gente!— un sobre en que una hada de electroplata, que corona la máquina, dice a sus tributarios la buenaventura. Unos se pesan; otros, del velocípedo se caen; otros, en el rifle se ensayan; aquellos, hombres y mujeres, van como mordidos de sed y de hambre a hacer apuestas en las carreras de caballos; a este paso, y al otro, fuentes de soda aromosa, de pesada cerveza, de champaña de burlas; de sidra sana y leal, que allí se ve como la enjugan de las manzanas encarnadas, fuentes de leche, que de grandes vacas de cuero, como Baco coronadas de pámpanos, sacan, oprimiendo blandamente los resortes de la mecánica ubre, ágiles mujeres, pulcras y graves.

Por ahí van niños y gente niña, a ver cómo con todo su gentío y colores se refleja la isla en la cámara oscura; allá suben, a cien varas de la tierra, en un elevado, que lleva al tope de colosal armazón de hierro, a los que, en tal sobra de vida, hallan la tierra escasa: por aquel muelle, que como lengua, que tendiera a hacer calzada traidora de insectos, monstruoso hormiguero, echa la isla en calles de doscientos metros por sobre el mar, gentes que corren; beben refrescos, aplauden títeres, ríen, vitorean, serpean: acá se cuelgan de un grifo de madera, cabalgan en un gallo; se sientan entre las dos gibas de un dromedario, se montan sobre la cola de un pez, a que les den vuelta en son de música, el mocerío y la gente de servir, que lleva allí parvadas de niñuelos.

Todo es carro que anda, cinta que revolotea, cristal que chispea, ruido de mar humano, gruesa alegría física.

Y allí, al fin, tras aquellos vallados de madera, ante diez mil novelescas gentes, hombres del Oeste de larga melena, mano implacable, fieltro gallardo, y cuerpo nervioso, fingen entre volcánicos hurras, con su cohorte de indios y vaqueros, que de las selvas se han traído aquellas románticas y terribles hazañas de los que al testuz de los búfalos, y al enconado diente de los indios, arrebatan las comarcas vírgenes.

¡Allá se ven, los que cazan el ciervo! Este ahora viene, disparando a todo correr de su caballo, sobre una cincuentena de palomas volantes que va matando a bala. Acá se acercan los indios cantando su lastimera selvática canturria, al lento paso de sus potros de guerra, y de súbito, como de invisible muro, despedido tropel armado de partesanas, dando gritos que vibran en el aire como espadas carniceras, desbándanse en escape desatado, tendidos sobre el cuello de sus brutos; y acorralan contra un tronco solitario al hombre blanco moribundo que vacía en las emplumadas cabezas y en los pechos amarillos sus pistolas. ¡Presto! ¡presto! que arremeten a redimir a su compañero sorprendido, los exploradores bravos, y los indios culebrean por entre los vengadores; y se les escapan de los brazos y se asen por los talones de los costados de sus animales; huyen por entre el humo negro y denso tiroteo, encogidos debajo de los vientres de sus alígeros caballos. ¡Hurra! ¡hurra! que ya indios y exploradores y vaqueros, en paz y brazo a brazo, lacean de pies y manos y cabeza al padre búfalo fuerte, que a modo de recia maza golpea con sus impotentes belfos la tierra, en tanto que las músicas suenan, los caballeros de la larga melena sacuden al aire sano del mar sus hermosos sombreros, venden los mansos indios, por entre la concurrencia, sus retratos ¡y jadea y jadea y rechina a las puertas del hipódromo, elevando por sobre los hombres, como un saludo, su penacho de humo la bufante y lucífera locomotora!

¡Oh, verano clemente, padre de gozos y de pensamientos, que pones manto de oro y corona de astros al espíritu! Porque con él no vienen solamente estos reboses de júbilo, y desperezos y alborotos del cuerpo en el invierno entumecido, y frívoleos y son de amores de la acre y solitaria vejez de la ciudad, y de la adocenada muchedumbre. Con el verano, que aligera la mente, invita a mudar de casa y echarse a los caminos, y lleva al alma el Sol, surgen las convenciones de filósofos y reverendos, los Congresos a la sombra de los árboles, las juntas en aldehuelas pintorescas de asociaciones científicas y morales, las asambleas acá ordenadas y prudentes de los trabajadores vigilantes y desocupados, y esos populosos campamentos de oración, en que sesenta mil seres humanos doblan a veces, como los galos de Velleda ante los dólmenes, en medio de la selva cargada de cánticos, las pecadoras y trémulas rodillas.

Cada secta, cada iglesia, cada escuela tiene su feria religiosa, su jubileo sagrado, su junta de campo, su camp-meeting. Cobíjanse los unos, de iglesias pobres o de modestos pueblos, bajo los ramajes de los árboles o improvisadas tiendas, y día y noche imploran con penosos ejercicios el descenso del óleo de la gracia sobre sus villanísimas cabezas, que abaten humillados sobre la tierra, a la manera de aquellos hindús buenos que ponían a que pasase por sobre ellos el elefante sacro, sus sumisos lomos. Y gimen, y dan voces tristísimas, y

373

se acarician unos a otros, y gritan con el rostro bañado de copiosas lágrimas: ¡Aleluya! ¡Aleluya!

En otro campo riñen, colgadas de las ramas las levitas, y enrolladas al codo las mangas estorbosas, los partidarios enconados de dos rivales reverendos; bien como aquellos partidos de parroquia que en día de Viernes Santo la daban por pasar a igual momento el Señor muerto por la misma calle. Y otro es campo famoso, a cuyo amor han surgido al borde de la mar pueblos muy bellos, donde ya en tiendas alhajadas con singular riqueza, ya en cómodos hoteles, dirigidos por los administradores de la fiesta, reúnense a respirar brisas de costa, oír cantantes y músicos de gala, y comentar la llana y cómoda sabiduría de los ancianos santones protestantes —las damas y caballeros ricos en fe y bolsa, a cuyos hábitos pacíficos, o moderada fortuna no convienen los palaciales y temidos pueblos que albergan a los actores de la moda los veranos—: certámenes vulgares de riqueza, donde no halla pan la mente ni regalo los ojos, ni gusto el alto espíritu. Son caballos humanos, y gana, entre ellos, la carrera el que puede colgarse a la cerviz mayor peso de oro. Nervudas y antipáticas como Atalanta parecen, en esas contiendas ansiosas, las más arrogantes doncellas: tal parecen envolturas rosadas de piel, que encubren esculturas de granito.

Pero no lejos de ellos ¡oh pasmo y consuelo frente a la convención de la fe, con sus cohortes de cojos que andan, y ciegos que ven, y mancos que ya usan sus dos manos, y ricas personas que a decenas de miles dan los pesos para que la convención enseñe en holgado colegio el poder material, influjo milagroso, y acción terapéutica de la fe; frente a la mágica tienda donde entre lonas cerradas, con un ligero unto de cierto divino óleo, pone un doctor, que ya ha sembrado escuelas y misiones, en juicio a los dementes, en patéticos discursos a los mudos, y a damas paralíticas en alas; frente a la campiña dócil donde la sorprendida muchedumbre recibe en un día los testimonios de unos tres centenares de pacientes que con venir a aquel Congreso de curar, sintieron que las carnes les nacían en el motón del brazo o pierna rebanados, levántase risueña y opulenta, con sus dos millares de miembros y cabezas notables, con su red de asociaciones y ramales que por todos los Estados adelanta y se extiende, con sus severos y sencillos estandartes donde, a guisa de mote de pelea, van bordadas frases de liberaciones pronunciadas por los mejores amigos de los hombres, la asamblea de los que no tienen por cierto ni por bueno que el cerebro humano, como el testuz del buey, tome su molde en yugos; los que oyen dentro de sí, en permanente pregunta y arrebato, voces de rey y mandamientos imperiales; los que no saben de recortar alas, sino de desplegarlas: la convención de los librepensadores.

La ciudad toda de Rochester envió a la sala del Congreso sus más lujosos jarrones de flores. Con sus listas azules, que parecen lenguas alegres que cantan a todos los vientos, las maravillas de la libertad, engalanaban la plataforma los pabellones nacionales. En retratos presiden, Washington, que fue tan grande que no se ha apreciado aún bien, ni por sus más ardientes hijos, la heroica serenidad y trascendencia secular de su grandeza; Robert Ingersoll, Voltaire de América, como adversarios y amigos lo apellidan, orador pujante que quiere hombres libres, y donde ve cuello de clérigo, dice que ve yugo, y pone en filo la erudita lengua, y la deja caer como hacha; y Thomas Payne que lloraba de ver siervos a los hombres. ¡Ay de esas almas, que parecen mantos que quisieran cobijar y calentar en sí toda la tierra!

En luminosas letras centellean sobre estos retratos de patriarcas, frases suyas famosas. ¡Tales cosas se dicen, que con no ser más que palabras, parecen cimientos de mundo! «Tierra mía es el mundo, y el bien mi religión», dijo Thomas Payne. «El gobierno de los Estados Unidos no está, en ningún sentido, fundado en la religión cristiana», dijo Washington. Y Robert Ingersoll ha dicho esto, que brilla sobre su rostro benévolo y abierto: «Rebeldía a credos religiosos es libertad, y toda religión esclavitud». Y al leer una admirable frase suya, parece como que se ve surgir de entre las paredes, canosa y olímpica, la tranquila cabeza de Jefferson, y que su pueblo le besa la mano como a su verdadero padre: «He jurado eterna hostilidad a toda forma de esclavitud mental, y a toda forma de opresión sobre la mente humana», dijo Jefferson. Pues esos prosélitos inseguros y desalentados de una religión, sobrado verdadera para que se reduzca a templo y forma, sobrado natural para que quepa en recinto menos vasto y variado que la misma naturaleza, ésos son nuestros sacerdotes.

Y ese que ocupa ahora la tribuna, oído atentamente por la concurrencia numerosa ¿quién es que así le baten palmas, como si fuera amigo predilecto de la casa? ¿Leñador es acaso de mano segura que corta ramas secas de ideas viejas? ¿Es Ingersoll mismo, que al defender a un director de correos acusado de gruesas estafas, saltaba ayer a un escenario de teatro a malherir y aventar en trizas las milagrerías y servidumbres que traen aún atados a los hombres? Ruin será el hombre, y pobre en actos, mientras no se sienta creador de sí y responsable de sí, y providencia de sí mismo. Fomenta la cobardía, laxa el carácter, impide el desenvolvimiento natural del espíritu humano la idea de una aciaga providencia cooperadora. ¿Es el juez Courtland Palmer el que habla, a quien aíran y enrojecen las palabras y métodos de iglesia? El que habla es un clérigo, que en medio de los librepensadores, que lo atacan y aplauden, riñe en lid oratoria con un recio abogado del librepensamiento, que nadie a la libertad tiene derecho, cuando no hace hábito y gala de respetar la libertad ajena.

Enciclopedia hablada fue la convención. Había entusiastas de decir extremo, vanguardia que ha de ser vigilada y tenerse siempre a la mano, mas hace gran falta, a la marcha de todo ejército de ideas. Los exagerados son los zapadores; luego, a la hora de dar leyes, ni los zapadores tienen que zapar, ni a los exagerados toca la obra. Aunque ha de tenérsele siempre en pie, porque así empujan a los perezosos, y sacan el antifaz a los hipócritas, y aterran a los débiles, y vienen a ser como los policías de legislación. No son un grupo artístico, ni parecen necesarios a los hombres justos, pero son una inevitable fuerza lógica. De entusiastas estuvo llena la convención: pero por entre ellos pasaba respetado y cambiando saludos, rota en la mano la vara milagrosa de Moisés, el clérigo a quien brindaban su tribuna los hijos de Jefferson.

Doctores, jueces, comerciantes, damas, todos abogan en fervientes y macizos discursos por el pleno ejercicio y desembarazado movimiento de la mente del hombre. No quieren que se transija, sino que se cercene. A la cortesía en filosofía, llaman traición. Delito grave llaman a permitir la propaganda del error. Harto trae el hombre en sí propio de corruptor y rebajante, para que se abra el paso hasta sus oídos, a errores que vician la naturaleza humana.

El mal es accidental: solo el bien es eterno. Contra el dogma del mal eterno, el dogma nuevo del eterno trabajo por el bien. Confiar en lo que no se conoce no mejora mundos, sino trabajar en ello. A los camp-meetings epilépticos, las convenciones del librepensamiento tolerantes e investigadoras. En vez del recodo en mal hora florecido, donde, profanando la majestad de los árboles y el calor amoroso de la luz, pelean por el mando de la comunidad dos sacerdotes membrudos, a puntapiés y puñadas, la tribuna serena y cobijada de la convención del librepensamiento, donde un clérigo católico discute en paz solemne y respetuosa con sus jurados adversarios.

Habla un hombre: «Dad tiempo a la naturaleza —dice— y ella arrojará de la faz de la tierra, como arrojé yo mi levita de cura, toda enfermedad y mala semilla».

«Saludemos a Foot y a Ramsie, de Inglaterra; a Kropotkine, de Francia; a Haywood, de América» —dice otro, con palabras de alabanza, a la convención que los saluda.

«No levantéis edificios de caridad para mujeres y hombres caídos —dice magníficamente en la tribuna una discreta señora—: levantad en vez de eso a los hombres de manera que no caigan: que yo os digo que el hombre ya viene: ésta es la época de advenimiento del hombre.» ¡Ya alumbra lo que puede oponerse a lo que se apaga!

«¿Cómo he de venir de lo infinito —dice en su discurso otra dama incrédula— yo, que soy finita? Pues el doctor Harvey, que sabía cien años ha, de la circulación de la sangre, era más sabio que el Jehová de la Biblia, que nunca supo de ella!» Y esta dama desfigura con ideas las hermosuras de la mente libre. La verdad quiere arte. Solo triunfa lo bello.

«Y oíd, pueblos y hombres de Norteamérica, lo que, como tarea práctica de este año y párrafo de sus Evangelios, quiere esta convención de razonadores: oíd —dice, al cerrar en fiesta fervorosa y solemne los debates que del Sol a la madrugada tuvieron en pie a la convención—, oíd los delitos públicos, las faltas de alevosía humana, las vendas y ataduras que condenamos y extinguiremos. Que por toda la tierra habitable, la mente sea libre. Que los gobiernos de los pueblos, que son de credo vario, no traicionen a varias porciones de su pueblo, favoreciendo un solo credo. Que toda iglesia o propiedad de iglesia pague el tributo público. Que no haya capellanes de una secta en el Congreso, en que se sientan por igual hombres de todas: ni capellanes en las legislaturas de los Estados, como hay ahora: ni en armada: ni en milicia: ni en ningún otro asilo e instituto sostenido con dineros del público, que comulga en diversas capillas, o en ninguna. Que en las escuelas se prohíba, ni como libro de un culto que no hay derecho de imponer traidoramente a inteligencias indefensas, ni como libro de texto, rudimentario y erróneo, el uso de la Biblia. Que cese de ser facultad del presidente de la república el señalamiento de fiestas religiosas. Que en los tribunales y oficinas se afirme decir verdad, y no se jure. Que no quede en pie ley que hurte a los hombres el libre uso de un día de la semana, por darlo a un culto en que los compelidos ya no creen. Que a la moral convencional suceda la moral natural; al gobierno dogmático el gobierno secular; al espíritu místico en el gobierno, un nuevo espíritu, sereno y amplio que por sobre las religiones que batallan y jadean, se cierna como el alción sobre los mares.»

Y nosotros agregamos que, besando en la frente a Cristo muerto en la cruz por la redención de todos, ¡hagan de sus maderos instrumentos del trabajo humano!

José Martí

La Nación. Buenos Aires, 21 de octubre de 1883

40. Escena neoyorquina

Es mañana de otoño, clara y alegre. El Sol amable calienta y conforta. Agólpase la gente a la puerta del tranvía del puente de Brooklyn: que ya corre el tranvía y toda la ciudad quiere ir por él.

Suben a saltos la escalera de granito y repletan de masa humana los andenes. ¡Parece como que se ha entrado en casa de gigantes y que se ve ir y venir por todas partes a la dueña de la casa!

Bajo el amplio techado se canta este poema. La dama es una linda locomotora en traje negro. Avanza, recibe, saluda, lleva a su asiento al huésped, corre a buscar otro, déjalo en nuevo sitio, adelántase a saludar a aquel que llega. No pasa de los dinteles de la puerta. Gira: torna: entrega: va a diestra y a siniestra: no reposa un instante. Dan deseos, al verla venir, campaneando alegremente, de ir a darla la mano. Como que se la ve tan avisada y diligente, tan útil y animosa, tan pizpireta y gentil, se siente amistad humana por la linda locomotora. Viendo a tantas cabecillas menudas de hombres asomados al borde del ancho salón donde la dama colosal deja y toma carros, y revolotea, como rabelaisiana mariposa, entre rieles, andenes y casillas —dijérase que los tiempos se han trocado y que los liliputienses han venido a hacer visita a Gulliver.

Los carros que atraviesan al puente de Brooklyn vienen de Nueva York, traídos por la cuerda movible que entre los rieles se desliza velozmente por sobre ruedas de hierro, y, desde las seis de la mañana hasta la una de la madrugada del día siguiente, jamás para. Pero donde empieza la colosal estación, el carro suelta la cuerda que ha venido arrastrándolo, y se detiene. La locomotora, que va y viene como ardilla de hierro, parte a buscarlo. Como que mueve el andar su campana sonora, parece que habla. Llega al carro, lo unce a su zaga; arranca con él, estación adentro, hasta el vecino chucho; llévalo, ya sobre otros rieles, con gran son de campana vocinglera, hasta la salida de la estación, donde abordan el carro, ganosos de contar el nuevo viaje, centenares de pasajeros. Y allá va la coqueta de la casa en busca de otro carro, que del lado contiguo deja su carga de transeúntes neoyorquinos.

Abre el carro los grifos complicados que salen de debajo de su pavimento; muerde con ellos la cuerda rodante, y ésta lo arrebata a paso de tren, por entre ambas calzadas de carruajes del puente; por junto a los millares de curiosos, que en el camino central de a pie miran absortos; por sobre las casas altas y vastos talleres, que como enormes juguetes se ven allá en lo hondo; arrastra la cuerda al carro por sobre la armazón del ferrocarril elevado, que parece fábrica de niños; por sobre los largos muelles, que parecen siempre abiertas fauces; por sobre los topes de los mástiles; por sobre el río turbio y solemne, que corre abajo, como por cauce abierto en un abismo; por entre las entrañas solitarias del puente magnífico, gran trenzado de hierro, bosque extenso de barras y puntales, suspendido en longitud de media legua, de borde a borde de las aguas. ¡Y el vapor, que parece botecillo! ¡Y el botecillo, que parece mosca! ¡Y el silencio, cual si entrase en celestial espacio! ¡Y la palabra humana, palpitante en los hilos numerosos de enredados telégrafos, serpeando, recodeando, hendiendo la acerada y colgante maleza, que sustenta por encima del agua vencida sus carros volantes!

Y cuando se sale al fin al nivel de las calzadas del puente, del lado de Nueva York, no se siente que se llega, sino que se desciende.

Y se cierran involuntariamente los ojos, como si no quisiera dejarse de ver la maravilla.

La América. Nueva York, octubre de 1883

41. ¿Cuál es el objeto de la torre?

Entre todas las bolsas de Nueva York, por su grandor descuella la de productos. La de acciones, a pesar de su fachada de mármol y sus columnas de granito, es punto menos que ridícula: y parece casa vieja aprovechada para usos modernos. La de productos, colosal, cuadrada, maciza, roja, enclávase en las entrañas de la ciudad, y empínase sobre ellas, con tales espacio y altura, que parece que allí cabrían de veras cuantos granos producen las dilatadas comarcas del Oeste.

Rematan cerca del techo las cuatro grandes esquinas, agudas proas de antiguas galeras, tan tamañudas, por serlo tanto el edificio que decoran, que si de cada esquina se bajan las dos mitades de galeras de ladrillo, y se les echa juntas por el río, en cada una de ellas navegaría cómodamente una docena de hombres. Bordan, a manera de faja labrada, los diversos pisos, medallones en tierra cocida, donde ostentan sus figuras alegóricas los Estados diversos de la Unión. No son espadas ni lanzas; sino hombres que se dan las manos; rollos de cuerda y cajas de algodón; ferrocarriles y bahías; árboles bien cargados y cuernos de abundancia. Y por entre los medallones, y en todo lugar conspicuo de la fachada, asoman, en buenos relieves, cabezas de los animales que de cerca ayudan a la agricultura: allí la cabeza ponderosa del recio caballo de carros; allí el testuz pequeño y el delgado hocico del preciado Durham; allí el carnero próvido de retorcidos cuernos; allí la estrecha cabeza del cerdo cebado. Por mala arte arquitectónica, las puertas de esta gran casa roja no salen de ella misma, como consecuencia y porción de ella, y al modo con que salen los labios de la cara, que es como las puertas deben salir de los edificios, para que parezcan verdaderamente parte de ellos; sino que parecen traídas de afuera; recortadas en pórfido suntuoso, y engastadas allí, como señora de pueblo, no hecha a maravillas, se pone sobre severo vestido de lana de faena diaria, mantón rico de seda japonesa, o cofia de finísimos armiños.

Vienen estos apuntes a cuento de una frase que oyó por estos días *La América* en la modesta y ocupada calle de Nassau, donde aún se albergan en covachuelescos tendorrios, aquellos antiguos mercaderes de barba en halo, labios finos rasos, sombrero alto de pelo, y rematando sobre grandes botas el bolsudo calzón, holgadamente sujeto de los hombros por lujosos tirantes cruzados.

Dos de ellos venían calle abajo, cubierto el traje venerando de Tíos Samueles con esas anchas hopalandas que recuerdan los gabanes de mahón de los antiguos coroneles retirados de la tropa española, y aquí son muy usados en verano, para proteger los vestidos del polvo en ferrocarriles y vapores, por lo que los llaman «cobertores de polvo».

Calle abajo venían, en una de las doradas mañanas de agosto, dos de aquellos agudos comerciantes neoingleses, nacidos cuando todavía cruzaban enconadas balas los Estados Unidos e Inglaterra.

Hablaban en voz alta de cosas altas: hablaban del puente de Brooklyn, que no acierta a iluminar bien la Compañía de Luz Eléctrica de los Estados Unidos, cuyas lámparas de luz radiada se debilitan y apagan con frecuencia con la imperceptible trepidación del puente: hablaban del gran palacio rojo de D. O. Mills, palacio de oficinas, cuya escalera de mármol y laboriosa verja de bronce no son menos ricas que las que ostentan palacios de reyes. Y hablaban de la bolsa de productos, que de su masa cuadrada eleva al cielo torre que a la de Babel recuerda, aunque ya no se confunden en ella, sino que se unen ¡oh símbolo! las lenguas de los hombres.

Bien parecían a aquellos huraños y prósperos comerciantes, de botas sólidas y sólidos negocios, de rostro sano y sanas cajas, los amplios salones de paredes y techos de hierro, por donde han de pulular, voceando precios y exhibiendo muestras, los agentes de venta y compra, y mercaderes incorregibles, y avaros y culpables especuladores, y ricos grandes, tocados del vicio de riqueza, que dan tipo y tamaño a esta tierra. Y como en la mente de estos comerciantes de antaño no suele hacer casa el ángel estético, ni se preguntaban qué hacían en los remates de las esquinas aquellas proas de galera, que no se desgajan ni derivan de la naturaleza y arquitectura del edificio, por más que las defienda la idea de que representan el comercio —que en tamaño edificio moderno debía estar representado por un vapor— ni hallaban mal las cuadradas, postizas y pretenciosas puertas. Porque en sirviendo para entrar, ya les parecen inmejorables las puertas; y como que les recordaban objetos de práctico servicio, las galeras no les parecían mal.

Pero no acertaban los acaudalados Samueles a explicarse el objeto de la torre.

—No acierto —decía uno, abriendo como quien va a hilvanar estambres sus dos nudosas manos—, no acierto para qué puede ser aquella torre.

—Eso, eso es lo que me pregunto —decía el otro tendiendo pontificialmente la mano— ¿cuál puede ser el objeto de la torre?

—¿Cuál puede ser su objeto?

Y esa es toda la llave, médula, fuerza del carácter norteamericano: no hace cosa sin objeto. No del carácter de los americanos de ahora, gozadores descuidados y rápidos, que ya no tienen fruición como la tuvieron sus padres, en ver crecer y fructificar su riqueza, sino que la anhelan solo por la suma de goces que produce: del carácter de los americanos fundadores hablamos, que, si no tenían la levadura de arte que sazona, embalsama y preserva de la obra mordiente de los siglos a las naciones, tenían una poderosa e ingenua sensatez que se trocaba en lo práctico en un amor grande al cimiento, y un desamor no menos grande al ornamento.

Por esto creció este pueblo; por la frase de los Samueles de Nassau Street; porque no se han dado a ornamentar sino después de que tienen ya tal edificio, que con el peso lujoso de los adornos no puede venir estrepitosamente al suelo.

Y por eso no crecen otros pueblos: por el amor excesivo al ornamento.

La América. Nueva York, octubre de 1883

42. Las asociaciones de obreros

Raro don, don excelso, es la justicia. Todo hombre tiene un poco de león, y quiere para sí en la vida la parte del león. Se queja de la opresión ajena; pero apenas puede oprimir, oprime. Clama contra el monopolio ajeno; pero apenas puede monopolizar, monopoliza. No en balde, cuando el Libro de los hebreos quería dar nombre a un varón admirable, lo llamaba «un justo». No desearlo todo para sí; quitarse algo de sí para que toquen a igual parte todos, es valor que parece heroico, a juzgar por el escaso número de los que dan prueba de él.

Así son los gremios de trabajadores en los Estados Unidos. Simpáticos, porque tienen de su lado la razón, cuando se congregan para resistir a los abusos del fabricante que los emplea; irreprochables cuando en uso de un legítimo derecho se niegan a trabajar por una suma que no alcanza a cubrir los gastos urgentes de la vida de familia, mientras que con la porte de salarios que les acorta, añade el fabricante una cantidad innecesaria y excesiva a sus provechos, conviértense a su vez estos gremios en tiránicos, apenas se sienten con fuerzas para imponer su voluntad.

En nombre del derecho humano al trabajo y a la vida se rebelan contra los que les pagan salarios que no bastan a mantenerlos en pie, y a abrigar en el invierno a sus hijos; pero no bien tienen en su mano, acumulada más por la fuerza moral que les da la simpatía pública que por sus propios medios, un ápice de autoridad, o un beneficio que compartir, o un mal que hacer, los emplean en impedir a otros, a sus propios hijos, el derecho al trabajo y a la vida, en cuyo nombre establecen la sociedad con que los impiden.

En los Estados Unidos, no se está en esto más hoy adelantado de lo que en tiempo del bravo Martel, el heroico munícipe de París, estaban los gremios de artesanos, mantenedores altivos del derecho del hombre a la dignidad y al uso de sí propio. Egoístas y tiránicos los gremios, niegan a los hombres nuevos, de su misma clase y familias el derecho de aprender los oficios en que ellos trabajan; solo permiten aprendices en el número en que se necesitan de ellos, más como bestiecillas de carga que como alumnos inteligentes; se rebelan contra las leyes mismas de la naturaleza; no quieren que haya obreros nuevos, para que no les hagan competencia en sus oficios: si a despecho de ellos, los jóvenes aprenden sus oficios, se coaligan contra los jóvenes, y les prohíben trabajar en ninguno de los lugares donde trabajan los miembros de los gremios, que amenazando huelga, o de otra manera más violenta, consiguen que el empleador despida al «nuevo», o que éste se retire atribulado. Al hombre que se ha atrevido a aprender un arte, sin pedir permiso a los que lo tienen ya aprendido, les niegan todos los beneficios, hoy considerables, de las ligas de trabajadores. Años enteros vagan por las calles los hijos de los artesanos agremiados, sin que las súplicas y esfuerzos de sus padres, que tienen miedo de salir del gremio, consigan para sus propios hijos un puesto de aprendiz. Mientras con tanta injusticia traten a los que dependen de ellos los obreros, no pueden esperar ser tratados con mayor justicia por los fabricantes de quienes ellos dependen. El favor público que los acompaña cuando claman por la mejora justa de su condición, los abandonará indignado, como en este punto los abandona ya hoy, cuando traten de coartar el derecho de los demás hombres a asegurar con su trabajo su vida. Si el despotismo es abominable en un déspota, que no ha conocido jamás los dolores del vasallaje, las penas agudísimas de la servidumbre; más odioso e inexcusable es en los que imponen deliberada y fríamente a los demás, a sus propios hijos, las amarguras que ellos han sufrido.

Pero las injusticias tienen de bueno que de sí mismas provocan el modo de remediarlas. Cuando existen, lo que hay que desear es que se extremen: porque viéndolas de bulto, la naturaleza humana, siempre generosa, monta en ira y remedia.

Esta indigna presión de los trabajadores agremiados, de los «Trade Unions» —como a estos gremios de artesanos se llama en los Estados Unidos e Inglaterra— ha inspirado a mi buen caballero, de nombre extravagante, que parece sin embargo bello, R. F. Auchmulty, la creación de una escuela casi gratuita, escuela con buenos maestros y excelente práctica para que aprendan los oficios más importantes y socorridos los jóvenes estudiosos y aspiradores que en vano buscan empleo en los talleres y fábricas donde dominan, como dominan en casi todos los talleres importantes, los obreros agremiados. Y como siempre sucede que hay artesanos rebeldes que se niegan a aceptar las imposiciones duras de los vengativos y autocráticos capataces de los gremios —a cuyos trabajadores excorporados llaman aquí «non-union men», los cuales trabajan a precio menor, o en condiciones más ventajosas que los corpora-dos— entre ellos hallan empleo los buenos obreros que desde hace años salen de los talleres paternales del caballero Auchmulty: icon qué placer llamamos caballero, a este que si no lo es de corte de reyes, por haber librado de la ira de un marido, o procurado dama, o salvado de enemigo personal, o adulado bien al rey, es caballero de los hombres!

Y como en la escuela no quieren usar, cual usan en los talleres, por mucho tiempo a bajo salario, o sin salario, de los aprendices, por lo cual en los talleres los dejan abandonados a sí mismos, aprenden los alumnos con rapidez grande, ya porque casi siempre traen ese conocimiento necesario, que en todas las escuelas públicas debiera enseñarse, de los instrumentos de trabajo; ya porque el fundador de la escuela desea sinceramente crear artesanos buenos y coloca para que los enseñen bien a buenos maestros. Y les da obras a hacer —que como a jornaleros usuales les paga— de los mismos oficios que aprenden. $40.000 de su propia bolsa ha empleado en esta empresa el buen Auchmulty: nada más que 3 pesos al mes, por aprender sólido y aplicable oficio, pagan los aprendices: $10 por el curso entero, pensión que jamás compensa los gastos anuales de la generosa escuela.

Con cólera justa recordamos el abuso de los artesanos agremiados, y con fe absoluta aguardamos, por la esencial bondad del hombre, que de éste mismo, en su ejercicio libre, surgirán todos los medios de poner coto a los errores en que le haga caer lo que aún tiene de feroz y avara su naturaleza.

La América. Nueva York, diciembre de 1883

43. Cartas de Martí. Grandes fiestas y grandes problemas. De Washington, hace cien años, a Carlisle, presidente de la Cámara democrática. Broadway en fiesta: el último centenario de la guerra. La estatua nueva de Washington. Ben Butler, vencido. Almas populares. Querellas de otros tiempos y de éstos. Politicastros ruines. Honrada elección del presidente de la Cámara. Los tres campeones: Cox, Randall y Carlisle. Lo que significa cada uno. Librecambismo, proteccionismo y sistema preparatorio. El gravísimo problema económico. Sus causas, su alcance, su remedio, sus consecuencias, su aspecto. El padre Jacinto en Nueva York. Un cardenal y un poeta inglés. La Patti

Nueva York, diciembre 21 de 1883
Señor director de *La Nación*:

Magnífica Luna, de luz cara a los hombres, viaja por el cielo. Una luz blanca se esparce por la ciudad, se refleja en los techos, irradia desde el pavimento de las calles y se entra por el alma. Los trineos vocingleros colgados de cascabeles, y a la zaga de alegres caballos, coronada la cabeza de plumero de colores, asoman y se escapan, fugaces como la belleza y la ventura. Se vive como en un astro. La miseria misma parece que se limpia y argenta. Nueva York festeja sus primeras nieves.

Quedan atrás los grandes días patrióticos, que han sido celebrados con júbilo y bravura, como para dar fe de nación grave y buena, que no se cansa de sus héroes.

En 25 de noviembre, cien años ha, los ingleses vencidos salieron al cabo, como de su último baluarte, de la codiciada Nueva York, y Washington y los suyos entraron en la ciudad, sin odio y sin rudeza, como sienta a los héroes, a sentarse en la silla de los dueños; lo cual quisieron los neoyorquinos en este 25 de noviembre memorar con festival suntuoso, fogatas y banderas, banquetes y discursos y procesión de armas. Contarlo, fuera tarea épica: millas de hombres; las paredes colgadas y los techos almacenados de niños y mujeres: de lo alto de Nueva York a lo alto de Brooklyn, bajo aguaceros tropicales, y el negro lodo a la rodilla, en masa compacta se apretaba cuanto la ciudad tiene de vivo, a ver pagar la colosal procesión de cinco horas, con sus gallardos coroneles de vanguardia; sus gobernadores y generales afamados, en coches de gala sus zuavos de mostacho gris, vitoreados como vitorea la muchedumbre siempre lo pintoresco y lo brillante; sus negros bulliciosos, que danzaban y cantaban como ebrios, ebrios de verse libres; sus comparsas de tricornio y barba blanca, vestidos como en aquellos tiempos de whigs y de tories de lindas chupas azules y rosadas. Y los regimientos de voluntarios, que ondeaban a lo largo de Broadway como solemne río. Y los viejos bomberos, que eran gente de pro y no mercenaria, que a la campana que anunciaba incendio salían con su sombrero de hule y su camisa roja, resplandeciente el rostro del gozo del sacrificio, a halar en loca carrera por las calles, uncidos como caballos a las cuerdas, las bombas burdas que eran de uso antaño.

¡Qué coros de gloria cuando pasan las banderas rotas, las banderas de la guerra de Lincoln, tardío y grandioso complemento de la guerra de Washington! Cuando pasan, en hombros de los abanderados transidos de la lluvia, los pabellones despedazados, los pilluelos que cabalgan en los postes de la luz eléctrica echan al aire, sin cuidar del agua recia, sus sombreros rotos; olean ambas aceras y se ensanchan, como si creciese el corazón de la multitud; y brillan más a través de las ventanas los ojos de las mujeres, nunca cansados del valor, del romance y de la gloria: urnas de vida.

Pero el que de toda la procesión distingue el vulgo; aquel a quien saludan las damas desde los balcones, y los hombres con altos hurras desde las aceras; el que con su negro sombrero de tres picos, remate de uniforme ricamente galoneado, no cesa de dar gracias a los vitoreadores a diestra y siniestra, no es neoyorquino, sino de Boston; es Ben Butler; Ben Butler vencido como todo el que osa decir la verdad a los hipócritas: amado, como al cabo lo es todo el que ama; adivinado por la masa pública, que siente que tiene en él como reflejo y campeón voltario y caprichoso como ella; como ella pujante y alma abierta. Quiso volver a ser gobernador de Massachusetts, donde ha probado que a ciencia de los empleados del gobierno, vendíase para curtir y sacar al mercado en guantes y otros usos, la piel de los pobres muertos en la casa de limosna del Estado. Y como ésa probó otras crudezas; por lo que Massachusetts soberbio, que venía pasando plaza de comunidad inmaculada, dio la espalda a su abogado mejor en las elecciones de noviembre y eligió para su gobernador a un republicano. Lo que no abate a Ben Butler, que adiestra ahora sus huestes para reñir el año próximo —ya que no por la candidatura presidencial que a haber sido reelecto hubiera acaso caído en él— por un nuevo término del gobierno del Estado. En verdad quien se siente con fuerzas para hacer bien a los hombres, no tiene derecho al descanso. ¡Butler curioso! En la guerra no intentó batalla que no perdiese: en política, de diez que reñía, nueve perdía; ya en el mando, lo sacan de él cuando hace ánimo de quedarse en él; lo cual dice que no usó malamente del gobierno —como tantos otros— para retenerlo: y la muchedumbre lo aclama, a raíz de su última y estruendosa derrota, como a un triunfador. Es que por sobre tanto hombre vaciado en un mismo molde, el que sale del molde y se crea y crea, brilla como si tuviera luz de Sol, y da calor y ciega. Gusta la naturaleza humana de quien deslumbra, produce y acomete; y ama a menudo más la sinrazón brillante y gloriosa que la sensatez moderada y apacible. Todo rebelde tiene un cómplice en cada hombre: y el que anuncia que quiere ser quien es, admira. Admira, en estos tiempos, venales como los antiguos, en que Esaú no ha acabado todavía de comer su plato de lentejas. Pot-Bouille es un bravo libro, que enciende en ira y disgusta, pero enseña, y apenas hay hombre que no sea como aquel arquitecto de Pot-Bouille, que por tener buenos dineros con que pagarse gozos, finge que cree en camándulas de iglesia, y ríe bajo el bigote bien peinado de los retablos de convento que fabrica. ¡Sea rendido tributo al que tiene el valor de ser quien es!

Como lo ha rendido ahora Nueva York a aquel héroe sereno, a cuyo nombre se inclina la cabeza, como si pasase criatura sobrenatural. Ese día mismo 25 de noviembre, y en el lugar mismo donde se alzó en carne a jurar que serviría a la Unión Americana con amor y lealtad, se alza ahora en bronce, con luenga capa colgada a las espaldas, extendiendo la mano tranquila —como quien ampara y protege— Washington, que cien años hace lloraba en días como éstos, al estrechar la mano, en la fonda célebre —que aún dura— a sus generales y oficiales, que le respondían con mal ahogados sollozos.

En la escalinata de la Casa del Tesoro, como para decir que los héroes, creadores de las naciones, importan más que la pecunia que luego las sustenta; y frente a la calle de negocios, Wall Street, frente a la misma bolsa, se levanta ahora, en buena pieza de arte, la efigie de aquel hombre perfecto, tallado en virtudes. Las gentes campesinas han venido a millares, más que a ver, a palpar la estatua.

Le tocaban las hebillas de los zapatos, la orla de la capa, se iban cargados de medallas con su efigie, de estampas con escenas de su vida, de grandes retratos. Leían en coro, no sin risa de mercaderes opulentos y ricomaníacos corredores, copias curiosas de las gacetas breves de aquel tiempo, en que al paso de Washington, movido más de una vez a dulces lágrimas, se alzaban arcos de que dejaban caer sobre sus sienes, como, en Filadelfia, una corona de laurel: se cubrían de siemprevivas y de mirtos los puentes en que resplandeciente y tranquilo había librado antes batallas; y se vestían de sus mejores trajes las matronas y doncellas para ir a regar flores en el camino del jefe milagroso de la paz. Un ambicioso, es un criminal. Un caudillo desinteresado, es una gala de los hombres y huésped eterno de la patria.

Recias eran en aquellos días las querellas que venía a calmar Washington. Esos voceadores perniciosos, turbia espuma de todas las revoluciones, vencían y gobernaban, con el nombre de liberales avanzados. Otros, ocupados en fundar la libertad, olvidaban hablar de ella. Los realistas huían aterrados a las posesiones inglesas, o vivían amenazados y tímidos.

La liberalesca quería punto menos que el cercén de toda cabeza de realista. Y los liberales sinceros como que no necesitaban diplomas de bravura y de lealtad, defendían el derecho de los realistas a vivir en el suelo en que nacieron: perdonar es vencer.

Y querían los unos, con gran escándalo de los más, que al presidente se llamara alteza.

Y eran pocos los bravos de la guerra que no anduvieron desluciendo sus hazañas con pretensiones de canonjías y emolumentos, como si hubiera paga digna del deber más que el gozo supremo de cumplirlo. Solo lo arraigado del hábito común de ejercitar la libertad individual, que ponía miedo a los que hubieran intentado sofocarla, salvó a este pueblo en su cuna de esas fieras querellas que mueven en los pueblos nacientes los odios triunfantes y los desordenados apetitos, que en igual grado tuvieron, y con furia semejante enseñaron estos hombres del hielo que los que de derecho somos ardientes y bravíos por tenerlo de la mayor savia de la tierra y la proximidad del Sol. Solo el ejercicio general del derecho libra a los pueblos del dominio de los ambiciosos.

Pues ahora mismo, el peligro mayor de esta gran tierra, no es el de una crisis económica, que de todas partes asoma, y hace este año moderada la alegría de Christmas: es el del desdén de ejercitar el derecho de gobierno que a cada gobernador toca; es el del abandono voluntario de las prendas de sí en manos de los políticos de oficio, criminales repugnantes, que en las cosas públicas hacen a los hombres honrados el efecto que a los creyentes sinceros ha de hacer la presencia de un ladrón en los altares. ¡Abatírseles, debiera como a perros rabiosos! Inventan ofensas, para levantar odios; soplan las iras con aire envenenado para que arrollen los votos adversos; presentan a las muchedumbres incultas, no los peligros venideros y la necesidad de afrontarlos con medidas sabias que recorten para ahora los haberes, pero los aseguren para luego, sino los peligros accidentales, como la cesación de la labor de fábrica y la rebaja de salarios. Callan lo que saben; cansan para asegurar su bienestar de ociosos prohombres, el daño público; fingen cólera y pena que no sienten: ¡si de barro los hubieran hecho, mancharían menos de lo que ahora manchan! Y los rebaños, porque la mayoría de los hombres se mueve aún en manadas, van por donde los llevan los pastores. ¡Oh, Rabelais, grandísimo maestro! Riéndose con risa más sana y saludable que la de Voltaire, pondría yo su efigie culminante en cada plaza pública: para que los hombres se avergonzasen de no serlo y despertasen a sí, con lo que empezarán a ser felices. El egoísmo aconseja la abnegación. Predíquese insaciablemente, y ayúdese, el afianzamiento de los caracteres. Créase en la perpetua vida, que a cada hombre asegura en estación futura el premio de los sacrificios que se impone en ésta. Hágase preceder el dolor al placer, porque está en la naturaleza que vayan siempre equilibrados, y cuando con aquél no se merece éste, éste se paga luego con aquél. Empleen los mejores por la mente y por la ternura, aunque sea con daño propio y angustia, sus fuerzas todas en levantar a su nivel a la gente mínima, que no sabe y no ama. Y así, procurando la felicidad universal venidera, se asegura y avecina la felicidad propia.

Nótase ahora en los negocios públicos como miedo y espera. Las gentes cautas, que ven venir relativa pobreza y baratura, acaudalan sus fondos, para emplearlos cuando los apuros que se prevén para el comercio obliguen a los que necesitan levantar dineros o deshacerse de su hacienda en mala venta. Queríase alejar del programa presidencial que nada más que programa quiere decir en romance la voz inglesa *platform* —la cuestión de tarifa—. Y la cuestión de la tarifa se impone, y como un gigante entre liliputienses, llena todo el programa. Los demócratas tienen mayoría en la Cámara de representantes, y en la primera y por cierto culta y leal batalla que libraron por tal o cual candidato para la presidencia de la casa, la querella no fue sobre quién defiende con más o menos brío la independencia de los Estados dentro de la Unión, ni sobre quién anhela de más veras la reforma del servicio público; sino sobre quién veía con más prudencia y concreción en los problemas de la tarifa. Tres prominentes demócratas aspiraban, con derecho al triunfo, a la presidencia. Y fue contienda hermosa, en que los contendientes, amigos buenos, se hacían visitas cordiales, y reñían a la luz del Sol, no merodeando votos, ni cambiándolos por la propia independencia, sino convenciéndolos. Cox, que hace poco fue —como a colorear su viva fantasía— a Constantinopla, y habla a nuestra manera; imaginativa, adjetivosa, alada y abundante, parecía en sus cuartos de campaña, llenos de amigos menos numerosos que activos, caballero de Roma, a la hora de salir a tribunales, rodeado de su cohorte de clientes.

Randall, austero y agrio, más amigo de los que conservan que de los que impulsan, y tenido por los más como cabeza visible del partido, recontaba de antemano, seguro de su victoria, los votos de sus parciales.

Carlisle, de frente alta, cuadrado en las sienes; de ceja montuosa, como de quien mira mucho, y sabe callar, y ha padecido; de boca fina como de orador discreto; de ropa y modos llanos, como sienta a hijo de casa humilde y recién hecha; Carlisle, en quien parece que se juntan las dotes dichosas de ir a la par zapando y construyendo, y no echa abajo piedra vieja, para reponer la cual no tenga piedra nueva a mano; Carlisle vencía. Cox es librecambista, y vencerá mañana. Randall, es proteccionista, y venció ayer. Carlisle quiere que se vaya sin conmoción súbita, y de manera que las industrias artificiales del país puedan prepararse para resistir el tránsito del proteccionismo al librecambio: sabe que los errores económicos crean un derecho relativo, tan respetable a los ojos de los hombres prudentes como el derecho absoluto. Derecho de accidente, que para que al absoluto no cierre el paso, ha de irse cercenando, convirtiendo, reponiendo, evaporando.

Asombra cómo no esclarece en la suerte pública el grave peligro. Por fortuna no bien se anuncia, ya los inteligentes de la tierra, los verdaderos sacerdotes, los caudillos y padres verdaderos, ponen sus odios civiles en freno, como cetrero a sus perros en traílla, y hombro a hombro y, en silencio, ven de hacer camino natural a la catástrofe. Los fabricantes nativos tenaces, que aún ven dinero en el mercado, no quieren que entren sin derechos, o en condición de luchar con los nacionales, los artefactos extranjeros: y los trabajadores apurados, que creen que con la irrupción de productos baratos de afuera se quedarán sin labor que hacer en las fábricas nativas, o cobrarán menos salario por tener que venderse entonces todo lo nativo a menos precio, sin que por eso vean que bajan los costos de vida, hacen con los fabricantes que los emplean y los azuzan las alas fuertes del ejército proteccionista. Pero la razón, y el miedo que también la sirve, llenan solos, con probabilidades de triunfo, el ala enemiga: el vigor permanente viene del equilibrio justo. Al trabajo y a la inteligencia humana les están marcando límites de prosperidad precisos.

El que excede en riqueza, excederá en pobreza. Los países que crecen por merced de condiciones accidentales, y leyes antilógicas que las aprovechan, enflaquecen de súbito luego como los perros del loco, de Cervantes. En la armonía universal inmensa, el que acapara y abusa, depleta luego y no tiene qué usar. La esclavitud que enriqueció a los dueños, los ha ahogado luego en sangre o en vicios ¡y mejor les fuera haberlo sido en sangre! El proteccionismo, que hinchó con sobra inesperada de caudales las cajas del país, ha roto las arcas.

El caso es simple. Salta de suyo. La tarifa proteccionista subió de tal modo los derechos de introducción a los artefactos extranjeros, que cerró el mercado a todos los productos extranjeros de las especies que se elaboraban en el país. El país se enriquecía por la abundancia de sus cosechas. Dueños exclusivos del mercado patrio rico, le impusieron a altos precios sus productos imperfectos. El dinero que devolvía el mundo entero por el exceso del valor de las cosechas que iban de los Estados Unidos, sobre el de los artefactos y frutos que venían a ellos, mantenía el mercado pletórico de caudales, por lo que no se paraba mientes en los altos precios. Los grandes provechos acumulados merced a éstos por los productores nacionales, les habilitaron para crear fortísimas fábricas, para montar hercúleos talleres, para poner a hervir el hierro en calderas que parecen montes vacíos, vueltos sobre su copa; para atraer millaradas de obreros, para pagarles cuantiosos salarios, para crear organismos voraces y poderosos, para despertar a la vida ciudades enteras, sobre estas bases de espuma y capricho, que, en cuanto les sacaran el puntal de la tarifa, vendrían todas a tierra. Y mientras el mercado enriquecido se surtía de los nuevos productos, iban como en volandas de gloria los productores. Pero el mercado se ha saciado; las importaciones, con el loco lujo han crecido; el país no necesita más productos nativos de los que tiene; lo que vaya necesitando será siempre mucho menos de lo que las fábricas vayan produciendo.

Como los manufactureros ganaban tanto, no ponían reparo en pagar los altos derechos que, para que la tarifa fuese lógica, se cobraba por la importación de las materias primas, de manera que con la carestía de las materias primas, el alto tipo de los salarios y toda la entretejida fábrica de costos, crecidos por ley mutua en consecuencia del sistema, los productos nacionales (en gran parte burdos, porque como se vendían de todos modos, no tenían por qué esforzarse en ser mejores) ni encuentran en el mercado patrio quien los compre, ni pueden salir a los mercados extranjeros a competir con los productos rivales, baratos y perfectos. Y la fábrica falsa, tremenda, con sus ojos de hoguera y su vientre de hierro, comienza a levantar al cielo espantada sus millares de manos. Hay manufacturas que se cierran; telares que no tejen; pueblos de hacer máquinas que apagan sus fraguas; asociaciones de obreros; empresarios que despiden a los obreros por falta de trabajo. Este año podrán hacer frente con los beneficios acumulados en el largo período del sistema, al exceso de los costos de las fábricas sobre el de la venta de sus productos. Pero ya comienzan a no poder hacer frente.

Cada fábrica de estas colosales es un pueblo de millares de vientres que quieren alimentos, de voces que amenazan, de almas que gruñen. Mantenerlas es como mantener ejércitos. Son cosas de gigantes, poderosos y temibles como el anudamiento de los vientos en la atmósfera o como las corrientes de la mar.

Y la vida de los prohombres es costosa: 30.000 pesos al año, es renta nimia. A poco, va a ser gala tapizar de billetes de banco las paredes. Ya hubo un vil, años ha, que cubrió de billetes de banco un vestido de novia. El problema está erguido. El proteccionismo ha dado su fruto. Se ha creado un colosal pueblo industrial que no tiene mercados donde colocar sus industrias imperfectas.

Esto que es hoy sospecha mañana será clamor. La inquietud comienza; y en lo hondo, donde se trabaja la superficie, se enciende la vía. La crisis, lenta primero, causará males agudos. Será penosa, amarga, sombría. Depreciaciones súbitas, traerán grandes pánicos. Con continuar la tarifa primitiva, crecería el monstruo. Con abrir de súbito los puertos a los productos extranjeros, quedarían solo en pie con existencia lánguida, las fábricas que pudiesen afrontar los gastos del período de transformación de manufactura que impone a precios caprichosos en un mercado forzoso un artefacto incompleto, a manufactura que solicita a precios bajos un mercado abastecido, con artefactos perfectos. Y los intereses fabriles son aquí tan grandes, que cercenarlos de súbito sería incomparable catástrofe.

Parece, pues, necesario ir manteniendo a raya a los productos extranjeros a la par que se avisa del peligro en fecha cercana a los productores nacionales, para que las fábricas tengan al menos seguro el consumo del país, mientras convencidos del error temible y de la rivalidad inevitable, perfeccionen sus artefactos de manera que, con ayuda del derecho bajo a las materias primas importadas, y de los salarios bajos por el descenso en los costos usuales de la vida —ventajas ambas que vendrán con una tarifa librecambista— pueda al cabo ser ésta establecida, y aquéllos salir a luchar con los productos competidores en los mercados extranjeros.

Cuanto aquí pasa hoy, gira sobre esto.

Ante la pluma se yerguen, pidiendo espacio, el padre Jacinto que aquí predica; un monseñor Capel, magnífica zorra; Mathew Arnold, el escolar inglés que observa y lee en público; y la Nilsson, cuya voz, como un águila herida ya no alcanza a su cielo natural, y muere; y la Patti, criatura canora, de cristal hecha y plata, que aras merece, y no loas de pluma. En nidos se piensa viéndola; nidos de argentería. Toda es hecha de alas, alas que se encumbran graciosamente en su seno, que se recogen coquetamente hacia los pies menudos, que se abren anchamente —como aquellas inmensas y radiantes que Doré pintaba— junto a los hombros columbinos; que caen sobre la gallardísima cabeza en caudas abundantes de plumas negras y sedosas. ¡Y cuando canta el aria de Lucía, parece ala tendida, vuelta al cielo! Se abren cajas de joyas; se ven bandadas de aves, y caen ramos de estrellas cuando canta. ¡Risueña y caprichosa criatura, por quien los hombres han vuelto a ser vasallos!

Pero mañana hablaremos de Mathew Arnold, alto en inglesa fama; del cardenal de blanda lengua, flexible como estilete napolitano; y del padre Jacinto, un hombre roto.

José Martí

La Nación. Buenos Aires, 27 de enero de 1884

Libros a la carta

A la carta es un servicio especializado para

empresas,

librerías,

bibliotecas,

editoriales

y centros de enseñanza;

y permite confeccionar libros que, por su formato y concepción, sirven a los propósitos más específicos de estas instituciones.

Las empresas nos encargan ediciones personalizadas para marketing editorial o para regalos institucionales. Y los interesados solicitan, a título personal, ediciones antiguas, o no disponibles en el mercado; y las acompañan con notas y comentarios críticos.

Las ediciones tienen como apoyo un libro de estilo con todo tipo de referencias sobre los criterios de tratamiento tipográfico aplicados a nuestros libros que puede ser consultado en Linkgua-ediciones.com .

Linkgua edita por encargo diferentes versiones de una misma obra con distintos tratamientos ortotipográficos (actualizaciones de carácter divulgativo de un clásico, o versiones estrictamente fieles a la edición original de referencia).

Este servicio de ediciones a la carta le permitirá, si usted se dedica a la enseñanza, tener una forma de hacer pública su interpretación de un texto y, sobre una versión digitalizada «base», usted podrá introducir interpretaciones del texto fuente. Es un tópico que los profesores denuncien en clase los desmanes de una edición, o vayan comentando errores de interpretación de un texto y esta es una solución útil a esa necesidad del mundo académico.

Asimismo publicamos de manera sistemática, en un mismo catálogo, tesis doctorales y actas de congresos académicos, que son distribuidas a través de nuestra Web.

El servicio de «libros a la carta» funciona de dos formas.

1. Tenemos un fondo de libros digitalizados que usted puede personalizar en tiradas de al menos cinco ejemplares. Estas personalizaciones pueden ser de todo tipo: añadir notas de clase para uso de un grupo de estudiantes, introducir logos corporativos para uso con fines de marketing empresarial, etc. etc.

2. Buscamos libros descatalogados de otras editoriales y los reeditamos en tiradas cortas a petición de un cliente.